Jörg-Philipp Thomsa

Duisburg 1945–2005

Kulturpolitik in einer Industrie- und Arbeiterstadt

KLARTEXT

Jörg-Philipp Thomsa

Duisburg 1945–2005

Kulturpolitik in einer Industrie- und Arbeiterstadt

Diese überarbeitete Publikation wurde der Fakultät für Geisteswissenschaften (Historisches Institut) an der Universität Duisburg-Essen als Dissertation mit dem Titel „Kommunale Kulturpolitik in einer Industrie- und Arbeiterstadt: Duisburg 1945 bis 2005“ zum Erwerb des Grades Dr. phil. vorgelegt. Die mündliche Prüfung fand am 2. November 2017 statt. Erstgutachter war Prof. i. R. Dr. Peter Alter, Zweitgutachterin Prof. Dr. Ute Schneider.

Titelbild: © Janosch film & medien AG, Berlin
Abbildung 13 (S. 220): Presse- und Informationsamt der Stadt Duisburg
Alle anderen Abbildungen: Stadtarchiv Duisburg

Mit Dank für die freundliche Genehmigung.

Bibliografische Information der Deutschen Nationalbibliothek

Die Deutsche Nationalbibliothek verzeichnet diese Publikation in der Deutschen Nationalbibliografie; detaillierte bibliografische Daten sind im Internet über http://dnb.dnb.de abrufbar.

1. Auflage August 2019
Gestaltung, Satz und Layout: Satzzentrale GbR, Marburg
Umschlaggestaltung: Ina Zimmermann
Druck und Bindung: Totem, ul. Jacewska 89, 88-100 Inowrocław, Polen

ISBN 978-3-8375-0823-9

KLARTEXT

Jakob Funke Medien Beteiligungs GmbH & Co. KG
Jakob-Funke-Platz 1, 45127 Essen
info@klartext-verlag.de, www.klartext-verlag.de

Für meine Familie

Inhalt

Einleitung

Seit den 1970er Jahren ist die Bedeutung der Kultur in der deutschen Gesellschaft stark gewachsen.[1] Die öffentlichen Kulturausgaben stiegen von umgerechnet 1,8 Milliarden EUR im Jahr 1975 auf 8,2 Milliarden EUR im Jahr 2003.[2] Im internationalen Vergleich ist die Dichte der Theater-, Konzert- und Opernhäuser in der Bundesrepublik am höchsten.[3] Der Kulturbereich hat sich zu einem wichtigen Wirtschaftsfaktor entwickelt, der seit der Jahrtausendwende etwa einer Million Menschen Arbeit bietet.[4] Im Ruhrgebiet ist die Konzentration der Kulturinstitutionen besonders hoch. Dass die Revierstädte durch enorme kulturpolitische Anstrengungen heute in ihrer Gesamtheit eine Kulturmetropole bilden, ist seit der Verleihung des Titels „Kulturhauptstadt Europas" 2010 durch die Europäische Union auch auf internationaler Ebene ins öffentliche Bewusstsein gedrungen.

In kultureller Hinsicht bilden die Kommunen im Ruhrgebiet einen Sonderfall in Deutschland. Die Orte wuchsen im Zuge der Industrialisierung erst gegen Ende des 19. Jahrhunderts zu Großstädten heran. Im Unterschied zu Städten wie Köln, Leipzig, München, Hannover oder Bremen existierten hier nur wenige bedeutende höfische oder kirchliche Sammlungen. Aufgrund der besonderen wirtschaftlichen und sozialen Struktur fehlte es in den Industrie- und Arbeiterstädten zudem allein schon zahlenmäßig an einem selbstbewussten Bürgertum, das sich über die Pflege großer Kultureinrichtungen identifizierte und diese förderte.[5] Im 19. Jahrhundert versank Duisburg nicht zuletzt durch die Schließung der Universität in der „kulturelle[n] Bedeutungslosigkeit".[6]

Die Gründung kultureller Institutionen in Städten wie Bochum, Oberhausen, Gelsenkirchen oder Duisburg wurde erst durch das enorme Wirtschafts- und Bevölke-

---

1 Schildt, Axel / Siegfried, Detlef, Deutsche Kulturgeschichte. Die Bundesrepublik von 1945 bis zur Gegenwart, München 2009, S. 11.

2 Knoblich, Tobias J., Kunst- und Kulturförderung im föderativen System. Hintergründe und Probleme, in: Aus Politik und Zeitgeschichte 49/2004, S. 5–12, S. 7.

3 Beyme, Klaus von, Kulturpolitik in Deutschland. Von der Staatsförderung zur Kreativwirtschaft, Wiesbaden 2012, S. 147; Fuchs, Max, Kulturpolitik, Wiesbaden 2007, S. 20.

4 Fuchs, Kulturpolitik, S. 9.

5 Rohe, Karl, Die Kultur des Ruhrgebietes und die Zukunft der Region, in: Borsdorf, Ulrich / Grütter, Theodor / Nellen, Dieter (Hg.), Zukunft war immer. Zur Geschichte der Metropole Ruhr, Essen 2007, S. 182–187, S. 185.

6 Heid, Ludger / Kraume, Hans-Georg / Lerch, Karl / Milz, Joseph / Pietsch, Hartmut / Tromnau, Gernot / Vinschen, Klaus Dieter (Hg.), Kleine Geschichte der Stadt Duisburg. Von den Anfängen bis zu den 80er Jahren, Duisburg ^{4}1996, S. 246f.

rungswachstum im späten 19. und frühen 20. Jahrhundert drängend. Der Essener Oberbürgermeister Hans Luther prägte in den 1920er Jahren die Formel: „Wo Arbeit ist, muss Kultur hin!" Viele seiner Kollegen in den Nachbarstädten setzten diese Forderung in die Tat um.[7] Die Dynamik und enorme Leistung dieses Aufholprozesses in der Zeit des Kaiserreichs und der Weimarer Republik ist in der Ruhrgebietsforschung und in stadthistorischen Darstellungen vielfach beschrieben worden.[8] Auch die Kulturpolitik in der Zeit des Nationalsozialismus in Duisburg ist inzwischen hinreichend erforscht.[9] Dies gilt ebenso für die Phase der Wiederherstellung der Kultureinrichtungen unmittelbar nach dem Zweiten Weltkrieg.[10]

Zwar wurde die Geschichte der wichtigsten Kulturinstitutionen in den großen Ruhrgebietsstädten durch eine kaum zu überblickende Zahl von Einzelveröffentlichungen in den letzten Jahren und Jahrzehnten untersucht. In den meisten Fällen sind dies aber kurze populärwissenschaftliche Abhandlungen oder solche, die von den Städten oder Kultureinrichtungen selbst veröffentlicht wurden. Die historische Darstellung wurde dabei häufig als Erfolgsgeschichte geschönt. Probleme oder Optionen für eine alternative Entwicklung wurden selten dargestellt. Eine analytische Einbettung in lokale, regionale oder nationale kulturhistorische Prozesse fehlt in solchen Publikationen weitgehend.

Umfassende wissenschaftliche Studien über die gesamte kulturpolitische Entwicklung einer Groß- bzw. Ruhrgebietsstadt in den letzten 60 Jahren liegen hingegen nicht vor. Angesichts des Kulturbooms in der jüngeren Vergangenheit überrascht diese Tatsache. Die vorliegende Arbeit soll einen Beitrag zur Überwindung dieses Defizits leisten. Sie versteht sich als ein Teil der Erforschung der allgemeinen Geschichte einer großen Kommune. In Großstädten bündeln sich gesamtgesellschaftliche Entwicklungen häufig wie in einem Brennglas.[11] Im Zuge der Globalisierung wuchs in den letzten Jahren die Bedeutung des Lokalen und der Städte.[12] Die Untersuchung knüpft genau an diese Tendenz an, die in der Urbanitätsforschung intensiv untersucht wird.[13]

---

7 Zit. nach Pankoke, Eckart, Das Industrierevier als Kulturlandschaft. Politische Kulturen aktiver Öffentlichkeit im Ruhrgebiet, in: Borsdorf / Grütter / Nellen, Zukunft, S. 188–215, S. 188.

8 Roden, Günter von, Geschichte der Stadt Duisburg, Band 2: Die Ortsteile von den Anfängen. Die Gesamtstadt seit 1905, Duisburg 1974; Heid / Kraume u. a., Geschichte.

9 Zuletzt durch die Tagung „Nationalsozialistische Kulturpolitik in Duisburg" 2016. Die Beiträge sind abgedruckt in: Duisburger Forschungen 62/2018.

10 Vetter, Rose, Kulturpolitik in Duisburg nach dem Zweiten Weltkrieg, Diss. Darmstadt 1984.

11 Hannemann, Christine, Die Herausbildung räumlicher Differenzierungen – Kleinstädte in der Stadtforschung, in: Löw, Martina (Hg.), Differenzierungen des Städtischen, Opladen 2002, S. 265–278, S. 265.

12 Löw, Martina, Soziologie der Städte, Frankfurt/M. 2010, S. 117ff.; Berking, Helmuth / Löw, Martina (Hg.), Die Eigenlogik der Städte. Neue Wege für die Stadtforschung, Frankfurt/M. und New York, 2008, S. 10.

13 Berking / Löw, Eigenlogik, S. 10.

Duisburg ist eine von der Schwerindustrie geprägte Stadt an Rhein und Ruhr. Erst 1903 überschritt sie die Grenze von 100.000 Einwohnern und wurde damit zur Großstadt. Der Anteil der erwerbstätigen Arbeiter an der Gesamtzahl der Beschäftigten und somit an der Bevölkerung war über Jahrzehnte hinweg überdurchschnittlich hoch.[14] Eine starke bürgerliche Schicht fehlte. Die soziale Zusammensetzung der Einwohner unterscheidet sich deshalb von der in anderen Städten. Bis in die 1980er Jahre verstand sich Duisburg als „Stadt Montan".[15] Dieser Name war der Titel eines Buchs, das die Stadt 1954 veröffentlicht hatte.[16] Der rechtskonservative Schriftsteller Carl Rothe (1900–1970) hatte dafür einen Text über Duisburg verfasst, der mit über 100 Fotografien illustriert wurde. Autor und Fotografen verwendeten fast ausschließlich Motive aus Bereichen der Schwerindustrie. Das Buch wurde von der Stadt als Werbebroschüre überregional vertrieben. Den Titel „Stadt Montan" nutzte Duisburg häufig als Slogan in der offiziellen Stadtreklame.

Noch in einer 2010/11 bundesweit durchgeführten repräsentativen Umfrage der „Duisburg Marketing Gesellschaft" (DMG) über die Spontanassoziationen mit der Stadt wurde „Duisburg in der Republik eindeutig als Industriestadt des Ruhrgebiets gesehen".[17] 2012 bezeichnete der langjährige Oberbürgermeister Josef Krings die Arbeiterbewegung als „lange Zeit stadtprägend".[18] Josef Lehmkuhl behauptete in einer lokalgeschichtlichen Studie sogar, dass Duisburg noch bis zur Jahrtausendwende die „Stadt Montan" gewesen sei, der „Inbegriff von Schwerindustrie, mit all den Attributen wie Kohlezechen, Fördertürmen, Hochöfen, Kühltürmen, Gasometern, Staub, Hektik und Lärm".[19] In diesem Zusammenhang bezeichnete die Wochenzeitung „Die Zeit" die „einst wichtigste Stahlmetropole Europas" als „den letzten Rocker unter den deutschen Städten".[20]

Die vorliegende Arbeit geht der Frage nach, wie in einer typischen Industrie- und Arbeiterstadt Kulturpolitik gestaltet wurde. Welche Zielgruppen wurden angesprochen?

14 Zit. nach Wagemann, Karl, Die Stunde Null – 40 Jahre danach. Zerstörung, Demontage, Wiederaufstieg und Zukunft der Wirtschaft am Beispiel der Region Duisburg, Duisburg 1984, S. 137.

15 Vgl. Vetter, Kulturpolitik, S. 21; Sensen, Stephan, Die Duisburg-Ruhrorter Häfen in der Fotografie 1920 bis 1960. Eine Fallstudie zum Einfluss der Fotografie auf das Image des Ruhrgebiets, in: Edition Haniel (Hg.), Hafen-Zeit. Der Lebensraum Rhein-Ruhr-Hafen Duisburg im Focus von Wirtschaft, Geschichte und Kultur, S. 199–246, S. 219.

16 Rothe, Carl, Die Stadt Montan, Duisburg 1954.

17 Gerste, Uwe, Tourismus in Duisburg. Fata Morgana oder wichtiger Wirtschaftsfaktor?, in: „Duisburger Jahrbuch" (DJB) 2013, S. 178–183, S. 180.

18 Krings, Josef, Glückwunsch zum Jubiläum!, in: Barbian, Jan-Pieter (Hg.), Literatur als Herzenssache. Der Verein für Literatur und Kunst und die Welt der Bücher in Duisburg 1912–2012, Essen 2012, S. 10–13, S. 12.

19 Lehmkuhl, Josef, Das andere Duisburg. Wie Straßennamen Glanz in eine Stadt bringen und Industrie- und Kulturgeschichte erzählen, Würzburg 2013, S. 8.

20 Die Zeit, 28.7.2016.

Welchen Begriff von Kultur hatten die politischen Entscheidungsträger? Wandelte sich dieser? Welche Formen der Kultur wurden als förderungswürdig angesehen und unterstützt, welche vernachlässigt? Wie hoch ist der Stellenwert der Kulturarbeit in einer Industriestadt generell angesiedelt? Sind kulturpolitische Besonderheiten festzustellen?

In der neueren Urbanitätsforschung werden Städte als individuelle Gebilde mit ganz bestimmten Eigenarten angesehen, die sich fundamental unterscheiden würden.[21] Martina Löw und Helmuth Berking haben dafür den Begriff „Eigenlogik der Städte" in den fachlichen Diskurs eingebracht: Städte seien „eigen" und hätten ihre spezifische „Logik".[22] In Anlehnung an diese Überlegung geht die Arbeit der Frage nach, ob es demnach eine spezifische Duisburger Kulturpolitik gibt. Ausdrücklich soll nicht eine Geschichte der Kulturpolitik in Deutschland am Beispiel der Stadt Duisburg geschrieben werden. Zwar werden die großen Linien auf diesem Feld aufgezeigt, um einen historischen Kontext herzustellen. Vielmehr geht es um die Frage nach den Gemeinsamkeiten und Unterschieden zur Kulturpolitik anderer deutscher Städte. Im Folgenden werden deshalb immer wieder Entwicklungen in vergleichbaren Kommunen aufgeführt, um die möglichen Besonderheiten der Duisburger Kulturpolitik aufzuspüren. Der Schwerpunkt dabei liegt auf den Städten im Ruhrgebiet, die vor ähnlichen kulturpolitischen Herausforderungen wie Duisburg standen, diese aber unterschiedlich zu bewältigen versuchten.

Der Begriff der Kulturpolitik ist nicht klar definiert.[23] Der Schriftsteller Hans-Magnus Enzensberger verglich ihn mit „einem Kentaur, einem Hippogryphen, einer Sphinx, mit einem Wort: einer Chimäre".[24] Das Wort „Kulturpolitik" tauchte im deutschen Sprachgebrauch erst gegen Ende des 19. Jahrhunderts auf. Eingang in die einschlägigen Lexika fand es nicht vor 1927. Im allgemeinen Sprachgebrauch wurde der Begriff erst in der Zeit nach 1945 verwendet.[25]

Laut Artikel 28 Absatz 2 des Grundgesetzes muss „den Gemeinden [...] das Recht gewährleistet sein, alle Angelegenheiten der örtlichen Gemeinschaft im Rahmen der Gesetze in eigener Verantwortung zu regeln". Dazu zählt der Bereich der Kultur. Kulturpolitik in der Bundesrepublik ist deshalb in erster Linie Kommunalpolitik, wie der

21 Löw, Soziologie, S. 9. Über die Vermittlung von Urbanität vgl. Stercken, Martina / Schneider, Ute (Hg.), Urbanität. Formen der Inszenierung in Texten, Karten, Bildern, Köln u. a. 2016.

22 Berking / Löw, Eigenlogik.

23 Über die Verständnisweisen von Kulturpolitik vgl. Fuchs, Max, Kulturpolitik als gesellschaftliche Aufgabe. Eine Einführung in Theorie, Geschichte, Praxis, Opladen und Wiesbaden 1998, S. 223ff.

24 FAZ, 31.8.2006.

25 Vgl. Glaser, Hermann, Kommunale Kulturpolitik, in: Wollmann, Helmut / Roth, Roland (Hg.), Kommunalpolitik. Politisches Handeln in den Gemeinden, Opladen 1999, S. 676–687, S. 676ff. und Ramthun, Gudrun, Kulturpolitik in Krefeld nach dem Zweiten Weltkrieg, Frankfurt/M. 1982, S. 13.

Deutsche Städtetag mehrfach betonte.[26] Die Kommunen können ihre Kulturpolitik weitestgehend autonom ausrichten. Die Gestaltungsmöglichkeiten und Freiräume in diesem Bereich sind entsprechend groß. Die Untersuchung kommunaler Kulturpolitik anhand eines ausgewählten Beispiels und mit einer besonderen Fragestellung erscheint deshalb als sinnvoll und ergiebig. Der Systematik von Max Fuchs entsprechend, wird die Kulturpolitik in Duisburg im Betrachtungszeitraum unter folgenden Gesichtspunkten untersucht: „Policy" – die inhaltliche Dimension von Kulturpolitik, also die Konzepte und Ziele; „Polity" – die Einrichtungen, die strukturellen Bedingungen, und schließlich „Politics", also die Aushandlungsprozesse, die verantwortlichen Akteure, ihre Handlungsformen und -logiken.[27]

Ein besonderes Gewicht erhält die Frage, wer die kulturpolitischen Entscheidungen und Richtlinien traf und welche Motive dahinter steckten. Fast im gesamten Betrachtungszeitraum bestimmte die aus der Arbeiterbewegung hervorgegangene SPD die Politik im Rat der Stadt Duisburg. Welchen Einfluss übte sie auf kulturelle Entscheidungsprozesse aus?

Die Arbeit ist chronologisch aufgebaut und nach den einzelnen Kulturinstitutionen thematisch gegliedert. Nur wenn es bedeutsame Veränderungen in den unterschiedlichen Bereichen gab, wird das jeweilige Themenfeld noch einmal an späterer Stelle behandelt.

Nach dem Ende des Zweiten Weltkriegs lagen die Kultureinrichtungen in Duisburg in Trümmern. Die ersten beiden Kapitel der Arbeit gehen der Frage nach, wie die damaligen Kulturverantwortlichen die schwierige Ausgangssituation meisterten. Gab es einen kulturellen Neuanfang oder wurde an alte Traditionen angeknüpft? Welchen Einfluss übte die britische Besatzungsmacht aus? Welche Kulturstätten wurden wiederaufgebaut und warum?

Über die Kulturpolitik in der unmittelbaren Nachkriegszeit ist bereits eine Studie erschienen.[28] Deswegen wird dieser Zeitraum nicht mehr ausführlich behandelt. Da die weitere Entwicklung der Duisburger Kulturpolitik allerdings nur vor dem Hintergrund der getroffenen Entscheidungen in der Nachkriegszeit verständlich ist, kann dieser Bereich nicht ausgespart werden. Zudem konnten dazu neue Primär- und Sekundärquellen ausfindig gemacht und ausgewertet werden.

In der sogenannten Wirtschaftswunderzeit war die Stadt äußerst wohlhabend.[29] Die prosperierende Lage der lokalen Wirtschaft beeinflusste die Haushaltsentwicklung Duisburgs positiv. Welche Bedeutung erhielt nun die Pflege des kulturellen Erbes? In welchem Umfang wurde die Infrastruktur des Kultursektors gefördert und

---

26 Klein, Armin, Kulturpolitik. Eine Einführung, Wiesbaden ³2009, S. 69.

27 Fuchs, Kulturpolitik, S. 9.

28 Vetter, Kulturpolitik.

29 Wagemann, Stunde, S. 105.

modernisiert? Die Entwicklung der Kulturpolitik in dieser Phase der Stadtgeschichte wird in Kapitel II beleuchtet.

Ende der 1960er Jahre veränderten sich die Rahmenbedingungen für die Kulturpolitik der Stadt. Durch die 68er-Bewegung und die von der sozial-liberalen Koalition unter Bundeskanzler Willy Brandt eingeleiteten Reformen wurde auch ein Wandel im Selbstverständnis der Kulturinstitutionen gefordert. Nicht mehr die bildungsbürgerliche Pflege des „Wahren, Schönen und Guten", sondern demokratische Teilhabe und die Stärkung einer kritischen Öffentlichkeit durch eine Politisierung der Kultur sollten künftig im Vordergrund stehen. Künstlerische und programmatisch-konzeptionelle Innovationen, kreative Grenzüberschreitungen und das Ansprechen neuer Zielgruppen durch alternative Angebote waren nun gefragt.

Parallel zu dieser gesellschaftlichen Veränderung verschlechterte sich die Haushaltslage Duisburgs durch den Niedergang der Schwerindustrie dramatisch. Das kulturelle Angebot musste deshalb drastisch reduziert werden, nicht zuletzt durch strenge Vorgaben der Finanzaufsicht der Bezirksregierung. Überdies wurde seit den 1960er Jahren ein wirtschaftlicher Strukturwandel eingeleitet, um die rasant steigende Arbeitslosigkeit abzufedern.

Eine Herausforderung bildete der hohe Anteil an Migranten. Fast im gesamten Untersuchungszeitraum gehörte Duisburg zu den zehn Städten mit dem höchsten Zuwandereranteil in Deutschland. Seit den 1970er Jahren liegt dieser beinahe konstant bei einem Drittel der Gesamtbevölkerung.[30] Beim Anteil türkischstämmiger Zuwanderer lag Duisburg in den letzten 40 Jahren im bundesweiten Städtevergleich immer auf den vordersten Plätzen. Das Kapitel „Kulturpolitik in der Zeit des wirtschaftlichen Strukturwandels" widmet sich den genannten Themen.

Das Jahr 1975 bildet eine Zäsur. In jenem Jahr wuchs Duisburg durch eine kommunale Neugliederung in Nordrhein-Westfalen zu einer der größten Städte in Deutschland mit rund 600.000 Einwohnern heran.[31] Nur wenige Jahre zuvor erhielt Duisburg eine Gesamthochschule. Gleichzeitig fallen in jene Zeit drei Personalwechsel auf Positionen, die für das Kulturleben der Stadt von besonderer Bedeutung waren: 1975 wurde der damalige Kulturausschussvorsitzende Josef Krings in das Amt des Oberbürgermeisters gewählt, das er bis 1997 ausübte. Als Oberbürgermeister war er weiterhin als Vorsitzender des Kulturausschusses tätig. 1976 wechselte Dr. Konrad Schilling (1927–2018) als Kulturdezernent von Göttingen nach Duisburg und arbeitete hier bis zu seiner Pensionierung 1992. Oberstadtdirektor Dr. Herbert Krämer (1931–2015)

30 Stadt Duisburg, Der Oberbürgermeister (Hg), Integration zwischen Distanz und Annäherung. Die Ergebnisse der ersten Duisburger Integrationsbefragung, Duisburg 2009, S. 11f. und S. 151.

31 Vgl. dazu Küntzel, Astrid, Heimatbewusstsein und Planspiele. Kommunale Neugliederung im Raum Duisburg im 20. Jahrhundert, in: Duisburger Forschungen 61/2016, S. 157–182.

zog es 1978 aus Bielefeld an die Ruhr. Er stand bis 1986 an der Stadtspitze. Alle genannten Personen waren bereit, dem Autor ausführliche Interviews zu geben. Ihre zum Teil vertraulichen Äußerungen wurden in der Arbeit als wertvolle Hintergrundinformationen berücksichtigt.

1999 feierte die Internationale Bauausstellung Emscher Park ihren Abschluss. Duisburg war ein zentraler Schauplatz dieses Zukunftsprogramms der NRW-Landesregierung. Alte und verkommene Industrieareale sollten durch kulturelle, städtebauliche, soziale und ökologische Maßnahmen wiederbelebt werden. Welchen Bewusstseinswandel die Umgestaltung des Landschaftsparks Duisburg-Nord und des Innenhafens in der Kulturpolitik der Stadt eingeleitet hat, wird im letzten Kapitel beleuchtet. Das Jahr 2005 ist vor allem aus arbeitspragmatischen Gründen als Ende des Betrachtungszeitraums gewählt worden, um die Duisburger Kulturpolitik in einer Zeitspanne von genau sechs Dekaden zu untersuchen. Es bildet außerdem einen thematischen Einschnitt, weil der damals amtierende Kulturdezernent Gerd Bildau im März 2005 an einem Herzinfarkt starb. Er hatte in seinem Ressort neue Ansätze und Ziele definiert, die größtenteils eine Abkehr von der bisherigen Duisburger Kulturpolitik bedeuteten und deshalb in der Arbeit genauer untersucht werden. Nach seinem plötzlichen Tod wurden viele seiner Vorhaben nicht weiter verfolgt. Danach sind keine nennenswerten Innovationen in der Duisburger Kulturpolitik erfolgt, sodass die Festlegung auch unter inhaltlichen Aspekten sinnvoll erscheint.

Für das Auffinden wichtiger Quellen waren intensive Recherchen im Duisburger Stadtarchiv notwendig. Als Grundlage der Arbeit dienten die Verwaltungsberichte der Stadt Duisburg, Kulturausschussprotokolle, Akten des Kulturamts und der dazu gehörigen Institutionen, Zeitungsartikel sowie Veröffentlichungen der örtlichen Kulturmagazine: Das „Duisburger Journal" wurde von 1977 bis 1988 von der Stadt herausgegeben. Darauf folgte das „Duisburger Jahrbuch", das in einer Auflage von rund 4.000 Exemplaren vom Kulturdezernat und dem Presseamt seit 1988 veröffentlicht wird.[32] Die Publikationsreihen bieten fundierte Informationen über das Kulturleben in Duisburg. Allerdings handelt es sich hierbei um offizielle Organe der Stadt, sodass die stets gut informierte und weitaus kritischere regionale und überregionale Presse als Korrektiv hinzugezogen wurde. Darüber hinaus führte der Verfasser Gespräche mit der Witwe des Kulturdezernenten Gerd Bildau, Sabine Bildau, dem Bibliotheksdirektor Dr. Jan-Pieter Barbian, dem Theaterregisseur Ulrich Greb, dem langjährigen Kulturjournalisten der Rheinischen Post Peter Klucken, dem ehemaligen Bibliotheks-

32 Schilling, Konrad, Demokratisierung von Kunst und Kultur. Dem Andenken von August Seeling (1906–1998) gewidmet, in: Barbian, Jan-Pieter (Hg.), Literatur als Herzenssache. Der Verein für Literatur und Kunst und die Welt der Bücher in Duisburg 1912–2012, Essen 2012, S. 62–89, S. 80.

direktor Franz Rakowski, dem stellvertretenden Leiter des Konzert- und Theateramts Olaf Reifegerste, dem damaligen Leiter des Lehmbruck-Museums Dr. Raimund Stecker sowie etlichen Mitarbeitern des Stadtarchivs.

Die Erforschung der kommunalen Kulturpolitik im Ruhrgebiet und in Duisburg über die Jahre 1975 bis 2005 ist noch nicht sehr weit gediehen. Dieser Zeitraum wird deshalb besonders ausführlich analysiert.

Die Untersuchung der Kulturpolitik einer Stadt über einen Zeitraum von 60 Jahren verlangt eine Schwerpunktbildung. Wichtiger als eine positivistische Aufzählung der einzelnen Kulturereignisse in Duisburg seit dem Zweiten Weltkrieg erscheint vor allem das Beleuchten von Kontinuitäten und Brüchen in der Kulturpolitik, von Strategien und Motiven der handelnden Personen. Die Frage, inwieweit die Kulturpolitik der Stadt die besondere soziale Struktur der Einwohnerschaft berücksichtigt hat, dient als roter Faden in dieser Arbeit. Zugleich werden die Ereignisse in Duisburg im Zusammenhang mit der Entwicklung der regionalen und nationalen Kulturpolitik untersucht.

I. Kultur in Trümmern: Zur Situation 1945

Den besten Eindruck von der Situation der städtischen Kulturinstitutionen unmittelbar nach Ende des Zweiten Weltkriegs vermittelt der Duisburger Verwaltungsbericht 1945. Darin heißt es: „Beim Einmarsch der Besatzungsmächte im April 1945 befand sich das Kulturleben der Stadt im Zustand völliger Lähmung. Das Opernhaus und das Duisburg-Hamborner Haus waren zerstört, die Tonhalle vom Erdboden verschwunden, die Gebäude des Niederrheinischen Museums und der Stadtbücherei völlig ausgebrannt, der Bestand der Stadtbücherei zweimal durch Brand nahezu zerstört, alle Kirchen, mit Ausnahme einiger in den Randgebieten, in Trümmern gelegt, fast alle größeren Säle, alle Kinos der Innenstadt zerstört, die Mitglieder der Duisburger Oper und des Orchesters in Prag von der Revolution überrascht und auseinandergesprengt oder interniert, alle kulturellen Vereinigungen durch den totalen Krieg stillgelegt – das war der Zustand des Duisburger Kulturlebens nach dem Zusammenbruch. Aus dieser Lage heraus konnte nicht sofort wieder ein befriedigendes Kulturleben erblühen."[33]

Von Mai 1940 bis März 1945 flogen die Alliierten 311 Bombenangriffe auf die Stadt.[34] Große Teile Duisburgs wurden in eine Trümmerlandschaft verwandelt. Zwei Drittel aller Wohnungen waren im Mai 1945 vernichtet bzw. unbewohnbar.[35] Ähnlich betroffen waren die Industriewerke. „Duisburg bot militärische Ziele wie keine zweite Stadt in Deutschland. Es produzierte ein Drittel des deutschen Eisens und Stahls. Es besaß in Wedau den zweitgrößten Verschiebebahnhof des Landes, sein Binnenhafen versorgte den ganzen Rhein-Ruhr-Raum, es beheimatete Werften, Großkokereien, Zechen."[36] Die Verhältnisse unmittelbar nach Kriegsende waren für die Duisburger Bevölkerung in jeder Hinsicht katastrophal.[37] Der Stillstand des gesellschaftlichen Lebens bot nach der bedingungslosen Kapitulation des Deutschen Reichs zugleich die Chance eines Neuanfangs. Dem kulturellen Sektor sollte beim Wiederaufbau sowohl in geistiger als auch materieller Hinsicht eine wesentliche Rolle zufallen.

---

33 Verwaltungsbericht (VB) der Stadt Duisburg 1945, S. 78.

34 Kanther, Michael, Bomben auf Duisburg. Der Luftkrieg und die Stadt 1940–1960, Duisburg 2004, S. 8; Molder, Harald, Operation Hurricane. Stationen eines Großangriffs vor 70 Jahren, in: DJB 2015, S. 72–78.

35 Roden, Geschichte, S. 416.

36 Friedrich, Jörg, Der Brand, München 2003, S. 243.

37 Vgl. auch Kleßmann, Christoph / Friedemann, Peter (Hg.), Streiks und Hungermärsche im Ruhrgebiet 1946–1948, Frankfurt/M. 1977; Kleinwächter, Martin, Das Kriegsende in Duisburg, in: DJB 1996, S. 49–62.

Kurz nachdem ein amerikanischer Stoßtrupp die Stadt am 12. April 1945 widerstandslos eingenommen hatte, gab es in Duisburg wieder eine deutsche Verwaltungsspitze. Am 16. April ernannte der amerikanische Ortskommandant den Duisburger Rechtsanwalt Dr. Heinrich Weitz zum Oberbürgermeister. Weitz kam 1890 als Sohn eines Mühlenbesitzers in Linnich im Kreis Düren zur Welt. Nach einem Jura- und Volkswirtschaftsstudium trat er als Freiwilliger in den Ersten Weltkrieg ein, in dem er verwundet wurde. 1920 wurde der bekennende Katholik Beigeordneter der Stadt Duisburg. 1927 wechselte er nach Trier, um dort das Amt des Oberbürgermeisters anzutreten. Im September 1933 entließen die Nationalsozialisten den Zentrumspolitiker. Weitz kehrte nach Duisburg zurück, wo er von 1933 bis 1945 als Rechtsanwalt vornehmlich für die Industrie arbeitete.[38]

Am 11. Juni 1945 lösten britische Truppen die amerikanischen Verbände ab. Der erfahrene Verwaltungsfachmann Heinrich Weitz bildete unter Aufsicht der Briten eine Stadtvertretung, die aus 30 Mitgliedern und 31 Stellvertretern bestand. Die Personen wurden im Wesentlichen aus den demokratischen Parteien der Weimarer Republik rekrutiert. Um die Reorganisation der Verwaltung in Duisburg zu forcieren, ließ die britische Militärregierung 20 städtische Fachausschüsse bilden. Darunter befand sich ein „Ausschuss für kulturelle Angelegenheiten“, dem Oberbürgermeister Weitz persönlich vorstand. Die angelsächsischen Besatzungsmächte maßen der Kultur im Bestreben, die deutsche Bevölkerung zu entnazifizieren und zu demokratischem Denken umzuerziehen, eine hohe Bedeutung zu.

In den Bereichen Literatur, Kunst und Musik wurden erste provisorische Maßnahmen ergriffen, um „der Bevölkerung nach den langen schweren Kriegsjahren die ersehnte Ausspannung zu verschaffen“.[39] Der Stadtsyndikus Dr. Ernst D’ham, der von Weitz zum Schul- und Kulturdezernenten ernannt worden war, gab in der ersten Sitzung des Kulturausschusses einen Überblick über die potenziellen Möglichkeiten kultureller Veranstaltungen. In den Diskussionen wurde vor allem die Tradition Duisburgs als Musikstadt beschworen. Nach der Zerstörung der Duisburger Tonhalle und des Stadttheaters war das Ensemble der Duisburger Oper auf Initiative des Reichspropagandaministeriums nach Prag verlegt worden. Dort spielte es von November 1943 bis Juli 1944 im Deutschen Opernhaus und im Ständetheater am Wenzelsplatz.[40] Dezernent D’ham erläuterte, dass jene Musiker, die inzwischen von Prag nach Duisburg

38 Kanther, Michael, Heinrich Weitz (1890–1962). Das Porträt, in: Geschichte im Westen, 2/1989, S. 198–215; vgl. auch Weitz, Gottfried, Mein Vater Heinrich Weitz, in: DJB 2006, S. 34–64.

39 Meyer-Tödten, Friedrich, Das Wiedererwachen des Duisburger Theaterlebens im Rahmen des kulturellen Neubeginns der Jahre 1945–1950, in: Duisburger Forschungen 10/1966, S. 85–156, S. 94.

40 Meyer, Hans-Joachim, Kriegsbriefe aus Prag. Duisburger Oper 1943–1944, Duisburg 2013, S. 7; DGA, 1.9.1943; RP, 21.4.1956; Meyer-Tödten, Wiedererwachen, S. 92.

zurückgekehrt seien, ein Instrumentalorchester bilden sollten. Sie könnten unter der Leitung des Kapellmeisters Richard Hillenbrand „gute Unterhaltungsmusik" bieten, „wie es der Tradition der Duisburger Musikpflege" entspreche.[41] Richard Hillenbrand, der aus Böhmen größtenteils zu Fuß nach Duisburg gekommen war, nahm sich der schwierigen Aufgabe an und bildete aus den „verarmt und abgerissen heimkehrenden Musikern"[42] ein improvisiertes Orchester, das nach Hillenbrands Devise vorerst „möglichst viel Heiteres" spielen sollte.[43] Diese laut Duisburger Verwaltungsbericht „gepflegten Unterhaltungskonzerte" fanden in der ungeheizten Halle des Hotels „Duisburger Hof" statt und wurden gut besucht.[44] Als Entlohnung erhielten die Musiker lediglich freies Essen und Getränke. Im Oktober und Dezember 1945 spielte das Orchester mit Unterstützung durch Musiker aus Bochum größere Konzerte. In Berlin, Hamburg, Köln, Hannover, Düsseldorf, Essen, Göttingen und Würzburg fanden bereits im Sommer 1945 Aufführungen der städtischen Orchester statt.[45] Dort waren die Ensembles nicht wie in Duisburg in eine weit entfernte Stadt verlegt worden, sodass viele Musiker nach dem Krieg an ihre alte Position zurückkehren konnten. Dem Duisburger Publikum wurden Stücke wie Anton Bruckners „Te Deum" oder das „Deutsche Requiem" von Johannes Brahms dargeboten.[46] Die heute pathetisch anmutenden Worte in einem Artikel der „Neuen Ruhr Zeitung" illustrieren, welch hohe Bedeutung der Musik in dieser Zeit von Teilen der Bevölkerung beigemessen wurde: „Es ist wohl nicht zuletzt die Sehnsucht nach ewigen Werten [...], um sich in kalter Kirche von vor Kälte zitternden Musikerhänden aufrichten zu lassen."[47]

Im Rahmen dieser Darstellung ist es nicht notwendig, die sich rasch mehrenden Musikveranstaltungen im Einzelnen aufzuzählen.[48] Festzuhalten bleibt, dass in der dritten Sitzung des Kulturausschusses im November 1945 der Plan auftauchte, das Orchester zumindest zahlenmäßig in den Normalzustand zu versetzen und einen neuen Generalmusikdirektor zu verpflichten.[49] Am 1. April 1946 ernannte Heinrich Weitz den 36-jährigen Georg Ludwig Jochum zum Generalmusikdirektor.[50] Dies geschah auf

---

41 Meyer-Tödten, Wiedererwachen, S. 94f.
42 Stadt Duisburg, Dezernat für Kultur und Bildung, 100 Jahre Duisburger Sinfoniker 1877–1977. Versuch einer Chronik, Duisburg 1977, S. 5.
43 Ebd.; RP, 22.10.1955.
44 VB 1945, S. 78; RP, 5.10.1954.
45 Schildt / Siegfried, Kulturgeschichte, S. 35.
46 Vgl. Stadt Duisburg, Die Oberbürgermeisterin (Hg.), 125 Jahre Philharmoniker 1877–2002. Von der Brandtschen Kapelle zur Philharmonie, Duisburg 2002, S. 40; Meyer-Tödten, Wiedererwachen, S. 110.
47 NRZ, 15.12.1945.
48 Dazu ausführlich Meyer-Tödten, Wiedererwachen, S. 121ff.
49 Ebd., S. 108.
50 Georg Ludwig Jochum leitete das Duisburger Orchester bis 1970; vgl. Stadt Duisburg, Philharmoniker, S. 40ff.

Empfehlung von dessen Bruder Eugen Jochum, der seine Karriere von Duisburg aus gestartet hatte.[51] Das erste Hauptkonzert, das der neue Dirigent leitete, wurde im November 1946 im notdürftig wieder hergerichteten Foyer des Stadttheaters gegeben. Dieser Raum wurde an einen Kino-Betreiber verpachtet, der sich verpflichtet hatte, das Foyer für Kulturveranstaltungen der Stadt zur Verfügung zu stellen. Obwohl in dem Saal 600 Plätze zur Verfügung standen, musste jedes Konzert aufgrund der beträchtlichen Nachfrage viermal wiederholt werden.[52] Der Beigeordnete Dr. Ernst D'ham unterstrich in der Kulturausschusssitzung am 19. November 1946 die „Notwendigkeit hochqualifizierter Konzerte für die Arbeiterbevölkerung, um einen erzieherischen Einfluss auf jene Kreise auszuüben, die um ein besseres Verständnis der Musik bemüht seien".[53]

Mit ähnlich hohem Engagement organisierte die Stadtspitze erste Kunstausstellungen nach dem Krieg. Sie stellten eine ostentative Abkehr vom Kunstverständnis der Nationalsozialisten dar. Heinrich Weitz beauftragte Ernst D'ham, die Städtische Kunstsammlung zu betreuen.[54] Als Erstes mussten die wertvollen Kunstwerke aus städtischem Besitz „aus den Lagerschutzkellern in Duisburg-Hamborn zurückgeschafft werden".[55] Zunächst wurden sie im fünften Stock des Hotels „Duisburger Hof" deponiert. Im Februar 1946 kamen sie im Theatergebäude unter. Das Haus an der Königstraße 21, das bis zum Ausbruch des Zweiten Weltkriegs die Kunstsammlung beherbergt hatte, war nach Kriegsende dem Arbeitsamt zur Verfügung gestellt worden.[56] Aufgrund des akuten Gebäudemangels hatte die erste Kunstausstellung im großen Sitzungssaal des Rathauses im November 1945 provisorischen Charakter. D'ham zeigte in der Folge im Stadttheater oder in Schulen größtenteils Werke expressionistischer Künstler sowie Arbeiten von Malern aus der Region, etwa Otto Pankok oder Christian Rohlfs.[57] Seit 1947 standen dafür wieder sechs Räume im Museumsgebäude zur Verfügung.[58]

Die erste größere öffentliche Literaturveranstaltung fand am 14. September 1946 im Theaterfoyer statt. Schauspielschüler der Essener Folkwang-Hochschule lasen aus „Iphigenie auf Tauris". Goethes Drama wurde in der unmittelbaren Nachkriegszeit

51 Meyer-Tödten, Wiedererwachen, S. 115.
52 Ebd., S. 40.
53 Ebd., S. 119.
54 Seeling, August, Die Duisburger Kulturszene in der frühen Nachkriegszeit. Vortrag von Altoberbürgermeister August Seeling gehalten am 14.1.1985 im Rahmen des Vereins für Literatur und Kunst in der Stadtbibliothek Duisburg, Duisburg 1985, S. 20.
55 VB 1945, S. 78.
56 Ebd.
57 VB 1946/47, S. 52; RP, 2.3.1951.
58 VB 1946/47, S. 52.

auf deutschen Bühnen in West und Ost insgesamt 25 Mal aufgeführt.[59] Die Alliierten hatten dies aufgrund des humanistischen Gehalts des Stücks gerne erlaubt.[60] Ein Augenzeuge erinnerte sich an die Szenerie in Duisburg: „Die Zuschauer saßen in Mänteln, einige mit Decken über Schultern und Knien, ungeachtet der äußeren Umstände aber tief erschüttert über das Dichterwort, das die im Kriege mit Füßen getretene Humanität in jambischer Eurhythmie verkündete. Selten dürften Besucher das Theater so ergriffen verlassen haben wie nach dieser Veranstaltung."[61]

Kurz nach Ende des Zweiten Weltkriegs erlaubten die Briten dem Duisburger Oberbürgermeister Heinrich Weitz, den „Verein für Literatur und Kunst in Duisburg" zu reaktivieren.[62] Seit seiner Gründung im Jahre 1912 organisierte dieser in Zusammenarbeit mit der Duisburger Stadtbibliothek Lesungen renommierter Autoren. Unter anderem waren Bertolt Brecht, Alfred Döblin, Gerhart Hauptmann, Hermann Hesse, Thomas Mann, Franz Werfel und Stefan Zweig zu Gast. In der Zeit des „Dritten Reichs" hatte der Verein Lesungen mit regimetreuen Dichtern oder Abende zu den Themen „Dichter und völkische Bewegung" oder „Aufbruch der Nation in der deutschen Gegenwartsdichtung" veranstaltet.[63] Unter wesentlicher Mitwirkung von Ernst D'ham gab sich der Verein nach dem Krieg eine neue Satzung mit einer dezidiert demokratischen Ausrichtung: „Der Verein sieht seine Hauptaufgabe darin, auf das öffentliche Leben im Sinne einer demokratischen Kulturpolitik und einer zeitgemäßen Kunstpflege einzuwirken."[64] Getreu dieses neuen Selbstverständnisses sollte ein möglichst breites Publikum angesprochen werden. Man wollte nicht länger ein „Zirkel schöngeistiger Literatur-, Kunstkenner und Genießer" sein, sondern „das Sammelbecken aller Volksschichten, die über die Lebensnot hinaus nach Verbesserung und Vervollkommnung ihrer Kenntnisse und Erlebnismöglichkeiten im Kulturleben streben".[65] Der Verein trat für die „Wahrung des alten, anerkannten Kulturgutes" ein, zeigte sich aber offen „für alles Neuschöpferische auf dem Gebiet einer Kulturverbreitung ohne Verflachung".[66] Von 1945 bis 1948 konnten die – heute teilweise vergessenen – Literaten und Intellektuellen Emil Barth, Gertrud Bäumer, Werner Bergengruen, Georg Britting, Rudolf Hagelstange, Manfred Hausmann, Arno Hennig, Hermann Kasack, Elisabeth Langgässer, Theodor Litt, Wolf von Niebelschütz und Josef Winkler für Le-

59 Schildt / Siegfried, Kulturgeschichte, S. 82.

60 Hermand, Jost, Deutsche Kulturgeschichte des 20. Jahrhunderts, Darmstadt 2006.

61 Zit. nach Meyer-Tödten, Wiedererwachen, S. 96.

62 Barbian, Jan-Pieter, Literatur als Herzenssache – 100 Jahre Verein für Literatur und Kunst in Duisburg, in: ders., Der Verein, S. 15–61, S. 21.

63 Barbian, Jan-Pieter, Literatur als Herzenssache. 90 Jahre Verein für Literatur und Kunst Duisburg, in: DJB 2003, S. 38–45, S. 40.

64 Ebd., S. 41.

65 Ebd., S. 42.

66 Ebd.

sungen in Duisburg gewonnen werden.[67] Der Unternehmer Wilhelm Buller übernahm den Vorsitz des Vereins, der wenige Monate nach Kriegsende schon wieder knapp 400 Mitglieder zählte.[68] Bis 1975 fanden die Lesungen in gediegener Atmosphäre im Festsaal des „Duisburger Hofs" statt. Leitende Mitarbeiter der Volkshochschule und der Stadtbibliothek sorgten als Vorstandsmitglieder für eine kontinuierliche und erfolgreiche Arbeit. Bis in die Gegenwart bietet der Verein Lesungen, Diskussionsabende und Vorträge an.

Der überwiegende Teil der Duisburger Bevölkerung strömte in der unmittelbaren Nachkriegszeit allerdings in die rasch wieder aufgebauten Kinos, die in Deutschland einen regelrechten Boom erlebten.[69] Trotzdem boten die provisorischen kulturellen Angebote in den Bereichen Musik, Kunst und Literatur die Möglichkeit, die Bürger von ihren Kriegserlebnissen und ihrem harten Alltag in einer Trümmerwüste, der von großer materieller Not beherrscht war, abzulenken.

---

67 Vgl. Stadtbibliothek Duisburg (Hg.), Verein für Literatur und Kunst Duisburg 1912–1977. Eine Dokumentation partnerschaftlicher Förderung der Literatur, Duisburg 1977, S. 5.

68 Barbian, 90 Jahre, S. 42.

69 1947 z. B. wurden 6.186.724 Besucher in den Duisburger „Lichtspieltheatern" gezählt, siehe VB 1946/47, S. 62; vgl. Glaser, Hermann, Deutsche Kultur 1945–2000, München 1997, S. 159; Schildt / Siegfried, Kulturgeschichte, S. 36f.

II. Die Wiederherstellung kultureller Institutionen: Die Jahre 1945 bis 1969

Nach dem Ende des Deutschen Reichs wurde an die vertrauten kulturellen Traditionen der Stadt aus der Zeit der Weimarer Republik schnell wieder angeknüpft. Die zerstörten Kultureinrichtungen sollten möglichst rasch wieder aufgebaut werden. Nach der Währungsreform 1948 und der Anfang der 1950er Jahre anspringenden Weltkonjunktur entwickelte sich die Montanindustrie zunehmend dynamischer. Dies wirkte sich bis weit in die 1960er Jahre günstig auf die Haushaltssituation Duisburgs aus. Der Wiederaufbau und die darauf folgende Entwicklung der städtischen Kulturinstitutionen werden deshalb in diesem Kapitel thematisiert.

1. Stadtbibliothek

Die Stadtbibliothek und ihre Zweigstellen wurden durch die massiven Luftangriffe auf Duisburg im Dezember 1942 und im Februar 1945 fast vollständig zerstört. Im Verwaltungsbericht des Jahres 1945 heißt es: „Nachdem durch zweimalige Totalzerstörung der Hauptstelle und mehrfache Gesamtzerstörung und Beschädigung aller Zweigstellen ein Buchverlust von rund 150.000 Bänden, dazu noch der Verlust fast der gesamten Einrichtungsgegenstände der Stadtbücherei eingetreten war, galt es, ihr ganzes Gefüge von Grund auf neu aufzubauen.“[70]

Für die britische Besatzungsmacht waren die öffentlichen Bibliotheken und Volkshochschulen die wichtigsten Institutionen zur Förderung des demokratischen Denkens in der deutschen Bevölkerung. Die Militärregierung hatte die Bibliotheksleitung in Duisburg angewiesen, alle „Literatur und Werke nationalsozialistischen und militaristischen Charakters“ auszusortieren und zu vernichten.[71]

70 VB 1945, S. 79.
71 Zit. nach Vetter, Kulturpolitik, S. 87f.

Im Oktober 1945 öffnete die Duisburger Zentralbibliothek im Erdgeschoss des Hauses Düsseldorfer Straße 193 wieder ihre Pforten. Lediglich 18.361 Bände waren im Angebot.[72] Kurz danach konnten die Zweigstellen in Hamborn, Meiderich und Hochfeld eröffnen. Die Bücher jener Autoren, die während des „Dritten Reichs" verboten waren und in der Stadtbibliothek separat aufbewahrt wurden, waren fast alle einem Luftangriff zum Opfer gefallen.[73]

Das bescheidene Bücherangebot stieß in der Bevölkerung auf reges Interesse: Im ersten Nachkriegsjahr liehen 6.667 eingeschriebene Leser 70.245 Titel aus. Der Verwaltungsbericht 1945 berichtet von einem „außerordentlich starken Lesebedürfnis".[74]

Dr. Wilhelm Schmitz-Veltin (1907–1968) wurde 1945 mit Einverständnis der Briten von Oberbürgermeister Heinrich Weitz in seinen Ämtern bestätigt.[75] Der Westfale war seit 1936 Direktor des Niederrheinischen Heimatmuseums und hatte 1942 die kommissarische Leitung der Bibliothek in Personalunion übernommen. Schmitz-Veltin, der ein „formales Mitglied der NSDAP gewesen war"[76], gab sein Amt im Heimatmuseum auf und hatte den Direktorenposten in der Stadtbücherei bis zu seinem Tod 1968 inne.

Neben der Raumnot zählten die Vermehrung des Buchbestands und die Bewältigung der „Lesermassen" in den ersten Nachkriegsjahren zu den größten Herausforderungen für die Bibliotheksleitung.[77] Der Bedarf an Literatur in der Duisburger Trümmerlandschaft erreichte bisher nicht gekannte Ausmaße: Das „Westdeutsche Volksecho" schrieb im November 1947 von einem „unstillbaren Lesehunger": „Schlangen – wie sie selbst im Hungerwinter 46/47 vor keinem Lebensmittelladen zu sehen waren – warten hier und vor den drei Nebenstellen [...] geduldig auf die ‚geistige Kost'".[78] Schmitz-Veltin berichtete in dem Artikel von den „ungeheuren Schwierigkeiten" beim Wiederaufbau: „Erst hatten wir keine Türen und Fenster, dann wieder fehlte es an Regalen, nicht zu vergessen natürlich das Altpapier, ohne dass wir die Bände monatlich nicht binden lassen können. Vor allem fehlt es an bibliothekarisch-technischen Hilfsmitteln." Der Bibliotheksleiter versuchte, das Programmangebot auf die Bedürfnisse der Einwohnerschaft abzustimmen: „Der Hunger nach einem guten Buch treibt breiteste Bevölkerungskreise zur Stadtbücherei. [...] Für jeden etwas ist daher die Devise, unter der der Neuaufbau der Bücherei vor sich geht. Besonders soll das

72 VB 1945, S. 80.
73 Westdeutsches Volksecho, 4.11.1947.
74 VB 1945, S. 80.
75 Stadt Duisburg, Die Oberbürgermeisterin (Hg.), 100 Jahre Stadtbibliothek Duisburg. Festschrift 1901–2001, Duisburg 2001, o. S.
76 Rakowski, Franz (Hg.), Stadtbibliothek Duisburg 1901–1976, Duisburg 1976, o. S.
77 VB 1946/47, S. 53.
78 Dies und das Folgende nach Westdeutsches Volksecho, 4.11.1947.

gute Fachbuch einen breiten Raum einnehmen, um dem industriellen, geistigen und handwerklichen Nachwuchs die Möglichkeit zur beruflichen Weiterbildung durch das Buch zu bieten. Dazu zählt auch philosophische und weltanschauliche Literatur."

1948 besaß die Stadtbibliothek von ehemals rund 200.000 Büchern erst wieder 33.793 Bände.[79] Die eklatante Raumnot der Zentralstelle sowie die stetig steigenden Leserzahlen machten einen Bibliotheksneubau erforderlich. Das Bemühen des Bibliotheksleiters Schmitz-Veltin, die Situation der Büchereien in Duisburg zu verbessern, fand in den „Leitsätzen für die städtische Kulturarbeit", die der Kulturausschuss des Deutschen Städtetags 1947 erarbeitet hatte, theoretische Legitimation.[80] Im Mittelpunkt dieses Grundsatzpapiers stand die Pflege des kulturellen Erbes: „Die Verflachung unseres Lebens und die geistige Zerrissenheit unserer Zeit fordern eine verstärkte Besinnung auf die Güter der Kultur. Es gilt, in allen Kreisen des Volkes den Sinn für diese Werte aufzuschließen."[81] Den öffentlichen Bibliotheken gestand der Städtetag dabei eine Schlüsselrolle zu: „Der Bedeutung des Buches im Geistesleben werden die Städte durch Förderung des Büchereiwesens und Pflege des Schrifttums gerecht."[82]

Einer der entschiedenen Verfechter dieser Grundsätze war der von 1948 bis 1969 amtierende Duisburger Oberbürgermeister August Seeling (SPD). Er gehörte dem Kulturausschuss des Deutschen Städtetags von 1949 bis 1975 an. Dort wirkte er vierzehn Jahre als stellvertretender Vorsitzender und neun Jahre als Vorsitzender.[83] 1949 erklärte er in einer öffentlichen Rede: „Das Abendland ist in Gefahr! Es ist klar, dass wir alle Kräfte aufrufen und ansetzen müssen, um das reiche Erbe der großen europäischen Kultur, die auf den Grundpfeilern Christentum und Antike beruhen, vor dem Untergang zu bewahren. Da gilt es vorerst, das geistige Antlitz unserer gefährdeten Gegenwart klar zu erkennen."[84] Seelings konservatives Kulturverständnis spiegelt den Zeitgeist zu Beginn des Kalten Krieges wider. In der Ära Adenauer wurde im politischen wie im kulturellen Diskurs die christlich-abendländische Tradition häufig beschworen.[85] Das kulturelle Erbe sollte den Schrecken der Vergangenheit, der Konsumkultur des Alltags und dem Kommunismus entgegengestellt werden.

---

79 VB 1949, S. 295.

80 Pankoke, Eckart, Das Industrierevier als Kulturlandschaft. Zur kulturellen Dynamik des Ruhrgebiets nach 1945, in: Priamus, Heinz-Jürgen / Himmelmann, Ralf (Hg.), Stadt und Region – Region und Stadt. Stadtgeschichte, Urbanisierungsgeschichte, Regionalgeschichte, Essen 1993, S. 107–143, S. 113.

81 Deutscher Städtetag (Hg.), Leitsätze zur kommunalen Kulturarbeit (Stuttgarter Richtlinien), Stuttgart 1952, S. 5.

82 Ebd., S. 6.

83 Deutscher Städtetag (Hg.), 25 Jahre für die Kultur. August Seeling im Kulturausschuss des Deutschen Städtetags, Köln 1976, S. 3.

84 Zit. nach Vetter, Kulturpolitik, S. 95.

85 Hermand, Kulturgeschichte, S. 185ff.; Schildt / Siegfried, Kulturgeschichte, S. 64f. und S. 144ff.

Seeling wurde als junger Mann von der Gewerkschaftsbewegung und der SPD geprägt. Er fühlte sich dem Ziel der Arbeiterführer Ferdinand Lassalle und August Bebel verpflichtet, „aus dem rechtlosen Proletarier durch Bildung einen Staatsbürger zu formen, der sich für seine Gemeinde und für seinen Staat verantwortlich fühlt", wie Josef Krings es einmal rückblickend festhielt.[86] In einem 1953 gehaltenen Vortrag über „Städtische Kulturpflege als Volksbildungsarbeit" setzte sich Oberbürgermeister Seeling kulturkritisch mit Moden wie Kino, Motorrad, Lotterien und Jazz auseinander. Sein Fazit mündete in die Forderung einer öffentlichen, volksbildnerischen Kulturpflege mit Hilfe der Bibliotheken: „Die am weitesten reichenden Möglichkeiten volksbildnerischen Wirkens liegen [...] bei den öffentlichen Büchereien [...], die man mit Recht immer wieder als die geistigen Schnittpunkte aller Volks- und Erwachsenenbildung, als die Kristallisationspunkte des gesamten Kulturlebens unserer Städte bezeichnet. [...] Die öffentlichen Büchereien stellen neben den Volkshochschulen die bedeutendste volksbildnerische Chance dar, die es in unseren Kommunen überhaupt gibt."[87] Die Förderung des Bibliothekswesens erklärte er deshalb zum vorrangigen Ziel der Duisburger Kulturpolitik: „Ich möchte die öffentliche Bücherei als wichtigste städtische Kultureinrichtung bezeichnen, um deren Ausbau wir uns um jeden Preis unaufhörlich bemühen müssten, damit insbesondere die Jugend in ihr die ganze Fülle der kulturellen Werte aus Vergangenheit und Gegenwart versammelt findet. Das ist in keiner anderen städtischen Kultureinrichtung möglich. [...] Hier hat die Jugend freie Wahl und wird trotzdem vor gefährlichen Fehleinschätzungen bewahrt. [...] Das gute Buch allein ist ein hervorragendes Aktivum gegen Schmutz und Schund und gegen alle Arten von Magazinen."[88]

Auch hier befand sich der Oberbürgermeister im Einklang mit dem Zeitgeist. In den 1950er Jahren war der Kulturbegriff eng gefasst. So wie August Seeling verstanden fast alle westdeutschen Kulturpolitiker unter Kultur das, was heute als klassische Hochkultur bezeichnet wird.[89] Es ging um die Bewahrung konservativer Wertvorstellungen, um harmonische Erbauung statt Aufrüttelung im Theater, in der Literatur, Kunst und Musik, um eine retrospektive Auseinandersetzung mit einem übersichtlichen Kanon der bürgerlichen Kultur, die mit der damaligen gesellschaftlichen Realität wenig bis gar nichts zu tun hatte. Kulturförderung wurde in Westdeutschland von Gebildeten für Gebildete betrieben. Linke Kulturvorstellungen konnten sich in der Adenauer-Ära kaum durchsetzen. Zum einen, weil die Bildungsvereine der Arbei-

86 Krings, Glückwunsch, S. 12. Krings sah sich diesem Ideal ebenfalls verpflichtet, siehe Meyer, Kriegsbriefe, S. 5.

87 Seeling, August, Städtische Kulturpflege als Volksbildungsarbeit, in: Der Städtetag, Neue Folge 6/1953, S. 571–575, S. 571.

88 Seeling, August, Jugend und städtische Kultureinrichtungen (1950), in: Heid, Ludger / Vinschen, Klaus-Dieter / Krings, Josef (Hg.), Ein Leben für Demokratie und sozialen Frieden. Zum 80. Geburtstag von August Seeling, Duisburg 1986, S. 112–121, S. 114f.

89 Hermand, Kulturgeschichte, S. 186ff.

terschaft in der Zeit des Nationalsozialismus aufgelöst worden waren und die Sozialdemokratie noch lange nach dem Krieg geschwächt war. Zum anderen beförderte die Angst vor dem Kommunismus auch im Kulturbereich ein restauratives Klima.

Die Verwirklichung bildungsbürgerlicher Idealvorstellungen wurde in Duisburg Anfang der 1950er Jahre vorangetrieben. Der „Duisburger Generalanzeiger" berichtete 1953: „[...] es ist eigentlich überflüssig zu betonen, dass unsere Stadtbücherei nur gute Bücher führt. Jedes einzelne wird vorher auf seine sprachlichen und literarischen Eigenschaften geprüft, selbstverständlich wird auch seinem Gesamtinhalt in Bezug auf Sauberkeit und Haltung genügend Beachtung geschenkt."[90]

Seit 1951 konnten jugendliche Leser unter 18 Jahren Bücher kostenlos entleihen, sodass sich ihr Anteil an der Lesergesamtzahl innerhalb weniger Monate vervierfachte.[91] Der Rat der Stadt beschloss „angesichts der inzwischen unerträglich gewordenen Raumenge"[92] im April 1951 einen „dringend erforderlichen" Bibliotheksneubau im Kantpark in der Innenstadt.[93] Schmitz-Veltin betonte die Notwendigkeit dieser Maßnahme im Mai noch einmal öffentlich: Die Frequentierung der Stadtbibliothek steigere sich „von Monat zu Monat in einem unvorstellbaren Maß".[94] Die Ausleihen stiegen von insgesamt 203.372 im Jahr 1950 auf 376.098 im Jahr 1951.[95]

Ein Jahr später konnte anlässlich des 50-jährigen Jubiläums der Stadtbibliothek Duisburg das neue Bibliotheksgebäude der Öffentlichkeit übergeben werden. August Seeling verkündete in seiner Eröffnungsrede stolz: „Wir glaubten richtig zu handeln, wenn wir an Stelle einer Festveranstaltung zum 50jährigen Bestehen der Stadtbücherei ein geschichtliches Faktum setzen."[96]

Es war der erste Bibliotheksneubau in der Bundesrepublik nach 1945.[97] Aufgrund wirtschaftlicher Zwänge konnte allerdings nur ein erster Bauabschnitt fertig gestellt werden. Geschaffen wurden ein Magazin für 60.000 Bücher, ein Katalograum, acht Büroräume sowie ein Lesesaal mit 80 Arbeitsplätzen.[98] Schon 1951 war angedacht worden, in einem zweiten Bauabschnitt eine Jugend- und Musikbücherei zu errichten. Dieser konnte 1955 aus Mitteln des Bundesjugendplans realisiert werden.[99]

90 DGA, 19.5.1953.
91 VB 1951, S. 70.
92 VB 1950, S. 70.
93 VB 1951, S. 83; NRZ, 24.5.1951.
94 NRZ, 24.5.1951.
95 DGA, 19.5.1953.
96 DSA, 5.4.1952.
97 Rakowski, Stadtbibliothek, o. S.
98 DSA, 5.4.1952.
99 VB 1955, S. 55.

Abb. 1 Die Jugendbücherei im Kantpark

Auf 300 m² fanden 15.000 Bücher in der Kinder- und Jugendbibliothek Platz.[100] Im Gegensatz zum Magazinbestand der Erwachsenenbibliothek präsentierte man die Bücher hier frei zugänglich.[101] Sie wurde als Muster- bzw. Modellbücherei des Bundesinnenministeriums und der UNESCO errichtet und galt als größte und modernste im Bundesgebiet.[102] Der Duisburger Verwaltungsbericht hob die pädagogische Bedeutung dieser Einrichtung hervor: „Volksbildnerisch erscheint es als besonders wichtig, dass die Jugendbücherei in steigendem Maße die vor allem gefährdete Altersgruppe der Jugendlichen zwischen 14 und 18 Jahren an sich zieht."[103] Zahlreiche Fachleute aus dem In- und Ausland begutachteten die als vorbildlich geltende Bibliothek, die sich innerhalb kürzester Zeit einen „beachtenswerten Ruf" erarbeitet hatte.[104] Die frühe Gründung erscheint vor dem Hintergrund, dass mit der „Petite Bibliothèque

100 DSA, 18.6.1955; VB 1955, S. 55.

101 Barbian, Jan-Pieter, 100 Jahre Stadtbibliothek Duisburg. Auf dem Weg zum multimedialen Informations- und Bildungszentrum, in: DJB 2001, S. 105–114, S. 111.

102 DSA, 18.6.1955; VB 1955, S. 55.

103 VB 1956, S. 76.

104 VB 1957, S. 135; vgl. auch VB 1955, S. 56; VB 1956, S. 77; DSA, 9.11.1955; RP, 21.9.1957.

Ronde“ in Paris die weltweit erste ausschließlich für Kinder und Jugendliche bestimmte Bibliothek erst 1965 eröffnet wurde, umso beachtlicher.[105]

Die Ausleihzahlen der Jugendbücherei in Duisburg lagen weit über den Erwartungen und brachten die Verantwortlichen schon wenige Monate nach der Eröffnung „in räumlicher, organisatorischer und personeller Hinsicht an den Rand der Leistungsfähigkeit“.[106] Bei der Planung hatte man mit höchstens 4.000 jungen Lesern gerechnet. 1957 waren 9.000 Jugendliche registriert. Die Zahl stieg auf 12.000 im Jahr 1959.[107]

Die gesamte Stadtbibliothek stieß Mitte der 1950er Jahre an die Grenzen ihrer Kapazität. Die Stadtverwaltung prüfte sogar einen Aufnahmestopp für neue Leser. In der Zeit von 1952 bis 1957 hatten sich die Ausleihzahlen von 376.089 auf 802.318 mehr als verdoppelt.[108] Seit 1956 war die Ausleihquote der Duisburger Stadtbücherei die höchste unter allen Großstadtbibliotheken des Landes Nordrhein-Westfalen, obwohl der Bestand der Bücher, die räumlichen Kapazitäten und die Zahl der Zweigstellen beträchtlich geringer als in anderen Großstädten waren.[109]

Der Rat der Stadt versuchte auf die besondere Nachfrage der Duisburger Bevölkerung zu reagieren. Die Inbetriebnahme eines speziell ausgerüsteten Bücherbusses 1958 war ein Novum in der BRD.[110] Er versorgte die Haushalte in entlegenen Stadtteilen mit Kinder- und Jugendbüchern. Als erste Großstadt im Bundesgebiet legte Duisburg 1961 einen detaillierten Bibliotheksentwicklungsplan vor.[111] Darin wurde betont, dass die Stadtbücherei die Aufgaben einer wissenschaftlichen und einer Volksbücherei erfülle und zu den am stärksten beanspruchten Büchereien vergleichbarer Städte gehöre. 1960 wurden in Duisburg 181.000 wissenschaftliche Titel ausgeliehen, während beispielsweise die Kölner Universitätsbibliothek 149.000 Bände aushändigte.[112] Die Ausleihe der Bücher in der „lesefreudigen und bildungshungrigen Stadt“, so die „Rheinische Post“, war gemäß der Satzung gebührenfrei.[113]

Dem überdurchschnittlichen Bedarf wollte die Stadtbibliothek in „differenziertester Weise und größerem Umfang“ gerecht werden. Die vorhandenen Büchereieinrich-

---

105 SZ, 14./15.2.2015.

106 DSA, 9.11.1955.

107 RP, 21.9.1957; RP, 29.7.1959.

108 RP, 21.9.1957; Barbian, Jan-Pieter, Ein Haus der Bücher und Menschen. Die Zentralbibliothek verlässt nach fast 50 Jahren ihr Domizil an der Düsseldorfer Straße, in: DJB 2014, S. 154–158, S. 154.

109 Ebd.; VB 1956, S. 76; RP, 21.9.1957; DGA, 27.10.1960; NRZ, 6.2.1964.

110 WAZ, 25.10.1958; WAZ, 16.7.1970.

111 Barbian, 100 Jahre Stadtbibliothek, S. 112.

112 DGA, 27.10.1960.

113 RP, 14.4.1961.

tungen würden „weit über die zugestandene Leistungsfähigkeit in Anspruch genommen“ und seien „überfordert“, sodass „überall Engpässe entstanden sind, die sich außerordentlich leistungshemmend auswirken“.[114]

In den nächsten zehn Jahren wurde das Zweigstellensystem in den weit auseinander liegenden Stadtgebieten mit 27 Außenstellen ausgeweitet.[115] Zwischen 1946 und 1966 stiegen die Ausleihen von circa 193.000 auf rund 1,6 Millionen in der Zentralbibliothek und den Zweigstellen an.[116] 1963 etwa wurden in Duisburg 1,12 Millionen Bücher ausgeliehen. In Düsseldorf betrug die Zahl lediglich 525.803 Exemplare. Auch in Köln und Essen wurden die Duisburger Rekordzahlen nicht erreicht.[117] Die im Vergleich zu anderen Großstädten ausgesprochen hohen Werte verdeutlichen die besondere Bedeutung der öffentlichen Bibliotheken in der Industrie- und Arbeiterstadt Duisburg. Es erscheint wahrscheinlich, dass viele Arbeiterhaushalte nicht zuletzt aus materiellen Gründen mit nur wenigen eigenen Büchern ausgestattet waren.[118] Die öffentliche Bibliothek, die in Duisburg überdies immer eng mit Schulen kooperierte, wurde als ein Baustein zur Ermöglichung des sozialen Aufstiegs bildungsferner Schichten angesehen. Deshalb gestand August Seeling den Bibliotheken eine Priorität gegenüber anderen Kulturinstituten zu. Sie seien das kulturpolitische Instrument mit der größten Breitenwirkung. Ihre Etats sollten in den deutschen Städten insgesamt besser ausgestattet werden.[119]

Die Räumlichkeiten in dem kleinen Gebäude der Zentralbibliothek im Kantpark reichten schon bald nicht mehr aus. 1960 platzte das Magazin „aus allen Nähten“.[120] Jedoch konnten weder die Erweiterung des bestehenden Gebäudes noch ein ursprünglich geplanter zweiter Bibliotheksneubau realisiert werden. Die Stadt mietete ab 1966 auf Initiative des Bibliotheksdirektors Dr. Schmitz-Veltin ein überflüssig gewordenes Kaufhaus in der Innenstadt, um die unbefriedigenden Zustände zu verändern. Das Gebäude wurde 1967 für rund 8,5 Millionen DM von der Stadt gekauft.[121] Das Inventar und

114 Drucksache der Verwaltung 195 vom 13.6.1961, in: Akten des Stadtarchivs Duisburg (STA DU), Bestand 401, Stadtbücherei.

115 Rakowski, Stadtbibliothek, o. S.

116 Vgl. VB 1966.

117 NRZ, 6.2.1964.

118 Dieser Umstand hat sich im Betrachtungszeitraum nicht verändert. In einer Besucherbefragung wurde 2005 festgestellt, dass in der Stadtbibliothek im Vergleich zu anderen Großstädten mit 89 % besonders viele Vielnutzer aktiv seien; vgl. Barbian, Jan-Pieter / Fühles-Ubach, Simone / Seidler-de Alwis, Ragna, Was erwarte ich von einer guten Bibliothek? Ergebnisse einer Kundenbefragung in der Stadtbibliothek Duisburg, in: BuB 58/2006, S. 278–280, S. 279.

119 Seeling, August, Öffentliche Bibliotheken und kommunale Kulturpolitik in der modernen Großstadt, in: Rakowski, Franz (Hg.), Die Öffentliche Bibliothek. Auftrag und Verwirklichung, Berlin 1968, S. 9–21, S. 14 und S. 21.

120 NRZ, 9.1.1960; DGA, 29.4. und 13.10.1961; Stadt Duisburg, 100 Jahre Stadtbibliothek, o. S.

121 RP, 25.11.1967.

der Umbau verursachten Aufwendungen in Höhe von circa 500.000 DM.[122] Auch wenn das ehemalige Kaufhaus nicht die besten architektonischen Voraussetzungen für eine Bibliothek bot, so verfügte die Einrichtung nun über ein dreistöckiges Gebäude mit einer großzügigen Präsentationsfläche von 6.500 m².[123] August Seeling sah die Neueröffnung am 14. Mai 1966 „als ein Ereignis von entscheidender Bedeutung für das geistige Leben Duisburgs".[124] In Bezug auf die Bücherausstattung und Größe stand die Duisburger Bibliothek nun an erster Stelle in Nordrhein-Westfalen und an dritter Stelle in der Bundesrepublik.[125] Auf dem Höhepunkt ihrer Ausdehnung verfügte sie im Jahr 1975 über 39 Zweigstellen, aufgeteilt in Bezirks- und Stadtteilbibliotheken sowie kombinierte Stadtteil- und Schulbibliotheken.[126] Durch die kommunale Neugliederung waren rund 200.000 Medien und 14 neue Zweigstellen hinzugekommen.[127] Im Juni 1975 konnte in der Zentrale durch Anmietung eines Kinosaals mit 1.400 m², der aufgegeben wurde, eine große Kinder- und Jugendbibliothek eingeweiht werden.[128] Im selben Jahr wurden insgesamt 4.176.822 Medienbenutzungen registriert. Damit nahm Duisburg eine Spitzenposition unter den deutschen Großstädten ein.[129]

Die weitere Entwicklung dieser Institution wird in Kapitel IV/3 dargestellt.

2. Volkshochschule

Die Volkshochschularbeit in Duisburg wurde 1931 eingestellt, da die Weltwirtschaftskrise die Stadt an den Rand der Zahlungsunfähigkeit gebracht hatte.[130] Nach dem Zweiten Weltkrieg wurde die Erwachsenenbildung schnell reaktiviert. Die Volkshochschulen sollten dabei helfen, die Deutschen zu demokratischem Denken zu erziehen. Auf der Konferenz von Potsdam formulierten die Alliierten die Grundlagen der Politik

122 WAZ, 4.5.1965.
123 WAZ, 31.12.2007.
124 RP, 16.5.1966.
125 WAZ, 23.4.1965; RP, 16.5.1966.
126 NRZ, 21.4.2001; vgl. Barbian, 100 Jahre Stadtbibliothek, S. 114.
127 Brenneisen, Irene, Die Auswirkungen der kommunalen Neugliederung auf das öffentliche Bibliothekswesen. Dargestellt am Beispiel der Stadtbibliothek Duisburg, Köln 1976, S. 53.
128 Barbian, Haus, S. 155f.
129 Rat der Stadt Duisburg, Entwicklungs- und Strukturplanung für die Stadtbibliothek 1977–1985, Duisburg 1976, S. 22; Brenneisen, Neugliederung, S. 51.
130 Barbian, Jan-Pieter, Volkshochschule als Herzenssache. Die Gründung der Volkshochschule und ihre Entwicklung in der Weimarer Republik, in: Stadt Duisburg, Der Oberstadtdirektor (Hg.), 75 Jahre Volkshochschule der Stadt Duisburg, Duisburg 1994, S. 13–17, S. 17.

der „re-education“: „German education shall be so controlled as completely to eliminate Nazi and militarist doctrines and to make possible the successful development of democratic ideas.“[131]

Einer der Wege zur Erfüllung dieses Zieles war die Schaffung von „Information Centres“, die unter der Bezeichnung „Die Brücke“ allgemeine Bekanntheit erlangten.[132] Sie wurden in fast jeder Großstadt der britischen Zone gegründet. Die Duisburger „Brücke“ wurde im Mai 1947 im Hotel „Duisburger Hof“ eingerichtet. Dieses „Schaufenster nach England“ bot ein umfangreiches Kulturprogramm. Neben Vorträgen britischer Offiziere zu Fragen der Demokratie und der britischen Gesellschaftsordnung gab es Filmvorführungen, Diskussionen, Ausstellungen und vieles mehr.[133] „Die Brücke“ verfügte über einen Lesesaal, in dem englischsprachige Zeitungen und ausländische Literatur in deutscher Übersetzung auslagen. Die Duisburger „Brücke“ wurde 1951 aufgegeben, weil die Briten die Institution nicht mehr unterstützten. Die nordrhein-westfälische Kultusministerin wollte finanziell nicht einspringen, da sie keine „englische Propaganda mit deutschen Mitteln fördern wollte“.[134]

Für die Erwachsenenbildung erließ die britische Militärregierung im September 1945 an die deutschen Behörden im Regierungsbezirk Düsseldorf eine Instruktion: „1. Wherever local conditions permit German Authorities will be required forthwith to submit plans for the resumption of Adult Education at an early date. 2. There is no intention to dictate the lines along which Adult Education should develop in Germany. Nevertheless a form must be adopted at this stage which, while allowing the freedom necessary for healthy development, will permit of adequate control.“[135] Bei dem Neuaufbau der Erwachsenenbildung legten die Briten ihr Hauptaugenmerk auf die Personalpolitik. In Duisburg mussten die zukünftigen Dozenten der Volkshochschule vom Kulturausschuss vorgeschlagen und nach einer Prüfung ihrer politischen Zuverlässigkeit von der britischen Militärregierung bestätigt werden.[136] „Die Überwin-

---

131 Zit. nach Fries, Ursula, „Für die schwerarbeitende Bevölkerung“. Kulturpolitik in Bochum 1945–1960, Bonn 1992.

132 Vgl. auch Joester, Ingrid, Verstehen und Kennenlernen für den Weltfrieden – „Die Brücke“, in: Reinicke, Christian / Romeyk, Horst (Hg.), Nordrhein-Westfalen. Ein Land in seiner Geschichte. Aspekte und Konturen 1946–1996, Münster 1996, S. 97–103.

133 Vgl. Seeling, Kulturszene, S. 15.

134 Zit. nach Vetter, Kulturpolitik, S. 43; Dunas, Peter, Von der „Commission zur Erhaltung und Sammlung von Duisburger Alterthümern“ zum „Kultur- und Stadthistorischen Museum Duisburg“. Eine Dokumentation, in: ders. / Sommer (Hg.), „Kultur- und Stadthistorisches Museum der Stadt Duisburg“. Festschrift zum 100-jährigen Bestehen 1902–2002, Duisburg 2002, S. 181–279, S. 210.

135 Zit. nach Horn, Wolfgang, Kulturpolitik in Düsseldorf. Situation und Neubeginn nach 1945, Opladen 1981, S. 123.

136 Barbian, Jan-Pieter, Der Neubeginn nach dem Zweiten Weltkrieg und die Entwicklung bis zur Gegenwart, in: Stadt Duisburg, Der Oberstadtdirektor (Hg.), 75 Jahre Volkshochschule der Stadt Duisburg, S. 18–34, S. 19.

dung der Hitlerideologie und die Erziehung zur Objektivität durch Ausschaltung aller propagandistischen Elemente" war für die Briten die Aufgabenstellung, die sie der neu zu bildenden Duisburger Volkshochschule auftrugen.[137]

Schon in der zweiten Sitzung am 15. September 1945 befasste sich der Kulturausschuss mit der Wiederbelebung der Duisburger Volkshochschule. Die Diskussionsteilnehmer wollten mit Hilfe von „Kursen, Vorlesungen und Debattiergruppen" die „Volks- und Menschenformung in den Vordergrund der Tätigkeit" rücken. Dem Fach Geschichte sollte ein besonderer Platz eingeräumt werden, „weil hier in der Vergangenheit viel gesündigt" worden sei.[138]

Die Volkshochschule nahm ihre Tätigkeit am 21. Mai 1946 wieder auf. Die ehrenamtliche Leitung übernahmen kommissarisch der Geschäftsführer der CDU in Duisburg, Bernhard Kaes, und der Schulrektor Jakob Welch.[139] Im ersten Semester wurden 35 Kurse angeboten, die in die Hauptlehrgänge „Weltanschauung", „Staat und Wirtschaft", „Mensch und Natur", „Musik und Literatur" sowie „Sprachen" unterteilt wurden. Im Verwaltungsbericht 1946/47 heißt es: „Die Volkshochschule beschritt [...] bewusst den Weg einer gediegenen, alle Volkskreise umfassenden Erwachsenenbildung, die in ihrem Bestreben, Bildungslücken zu schließen, zugleich Einsicht in den Zusammenhang der Dinge vermittelte, die eigene Urteilskraft der Hörer weitgehendst [sic!] anregte und so fruchtbare kulturelle Arbeit leistete."[140] Über 50 Prozent der Hörer waren Beamte und Angestellte. Arbeiter und Handwerker waren mit einem Anteil von unter 20 Prozent in der Minderheit.[141]

Der Unterricht konnte zunächst nur in sehr bescheidenem Umfang abgehalten werden. Die Seminare fanden in vier Schulen in Duisburg statt, die durch den Krieg teilweise stark beschädigt waren.[142] Die Dozenten, die größtenteils aus der Verwaltung und dem Rat der Stadt stammten, mussten die Glühbirnen zur Beleuchtung in den zerstörten Gebäuden selbst mitbringen.[143] 39 Personen unterrichteten im Sommer 1946 1.222 Hörer.[144]

In der Kulturausschusssitzung vom 29. November 1946 wurde der Beschluss gefasst, das Provisorium der ehrenamtlichen Volkshochschulleitung zu beenden und

---

137 KAP, 13.4.1946.
138 KAP, 15.9.1945.
139 VB 1946/47, S. 53.
140 Ebd.
141 Ebd., S. 61.
142 Theens, Ria, Erwachsenenbildung als Herzenssache. 75 Jahre Volkshochschule der Stadt Duisburg, in: DJB 11/1994, S. 36–37, S. 36.
143 Kaes, Bernhard, Volkshochschule Duisburg. Entstehung und Werdegang, in: Beilage der Volkshochschule im Westen 9/1957/1958, o. S.
144 Barbian, Jan-Pieter, Volkshochschule als Herzenssache. Teil II: Der Neubeginn nach dem Zweiten Weltkrieg und die Entwicklung bis zur Gegenwart, in: DJB 1995, S. 86–96, S. 87.

„mit aller Sorgfalt“ einen hauptamtlichen Rektor zu bestellen. Dieser müsse ein „Volksbildner im echtesten Sinne des Wortes sein“.[145] Erst als das Kultusministerium des im August 1946 gegründeten Landes Nordrhein-Westfalen von den Großstädten die Einsetzung eines hauptamtlichen Volkshochschulleiters forderte, gelang eine dauerhafte Lösung dieser Frage.[146] Nach dem Willen des Kulturausschusses sollte die Leitung „nicht in die Hand eines Akademikers kommen, sondern einem Manne aus dem Volk übertragen werden“.[147] Die Mitglieder votierten einstimmig für Bernhard Kaes, der 1892 in Oberhausen-Sterkrade geboren wurde. In der Zwischenkriegszeit hatte sich der ausgebildete Maschinenschlosser in der christlichen Gewerkschaftsbewegung und der Zentrumspartei engagiert. Die Defizite in der Vergangenheit bezeichnete er wie folgt: „Weil unser Volk in ein Gebräu von Halbgedanken und unklaren Gefühlen geraten war, weil es unter dem Schlagwort der Volkstümlichkeit in öde Geschwätzigkeit verfiel und die Ordnung der Werte über den Haufen warf, konnte in einem Prozess unvorstellbaren Entsetzens der Geist in Deutschland gemordet werden.“[148] Nach seiner Überzeugung sollte Volkshochschularbeit auf die „in fast allen Schichten nach dem Krieg empfundene geistig-seelische Leere reagieren“.[149] Kaes prägte die Formel „Volksbildung als Beitrag zum geistigen Wiederaufbau“.[150]

An der Werteerneuerung und der Erziehung zum selbständigen, demokratischen Denken sollten die vielen Arbeitslosen, Spätheimkehrer und Flüchtlinge beteiligt werden. Diese Gruppen durften 1950 sämtliche Veranstaltungen der Duisburger Volkshochschule unentgeltlich besuchen: „Ein Wort an die Erwerbslosen. Gerade der von den wirtschaftlichen Nöten der Arbeitslosigkeit erfasste Mensch erkennt oft genug die Wahrheit des Satzes, dass der Mensch nicht vom Brot alleine lebt. Er öffnet sich darum besonders gern den dargebotenen Möglichkeiten wahrhafter Bildung und geistig-seelischer Vertiefung.“[151]

1948 hatte die Duisburger Volkshochschule auf Wunsch des Kulturausschusses eine Kooperation mit dem Deutschen Gewerkschaftsbund (DGB) beschlossen.[152] Nach dem Vorbild der englischen „Workers’ Education Association“ (WEA) organisierten die Gewerkschaften und die Duisburger Volkshochschule die 1950 erstmals angebotene Kursreihe „Arbeit und Leben“.[153] Im Vordergrund dieses Angebots stand die „We-

145 KAP, 29.11.1946.
146 Barbian, Teil II: Neubeginn, S. 87.
147 KAP, 4.7.1947.
148 Zit. nach Vetter, Kulturpolitik, S. 83.
149 Zit. nach Barbian, Neubeginn, S. 22.
150 Barbian, Teil II: Neubeginn, S. 88.
151 Rundschreiben der VHS an ihre Hörer (o. D.), zit. nach Vetter, Kulturpolitik, S. 83.
152 Barbian, Neubeginn, S. 22.
153 VB 1950, S. 71. Über das britische Vorbild der „WEA“ vgl. Fries, Kulturpolitik, S. 193.

ckung der öffentlichen Verantwortung und der Anteilnahme an der demokratischen Formgebung".[154] Zielgruppen zur „Weckung altbürgerlicher Verantwortung"[155] waren dafür Bergleute, Arbeiter und Angestellte.[156]

Die „Kulturelle Bergmannsbetreuung", die von einer Zentralstelle für das gesamte Ruhrgebiet geleitet wurde, gehörte seit 1949 zum festen Bestandteil der Duisburger Volkshochschularbeit und wurde stetig ausgeweitet. In Bergarbeiterheimen sollten junge Lehrlinge durch „Vorträge, Diskussionsabende und Besuche von Konzerten und Theateraufführungen [...] im Sinne einer großzügig angelegten Bildungsarbeit" erreicht werden.[157] Etwa 1.000 Arbeiter nahmen das Angebot 1949 in Anspruch. Die Gesamtorganisation übernahm die „Landesarbeitsgemeinschaft für kulturelle Bergmannsbetreuung" in Essen, die vom Landeskultusministerium, dem Unternehmerverband Bergbau, der IG Bergbau und dem Landesverband der Volkshochschulen unterstützt wurde. Keine andere Kulturinstitution in Duisburg kümmerte sich so intensiv um die Bergleute wie die VHS.

Bei der kursorischen Durchsicht der Quellen über die Ziele und Aufgaben der Duisburger Volkshochschule in den 1950er Jahren weht dem Betrachter ein zuweilen bildungsbürgerlicher Zeitgeist entgegen. Die Themen „besonderer Einzelveranstaltungen" lauteten beispielsweise im Jahr 1953: „Ilias von Homer", „Der Aufstieg des Abendlandes", „Begegnung mit großen Europäern", „König Echnaton und Königin Nofretete", „Altrussische Ikonenkunst", „Vom Land und Schlössern an der Loire", „Adalbert Stifter", „Gotische Baukunst des Abendlandes".[158] Im Verwaltungsbericht 1955 ist vom „Volksbildungsanliegen" die Rede, von einer „Tugendlehre, in der Gewissenhaftigkeit, Zuverlässigkeit, Sachtreue und Hingabe ihren richtigen Platz gefunden haben", von „geistig-moralischen Schutzdämmen", die dem „nivellierten Massengeschmack" oder der „auf hohen Touren laufende[n] Vergnügungsindustrie" entgegengesetzt werden sollten. Hauptkurse wie „Des Lebens Quellen, Ziel und Sinn" oder „Besinnung, Wandlung und Erlebnis durch die Welt der Kunst, Dichtung und Musik" hätten das „geistig-ideelle Vakuum" in der „technisierten, industrialisierten und kommerzialisierten Welt" zu füllen.[159] Nach den Vorstellungen des Oberbürgermeisters und Kulturausschussvorsitzenden August Seeling sollte die VHS „Bildung vermitteln zum Volke hin, also alle Kräfte wecken und entwickeln".[160] In den zitier-

154 VB 1951, S. 84.
155 VB 1952, S. 88.
156 VB 1950, S. 71.
157 VB 1949, S. 81.
158 VB 1953, S. 196; vgl. auch VB 1954, S. 62.
159 VB 1955, S. 56.
160 Seeling, August, Die Volkshochschule in Öffentlichkeit und Verwaltung, in: Das Tor zum Nachbarn, Ratingen 1957, S. 55–62, S. 55.

ten Aussagen spiegeln sich klassische bürgerliche Wert- und Normvorstellungen, die die Volkshochschularbeit der 1950er Jahre bestimmten und zugleich einengten. So vermerkt der Duisburger Verwaltungsbericht 1949 eine „Lethargie der Jugend" gegenüber der VHS.[161] In den 1950er Jahren verlagerte sich der Schwerpunkt der Volkshochschularbeit allmählich von der Pflege der klassischen Kultur und der Erziehung zu demokratischem Denken hin zur beruflichen Weiterbildung.

Im April 1953 verabschiedete das Land Nordrhein-Westfalen ein „Gesetz über die Zuschussgewährung an Volkshochschulen und entsprechenden Volksbildungseinrichtungen". Die Finanzierung der Volkshochschulen in den Städten war von nun an eine Pflichtaufgabe für jede Kommune und damit langfristig gesichert.[162]

Mit der Konsolidierung des öffentlichen Lebens in Duisburg in den 1950er Jahren stieg auch die Hörerzahl der VHS an. Der Stellenwert des Lehrinstituts blieb in Duisburg trotzdem gering. Die Kulturausgaben der Stadt teilten sich im Jahr 1954 wie folgt auf:

Kulturausgaben der Stadt Duisburg 1954 in DM pro Einwohner[163]

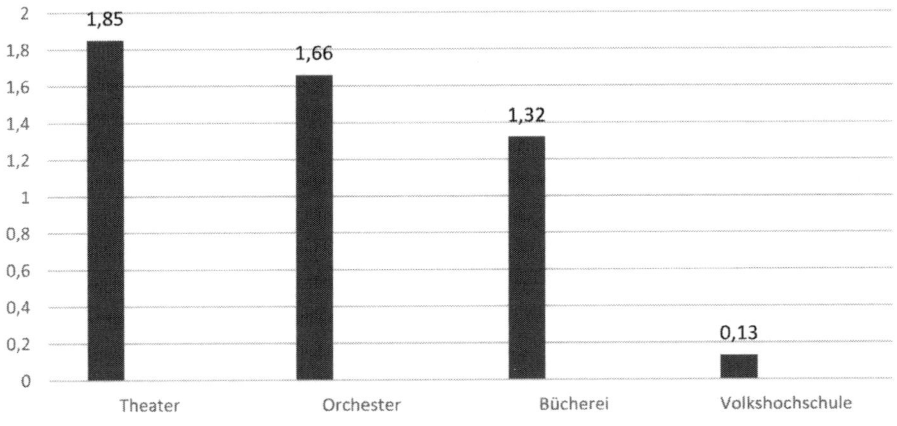

Das Gesamtbild verschlechtert sich noch vor dem Hintergrund, dass die Kulturausgaben der Kommune Duisburg weit unter dem Bundesdurchschnitt lagen. 1954 betrugen sie in Duisburg pro Einwohner 6,05 DM. Der Bundesdurchschnitt lag bei 10,25 DM.[164]

161 VB 1949, S. 80.
162 Barbian, Neubeginn, S. 22.
163 Zit. nach Fries, Kulturpolitik, S. 103.
164 Ein Vergleich mit den Ruhrgebietsstädten fällt nicht besser aus: Bochum 10,90 DM; Dortmund 9,69 DM; Essen 7,08 DM. Die Tatsache, dass Duisburg kein eigenes Theaterensemble hatte, fällt kaum ins Gewicht, da die Einzelausgaben für das (eigene) Theater in Essen und Dortmund nur geringfügig über dem Duisburger Wert lagen; vgl. Fries, Kulturpolitik, S. 103. Schon

Die Volkshochschule hatte Ende der 1950er Jahre noch immer kein eigenes Gebäude und musste ihre Veranstaltungen in Klassenräumen Duisburger Schulen stattfinden lassen, die nur eine begrenzte Nutzungsmöglichkeit zuließen. Die VHS-Geschäftsstelle, die lediglich aus Bernhard Kaes und seiner Sekretärin bestand, war in einem Verwaltungsgebäude hinter der Bühne des Stadttheaters untergebracht, in dem sich auch das Kulturamt befand.[165] Als 1957 der erfahrene Volkshochschulleiter Dr. Klaus Sensky in den Dienst der Stadt trat, wurde die Arbeit straffer und professioneller organisiert. Die Anzahl der Kurse und Themenangebote verdoppelte sich innerhalb eines Jahres. Seinen Unmut über die eklatante Raumnot der Volkshochschule brachte Sensky im Verwaltungsbericht 1957 deutlich zum Ausdruck: „Eine ernste Sorge bereitete die räumliche Unterbringung. Dass die Hörerzahlen trotz der zum Teil völlig ungenügenden räumlichen Voraussetzungen dennoch weiter anstiegen, beweist erneut, dass die Bedeutung der Volksbildungsarbeit von weiten Kreisen der Bevölkerung anerkannt wird. Freilich liegt bei vielen erwachsenen Bürgern der Schulbankkomplex wie eine Barriere vor dem freien Entschluss, die Möglichkeiten einer Fortbildung und einer menschlichen Selbstentfaltung wahrzunehmen. Unausweichlich wird in der Zukunft nur eine eigene Heimstätte helfen können, ein Bildungsprovisorium zu überwinden, das in der modernen Industriegesellschaft gefährlich anachronistisch ist."[166]

Die Zahl der Hörer stieg weiter an: Hatten im Frühjahr 1957 noch 1.818 Personen die Angebote der VHS wahrgenommen, so waren es ein Jahr später 3.451, im Jahr 1959 5.590.[167] Um die erhöhte Nachfrage bewältigen zu können, zog die Geschäftsstelle der Volkshochschule in ein Haus in der Königstraße. Sensky betonte gegenüber der Presse, dass es sich hierbei jedoch nur um eine Fortsetzung des bisherigen improvisierten Zustands handeln könne und er an dem Wunsch nach einem bedarfsgerechten Volkshochschulgebäude festhalte.[168]

Erst gegen Ende der 1950er Jahre konnte die provisorische Unterkunft der Volkshochschule überwunden werden. Kulturdezernent Paul Dittrich[169] beantragte 1959 beim Rat der Stadt einen Gebäudeneubau, „um den Zustand kläglicher und hilfloser Improvisation" zu beenden. An der Lösung des Raumproblems entscheide sich „in der Zukunft, ob die Volkshochschule tatsächlich eine Bildungseinrichtung werden

1953 machten die Kulturausgaben der Stadt Duisburg nur 1,55 % des Gesamtetats aus, in Oberhausen waren es 4 %, siehe KAP, 13.7.1953.

165 Barbian, Neubeginn, S. 23.

166 VB 1957, S. 136.

167 Ebd., S. 24.

168 Barbian, Neubeginn, S. 24.

169 Paul Dittrich (CDU) amtierte als Beigeordneter für das Kultur- und Jugendwesen von 1947 bis zu seinem plötzlichen Tod 1963; vgl. die Nachrufe in: NRZ, 22.4.1963; DGA, 24.4.1963; RP, 22.4.1963; RP, 24.4.1963; RP, 25.4.1963.

kann, die den Wünschen der Bürgerschaft entspricht, oder ob sie zu einem kommunalen Nachhilfeinstitut für Stenografie, Grundrechnen und Rechtschreibung absinken muss".[170] Die erste Stelle eines hauptberuflichen Mitarbeiters wurde 1960 geschaffen.

Der Kulturausschuss unter dem Vorsitz von August Seeling und der Rat der Stadt billigten den Antrag des Dezernenten einstimmig. Das neue Gebäude konnte am 12. Oktober 1963 in der Duisburger Innenstadt am König-Heinrich-Platz bezogen werden. Die Gesamtkosten betrugen inklusive der Inneneinrichtungen circa drei Millionen DM.[171] Die Idee eines eigenen Volkshochschulgebäudes für den Duisburger Norden, das in Hamborn errichtet werden sollte, wurde aus finanziellen Gründen nicht weiter verfolgt.[172]

Das neue Gebäude im Duisburger Zentrum bot neben einem Vortragssaal und 14 Hörerräumen spezielle Fachräume für künstlerisches Arbeiten, Musik, Gymnastik, Fotografie und ein Tonstudio. Das eigene Haus führte zu einer Erweiterung des Programms mit gegenwartsbezogenen und vielfältigeren Themen. Für Sensky war die „Volkshochschule eine Stätte der Begegnung für alle, die unvoreingenommen und aufgeschlossen Möglichkeiten suchen, zu den Fragen unserer Zeit Stellung zu nehmen. Sie stellt keine Bedingung an Alter oder Vorbildung."[173] Neben Vorträgen, Lesungen, Podiumsdiskussionen, Exkursionen und Werksbesichtigungen gab es eine Vielzahl von Sonderveranstaltungen. Kabarettisten, Künstler, Schauspielgruppen, Pantomimen und Musiker aus ganz Europa traten auf Einladung der VHS in Duisburg auf. 1963 nahmen 18.175 Nutzer insgesamt 1.011 Kurse in Anspruch. Weitere 8.186 Personen, von denen über die Hälfte unter 30 Jahre alt war, besuchten 78 Einzelveranstaltungen.[174] Dr. Sensky kooperierte eng mit den progressiven Volkshochschulleitern Hilmar Hoffmann in Oberhausen und Alfons Spielhoff in Dortmund.

Als in den 1960er Jahren der wirtschaftliche Strukturwandel in Duisburg einsetzte, wuchs die Bedeutung der beruflichen Weiterbildung und des Fremdsprachenunterrichts für die zahlreich vertretenen Migranten. 1964 richtete die VHS die Fachbereiche „Wirtschaft und Beruf" und „Deutsch als Fremdsprache" ein. Berufsförderungen und Fortbildungsmaßnahmen wurden in Zusammenarbeit mit dem Arbeitsamt verstärkt. Seit 1966 bot die Volkshochschule ein „Grundstudienprogramm" an, um jüngere Arbeiter zu qualifizieren.

---

170 Zit. nach Barbian, Neubeginn, S. 24f.

171 Seeling, August, Eröffnungsansprache zur Einweihung des Hauses der Volkshochschule Duisburg, in: Beer, Rüdiger Robert (Hg.), Von der Volksbildung zur Erwachsenenbildung, Duisburg 1963, S. 5–11, S. 8.

172 Barbian, Neubeginn, S. 25.

173 Zit. nach Seeling, Eröffnungsansprache Volkshochschule, S. 7.

174 Barbian, Neubeginn, S. 27.

Der ständig wachsenden Nachfrage konnte aufgrund mangelnder räumlicher Kapazitäten jedoch nicht ausreichend nachgekommen werden. Die Pläne für weitere Neubauten in der Innenstadt sowie im Duisburger Norden und Süden zerschlugen sich.[175] Senskys Pläne, die Volkshochschularbeit auszubauen und zu intensivieren, scheiterten an dem mangelnden politischen Willen des Rats der Stadt und den sich verschlechternden finanziellen Rahmenbedingungen in den späten 1960er Jahren.

Wie gezeigt wurde, konnte sich die Duisburger Volkshochschule den verschiedenen gesellschaftlichen Entwicklungen und jeweiligen Forderungen der Zeit flexibel anpassen. Sie erreichte ein breites Publikum und stellte ein den Bedürfnissen der Stadt angepasstes differenziertes Angebot. Der Wiederaufbau dieser kulturellen Institution war gelungen, aber ihre Ausweitung konnte nicht befriedigend realisiert werden.

3. Der Wiederaufbau des Stadttheaters und die Gründung der Deutschen Oper am Rhein

Ein eigenes Sprechtheater-Ensemble hat das Duisburger Theater nie besessen.[176] Gastspiele auswärtiger Bühnen wurden bis weit in das 19. Jahrhundert hinein in Gesellschaftsräumen und geräumigen Lokalen in Duisburg dargeboten.[177] Nach der Eröffnung der „Tonhalle“ auf dem König-Heinrich-Platz 1887 fanden die Schauspielaufführungen dort statt. Das Konzerthaus erwies sich dafür allerdings als ungeeignet.[178] Mit der Einweihung der Tonhalle begann der erste dauerhafte Schauspielgastvertrag zwischen Duisburg und Düsseldorf, der bis 1921 gültig blieb.

Die Initiative zur Verwirklichung eines eigenen Theatergebäudes hatte Oberbürgermeister Karl Lehr Anfang des 20. Jahrhunderts angestoßen. Nach den Plänen des Architekten Martin Dülfer konnte das „Stadttheater Duisburg“ 1912 in unmittelba-

---

175 Ebd., S. 25 und S. 30f. Über die Entwicklung der Volkshochschule in den 1970er und 1980er Jahren vgl. ebd., S. 31–34.

176 Stadt Duisburg, Dezernat für Organisation und Personal, Bildung und Kultur (Hg.), Die neue Stadt. Auf dem Weg zur Kulturstadt Duisburg, Duisburg 2000, S. 42.

177 Stadt Duisburg, Der Oberstadtdirektor (Hg.), Theater der Stadt Duisburg 1912–1987, Duisburg 1987.

178 WAZ, 6.11.1982.

rer Nachbarschaft zur Tonhalle eröffnet werden.[179] Sämtliche Opern, Operetten und Schauspiele wurden aus Düsseldorf importiert. Pläne zur Gründung eines eigenen „ortsansässigen Künstlerensembles“ wurden durch den Ausbruch des Ersten Weltkriegs vereitelt.[180] Mit der Spielzeit 1920/21 kündigte die Stadt ihren Vertrag mit Düsseldorf und beschloss, unter der Leitung des Intendanten Dr. Saladin Schmitt eine Theatergemeinschaft mit Bochum zu bilden. Duisburg stellte eine eigene Oper, Bochum das Schauspiel.[181] Da in der Duisburger Oper viele Werke Richard Wagners in opulenten Inszenierungen aufgeführt wurden, erlangte die Stadt den Ruf, ein „Bayreuth des Niederrheins“ zu sein.[182] In der Zeit des Nationalsozialismus ging die Ära des gemeinsam geführten Instituts zu Ende.[183] Jede Stadt führte ihre Sparte selbständig weiter. Während des Zweiten Weltkriegs konnte der Spielbetrieb bis zur Zerstörung des Duisburger Theatergebäudes nach einem Luftangriff am 20. Dezember 1942 weitergeführt werden. Danach wurde das Duisburger Ensemble wie bereits erwähnt nach Prag verlegt, wo es von November 1943 bis Juli 1944 im Deutschen Opernhaus und im Ständetheater spielte.[184]

Der Kulturausschuss der Stadt befasste sich schon in einer der ersten Sitzungen nach dem Zweiten Weltkrieg mit der Frage, ob in Duisburg wieder eine Oper oder ein Schauspiel existieren sollte.[185] Die Wiederaufbaupläne des Theaters wurden von der britischen Militärregierung unterstützt. Ihre Bedingung war, dass im weitestgehend unversehrten Theaterfoyer ein Kino eingerichtet werden sollte, da sämtliche Kinos in der Innenstadt zerstört waren.[186] Im September 1946 konnte das Theaterfoyer wiedereröffnet werden. Wie gezeigt wurde, fanden dort neben dem Kinobetrieb, der Rekordzuschauerzahlen verzeichnete, Konzerte, Lesungen und Schauspiele einiger Gastbühnen statt.[187]

Ende 1948, wenige Monate nach der Währungsreform, ging von Altoberbürgermeister Karl Jarres (Amtszeit 1914 bis 1933) und führenden Vertretern der Duisburger Wirtschaft eine Initiative zum Wiederaufbau des Theaters aus. Sie fanden in Ober-

179 Vgl. Klein, Dieter, Martin Dülfer. Erbauer des Duisburger Stadttheaters, in: Duisburger Forschungen 35/1987, S. 198–211.
180 DGA, 2.9.1950.
181 WAZ, 16.3.1951; Magdowski, Iris, Deutsche Oper am Rhein. Zwei Städte – ein künstlerischer Wille, in: DJB 1994, S. 23–27, S. 24.
182 Roden, Geschichte, S. 619; Stadt Duisburg, Der Oberbürgermeister, Kulturdezernat (Hg.), Festschrift 100 Jahre Theater Duisburg 1912–2012, Duisburg 2012, S. 30; WAZ, 6.11.1982.
183 WAZ, 16.3.1951.
184 DGA, 1.9.1943; RP, 21.4.1956; Meyer, Kriegsbriefe; Meyer-Tödten, Wiedererwachen, S. 85–156.
185 KAP, 30.11.1945.
186 Dazu ausführlich Vetter, Kulturpolitik, S. 45ff.
187 VB 1946/47, S. 52.

bürgermeister August Seeling einen entschiedenen Befürworter ihres Anliegens. Die Fraktion der SPD wollte angesichts der großen Wohnungsnot, die in Duisburg noch immer herrschte, die Prioritäten der nächsten Bauvorhaben allerdings anders setzen. Deshalb bildete die Duisburger Wirtschaft ein Kuratorium und bat jeden Betrieb um eine Spende für das Theater in Höhe von fünf DM für jeden beschäftigten Arbeitnehmer.[188] Zusätzlich versprachen die Firmen Sachleistungen in Form von Baustoffen.[189] Die Lokalpresse rief zu Spenden auf und die Stadt organisierte im großen Stil Lotterien und Tombolas, um weitere Gelder zu erhalten. Die Finanzierung einer provisorischen Vorbühne konnte durch Zuwendungen aus der gesamten Bürgerschaft ermöglicht werden. Im Oktober 1950 wurde das Stadttheater mit einer Festwoche der Öffentlichkeit übergeben. Die Bedeutung des kulturellen Wiederaufbaus für die Stadt machte Kulturdezernent Dittrich in einem Geleitwort im „Duisburger General-Anzeiger“ deutlich: „Kunst und Kultur erhalten [...] eine öffentliche Funktion! [...] Von dieser Grundhaltung aus hat der Kultur- und Musikausschuss sich leiten lassen, als er dem Rat der Stadt Duisburg empfahl, das durch den Krieg zerstörte Stadttheater wieder aufzubauen. In den Tagen großer wirtschaftlicher Not, der brennenden Sorge um das Leben der Wohnungslosen, der Vertriebenen, der Arbeitslosen, der Kriegsversehrten war das ein Entschluss, der nur deshalb möglich war, weil man erkannt hatte, dass beide Aufgaben, die kulturelle Wiederbelebung und der allgemeine wirtschaftliche Aufbau, nur gleichzeitig und nicht nacheinander gelöst werden müssen. [...] Das, was wir Kunst und Kultur nennen, ist nicht Schmuck des menschlichen Lebens, es ist vielmehr seine einzige Legitimierung. [...] Das Theater ist eine moralische Anstalt!“[190] Oberbürgermeister Seeling erhoffte sich hinsichtlich der wieder eröffneten Bühne einen breiten Zuspruch aus der Bevölkerung: „Ich möchte als besonderes Anliegen des Rates der Stadt ansprechen, dass dieses Haus eine Stätte der Erhebung und Entspannung für alle Kreise der Bevölkerung werden möge, dass der arbeitende Mensch aus allen Schichten und Berufen den Zugang zu ihm finden möge, dass vor allem an dieser Stätte auch an unserer Jugend wiedergutgemacht werden kann, was in den dunklen Jahren der hinter uns liegenden Zeit leider versäumt werden musste.“[191] Die vollständige bauliche Wiederherstellung des Hauses wurde 1954, zwölf Jahre nach dessen Zerstörung, gefeiert.[192]

Die Stadt verzichtete auf die Bildung eines eigenen Ensembles und handelte 1950 Gastspielverträge mit den Bühnen Essen, Bochum, Gelsenkirchen, Oberhausen,

188 Seeling, Kulturszene, S. 35.

189 NRZ, 30.9.1950; Nickel, Monika, Das Duisburger Stadttheater. Errichtung, Zerstörung, Wiederaufbau, in: DJ 11/1977, S. 12–14, S. 13f.

190 DGA, 30.9.1950.

191 Zit. nach Meyer-Tödten, Wiedererwachen, S. 155.

192 Nickel, Stadttheater, S. 14; DGA, 3.9.1954; DGA, 4.10.1954; RP, 4.10.1954.

Wuppertal, Rheydt und Düsseldorf aus.[193] In der Presse wurden Leserbriefzuschriften abgedruckt, die das Fehlen moderner Stücke monierten und das geplante Programm als „Griff in die kulturelle Mottenkiste" oder „Bühnenerfolgs-Gedächtnisfeier" kritisierten.[194]

Die Spielplanpolitik im Stadttheater bestimmte seit 1950 Carl Mandelartz (1908–1982) als Dramaturg. Der Schriftsteller, Sänger und Kritiker aus Duisburg war in der Zeit des Nationalsozialismus im „Kampfbund für deutsche Kultur" aktiv gewesen.[195] Seiner Ansicht nach fehlte eine überzeugende deutsche Moderne und das Duisburger Publikum sei für „Experimentiertheater" nicht geeignet.[196] Mandelartz äußerte gegenüber Journalisten, dass er die Schauspielstücke für Duisburg „weiterhin von der Stange", die Oper und Operette hingegen „als Maßkonfektion" von den umliegenden Theatern einkaufen würde.[197] Ein Redakteur der „WAZ" kritisierte die konzeptionslose Spielplanpolitik im Bereich des Schauspiels: „Es kommt hier nicht auf die Delikatessen, sondern auf die Kunst selbst an. Und ihre sorgsame Pflege lässt sich nicht nach mehr oder weniger verlockenden Angeboten erkaufen. Man muss sie selbst in die Hand nehmen, denn sie richtet sich in erster Linie nach der Tradition und dem Charakter des Gemeinwesens, dem sie dient."[198]

Im Juli 1952 beklagte die Presse das Fehlen einer „eigene[n] künstlerische[n] Gesamtlinie" auf der Duisburger Bühne.[199] Gespräche mit den Theatern Bochum und Aachen über eine partnerschaftliche Zusammenarbeit zerschlugen sich. Dezernent Paul Dittrich vermochte es nicht, eine Theaterehe zwischen Duisburg, Oberhausen und Mülheim zu arrangieren.[200]

Bei der Betrachtung der Spielpläne des Duisburger Theaters wird schnell deutlich, dass Mandelartz nach den Schrecken der Vergangenheit kulturelle Orientierung vor allem in der Pflege klassischer Bühnenwerke suchte. Symptomatisch ist dazu die Aussage des einflussreichen „Kulturoberbürgermeisters"[201] August Seeling: „Neulich war die Jugend unserer Stadt zu einem Abend in die ‚Brücke' eingeladen, um über das

193 VB 1950, S. 69.
194 WAZ, 16.8.1950.
195 Holländer, Georg, Regression in die europäische Zukunft. Kulturpolitik und politische Kultur in Duisburg 1945–1964, in: Barbian, Jan-Pieter / Heid, Ludger (Hg.), Die Entdeckung des Ruhrgebiets. Das Ruhrgebiet in Nordrhein-Westfalen 1946–1996, S. 419–432, S. 428.
196 Zit. nach Vetter, Kulturpolitik, S. 152.
197 WAZ, 9.7.1953.
198 Ebd.
199 NRZ, 11.7.1952.
200 Vetter, Kulturpolitik, S. 136f.; WAZ, 9.7.1953.
201 So der langjährige Ministerpräsident des Landes Nordrhein-Westfalen Heinz Kühn, zit. nach Zieling, Bärbel, Trauer um August Seeling, in: DJB 1999, S. 39–48, S. 44.

Thema ‚Ist Jazz Kultur?' zu diskutieren. [...] Vorbehaltlos wurden Samba und Rumba als die Tänze hingestellt, die unserer Jugend allein noch etwas zu sagen haben. [...] Das war weiter gewiss nicht schlimm. Auch war das Ergebnis einer Abstimmung, in der mit überwältigender Mehrheit entschieden wurde, dass Jazz Kultur ist, nicht weiter gefährlich. Schlimm war aber die Geringschätzung, ja, die verächtliche Ablehnung unserer großen Tonwerke und ihrer Meister. Schlimm war zu hören, dass Mozart und Beethoven und Schubert unserer Generation nichts mehr zu sagen haben sollen, dass die [...] unsterblichen Melodien des Walzers, weil aus einer behaglichen Welt stammend, für unsere Zeit ohne jedes Interesse sein sollen. Welch eine geistige Leere! So konnten nur junge Menschen diskutieren, die echte Bildungswerte nie erfahren haben und die darum, weil ihnen jede Rangordnung und jeder Wertmaßstab fehlt, in die Irre gehen mussten. Hier zeigt sich augenscheinlich, was geschehen kann, wenn Jugend nicht zu den geistigen Gütern in echter Weise hingeführt wird." Daraus folgerte er: „Die Pflege des Geistes und der Kunst gehört [...] grundsätzlich in den Aufgabenbereich der Städte. [...] Betrachtet man unter diesem Gesichtspunkt die Kultureinrichtungen mancher Städte, so ist einem nicht immer ganz wohl. Die Darbietungen der einen zielen oft zu sehr auf glanzvolle Repräsentanz. [...] Andere verzetteln und verlieren sich manchmal zu sehr in Experimenten, die zwar interessant sind, meist aber doch nur eine bedingte und fragwürdige Gültigkeit haben und die oft mehr Verwirrung als Klärung, mehr Dissonanz als Harmonie bringen."[202]

Die Frage, ob Duisburg lieber eine eigene Oper oder ein eigenes Schauspiel dauerhaft etablieren sollte, blieb ein lange heiß umkämpfter Streitpunkt. Kulturdezernent Dittrich plädierte für die Bildung eines eigenen Schauspielensembles, um ein „Volkstheater" zu schaffen, „dessen Besuch nicht abhängig ist vom Geldbeutel".[203] „Herzstück" sollte das Jugendtheater sein, „das nicht eine Frage des pädagogischen Geschmacks, sondern eine Frage der Lebensnotwendigkeit" sei."[204] Der Kulturausschuss war damit einverstanden. Ein Ratsherr der KPD betonte, dass das Schauspiel dem arbeitenden Menschen näher liege als die Oper. Pläne zur Gründung einer eigenen Theatersparte lehnte der Kämmerer der Stadt jedoch aus finanziellen Gründen ab. Oberstadtdirektor Gustav Klimpel (Amtszeit 1946–1956) wollte abwarten, wie sich die Kulturpolitik in den Nachbarstädten entwickelte. Seine Absicht stieß in der Presse auf wenig Gegenliebe. Der „Duisburger General-Anzeiger" titelte am 14. Dezember 1949: „Abstechertheater für mutigere Nachbarn? Duisburg hat eine Verpflichtung, ein eigenes Ensemble zu bestellen! [...] Seelische Verkümmerung führt mit derselben

202 Seeling, Jugend, S. 112.
203 KAP, 6.12.1949.
204 Dies und das Folgende nach Vetter, Kulturpolitik, S. 147f.

Folgerichtigkeit zum Bankrott des Menschentums wie körperliche! [...] Verkriecht Euch nicht hinter den Leistungen entschlossener Nachbarn!"[205]

1951 führte der Oberstadtdirektor erste Gespräche mit seinem Kollegen aus Düsseldorf über die Bildung einer Theatergemeinschaft zwischen beiden Städten. Dagegen opponierte der Duisburger Kulturdezernent Paul Dittrich unter Verweis auf die unterschiedliche soziale Struktur der Stadtbevölkerungen.[206] Der Kulturausschuss unterstützte die Pläne des Beigeordneten, der aus Bochum stammte und die Arbeit des ansässigen Schauspielhauses genau verfolgt hatte. Dittrich wollte ein ortsfestes Ensemble gründen und eine Gemeinschaft mit einer anderen Stadt als Düsseldorf eingehen.[207] Die Frage nach der Partnerstadt und der in Duisburg anzusiedelnden Sparte wurde sowohl in den Kulturausschusssitzungen als auch in der Öffentlichkeit kontrovers diskutiert.[208] In einer Umfrage der „Westdeutschen Allgemeinen Zeitung" sprach sich Oberbürgermeister Seeling für die Bildung einer Oper aus: „So möchte ich der Oper schon aus traditionellen Gründen den Vorrang geben. Aber auch deswegen, weil ich glaube, dass in einer so schwer arbeitenden Stadt wie Duisburg das Musiktheater eine geeignetere geistige Entspannung bietet als das meist problemgeladene Schauspiel."[209] Diese gönnerhaft anmutende Aussage zeugt einerseits von wenig Sachkenntnis, da doch gerade die Opernsparte abstrakt und (glücklicherweise) „problemgeladen" ist. Zum anderen lässt Seelings Meinung nicht gerade ein großes Zutrauen in die Rezeptionsfähigkeit und Mündigkeit des Duisburger Publikums erkennen. Der formulierte kulturelle Anspruch, der „schwer arbeitenden" Stadtbevölkerung mit Hilfe eines Musiktheaters lediglich „geistige Entspannung" zu bieten, könnte kaum geringer sein.

Kulturdezernent Dittrich plädierte in demselben Zeitungsartikel plötzlich auch für eine Oper: „[...] und empfehle deshalb für Duisburg die Oper, jene Kunstgattung, die unter dem hochgeschätzten Intendanten Dr. Saladin Schmitt weit über die Grenzen des Vaterlandes hinaus einen so bedeutenden Namen gehabt hat." Vermutlich geschah der Meinungsumschwung aus Loyalität zu dem obersten Repräsentanten der Stadt. Gleichwohl blieb Dittrich seinen Zielen treu: „Die Anhänglichkeit einer Stadt zu ‚ihrem Theater', die Vertrautheit mit ‚seinem' Ensemble ist ein wichtiges Argument für die Bodenständigkeit des deutschen Theaters. So will mir scheinen, dass ich als Kulturdezernent das Ziel, einmal in Duisburg wieder ein eigenes Ensemble zu haben, nicht aus den Augen verlieren darf. Dann kann eine echte Theatergemeinschaft wieder möglich werden, so, wie wir sie einmal mit Bochum gehabt haben, wo jede Stadt eine eigene Kunstgattung mit in die Ehe brachte."

---

205 DGA, 14.12.1949.
206 KAP, 8.11.1957.
207 Vetter, Kulturpolitik, S. 160.
208 Vgl. KAP 13.7.1953; Seeling, Kulturszene, S. 38.
209 Dies und das Folgende nach WAZ, 12.4.1952.

„Um die Diskussion möglichst frei von Emotionen zu halten“[210], wurden im Frühjahr 1953 namhafte auswärtige Experten zu Vorträgen über das Für und Wider der Kunstgattungen Oper versus Schauspiel eingeladen. Die Duisburger Kulturverwaltung lud unter anderem den Theaterregisseur Erwin Piscator ein, der in seinem Referat erwartungsgemäß vehement für das Schauspiel eintrat. Seiner Meinung nach sei „die Oper – trotz verschiedener Versuche der Moderne – noch immer lebens- und volksfern geblieben“.[211] Ein Stadttheater müsse in eine Art „Kampfstellung“ zur Gesellschaft gebracht werden, um gemeinsam mit dem Publikum nach „neuen Lebensprinzipien, Werten und Klarheiten“ zu suchen.[212] Piscators Auffassungen waren vom Kulturverständnis August Seelings ziemlich weit entfernt.

Der Kulturausschuss bildete nach weiteren Vorträgen schließlich eine Kommission, die mit einigen Kommunen in Nordrhein-Westfalen über eine Theaterfusion beriet. Düsseldorf befand sich nicht darunter.[213] Weit gediehene Verhandlungen mit den Bühnen aus Wuppertal und Bochum scheiterten. Die von Erwin Piscator signalisierte Bereitschaft, in Duisburg ein Schauspielensemble zu gründen, stieß bei den Stadtoberen auf keine Gegenliebe.[214] Was eine Verpflichtung dieses Regisseurs und die Gründung eines (sicherlich „problemgeladenen“) politischen Theaters im Ruhrgebiet den Arbeitern in der Region bedeutet hätte, wagt man sich nicht auszumalen. Stattdessen realisierte Piscator seine Ideen in Berlin.[215]

Nicht der Remigrant Erwin Piscator fand also Einzug in das Duisburger Stadttheater, sondern das bürgerlich orientierte Düsseldorfer Schauspielhaus, das von 1887 bis 1921 schon einmal mit der Duisburger Bühne verbunden war.[216] August Seeling hatte die Übereinkunft mit dem renommierten Institut in Düsseldorf, das zunächst gar nicht in der engeren Auswahl stand, maßgeblich betrieben.[217] Jahrzehnte danach berichtete er recht freimütig über die inoffiziellen Wege, über die eine Einigung eingefädelt wurde: „Mitten in diesen Überlegungen wurde ein Signal aus Düsseldorf auf-

---

210 Seeling, Kulturszene, S. 38.

211 Piscator, Erwin, Der Kampf um das Duisburger Theater. Vortrag gehalten auf dem Diskussionsabend in Duisburg am 26.6.1953, in: Duisburger Gesellschaft der Theaterfreunde (Hg.), Die Duisburger Theaterfrage 1953. Drei Vorträge, Duisburg 1953, S. 59–89, S. 69.

212 Piscator, Kampf, S. 78.

213 NRZ, 7.4.1987.

214 Vetter, Kulturpolitik, S. 165f.; DSA, 20.2.1954.

215 Über Piscator vgl. Amlung, Ullrich, „Leben – ist immer ein Anfang!“ – Erwin Piscator 1893–1966, der Regisseur des politischen Theaters, Wien 2004; Wannemacher, Klaus, Erwin Piscators Theater gegen das Schweigen. Politisches Theater zwischen den Fronten des Kalten Krieges 1951–1966, Tübingen 2002.

216 Vgl. dazu die Studie von Schwab-Felisch, Hans, 75 Jahre Düsseldorfer Schauspielhaus 1905–1980, Düsseldorf 1980.

217 Vgl. NRZ, 7.4.1987: „‚Düsseldorf war zuerst gar nicht im Gespräch.‘ Das Angebot sei aus der Landeshauptstadt gekommen, bestätigte Duisburgs Altoberbürgermeister.“

gefangen, das zunächst zu ganz informellen und unverbindlichen Gesprächen auf verschiedenen Ebenen führte. Dabei wurden mancherlei ‚geheime' Fäden von Freund zu Freund, aber auch querbeet, gesponnen. Mehr und mehr festigte sich bei allen Beteiligten der Gedanke, dass eine Zusammenarbeit der so eng benachbarten beiden rheinischen Städte auf den Gebieten des Schauspiels und der Oper eine optimale Lösung, ja **die**[218] Lösung sein könnte. Jetzt erinnerte man sich auch, dass es ja schon einmal eine Theatergemeinschaft ‚Düsseldorf-Duisburg' unter verschiedenen Organisationsformen gegeben hatte, und dass diese Ehe von der Eröffnung der Duisburger Tonhalle im Jahre 1887 an bis 1921, also volle 34 Jahre [...] ununterbrochen bestanden hatte."[219] Nicht die zuständigen Partei-, Rats- oder Kulturausschussmitglieder aus Düsseldorf und Duisburg, geschweige denn eine Bürgerinitiative führten die Theatergemeinschaft mit Düsseldorf herbei, sondern eine nicht näher zu definierende Gruppe aus „Freunden", die in Hinterzimmern wichtige politische Weichenstellungen verabredeten. Dass Seelings Entscheidung eindeutig auf persönlichen Vorlieben und Prägungen beruhte, verraten die folgenden Zeilen über seine Theatererfahrungen in Düsseldorf: „Noch bis in diese Zeit zurück geht meine erste persönliche Begegnung mit dem Theater. Und das Erlebnis von Goethes ‚Egmont' und Schillers ‚Wilhelm Tell' hat meinen Weg sehr entscheidend geprägt."[220] Sicherlich sagte der schon in der NS-Zeit etablierte Stil des Schauspielhaus-Intendanten Gustav Gründgens Seeling mehr zu als der Erwin Piscators.[221] Gründgens inszenierte die Werke großer Klassiker werkgetreu und quasi ahistorisch, nämlich „als unverfälschte Wiedergabe der Dichtung", wie er in seinem „Düsseldorfer Manifest" von 1952 festhielt. Piscator hingegen wollte mit seinem politischen, avantgardistischen und antiidealistischen Theater Zeit- und Gesellschaftskritik üben, um die Verhältnisse insbesondere für Arbeiter und Kleinbürger zu verbessern. Mit dieser Auffassung traf er nicht den Zeitgeist.

Gründgens drängte auf eine rasche Entscheidung der Duisburger Gremien. Der Kulturausschuss empfahl, vorerst einen auf zwei Jahre befristeten Vertrag auszuhandeln und später eine Theatergemeinschaft mit der Stadt Bochum zu gründen.[222] Gründgens versicherte seinen Verhandlungspartnern, dass er dem speziellen Duisburger Anliegen zur Förderung eines Jugendtheaters nachkommen werde. Anfang 1954 wurde ein auf zwei Jahre befristeter Vertrag mit der „Neuen Schauspiel GmbH Düsseldorf" geschlossen. Der Gastspielvertrag sah rund 100 Aufführungen der Gründgens-Bühne

218 Hervorhebung vom Original übernommen.
219 Seeling, August, 25 Jahre Deutsche Oper am Rhein, in: Heid / Vinschen / Krings, Leben, S. 145–151, S. 148.
220 Ebd.; vgl. auch NRZ, 7.4.1987.
221 Vgl. Schildt / Siegfried, Kulturgeschichte, S. 169.
222 Vetter, Kulturpolitik, S. 167f.

pro Saison in der Stadt ohne eigenes Ensemble vor.[223] Die Opernaufführungen sollten weiterhin aus Düsseldorf, Gelsenkirchen, Essen und Wuppertal eingekauft werden. Der Duisburger Hauptausschuss stimmte dem Plan zu und beschloss gleichzeitig, Haushaltsmittel als Grundstock zur Bildung eines eigenen Ensembles bereitzustellen, das „spätestens bis Herbst 1956 aktionsfähig" sein sollte.[224]

In der Duisburger Presse fand die Übereinkunft mit dem Schauspielstar unter der Überschrift „Gründgens in Duisburg" ein positives Echo.[225] Gleichwohl wurde der provisorische Charakter der Vereinbarung betont: „Hinter dieser zweijährigen Übergangslösung steht Duisburgs Entscheidung für ein eigenes Ensemble, das so oder so kommen muss."[226] Erleichtert registrierte ein Journalist, dass nun die fehlende Programmstruktur und das „Versagen des Spielplans hinsichtlich der zeitgenössischen deutschen Dramatik" in Duisburg der Vergangenheit angehören würden: „Ohne sich lächerlich zu machen, hätte man so nicht mehr lange einen Theaterbetrieb aufrechterhalten können."[227]

Im Oktober 1954 wechselte Gründgens überraschend in die Hansestadt Hamburg.[228] Sein Nachfolger wurde der 1908 in Duisburg-Hamborn geborene Karl-Heinz Stroux, der das Amt bis 1972 ausfüllte.[229] Die vertraglichen Vereinbarungen mit der Stadt Duisburg blieben von dem Wechsel unberührt. Aus den Vorgängen folgerte die Lokalpresse: „Eine Inszenierung und eine Anzahl von persönlichen Gastspielen bei uns sind gut und schön, aber sie stellen nicht das Ensembletheater dar, dessen wir bedürfen. [...] Zeigt es nicht, dass wir immer wieder Gefahr laufen, uns neben den Stuhl zu setzen, solange wir uns nicht in einer Spielgattung auf eigene Füße stellen?"[230] Stroux gelobte, dem Duisburger Schauspiel „die absolute Gleichberechtigung gegenüber dem Düsseldorfer zu geben und damit dem Theater seiner Vaterstadt einen vielbeachteten, hohen Rang unter den deutschen Bühnen zu sichern".[231]

Die Frage nach einer Lösung in der Opernfrage blieb weiter ungeklärt. Da Gespräche mit den Städten Bochum, Oberhausen, Essen und Wuppertal über eine gemeinsam auszurichtende Oper keine Ergebnisse brachten, nahm der Duisburger Oberstadtdirektor Verhandlungen mit Düsseldorf auf.[232] Das Ergebnis war die Gründung der Deut-

---

223 Horn, Kulturpolitik, S. 50; NRZ, 17.9.1954.
224 DSA, 20.2.1954.
225 NRZ, 17.9.1954.
226 NRZ, 17.9.1954, zit. nach Vetter, Kulturpolitik, S. 168.
227 DGA, 19./20.6.1954.
228 WAZ, 23.10.1954.
229 Vgl. Schwab-Felisch, Schauspielhaus, S. 35ff.
230 NRZ, 25.10.1954.
231 DGA, 10.9.1955.
232 Vetter, Kulturpolitik, S. 172.

schen Oper am Rhein. Die Presse reagierte verhalten: „Operngemeinschaft beschlossen! Es bleibt dabei: Traum der eigenen Oper dahin."[233] Der Vertrag wurde formell im April 1955 unterzeichnet.[234] Nach den Vertragsklauseln beteiligte sich Düsseldorf mit zwei Dritteln an den Kosten. Duisburg steuerte 1,8 Millionen DM bei.[235] Den Vorsitz im Verwaltungsrat übernahmen die Oberbürgermeister im jährlichen Wechsel. Erster Intendant wurde Dr. Hermann Juch, der das Amt bis 1964 ausübte. Die Gründung des gemeinsamen Instituts wurde am 30. September 1956 mit einer Aufführung von Giuseppe Verdis „Falstaff" in Duisburg gefeiert.[236] Seeling zeigte sich beglückt: „Der Neubeginn war verheißungsvoll. Die Erwartungen, die man an das junge Institut geknüpft hatte, wurden in schönster Weise erfüllt, wenn nicht gar übertroffen. Die Aufführungen hatten ein hohes künstlerisches Niveau und strahlten großen Glanz aus. Jetzt endlich wurde auch in Duisburg wieder großes Theater gespielt, das sich mit früheren Zeiten durchaus messen konnte."[237] Die Eintrittspreise wurden in Duisburg aus sozialen Gründen knapp kalkuliert. Sie lagen deutlich unter dem Niveau vergleichbarer Städte.[238]

Nur anderthalb Jahre nach der ersten Spielzeit der neu gegründeten Deutschen Oper am Rhein beschäftigte sich der Duisburger Kulturausschuss mit der anstehenden Vertragsverlängerung über das hauptsächlich von Düsseldorf entliehene Zweispartentheater. Oberstadtdirektor Fritz Seydaack (Amtszeit 1956–1960) sowie sämtliche Beigeordnete legten dem Kultur- und Hauptausschuss der Stadt eine Drucksache vor, in der gewichtige Argumente gegen eine Fortführung der Städtekooperation dargelegt wurden. Dieses Schriftstück löste einen Richtungsstreit über die Aufgaben und Zielsetzungen der Duisburger Kulturpolitik aus.

In der Vorlage wurde bemängelt, dass Duisburg zum Filialtheater herabgesunken sei. Das Jugendtheater, das ein „Herzstück" der Duisburger Kulturpolitik gewesen sei, existiere schlichtweg nicht mehr.[239] Das Verwaltungspersonal, die Verwaltungsgebäude und die Intendanz seien gegen den Willen der Duisburger Vertreter ausschließlich in Düsseldorf angesiedelt.[240] Neuinszenierungen würden trotz anderslautender vertraglicher Vereinbarungen nicht gleichrangig in beiden Städten gezeigt. Ferner spiele

233 DGA, 25.11.1954.
234 Seeling, August, Über die Deutsche Oper am Rhein, in: Der Bürger 15/1963, S. 1–7, S. 1.
235 WAZ, 3.2.1955.
236 Magdowski, Oper, S. 27; WAZ, 8.10.1956.
237 Seeling, 25 Jahre, S. 149.
238 DGA, 8.6.1956.
239 Dies und das Folgende nach Drucksache der Verwaltung 1847 vom 8.11.1957 an den Kultur- und Hauptausschuss, vollständig abgedruckt in: KAP, 8.11.1957.
240 Allerdings hatte es die Stadt Duisburg selbst versäumt, Wohnungen für Schauspieler, Musiker und Sänger bereitzustellen, siehe WAZ, 19.9.1963.

in Duisburg nach den Premieren nur die zweite Künstlergarnitur. In der Presse sei sogar die imaginäre Bezeichnung „Rheinoper Düsseldorf" aufgetaucht. Weiter heißt es: „Wie ein roter Faden zieht sich der Wunsch der Vertreter der Stadt Duisburg, in Duisburg wieder ein Theaterfluidum entstehen zu lassen, das selbst durch das beste Gastspieltheater nicht entstanden war und auch nicht entstehen konnte."

„Hat aber bisher die derzeitige Theaterkonstruktion in Duisburg auf das allgemeine Leben und insbesondere auf unser Theaterpublikum die gleiche Wirkung ausgeübt wie das eigentlich erstrebte eigenständige Theater?[241] [...] Wird das theaterfreudige Publikum, wird die seitwärts abgedrängte Jugend, wird die früher erfasste und jetzt zu erfassende Bürgerschaft auch davon ergriffen? Sind wir in der augenblicklichen Theaterkonstruktion nicht eher ein Filialtheater, für Düsseldorf ein Abstecherort, der sich von den übrigen Abstecherorten nur dadurch unterscheidet, dass er mehr Stücke abnimmt als die anderen, seine besseren räumlichen und technischen Möglichkeiten zur Verfügung stellt und was die Oper betrifft: das Duisburger Haus der ‚Rheinoper Düsseldorf'? Wenn das Theater den Lebensrhythmus unserer Stadt mitbestimmen soll – und es sollte das tun – dann sollten wir wieder zu einem eigenen Theater kommen. Die gesellschafts- und gemeinschaftsbildende Kraft des Theaters muss genutzt werden. Die Bevölkerung will ihr eigenes Theater. Das Theater stützt sich zum großen Teil auf den Lokalpatriotismus. Die Anhänglichkeit einer Stadt an ‚ihr Theater', die Vertrautheit der Bevölkerung mit ‚ihrem Ensemble' sind wichtige Argumente für die Bodenständigkeit und den Bestand des deutschen Theaters überhaupt."

Die Verfechter eines eigenständigen Theaterbetriebes hoben schließlich noch hervor, warum im Jahre 1951 die Gespräche mit Vertretern der Stadt Düsseldorf über eine Theater- und Konzertgemeinschaft abgebrochen wurden:

Dies „geschah [...] mit Rücksicht auf die strukturellen Unterschiede der beiden Städte, die so groß sind, dass diese [...] wohl kaum zu einer Einheit zusammenwachsen. Diese soziologischen Unterschiede sind auch heute noch vorhanden: Düsseldorf ist die Landeshauptstadt. Die Industrie hat den Menschenschlag wenig verändert. Düsseldorf repräsentiert echte rheinische Mentalität und ist eine Fremdenverkehrsstadt erster Ordnung, ist, wenn man so will, ‚Klein-Paris'. Duisburg dagegen ist auch noch Rheinland, wird jedoch stark von der Stille des Niederrheins beeinflusst und öffnet sich ganz dem Ruhrgebiet. Duisburg ist als Stadt der Hochöfen und Fördertürme eine Industriestadt, eine Arbeiterstadt, in der mit der fortschrittlichen industriellen Entwicklung gleichermaßen der Mensch eine innere Umwandlung erfährt und ihn mehr noch als bisher dem geistigen und kulturellen Leben unserer Stadt zugeneigt macht." Nur mit einem eigenständigen Theater könne der Rat seine abgesteckten kulturpolitischen Ziele verwirklichen. Dazu gehörten die „Förderung des Ensemble-

241 Hervorhebungen hier und im Folgenden vom Original übernommen.

geistes, die Einbürgerung der Künstlerschaft, die künstlerische Eroberung des Publikumsbereichs, die Schaffung eines kulturfördernden und gesellschaftsbildenden Innenkreises, der weitere Ausbau des Jugendtheaters und eine noch wirksamere, repräsentative Herausstellung des eigenen Orchesters." Dieses eigenständige Theater müsse als „kulturpolitisches Bindemittel" zwischen den weit auseinander liegenden Stadtteilen „seine vielfältigen Aufgaben erfüllen".

In der Sitzung des Kulturausschusses wurde über die Verwaltungsvorlage vehement gestritten. Die Befürworter einer Verlängerung des Vertrags mit Düsseldorf hoben hervor, dass Duisburg immer eine Opernstadt gewesen sei und die besondere Qualität der Oper beachtet werden müsse.[242] Kulturdezernent Dittrich wies in einem Kurzreferat noch einmal auf die erheblichen Mängel des Vertragsbündnisses mit Düsseldorf hin, die sich im Laufe der Zeit herausgestellt hätten. Der Oberstadtdirektor war der Ansicht, „dass es einer Stadt von der Größe Duisburgs mit einer halben Million Einwohner wohl ansteht, ein eigenes Theater zu besitzen. Er bitte, es ihm nachzusehen, dass er es wenig schön empfunden habe, wenn man in Deutschland von Duisburg als Theaterstadt nicht spreche, sondern dass die Deutsche Oper am Rhein in erster Linie als Düsseldorfer Institut angesehen werde." Die meisten Kulturausschussmitglieder schlossen sich dieser Meinung an und befürworteten die Gründung eines eigenen Schauspielensembles mit Gastspielopern. Der junge Beigeordnete Fritz Holthoff urteilte laut Protokoll: „Er sei der Ansicht, dass ein kleines intimes Theater einen höheren Kunstgenuss auslösen könnte als ein Startheater. Das sei deshalb möglich, weil sich am kleinen Theater Schauspieler und Zuschauer gegenseitig die Treue hielten. Dass ein eigenes Theater existieren könne, zeige sich am Beispiel Gelsenkirchen. [...] Ein geeigneter Intendant von Rang würde immer in der Lage sein, Schauspieler von ähnlichem Rang um sich zu versammeln. Er sprach sich für ein eigenständiges Theater am Platze aus, wobei die Gründung eines eigenen Schauspiels zu bevorzugen sei, da die Oper in unserer Zeit nicht mehr den Aussagewert habe wie das Schauspiel. [...] Man solle sich gerade in unserer Zeit bemühen, kulturelle Einrichtungen von geistiger Eigenständigkeit zu unterhalten, um dem Menschen ein eigenes Gesicht zu geben. [...] Wenn man die Verwandlung eines Schauspielers erlebe, mit ihm zusammen vor einer Problemstellung stehe und sich damit auseinandersetze, dann glaube er, dass damit eine unendlich höhere größere Bereicherung erreicht werde, als wenn ein fremder Tenor an einem Abend sich in gewisser Vollendung präsentiere."

Oberbürgermeister Seeling beendete nach dieser Aussage die Sitzung und schlug vor, die Beratungsergebnisse den jeweiligen Fraktionen zur Verfügung zu stellen. Die Fraktion der SPD, die im Rat der Stadt über die absolute Mehrheit verfügte, lehnte schließlich eine Vertragsverlängerung mit der Stadt Düsseldorf kategorisch ab. Ledig-

242 Dies und das Folgende nach KAP, 8.11.1957.

lich vier Fraktionsmitglieder – unter ihnen August Seeling – wollten an dem Konstrukt der „Deutschen Oper am Rhein“ festhalten. „Nach harten Auseinandersetzungen“ in der Fraktion, berichtete Seeling retrospektiv, wurde „die Verlängerung als hochpolitisch deklariert und Fraktionszwang beschlossen“.[243] Der Oberbürgermeister und der SPD-Fraktionsvorsitzende Oskar Triebel erklärten, dass sie vom Fraktionsbeschluss der SPD abweichen würden. Theoretisch hätte das Abstimmungsergebnis im Rat bei 26 Pro- und 31 Contra-Stimmen liegen müssen, da die Fraktionen der CDU und FDP eine Fortführung des Vertrags befürworteten.[244]

In der entscheidenden Ratssitzung am 21. Juli 1958 wurde nach einem gesonderten Antrag eine geheime Abstimmung durchgeführt. Das überraschende Ergebnis: 28 Abgeordnete stimmten für die Verlängerung und 27 dagegen, zwei enthielten sich. Acht Parteifreunde von August Seeling hatten sich dem Fraktionszwang nicht gebeugt. Mit nur einer Stimme Mehrheit wurde der Vertrag mit Düsseldorf verlängert, der im Grundsatz bis heute Bestand hat.

Dem Oberbürgermeister wurde von den übrigen SPD-Ratsmitgliedern ein Parteiausschlussverfahren angedroht.[245] Seeling sah sich trotz der innerparteilichen Querelen im Nachhinein bestätigt: „Allerdings hat der Vorgang mächtigen Wirbel ausgelöst, zu einem schweren innerparteilichen Konflikt und zu Spannungen bis zur Zerreißprobe geführt, ohne dass der Streit jemals richtig beigelegt worden wäre. So wie die Oper sich glückhaft und erfolgreich weiterentwickelte und eine immer größere Resonanz in der kunst- und theaterfreudigen Bürgerschaft fand, wuchs Gras über die Dinge.“[246] Seeling bezeichnete die Abstimmung als das „wichtigste Ereignis“ seiner politischen Tätigkeit.[247] In seiner langen Amtszeit habe ihm diese Entscheidung die größte Freude bereitet.[248] Kein Wunder, dass er in späteren Jahren häufig von „seinem Theater“ und „seinen Konzerten“ in Duisburg sprach.[249]

Die Rufe nach einem eigenen Ensemble und die Kritik an der Konstruktion der Deutschen Oper am Rhein ebbten in Duisburg keineswegs ab. Im September 1958 versuchte die „WAZ“ mit der Sängerin der Deutschen Oper am Rhein, Christel Goltz, die Frage

243 Seeling, 25 Jahre, S. 149.
244 Ebd.
245 Heid, Ludger, Gespräch mit August Seeling am 24.8.1984, in: ders. / Vinschen / Krings, Leben, S. 50–55, S. 55.
246 Seeling, 25 Jahre, S. 150.
247 Deutsche Oper am Rhein Düsseldorf-Duisburg (Hg.), Interviews und Gespräche 1986–1996, Darmstadt 1996, S. 6.
248 Barfuss, Grischa, Ansprache des Generalintendanten der Deutschen Oper am Rhein [...] anlässlich der Festaufführung von Mozarts Oper ‚Die Hochzeit des Figaro‘ für Herrn August Seeling [...] am 6.12.1969 im Stadttheater Duisburg, S. 1, in: STA DU, Bestand Biografische Sammlung, Grischa Barfuss.
249 Heid, Gespräch, S. 54.

zu klären, warum die Reihen im Duisburger Theater oft „gähnend leer“ blieben. Als Gründe für die mangelnde Resonanz wurden die besondere Bevölkerungsstruktur in der Industriestadt und die immer wiederkehrenden Rufe nach einem stadteigenen Ensemble genannt.[250] Nachdem die Abonnements 1959 zurückgingen, sah sich Generalintendant Juch gezwungen, in Duisburg „mehr populäre Oper und Operette“ anzubieten, um die Zahlen wieder zu steigern.[251] Doch der Negativtrend hielt an. In der Spielzeit 1959/60 verkauften die Städtischen Bühnen Duisburgs 15.000 Karten weniger als in der Vorsaison.[252] Abhilfe sollte die Aufführung der „Ring des Nibelungen“-Tetralogie von Richard Wagner schaffen. Die Inszenierungen brachten schließlich den gewünschten überregionalen Publikumserfolg. Duisburg war „wie in lange vergangenen Zeiten Treffpunkt der Wagnerfreunde des Reviers und am Niederrhein“.[253]

Dennoch stand die Theaterehe vor einer geplanten Verlängerung der Verträge im Herbst 1961 weiterhin auf tönernen Füßen. Die Duisburger Seite hatte inoffizielle Gespräche mit Bochum, Wuppertal und Essen geführt, um im Falle des Scheiterns der Verhandlungen mit Düsseldorf Alternativen zu besitzen.[254] Die von Duisburg aus historischen Gründen stark umworbene Revierstadt Bochum lehnte eine Kooperation jedoch ab. Hier sei der Musiktheaterbedarf zu gering, um ein Opernensemble aus Duisburg auszulasten. Aus Mangel an Alternativen wurde die Laufzeit der Deutschen Oper am Rhein schließlich bis 1966 verlängert. Die „WAZ“ kritisierte das Ergebnis: „Warum keine eigene Oper? […] Brauchbares Ensemble aufzubauen, ist auch für Duisburg durchaus möglich.“ Es stelle sich „für alle Ratsherren, die nicht eigentlich mit der jetzigen Theaterlösung einverstanden sind, die Frage, ob nicht doch etwa erneut eine Chance versäumt wurde, die Chance nämlich, endlich doch noch dem Duisburger Theater ein eigenes Ensemble zu bewilligen“. Man solle auch im Hinblick auf künftige Generationen endlich Mut zur „großen Tat“ fassen und eine kulturelle Pflicht erfüllen, „die man bislang zu übersehen sich intensiv bemühte!“[255]

Die Deutsche Oper am Rhein blieb für die Duisburger Bevölkerung ein „Privileg der Gebildeten“.[256] So fühlten sich Arbeiter vom Opern- und Schauspielangebot kaum angesprochen: Nach einer Meinungsumfrage im Jahre 1961/62 gingen 69 Prozent der Facharbeiter und 80 Prozent der an- und ungelernten Arbeiter nie ins Duisburger Stadttheater.[257]

---

250 WAZ, 27.9.1958.
251 WAZ, 14.3.1959.
252 WAZ, 9.7.1960.
253 RP, 9.7.1960; DGA, 22.9.1960.
254 WAZ, 7.11.1961.
255 DGA, 28.10.1961.
256 Institut für angewandte Sozialwissenschaft Bonn (Hg.), Duisburg und seine Bürger. Eine gemeindesoziologische Strukturuntersuchung 1961/62, Bad Godesberg 1962, S. 113.
257 Ebd.

Vorbehalte gegenüber der Theatergemeinschaft fanden in Duisburg wieder öffentliches Gehör, nachdem bekannt wurde, dass der Generalintendant Hermann Juch sein Amt im Sommer 1964 abgeben und nach Zürich wechseln würde.[258] Die Stadtspitze und der gesamte Verwaltungsrat der Deutschen Oper am Rhein ließen an ihrem Willen einer Verlängerung der Theatergemeinschaft indes keinen Zweifel.[259]

Erst nach der Leitungsübernahme des Generalintendanten Grischa Barfuss, der von 1964 bis 1986 amtierte, nahm die öffentliche Kritik an der Theatergemeinschaft allmählich ab. Barfuss bekämpfte die „Theatermüdigkeit der Duisburger Bürger"[260] durch eine hohe Qualität der Aufführungen, eine längerfristige und geschicktere Programmplanung, Verbesserungen im Vorverkaufs- und Abonnementsystem sowie durch die Aktivierung der Theaterorganisationen.[261] Unterstützung erhielt er vom Duisburger Kulturdezernenten Wilhelm Wehner. Dieser hatte bei seinem Amtsantritt 1963 verkündet, dass ihm unter allen Kultureinrichtungen das „leere Theater" die „größte Sorge" bereite.[262] Nach wenigen Monaten konnte unter Barfuss eine Steigerung der Abonnenten- und Zuschauerzahlen erreicht werden.[263] 1970 zählte die Deutsche Oper am Rhein insgesamt über 10.000 Abonnements. Damit war der bisherige Rekord unter Gustav Gründgens gebrochen.[264] Den positiven Trend konnte Barfuss in seiner 22-jährigen Amtszeit langfristig halten. Zwischen 1964 und 1986 steigerte er die Zahl der Abos von 7.231 auf 11.300.[265]

Schwierig blieb die Situation im Schauspielbereich. In einer jährlich stattfindenden Veranstaltung erläuterte Karl-Heinz Stroux das anstehende Jahresprogramm öffentlichkeitswirksam. Dabei stellte er sich den kritischen Fragen des Duisburger Publikums. Den dort zu verzeichnenden „Besucherrückgang" und „peinliche Zahlen" konnte er sich nicht erklären. In Düsseldorf seien die Vorstellungen zu 95 und 98 Prozent ausverkauft.[266] Ein neuer Tiefpunkt war erreicht, als die Plätze bei der Duisburger Premiere von „Cäsar und Cleopatra" von George Bernard Shaw im Februar 1965 nur zu einem knappen Drittel besetzt waren. Die Düsseldorfer Premiere Tage zuvor war hingegen ausverkauft. Duisburgs Ruf als Theaterstadt sei damit „ruiniert", berichtete

258 RP, 27.3.1963; WAZ, 31.8.1963; NRZ, 7.3.1964; WAZ, 25.3.1964.
259 RP, 27.3.1963.
260 DGA, 18.4.1964; RP, 5.4.1964.
261 NRZ, 20.1.1965.
262 WAZ, 19.9.1963.
263 NRZ, 20.1.1965; WAZ, 5.5.1965; NRZ, 26.5.1966; WAZ, 1.6.1966.
264 WAZ, 22.9.1970.
265 WAZ, 29.2.1972; RP, 6.9.1980; WAZ, 26.9.1981; WAZ, 7.7.1986.
266 RP, 29.1.1964; WAZ, 21.6.1965.

der „Duisburger Generalanzeiger".[267] Auch 1968 musste Stroux in seinem jährlichen Publikumsgespräch in Duisburg „mangelhafte Besucherzahlen" einräumen.[268] In der Spielzeit 1968/69 waren diese im Bereich Schauspiel um fast 5.000 zurückgegangen, während die Oper eine erfreuliche Publikumsresonanz erntete. Das Düsseldorfer Schauspielhaus habe „bei der Auswahl der Stücke keine glückliche Hand bewiesen", urteilte die „WAZ".[269] Kulturdezernent Wehner schlug vor, künftig auch Stücke vom Schauspielhaus Bochum zu beziehen. Seine Worte verhallten ungehört. 1970 mussten die Zuschauerzahlen im Schauspielsektor abermals „im Ganzen als unzureichend angesehen werden".[270] Ebenfalls ernüchternd war die Tatsache, dass nicht einmal zwei Prozent der Duisburger Einwohner ein Theater-Abo besaßen.[271] Ein Produktionsassistent eines Gastspieltheaters, das vor zumeist leeren Rängen das Musical „Hair" im Herbst 1970 in Duisburg aufführte, stellte deprimiert fest: „Duisburg scheint doch a bissl eine theaterfeindliche Stadt zu sein."[272]

Das hohe künstlerische Niveau, das die Deutsche Oper am Rhein insbesondere unter dem Intendanten Grischa Barfuss erreichte, wäre ohne die Städtepartnerschaft nicht möglich gewesen. Eine Oper von solchem Rang konnte durch die Kostenaufteilung zwischen zwei Kommunen solider finanziert werden. Die negativen Prophezeiungen der Duisburger Rats- und Verwaltungsmitglieder an der Theatergemeinschaft haben sich hingegen größtenteils erfüllt. In Duisburg konnte das Institut nie den Anschein eines pragmatischen Konstrukts ablegen. Anlässlich des 25-jährigen Bestehens schrieb die „WAZ", dass die Deutsche Oper am Rhein „weniger ein Kind der Liebe als das Produkt einer Vernunftehe" sei.[273] Erwin Piscators Empfehlungen, die er im Vorfeld der Gründung in Duisburg öffentlich abgab, bewahrheiteten sich im Nachhinein: „Ob Oper oder Schauspiel, das Wesentliche scheint mir, ob ein neues Theater nur wegen der Repräsentation oder weil man nun gerade ein Gebäude hat oder aus Kulturpolitik, ‚weil jene Stadt ein Theater hat, also müssen wir auch eines haben' – diese Masse der übrigen Theater vermehren soll, sondern weil man nach etwas Bestimmtem, Besonderem sucht."[274] Dieses Bestimmte und Besondere, also ein auf die Stadt Duisburg und ihre Einwohnerschaft zugeschnittenes Programm, suchte man in der Deutschen Oper am Rhein vergeblich. Dass sich die Einwohner mit „ihrem" Haus identifizieren, war ein untergeordnetes Ziel für die Duisburger Kulturpolitik.

267 DGA, 10.2.1965.
268 NRZ, 17.6.1968; WAZ, 16.9.1978.
269 WAZ, 16.9.1969.
270 NRZ, 28.7.1970.
271 Ebd.
272 WAZ, 9.10.1970; WAZ, 13.11.1970.
273 WAZ, 26.9.1981.
274 Piscator, Kampf, S. 65.

Das Institut am Standort Rhein-Ruhr sollte hauptsächlich repräsentative Zwecke erfüllen. Schon Theodor W. Adorno hatte 1955 festgestellt, dass das Geschehen auf einer Opernbühne „meist wie ein Museum vergangener Bilder und Gesten" wirke, „an die ein retrospektives Bedürfnis sich klammere".[275] Ein politisches Theater, das die Lebenswelt der Arbeiterschaft in den Blick nahm, sollte es in Duisburg offensichtlich nicht geben.

4. Pflege des kulturellen Erbes: Die Gründung des Wilhelm-Lehmbruck-Museums

Die Kunstmuseen im Ruhrgebiet entstanden erst in jüngerer Zeit.[276] Eine bedeutende Tradition kirchlicher oder höfischer Sammlungen existierte in der Region nicht. Umso wichtiger war deshalb das Engagement aus der im Verhältnis zu anderen deutschen Großstädten schmalen bürgerlichen Schicht.

Im Mai 1902 bildeten führende Duisburger Bürger, Politiker und Wissenschaftler einen Museumsverein. In der Satzung war das Ziel verankert, „die Gründung eines Städtischen Museums vorzubereiten".[277] Die Sammlung, die aus archäologischen Funden, Münzen, Kunstgegenständen und wertvollen Objekten von Gerhard Mercator bestand, wurde im Rathaus aufbewahrt.[278] 1905 versandte der Museumsverein einen Aufruf zwölf engagierter Bürger, die öffentlich um Spenden für eine regelmäßige Ausstellungstätigkeit warben. Dieser Appell erfolgte in Anlehnung an die Ideen von Karl Ernst Osthaus, der in Hagen 1902 das weltweit erste Museum für zeitgenössische Kunst gegründet hatte und die Bürger offensiv um finanzielle Unterstützung bat.[279] Der Aufruf in Duisburg blieb ohne großen Widerhall. Der 1902 formulierte Wunsch nach einem eigenen Museum erfüllte sich erst 1964 mit der Eröffnung des Wilhelm-Lehmbruck-Museums. Den Grundstein dafür bildet der

275 Zit. nach Glaser, Kultur, S. 287.

276 Vgl. Brockhaus, Christoph, Kunstsammlungen im Ruhrgebiet – Entstehung, Schwerpunkte, Perspektiven, in: Franz, Otmar (Hg.), Das Ruhrgebiet – Kulturlandschaft in Europa, Duisburg 1990, S. 59–65.

277 Salzmann, Siegfried, Das Wilhelm-Lehmbruck-Museum Duisburg, Recklinghausen 1981, S. 9.

278 Brockhaus, Christoph, 100 Jahre bürgerschaftliches Engagement für das Lehmbruck Museum, in: DJB 2006, S. 65–71, S. 66.

279 Heute Karl-Ernst-Osthaus-Museum; vgl. dazu Grütter, Heinrich Theodor (Hg.), Museumshandbuch Ruhrgebiet. Kunst, Kultur und Geschichte, Essen 2003, S. 257ff.

Ankauf der Lehmbruck-Plastik „Stehende weibliche Figur“ (1910) durch den Museumsverein 1912.[280]

Wilhelm Lehmbruck wurde am 4. Januar 1881 als Sohn eines Bergmanns in der damals noch selbständigen Stadt Meiderich geboren. Dank eines Stipendiums seiner Heimatstadt verließ er mit vierzehn Jahren seinen Geburtsort, um die Kunstgewerbeschule und Akademie in Düsseldorf zu besuchen. Von 1895 bis 1910 lebte er in Düsseldorf. In der Folge zog es ihn nach Paris, Zürich und Berlin. 1919, auf dem Höhepunkt seiner künstlerischen Laufbahn, starb Lehmbruck im Alter von 38 Jahren durch Selbsttötung in Berlin.[281]

Anita Lehmbruck, die Witwe des Künstlers, überließ dem Duisburger Museumsverein in den 1920er Jahren wesentliche Teile des Werks ihres Mannes als Leihgaben. Im Oktober 1924 engagierte der Verein einen Geschäftsführer. Die Wahl fiel auf Dr. August Hoff (1892–1971). Der Kunsthistoriker realisierte den vom Verein lang gehegten Wunsch nach eigenen Kunstausstellungen. Dem Museumsverein wurde ein Raum der „Duisburger gemeinnützigen Baugesellschaft“ in der Tonhallenstraße zur Verfügung gestellt.[282] August Hoff kuratierte die erste große Lehmbruck-Schau in Duisburg, die von Juni bis September 1925 zu sehen war.[283] Trotz bescheidener Mittel und nur geringer Unterstützung durch die Stadt konnte er bis 1933 mehr als 60 Plastiken, Radierungen und Gemälde Wilhelm Lehmbrucks ankaufen.[284] 1933 wurde Hoff aus politischen Gründen als Museumsdirektor entlassen. Im Verlauf der nationalsozialistischen Gewaltherrschaft gestaltete sich die Pflege des Œuvres Wilhelm Lehmbrucks zunehmend schwieriger. Die Aktion „Entartete Kunst“ 1937 brachte der Duisburger Kunstsammlung schwere Einbußen.[285] 70 Werke Lehmbrucks muss-

280 Brockhaus, Christoph, Wilhelm-Lehmbruck-Museum Duisburg, Braunschweig 1987, S. 12.

281 Vgl. Nowald, Karlheinz, Wilhelm Lehmbruck in Duisburg. Alle Kunst ist Maß, Essen 2004; Holländer, Georg, Lehmbruck in Duisburg. Eine rezeptionsgeschichtliche Studie, Diss. Bonn 1995. Über die künstlerische Bedeutung Wilhelms Lehmbrucks als Wegbereiter der Moderne vgl. Schubert, Dietrich, Wilhelm Lehmbruck. Catalogue raisonné der Skulpturen 1898–1919, Worms 2001; ders., Zum 80. Todestag des Bildhauers Wilhelm Lehmbruck. „Vieles im Werk des expressionistischen Künstlers harrt noch der Aufklärung“, in: Standorte. Jahrbuch Ruhrgebiet 1999/2000, S. 516–521. Schubert setzt sich in beiden Arbeiten kritisch mit der Verkaufspolitik der Erben Wilhelm Lehmbrucks nach dessen Tod auseinander.

282 Brockhaus, Lehmbruck-Museum, S. 14.

283 Bornscheuer, Marion, „Es handelt sich um eine große Idee, die wir gemeinsam haben.“ Die Lehmbruck-Sammlung in Duisburg, in: Dinkla, Söke (Hg.), Eine große Idee. 50 Jahre Lehmbruck Museum, Duisburg und Köln 2014, S. 44–62, S. 62.

284 Höper, Susanne, Die Geschichte des Wilhelm Lehmbruck Museums 1924–1994, in: DJB 1995, S. 194–202, S. 194; Salzmann, Lehmbruck-Museum, S. 11. Zur Gründungsgeschichte des Museums vgl. Bornscheuer, Idee.

285 Tappe, Rudolf / Tietz, Manfred (Hg.), Tatort Duisburg 1933–1945. Widerstand und Verfolgung im Nationalsozialismus, Essen 1987, S. 107ff.

ten aussortiert und an dessen Witwe zurückgegeben werden. Immerhin konnte Ende April 1934 ein neues Ausstellungsgebäude bezogen werden, das sich nun in der Villa des ehemaligen Oberbürgermeisters Karl Lehr in der Königstraße 21 befand.[286] Im Mai 1943 wurde das Haus durch Luftangriffe beschädigt und bis Dezember geschlossen. Knapp ein Jahr später musste die Ausstellungstätigkeit bis zum Kriegsende komplett aufgegeben werden.[287]

Nach dem Krieg widmete sich der erste Kultur- und Rechtsdezernent der Stadt, Ernst D'ham, der städtischen Kunstsammlung und dem Wiederaufbau des Kunstmuseums. Die Wiederherstellung des Museums war im April 1947 abgeschlossen. Das Hauptaugenmerk richtete D'ham neben dem Erwerb einiger Werke expressionistischer Künstler weiterhin auf das Schaffen Wilhelm Lehmbrucks. Glücklicherweise lag die Betreuung der Sammlung in den Händen eines diplomatisch versierten Kunstkenners. Der Kulturausschuss und dessen Vorsitzender Heinrich Weitz hatten sich nämlich 1947 um eine Ansiedlung von Hitlers Lieblingsbildhauer Arno Breker in Duisburg bemüht. Weitz begründete diesen Schritt wie folgt: „Wir würden hier anknüpfen an die Tradition, wie sie durch den Duisburger Bildhauer Lehmbruck begründet ist."[288] Dieses Unterfangen hatte glücklicherweise keinen Erfolg. Wäre die Anwerbung Brekers gelungen, hätten die Erben des unter den Nazis verfemten Bildhauers Wilhelm Lehmbruck damit sicherlich große Probleme gehabt.

Auf dem Grundstück des Ausstellungsgebäudes in der Königstraße wurde 1948 ein Erweiterungsbau geplant. Er sollte einen repräsentativen Überblick über das Schaffen Lehmbrucks ermöglichen. Das Kultusministerium in Düsseldorf stellte 1949 dafür Landesmittel in Aussicht, da es davon ausging, „dass die Stadt Duisburg einen wesentlichen Teil des Lebenswerkes von Wilhelm Lehmbruck besitzt, und dass es nahe liegt, dass die Stadt Duisburg als Geburtsstadt Lehmbrucks ihren Besitz an Plastiken weiter ausbaut und der Öffentlichkeit zugänglich macht".[289] Die Landesförderung wurde unter der Bedingung in Aussicht gestellt, dass das vom Arbeitsamt zur Hälfte mitbenutzte Gebäude ausschließlich als Kunstmuseum dienen würde und sich die Stadt an den laufenden Kosten beteiligt.[290] Die Stadt zögerte jedoch mit der Bereitstellung der Mittel und lehnte das Vorhaben schließlich im Februar 1949 aus wirtschaftlichen Gründen ab.

Als das Arbeitsamt 1949 aus dem Museumsgebäude auszog, wurden die Räume überraschend nicht dem unter extremer Platznot leidenden Museum zur Verfügung

286 Höper, Geschichte, S. 197.
287 Ebd., S. 199.
288 Holländer, Regression, S. 422f.
289 Zit. nach Höper, Geschichte, S. 200.
290 Ebd.

gestellt. Oberbürgermeister Seeling setzte sich persönlich dafür ein, dass sie eine Schauspielerin für ihr „Zimmertheater“ nutzen durfte.[291] Museumsleiter D’ham war gezwungen, wertvolle Ölgemälde und Plastiken in den Kellerräumen zu verstauen. Die räumliche Enge und Feuchtigkeit machten die Pflege der Sammlung aus konservatorischer Sicht unmöglich. Angesichts dieser unhaltbaren Zustände erreichte D’ham im Frühjahr 1950 immerhin eine leichte Verbesserung: Der Kulturdezernent erwirkte den Auszug des kleinen Theaters zum 2. März 1950. Danach konnte das Museum die Räume im Erdgeschoss nutzen. In den folgenden Monaten des Jahres 1950 besuchten 12.481 Personen die Einrichtung.[292]

Bis zum Jahr seiner Pensionierung 1952 zeigte Ernst D’ham 40 Wechselausstellungen. Der „ständige Prediger“ für die Belange des Kunstmuseums leitete das Haus nach seinem Eintritt in den Ruhestand noch zwei weitere Jahre ehrenamtlich.[293] Sein Nachfolger wurde der Kunsthistoriker Dr. Gerhard Händler aus Hannover. Sein Amtsantritt am 1. Oktober 1954 markiert den Beginn einer neuen Phase in der Duisburger Museumsgeschichte.[294] Gleich zu Beginn seiner Tätigkeit umriss Dr. Händler die Hauptintention seiner Arbeit in Duisburg: „Ich hoffe, dass unsere Räume bald vergrößert werden. Ich möchte keine zeitweilige, sondern eine ständige Ausstellung unserer Kunstschätze einrichten.“[295] Pläne für einen neuen Platz für die Kunstschätze gerieten dabei zunächst zur Farce. Die Arbeiten Lehmbrucks sollten in einem Flügelanbau über dem Restaurant einer geplanten Stadthalle untergebracht werden.[296]

Erst nachdem bekannt wurde, dass die Stadt Hagen plante, ein Lehmbruck-Museum zu realisieren, und auch Düsseldorf „als gefährlicher Rivale“[297] Interesse an einem solchen Projekt anmeldete, forcierte die Duisburger Verwaltung den Neubau eines neuen, den bedeutenden Kunstwerken angemessenen Museums nachdrücklich. Kulturdezernent Dittrich beauftragte umgehend Museumsdirektor Händler, „sofort die Verbindung mit den Erben Lehmbrucks aufzunehmen“, um den Konkurrenten zuvorzukommen.[298] Im April 1955 führte Händler in Stuttgart erste Verhandlungen mit der Witwe des Künstlers. Die Gespräche mit Anita Lehmbruck gestalteten sich äußerst schwierig. Dafür gab es gewichtige Gründe, deren Ursachen in der Vergan-

291 Ebd., S. 202.
292 VB 1950, S. 71.
293 WAZ, 23.12.1954; NRZ, 28.1.1994.
294 Holländer, Lehmbruck, S. 15.
295 NRZ, 17.9.1954.
296 Höper, Susanne, Sechs Kapitel aus der Geschichte des Wilhelm-Lehmbruck-Museums Duisburg 1924–1994. IV. Kapitel. Ära Dr. Händler, Museumsdirektor 1954–1970, in: DJ 12/1994, S. 31–33, S. 31.
297 Gerhard Händler an das Kulturdezernat, November 1955, in: STA DU, Bestand 401/483.
298 Höper, Sechs Kapitel, S. 31.

genheit lagen. Anita Lehmbruck hatte nicht verwunden, dass Teile der Duisburger Presse und Öffentlichkeit die Figur „Die Kniende“ (1911) massiv ablehnten, nachdem sie im Tonhallengarten 1927 aufgestellt wurde. Vier alkoholisierte Kaufleute stürzten das Kunstwerk schließlich um.[299] Negativ im Gedächtnis blieben ihr zudem die Aktion „Entartete Kunst“ und der Umstand, dass eine der wertvollsten Plastiken ihres Mannes nicht ausreichend vor dem Bombenhagel im Zweiten Weltkrieg geschützt und deshalb zerstört wurde.[300]

Oberbürgermeister Seeling reiste Mitte April 1955 nach Stuttgart, um bei Anita Lehmbruck und weiteren Erben des Meidericher Künstlers ein Vertrauensverhältnis aufzubauen. Durch seine Kontaktpflege gelang es, „das gespannte Verhältnis, das leider bisher bestanden habe, zu entkrampfen“.[301] Verhandlungsgeschick bewies auch Museumsdirektor Händler: Er erreichte die Zustimmung von Anita Lehmbruck zur ersten Wilhelm-Lehmbruck-Ausstellung in Duisburg nach dem Zweiten Weltkrieg. Diese wurde von Mitte Dezember 1955 bis Anfang Februar 1956 gezeigt.

Im Februar 1956, kurz nach dem Ende der Lehmbruck-Schau, beschloss die Stadtverwaltung im Einverständnis mit dem Kulturausschuss, dem Kunstmuseum in der Königstraße ein zusätzliches Gebäude auf der Mülheimer Straße für Wechselausstellungen zur Verfügung zu stellen.[302] Gerhard Händler wollte eine Teilung des Museums allerdings nicht hinnehmen und betrachtete die Angelegenheit als Zwischenlösung. Mit Kulturdezernent Dittrich führte er Gespräche über einen Neubau. Dieser Plan wurde dann tatsächlich verwirklicht, jedoch durch einen Umstand, der ironischerweise eher mit der prosperierenden wirtschaftlichen Entwicklung Duisburgs zu tun hatte als mit einem energischen kulturpolitischen Vorstoß. Das bisherige Museum, das sich in einem alten Patriziergebäude in der Königstraße befand, musste nämlich dem Neubau eines Sparkassengebäudes weichen. Händler kommentierte: „Angesichts des bisher selbst in den kleinsten Städten auf musealem Gebiet Geleisteten würde der Abbruch des Museums ohne vorherige sichtbare Dokumentierung einer entsprechenden Aufbauleistung eine fatale Angelegenheit. Es würde nicht nur von den Bürgern der Stadt, sondern von allen kunstinteressierten Menschen in Deutschland als Beweis der Kulturlosigkeit bewertet werden. Dass es ein Geldinstitut ist, das mit einem Mammutbau das bescheidene, künstlerisch durchaus nicht wertlose Museumsge-

---

299 Salzmann, Siegfried, „Hinweg mit der Knieenden“. Ein Beitrag zur Geschichte des Kunstskandals, Duisburg 1967, S. 5; Krings, Josef, Gedenken an August Seeling zum 100. Geburtstag. Vortrag des Freundeskreises vom 23.5.2006 [gekürzt], in: Freundeskreis Wilhelm Lehmbruck Museum e.V. (Hg.), Freundeskreis und Lehmbruck-Museum 2000–2010, Duisburg 2010, S. 38–43, S. 42.

300 Zit. nach Höper, Sechs Kapitel, S. 31.

301 Ebd., S. 32, siehe auch Krings, Gedenken, S. 42: „Offensichtlich gelang es Seeling, die gewichtigen Vorurteile abzubauen.“

302 Vetter, Kulturpolitik, S. 122.

bäude überrennt, würde die Vorstellung der Kulturlosigkeit ins ‚Tragisch-Groteske' steigern."[303] Er appellierte an die Verwaltung, den Plan eines Museumsneubaus nicht weiter aufzuschieben. Es sei „auf keinen Fall mit dem Nachweis einer provisorischen ‚Bleibe' [...] getan". Dem „leicht negativ wirkenden Eindruck des Abbruches" müsse „umgehend ein Zeichen des Aufbauwillens entgegengesetzt werden".[304]

Die Pflege des Erbes Lehmbrucks sollte als „Traditionsgrundlage" dienen, wie Händler Anfang 1957 in einem Gutachten zu Protokoll gab: „Einzig und allein mit primärer Blickrichtung auf Wilhelm Lehmbruck [...] kann das an künstlerischer Vergangenheit so arme Industriezentrum Duisburg auf dem Gebiet der bildenden Kunst für sein Museum eine Traditionsgrundlage gewinnen, die das Fehlen älterer künstlerischer Erinnerungszeichen ganz und gar vergessen lässt, und von der aus eine lebendige Brücke zur Gegenwart geschlagen werden kann. [...] Lehmbrucks Persönlichkeit und seine Kunst sprengen die Fesseln des Nur-Heimatlichen und dringen ins Ursprünglich-Menschliche; die künstlerische und sittliche Auswirkung seiner Kunst ist [...] übernational."[305]

Große Unterstützung für den Plan eines neuen Museums erhielt Dr. Händler von August Seeling und Mäzenen aus der Wirtschaft. Händler knüpfte auf Vermittlung des Oberbürgermeisters einen engen Kontakt zum Duisburger Rechtsanwalt Prof. Dr. Gustav Stein. Dieser war Geschäftsführer des „Kulturkreises im Bundesverband der Deutschen Industrie" und Mitglied des Deutschen Bundestags. Er hielt, so August Seeling, „als gebürtiger Duisburger in einer wundervollen Weise immer den innigsten Kontakt zu seiner Vaterstadt und zu ihren kulturellen Bestrebungen".[306] Der Kulturkreis stellte dem Städtischen Kunstmuseum eine Stiftung bedeutender Kunstwerke in Aussicht. Dem Duisburger Kunstmuseum wurden zwischen 1958 und 1960 zehn Plastiken von internationalem Rang geschenkt. Die Unterstützung war für Gerhard Händlers couragierte Pläne von immenser Bedeutung: „Diese Bereitschaft gab den Anlass dafür, der Lehmbrucksammlung und den neuen, ziemlich großen Plastiken ein eigenes Museumsgebäude, das Wilhelm-Lehmbruck-Museum, zu bauen", erinnerte sich Oberbürgermeister Seeling.[307] Die Plastiken, unter ihnen Arbeiten von Giacometti, Laurens, Blumenthal, Mataré, Marini, Richier und Hartung, ermöglichten dem Museum eine internationale Sammlungsausrichtung und ein gegenwartsbezogenes Ausstellungskonzept.[308] Dieser dualen Konzeption fühlt sich das Lehmbruck-Museum bis heute verpflichtet.

303 Gerhard Händler an Paul Dittrich, 20.1.1956, in: STA DU, Bestand 401/483.
304 Ebd.
305 Zit. nach Höper, Sechs Kapitel, S. 33.
306 Seeling, August, Eröffnungsrede zur Einweihung des Wilhelm-Lehmbruck-Museums am 5.6.1964, in: Stadt und Hafen 15, 11/1964, S. 479–492, S. 489.
307 Zit. nach Vetter, Kulturpolitik, S. 120.
308 Vgl. dazu Holländer, Lehmbruck, S. 33.

Am 25. Februar 1957 beschloss der Duisburger Rat im Zusammenwirken mit der Verwaltung und dem kunstsinnigen Oberbürgermeister den Museumsneubau.[309] Duisburg wollte mit diesem Bau „auch international die Übernahme der Verantwortung für das Erbe seines berühmten Sohnes“ signalisieren.[310] Der Architekt stand von Anfang an fest: Der Sohn des Künstlers, Manfred Lehmbruck, galt dafür als prädestiniert, da „keinem Architekten das Werk Lehmbrucks innerlich so vertraut ist wie ihm“, wie Händler an seinen Vorgesetzten Paul Dittrich schrieb.[311] Überdies hatte Manfred Lehmbruck in seiner Dissertation das Thema „Probleme des zeitgemäßen Museumsbaues“ behandelt. Die Auftragsvergabe an ihn und der Verzicht auf einen öffentlichen Architektenwettbewerb haben sicherlich zu einer wesentlichen Verbesserung des angeschlagenen Verhältnisses zwischen der Stadt und der Familie Lehmbruck beigetragen.

Bei der Grundsteinlegung am 25. Juni 1959 im Beisein der Familie Lehmbruck betonte die „NRZ“, dass Duisburg mehr sei als eine Industriestadt: „Unsere Stadt wird mit diesem Neubau einen betonten Mittelpunkt des kulturellen Lebens erhalten. Er soll vornehmlich aufzeigen, welche Verehrung der ehemals missverstandenen Kunst Wilhelm Lehmbrucks heute allenthalben entgegengebracht wird; er soll andererseits aber auch beweisen, dass die Hingabe zur geistigen Welt auch in einer Stadt der Schornsteine und der harten körperlichen Arbeit immer noch gegeben ist.“[312] Nicht gerade tief stapelte Baudezernent Dr. Sittel mit seiner These, dass das Lehmbruck-Museum „in seiner Schönheit nur eine Parallele habe, das Museum of Modern Art in New York“.[313]

Die Stadt bemühte sich weiter um ein gutes Verhältnis zu den Lehmbruck-Erben. August Seeling, Paul Dittrich und Gerhard Händler initiierten deshalb den „Wilhelm-Lehmbruck-Preis“. Laut Statut sollte dieser „zur Erinnerung an den im Jahre 1881 in Duisburg-Meiderich geborenen Bildhauer [...], zum Ansporn für die lebenden Künstler, zur Förderung der kulturellen Beziehungen zwischen Deutschland und anderen Ländern“ an international bekannte zeitgenössische Bildhauer vergeben

309 Salzmann, Lehmbruck-Museum, S. 14.

310 Pannenbecker, Max, Botschafter Duisburgs. Lehmbrucks Skulpturen, in: DJB 2011, S. 66–73, S. 70.

311 Händler an Dittrich, 20.1.1956, in: STA DU, Bestand 401/483. Über den Architekten Manfred Lehmbruck vgl. Schreiber, Mathias, Zurück zum Maß – einer anderen Moderne. Laudatio zur Verleihung der Mercator-Plakette an Manfred Lehmbruck am 10.6.1988, in: Freundeskreis Wilhelm Lehmbruck Museum, Lehmbruck, S. 100–106; Barg, Rhea Rebecca, Ein Leben für die Kunst. Der Architekt Manfred Lehmbruck, in: Dinkla, Idee, S. 120–124; Wagner, Sebastian, Manfred Lehmbruck. Ein Architekt der Moderne, Diss. Weimar 2006, online verfügbar: http://d-nb.info/978892798/34.

312 NRZ, 26.6.1959.

313 RP, 26.6.1959; Esper, Matthias, 50 Jahre Lehmbruck Museum, in: DJB 2014, S. 74–78, S. 75.

werden.[314] Anlässlich des 85. Geburtstags Wilhelm Lehmbrucks am 4. Januar 1966 wurde der Preis erstmals verliehen. Das Preisgeld betrug 20.000 DM. Für die Preisträger, die im Fünfjahresrhythmus gekürt wurden, richtete das Lehmbruck-Museum zudem eine eigene Sonderausstellung aus. Ausgezeichnet wurden namhafte Künstler wie Eduardo Chillida (1966), Norbert Kricke (1971), Jean Tinguely (1976), Claes Oldenburg (1981), Joseph Beuys (1986), Richard Serra (1991), Richard Long (1996), Nam June Paik (2001), Reiner Ruthenbeck (2006) und Rebecca Horn (2017).

Das neue Städtische Kunstmuseum sollte den Namen des Bildhauers führen. Gerhard Händler schrieb an das Kulturdezernat: „Für die geplante Reise des Herrn Kulturdezernenten zur Familie Lehmbruck, Stuttgart, sollte als besonderer Besprechungspunkt außer dem Lehmbruck-Preis auch die Frage: Umbenennung des Städtischen Kunstmuseums in Wilhelm-Lehmbruck-Museum notiert werden. Ich gestatte mir, auf diese wichtige Angelegenheit hinzuweisen [...]“[315] Außerdem waren die sterblichen Überreste Wilhelm Lehmbrucks und seiner inzwischen verstorbenen Witwe nach Duisburg umgebettet worden. Rechtsanwalt Guido Lehmbruck, der Bruder Manfreds, erklärte vor den Ratsmitgliedern an diesem historischen Tag: „Als mir vor wenigen Monaten von Herrn Oberbürgermeister der Vorschlag gemacht wurde, hier eine kurze Erklärung abzugeben, habe ich es sofort begrüßt, an dieser Stätte städtischer Willensbildung Ihnen in meiner Eigenschaft als Testamentvollstrecker und im Namen der Familie für die Bereitschaft und Liebe zu danken, die Sie dem Sohn der Stadt, meinem Vater, entgegenbringen. Es ist für uns ein beglückender Gedanke, dass bald der künstlerische Nachlass Lehmbrucks in einem besonderen Bauwerk ein bleibendes Heim finden wird; ein Bauwerk, das mein Bruder Manfred planen und bauen durfte. Ihre und unsere Wünsche und Hoffnungen für den künstlerischen Nachlass laufen also nicht nur parallel, sondern verbinden sich.“[316]

In der Tat war es das gemeinsame Ziel sowohl der Stadt als auch der Familie Lehmbruck, das Werk des Meidericher Bildhauers zu pflegen und dessen Ruhm so weit wie möglich zu mehren. Entschieden und mit überraschend deutlichen Worten erteilte Guido Lehmbruck eventuellen Rechtsverpflichtungen eine Absage: „Verständlich wäre an sich der Wunsch, diese Verbindung auch in rechtlicher Form zu besiegeln. Abgesehen davon, dass es noch zu früh für solche Entschlüsse sein dürfte, glaube ich, dass rechtlicher Zwang die gegenseitige Bereitschaft gefährden könnte. Gewichtiger

314 Brockhaus, Christoph (Hg.), Wilhelm-Lehmbruck-Preis 1966–1996. Laudationes und Dankreden, Ausstellungen und Werke im Wilhelm-Lehmbruck-Museum Duisburg, Ostfildern-Ruit 1997, S. 7; Blaschke, Florian, „Schütze diese Flamme!“ – Die Geschichte des Wilhelm-Lehmbruck-Preises, in: DJB 2013, S. 54–56, S. 54.

315 Gerhard Händler an das Kulturdezernat, 8.6.1963, in: STA DU, Bestand 401/906-911.

316 Zit. nach Holländer, Lehmbruck, S. 15. Im Jahr 2008 erwarb die Stadt Duisburg den Nachlass Lehmbrucks mit 1.141 Werken durch großzügige Hilfe vom Bund, Land und der Duisburger Wirtschaft; vgl. Bornscheuer, Idee, S. 62.

jedoch sind die Erkenntnisse aus der Aktion ‚Entartete Kunst' in den 30er Jahren. Haben Sie bitte Verständnis dafür, dass es uns im Interesse des Werkes darauf ankommt, dass unsere Familie für solche Fälle freie Hand behalten muss, haben Sie bitte Verständnis, dass solche Fälle nicht schon heute definitiv sind. [...] Mein Vater und meine Mutter werden nun hier zur letzten Ruhe gebettet. Es ist das Vermächtnis meiner Mutter, dass der von ihr gesammelte und bewahrte künstlerische Nachlass meines Vaters geschlossen bleiben soll. Das Lehmbruck-Museum erfüllt dieses Vermächtnis."[317]

Aus genannten Gründen erhielt die Stadt die Werke lediglich als Leihgabe.[318] Händler unterstrich gegenüber der „NRZ", dass es „kein leichter Abschied für die Familie" gewesen sei, „rund 30 Plastiken, zahlreiche Gemälde und sechs Kästen voll kostbarer Zeichnungen, Radierungen, Lithographien" dem Duisburger Museum zu übergeben.[319] Das Rechtsverhältnis zwischen der Stadt und den Erben Lehmbrucks blieb äußerst vage, ein formaler Vertrag wurde nicht geschlossen: „Bei uns beruht alles auf einem Briefwechsel zwischen den Erben und der Stadt", kommentierte Manfred Lehmbruck diese Form der Übereinkunft.[320] August Seeling bestätigte, dass die Verabredungen allein auf der „Grundlage gegenseitigen Vertrauens" getroffen worden seien.[321]

Nach fünf Jahren Bauzeit wurde das Wilhelm-Lehmbruck-Museum am 5. Juni 1964 der Öffentlichkeit übergeben.[322] Manfred Lehmbruck hob die Bedeutung des Museumsstandorts hervor: „Das Werk meines Vaters hat seinen Ort in der Arbeitswelt dieser Industrielandschaft und nirgendwo sonst, hier hat es eine echte und notwendige Aufgabe zu erfüllen."[323]

Dass dieser Museumsbau für Duisburg keineswegs eine Selbstverständlichkeit war, wird aus der Eröffnungsrede von Oberbürgermeister Seeling deutlich:

„Den Neubau hat die Stadt Duisburg ganz allein finanziert. Die Baukosten betragen bei 23.900 cbm umbautem Raum annähernd 6 Millionen Mark. Das ist eine sehr beachtliche Leistung. Die Perspektive ändert sich allerdings, wenn man die Relation sieht und weiß, dass die Stadt während der fünfjährigen Bauzeit des Museums bei-

317 Zit. nach Holländer, Lehmbruck, S. 15.

318 Dass das Städtische Kunstmuseum Duisburg auch zur Zeit des „Dritten Reichs" in Lehmbruck „den Bürgen für ihre kulturelle Identität sah", muss an dieser Stelle erwähnt werden. Die Aktion „Entartete Kunst" der Nationalsozialisten änderte nichts an dieser kontinuierlichen Museumspolitik aller Duisburger Museumsdirektoren; vgl. Holländer, Lehmbruck, S. 95ff.

319 NRZ, 28.3.1964 (Händler).

320 Kölner Stadt-Anzeiger, 4.3.1986.

321 Seeling, Eröffnungsrede Lehmbruck, S. 485.

322 Zur Architektur und Baugeschichte vgl. Esper, Matthias, Baugeschichte des Lehmbruck Museums, in: Dinkla, Idee, S. 116–119.

323 WAZ, 6.6.1964.

spielsweise für den Straßenbau 27.032.295 DM ausgegeben hat. […] Auch die Stadiontribüne hat 7.312.000 DM gekostet. Diese Ausgaben waren notwendig und stehen außerhalb der Kritik. Aber ich meine, dass die Städte mehr denn je auch eine geistige Verantwortung für ihre Bürger zu tragen und zu erfüllen haben. Wir sollten uns dieser Ausgabe nicht schämen, sondern uns ohne Furcht und Tadel und erhobenen Hauptes zu ihr bekennen. Hier war eine Aufgabe gestellt und zu lösen, die einmalig war."[324]

Kulturelle Aktivitäten waren für die „Stadt Montan" also nicht selbstverständlich. Sogar die verhältnismäßig geringen Kosten für den Museumsneubau musste der Oberbürgermeister öffentlich rechtfertigen. Ein vom Architekten bereits geplanter dritter Bauabschnitt wurde aus Kostengründen nicht verwirklicht.[325]

Seeling schloss seine Rede, indem er den kulturpädagogischen Auftrag des neuen Museums hervorhob und zugleich auf die repräsentative Bedeutung Lehmbrucks für die Stadt einging: „Die Öffentlichkeit möge geistigen Besitz ergreifen von allem, von dem Haus und seinen stummen und doch so beredten Bewohnern, den Skulpturen und Bildern. Wir freuen uns tief bewegt der oft ersehnten, zwar späten, aber endgültigen Heimkehr des großen Künstlers in sein Haus, das sein eigener Sohn ersann, des Künstlers Wilhelm Lehmbruck, den Hermann Heimpel, Theodor Heuss und Benno Reifenberg in ihrem schönen Werk in die Schar der ‚Großen Deutschen' eingereiht haben. Mögen von dieser Stätte, die dem Gedächtnis eines großen Menschen gewidmet ist, dessen Leben, Wirken und Sterben – Mensch sein und menschlich sein – symbolisieren, allzeit belebende künstlerische Impulse ausgehen!"[326]

Vom Juni bis Dezember 1964 besuchten 24.725 Personen, darunter zahlreiche Schulklassen, das Museum.[327] 1966 waren es 23.770 Besucher.[328] Nicht zuletzt wegen des auch in den Folgejahren eher unter den Erwartungen gebliebenen Publikumszuspruchs erhofften sich die Kulturverantwortlichen in Duisburg, die Attraktivität des Museums mit Hilfe eines privaten Mäzens zu steigern. Das Kapitel IV/6.1 wird über dieses Vorhaben ausführlich berichten.

---

324 Seeling, Eröffnungsrede Lehmbruck, S. 487.
325 FAZ, 6.3.1986; Esper, 50 Jahre, S. 77.
326 Seeling, Eröffnungsrede Lehmbruck, S. 491.
327 VB 1964, o. S.
328 VB 1966, o. S.

5. Erste Programme zur Förderung bildender Künstler

In einem Beitrag im „Duisburger Jahrbuch“ 2010 mit dem Titel „Ach Duisburg, wo sind deine Künstler?“ resümierte die Autorin Susanne Schulten, dass sich „allgemeine Ratlosigkeit“ ausbreite, „wenn man nach der Geschichte der Duisburger Kunst und der Künstlerszene fragt“.[329] Bildende Kunst habe „keine Rolle für das Selbstverständnis“ der Stadt gespielt, und sie hatte hier keine Tradition. Weder im Mittelalter noch in der Neuzeit sei Duisburg eine „Stadt der Kunst“ gewesen. Eine kirchliche Sammlung oder eine höfische Gemäldegalerie von Rang waren hier nicht entstanden. Gegen Ende des 19. Jahrhunderts machte sich das Fehlen eines Kunstmuseums oder einer Kunstakademie bemerkbar. Ansässige Künstler wie Helmut Liesegang, Karl Leipold, Ludwig Keller, August Kraus kehrten der Stadt deshalb „so schnell wie möglich den Rücken“ – und zwar für immer. Welche Bemühungen unternahm die Stadt Duisburg, um die Künstler und ihre Vereinigungen zu unterstützen?

1923, im Jahr der Hyperinflation, schlossen sich die am Rande des Existenzminimums lebenden Duisburger Künstler zusammen. Nach seinem Amtsantritt als Geschäftsführer des Museumsvereins im Dezember 1924 unterstützte August Hoff diese nach Kräften.[330] Ein Jahr später richtete er in den Räumlichkeiten des Museumsvereins eine erste „Ausstellung Duisburger Künstler“ aus.[331] Präsentiert wurden 125 Werke von 34 Teilnehmern.[332] Eine solche Überblicksschau konnte im Dezember 1925 erneut gezeigt werden.

Durch die Weltwirtschaftskrise 1929 wurde die Lage der Künstler in Duisburg in den letzten Jahren der Weimarer Republik prekär. Die Rahmenbedingungen für eine künstlerische Tätigkeit verschlechterten sich noch, nachdem 1933 alle Duisburger Künstler im „NS-Kampfbund für Deutsche Künstler“ gleichgeschaltet wurden. Einige waren politischer Verfolgung ausgesetzt. Der Künstler Hans Grohmann wurde im Mai 1933 sogar von SS-Soldaten erschossen. Der Nachfolger von August Hoff im Städtischen Museum, Dr. Herbert Griebitzsch, kaufte nach seinem Amtsantritt 1933 mehr als 200 Arbeiten

329 Dies und das Folgende nach Schulten, Susanne, Ach Duisburg, wo sind deine Künstler?, in: DJB 2010, S. 198–202, S. 198.

330 Brockhaus, Christoph, Duisburger Künstler der Moderne, in: ders. (Hg.), Seit Lehmbruck. Duisburger Künstlerporträts, Duisburg 2008, S.1–4, S. 1.

331 Zur Geschichte der bildenden Kunst in Duisburg vgl. Kraume, Hans Georg, Vor Hoff. Zur Bildenden Kunst und Museumspolitik in Duisburg seit 1925, in: Brockhaus, Seit Lehmbruck, S. 5–44.

332 Brockhaus, Christoph, Seit Lehmbruck und Hoff. Kleine Chronik der Duisburger Kunst seit 1925, in: ders., Seit Lehmbruck, S. 45–49, S. 45.

„junger deutscher Künstler" vornehmlich aus dem lokalen und regionalen Raum auf.[333] Die Sammlungspolitik mit einer internationalen Ausrichtung wurde weitgehend aufgegeben. Ab 1935/36 mussten Ausstellungen und Ankäufe von der Reichskammer der bildenden Künste, Gau Essen, genehmigt werden.[334] Ab 1937 wurden bei der Aktion „Entartete Kunst" unter anderem die Werke Lehmbrucks aus der Sammlung entfernt und an die Familie zurückgegeben. Eine tiefgreifende und systematische Analyse dieser Phase der Duisburger Museumspolitik ist ein Forschungsdesiderat.

Nach dem Zweiten Weltkrieg fanden provisorische Ausstellungen in einer Buchhandlung (1946) oder im Rathaus (1947) statt. Im Dezember 1949 gründete sich der Bund Duisburger Künstler neu. 1957 kam es zu einer Abspaltung abstrakt arbeitender Künstler. Sie gründeten die „Duisburger Sezession". 1974 schlossen sich die beiden Gruppen mit einigen anderen zur Dachorganisation „Interessengemeinschaft Duisburger Künstler" zusammen.

1951 ermöglichte der Rat der Stadt durch eine Verordnung zur „Kunst am Bau" Betätigungsfelder für die lokal ansässigen Künstler. Die Anregung stammte vom Deutschen Städtetag und dem Land NRW, die der Duisburger Baurat Siegfried von Tiling bereitwillig und rasch aufgenommen hatte.[335] Bei neu zu errichtenden öffentlichen Gebäuden sollte ein Prozent der Bausumme für Kunstwerke ausgegeben werden.[336] Zwischen 1950 und 1987 wurde auf diese Weise der Ankauf von circa 300 Kunstwerken ermöglicht.

1966 opponierten zahlreiche Duisburger Künstler angesichts der Vergabepraxis der Aufträge für die „Kunst am Bau". Nur 17 Prozent aller Aufträge waren seit 1955 an Duisburger Künstler vergeben worden.[337] Auf öffentliche Ausschreibungen und die Bildung von Auswahlkommissionen wurde weitestgehend verzichtet. Der Beigeordnete Dr. Sittel hatte meistens alleine über die Auswahl der Künstler entschieden. Dieses undurchsichtige Prozedere führte nach einiger Zeit zu einem Sturm der Entrüstung in der Künstlerszene, in den Medien und schließlich in der Kommunalpolitik.

Der Rat verabschiedete deshalb am 13. Februar 1967 die „Richtlinien der Stadt Duisburg zur Vergabe von Aufträgen im Bereich Kunst am Bau", um ein geregeltes und nachvollziehbares Verfahren zu ermöglichen. Duisburger Künstler sollten dabei

333 Höper, Geschichte, S. 198.

334 Ebd.

335 Stadt Duisburg, Der Oberstadtdirektor, Kunst und Bauen in Duisburg 1950–1986, Duisburg 1987, S. 6.

336 N. N., Kunst und Bauen in Duisburg 1950–1986. Zu einer Dokumentation von Emmi Pannenbecker, in: DJ 8/1987, S. 10–13, S. 10.

337 Vgl. die Presseschau in: Stadt Duisburg, Kunst und Bauen, S. 10.

„angemessen berücksichtigt“ werden. Tatsächlich funktionierte dies danach besser.[338] Außerdem wurde der prozentuale Anteil für die Ankäufe je nach Größe der Bauten auf ein bis drei Prozent erhöht. Ab Mitte der 1970er Jahre erfolgten weitere Programme, um die Duisburger Künstler gezielt zu unterstützen, wie im Kapitel IV/5.1 dargelegt wird.

6. Die Mercatorhalle

Die 1887 errichtete Duisburger „Tonhalle“ wurde durch einen Luftangriff im Herbst 1942 vollständig zerstört.[339] Oberbürgermeister August Seeling trat nach dem Zweiten Weltkrieg vehement für deren Wiederaufbau ein, um den Verlust der „Heimstatt der Erbauung und Entspannung für die hart arbeitenden Menschen der aufstrebenden Industriestadt an Rhein und Ruhr“ zu kompensieren.[340] In der ersten Sitzung des Rats der Stadt nach freien Wahlen am 15. Oktober 1948 wurde ein „Teilordnungsplan Innenstadt“ verabschiedet, in dem die Wiederherstellung der Tonhalle bereits vorgesehen war.[341] Jahrelang debattierte der Rat ausgiebig über die optische Gestaltung und Nutzung des geplanten Hauses. Der musikbegeisterte Oberbürgermeister August Seeling, der seit seinem „10. Lebensjahr manches schöne Erlebnis in der alten Tonhalle erlebte“, plädierte für eine reine Konzerthalle im ehrwürdigen Tonhallenstil.[342] Mit dieser von manchen Beobachtern als anachronistisch empfundenen Auffassung konnte er sich im Rat der Stadt nicht durchsetzen. Nach dem Willen der Mehrheit der Abgeordneten sollte eine Mehrzweckhalle entstehen, die nicht nur für Symphoniekonzerte genutzt werden konnte, sondern Veranstaltungen vielfältigster Art zuließ. Verkehrsdirektor Meier brachte diese Intention auf den Punkt: „Die Stadthalle muss die Ausgabe von mehr als 10 Millionen Mark rechtfertigen und die Richtigkeit ihrer Wahl als ‚Mehrzweckhalle‘ überzeugend beweisen!“[343]

338 Ebd., S. 11.
339 N. N., Es war einmal ... Abriss der Mercatorhalle, in: DJB 2006, S. 153–158, S. 154.
340 So Seeling in einem gemeinsamen Vorwort mit Oberstadtdirektor Bothur in: Rotthauwe, Helmut, Tonhalle gestern, Mercatorhalle heute, Duisburg 1962, S. 6.
341 Schörken, Gerd, Wiederaufbauplanung in Duisburg nach dem Zweiten Weltkrieg 1945–1960, Diss. Duisburg 1993, S. 84.
342 Seeling, August, Ansprache zur festlichen Eröffnung der Mercatorhalle am 2.9.1962, in: STA DU, Bestand 5473, S. 15.
343 Zit. nach Rotthauwe, Tonhalle, S. 35.

Abb. 2 Die Grundsteinlegung der Mercatorhalle am 22. Dezember 1959

Am 8. Oktober 1956 beschloss der Hauptausschuss, den Architektenbüros Stumpf/ Voigtländer[344] (Duisburg) sowie Graubner (Hannover) den Auftrag zu erteilen. Der Architekt Prof. Graubner konnte erst nach einer langwierigen, fast dreijährigen Planungsphase zufrieden feststellen, dass „die verschiedensten Wünsche in glücklichster Weise gelöst seien. [...] Das Architektenteam habe die verschiedensten Anliegen verarbeitet in der Richtung, dass es sich nicht nur um eine Tonhalle handle, sondern dass dieser Bau sehr vielen Zwecken dienen soll, z. B. Tagungen, Kongressen, Varietéveranstaltungen usw."[345] Am 22. Juni 1959 stimmte der Rat dem zwischenzeitlich mehrfach überarbeiteten Bauentwurf endgültig zu. Der Kostenvoranschlag belief sich auf 9,5 Millionen DM.[346] Die Grundsteinlegung fand am 22. Dezember 1959 statt.[347] Der Neubau wurde am

344 Diese Architektengemeinschaft errichtete auch die Luise-Albertz-Halle in Oberhausen und die Stadthalle in Gelsenkirchen. Über die ästhetischen und städtebaulichen Mängel der Mercatorhalle vgl. Schörken, Wiederaufbauplanung, S. 172ff.

345 Drucksache der Verwaltung vom 13.10.1958 an den Bau-, Planungs-, Kultur- und Verkehrsausschuss, in: STA DU, Bestand 401/483/57.

346 Die Gesamtkosten betrugen 12,3 Mill. DM, siehe Schörken, Wiederaufbauplanung, S. 176.

347 NRZ, 23.12.1959.

2. September 1962 feierlich der Öffentlichkeit übergeben. Oberbürgermeister Seeling hatte seine Einstellung über die Art der neuen Halle inzwischen der allgemeinen öffentlichen Meinung angepasst, wie er in seiner Eröffnungsrede erkennen ließ: „Es war ein mutiges und erfreuliches Zeichen, dass sich mit der Zeit immer mehr Kräfte regten, um die alte Tonhalle nach modernen Plänen und neu Erkanntem wieder zu errichten."[348]

Die Zielvorstellungen über die Aufgaben der neuen Mercatorhalle formulierte Stadthallendirektor Hans-Joachim Hoerenz. Er hob einerseits die Bedeutung der Halle für die Reputation Duisburgs hervor, andererseits wandte er sich dezidiert gegen eine bloße Fortsetzung der „Tonhallen-Tradition":

„Für den heutigen Menschen, mit dem und an dem gehandelt wird, bedürfen wir Stätten, in denen er sich wieder selbst bilden kann. [...] Die ‚gute Stube' ist keine leere Phrase. Auf sie sollte jede Familie Anspruch erheben, und für sie sollte Platz sein in jedem Gemeinwesen. [...] Es lässt sich nicht übersehen, dass die Bürger unserer Stadt in besonderem Maße der Gefahr erliegen können, nur noch im Rhythmus ihrer Arbeit zu leben. [...] In welch hohem Maße erschien es nicht zuletzt aus diesem Grunde geboten, den Einwohnern Duisburgs wieder eine Stätte der Entspannung und Erholung, der

Abb. 3 Die Mercatorhalle um 1965

348 Seeling, Ansprache Mercatorhalle, S. 4.

Freude und Erbauung, der Aussprache und der freien Meinungsbildung zu schenken. Künstlerische Darbietungen, gesellschaftliche, politische und sportliche Veranstaltungen werden dem Leben unserer Stadt neue Impulse geben. Durch Tagungen, Ausstellungen und Kongresse wird der Name Duisburgs neuen Klang erhalten. [...] Die Türen der Mercatorhalle sollen etwas weiter geöffnet werden als die der ‚alten Tonhalle'. [...] Weite Kreise unserer Bevölkerung, die die Tonhalle nicht kannten, junge Menschen und Neubürger, hätten allein für die Fortsetzung einer Tradition wenig Verständnis."[349]

Klarer konnte man den Anspruch nicht formulieren, dass die Mehrzweckhalle allen Bürgern der Stadt offenstehen sollte. Das neue Haus wurde auf den Namen Mercatorhalle „getauft", da der Geburtstag des berühmten Kartographen im Jahr der Einweihung exakt 450 Jahre zurücklag.[350]

In der Zeit ihres 40-jährigen Bestehens konnten unter dem Dach der Mercatorhalle Veranstaltungen unterschiedlichster Art dargeboten werden. Neben den regelmäßigen Konzerten der Duisburger Symphoniker gab es Gastspiele anderer renommierter Orchester, Staatsempfänge mit nationalen und internationalen Würdenträgern, Gewerkschafts-, Partei-, Aktionärs- und Vereinsversammlungen, Schlager- und Volksmusikabende, Karnevalssitzungen und vieles mehr.[351] Die Konzeption der Mercatorhalle als Mehrzweckhalle hatte sich ausgezahlt. Ein 1981 vom Präsidenten des „Internationalen Verbandes der Stadt-, Sport- und Mehrzweckhallen" erstelltes Gutachten kam zu einem erfreulichen Ergebnis: „Über die Auslastung der Mercatorhalle in all den Jahren zu sprechen, hieße Eulen nach Athen tragen [...]. Im Vergleich mit anderen Hallen kann der Gutachter [...] die Erklärung abgeben, dass die Duisburger Mercatorhalle [...] mit den von ihr erwirtschafteten relativ niedrigen Kostendeckungsbeiträgen, sprich Zuschüssen durch die öffentliche Hand, an der unteren Grenze des für einen derartigen Betrieb möglichen Zuschussbedarfs gelegen hat. Es dürfte nur ganz wenige Betriebe geben [...], die ein unwesentlich günstigeres Ergebnis in dem einen oder anderen Jahr vorweisen können."[352]

Im Dezember 2001 wurde die Halle auf dem König-Heinrich-Platz, die über eine exzellente Akustik verfügte, unter Denkmalschutz gestellt. Trotzdem beschloss der Rat der Stadt am 11. März 2002 den Abriss. An derselben Stelle sollte ein Spielkasino

349 Zit. nach Rotthauwe, Tonhalle, S. 32.

350 Seeling, Ansprache Mercatorhalle, S. 14. Über Mercator und Duisburg vgl. Tromnau, Gerhard, Duisburg – die Mercator-Stadt. Gerhard Mercator – eine Duisburger Identität, in: Duisburger Forschungen 61/2016, S. 183–194.

351 Vgl. dazu ausführlich Pletziger, Heinz, „Schön war die Zeit". Duisburger nahmen Abschied von der Mercatorhalle, in: DJB 2003, S. 139–147.

352 Zit. nach Rotthauwe, Tonhalle, S. 55.

mit Konzert-, Hotel-, Veranstaltungs- und Kongresszentrum gebaut werden. Dieses Vorgehen war unter Berufung auf § 9 Abs. 2b des Denkmalschutzgesetzes möglich. Demnach kann ein Denkmal beseitigt werden, wenn „ein überwiegendes öffentliches Interesse seinem Erhalt entgegensteht".[353] NRW-Bauminister Michael Vesper hatte die Ausnahmeregelung in Duisburg als oberster Denkmalpfleger des Landes erteilt.

Altoberbürgermeister Josef Krings organisierte eine Unterschriftenaktion gegen diesen Plan. Er wurde nicht müde, den König-Heinrich-Platz mit der Mercatorhalle und dem gegenüberliegenden Stadttheater als das „geistig-kulturelle Zentrum" der Stadt zu bezeichnen, das unbedingt erhalten werden müsse.[354] Krings' Bemühungen liefen ins Leere. Auch 14.000 gesammelte Unterschriften konnten die Neubaupläne nicht stoppen. Am 22. Juni 2002 fand die letzte Veranstaltung in der Mercatorhalle statt. Die damalige Oberbürgermeisterin Bärbel Zieling (Amtszeit 1997–2004) argumentierte in einem Zeitungsinterview für den Abriss: „Wer mit nüchternem Verstand und nicht mit verklärtem Blick an die Sache herangeht, sieht eine Immobilie, die an Hässlichkeit nicht zu überbieten ist."[355]

Die neue Halle wurde im April 2007 eröffnet. Die Konzertaufführungen waren durchweg ausverkauft.[356] Der Bau löste allerdings einen handfesten Skandal aus. Schon bei der Bauabnahme waren zahlreiche Mängel zutage getreten, die in der Planungs- und Ausführungsphase entstanden waren. Bis ins Jahr 2011 listete die Bauverwaltung über 1.000 Fehler auf. Im August 2012 musste die Stadt die Halle aus Sicherheitsgründen schließen. Die Brandschutzvorrichtungen waren grob fehlerhaft installiert worden und reichten bei weitem nicht aus.[357] Im Mai 2015 fasste die „WAZ" die Versäumnisse zusammen: „Falsch geplant, falsch begutachtet und von Prüfsachverständigen dennoch für gut befunden. Schlampig, mit Absicht, kriminell?"[358] Durch den Pfusch am Bau musste die Mercatorhalle nachträglich für 13 Millionen EUR saniert werden.[359] Während der Instandsetzung mussten die Philharmoniker ins Theater am Marientor ausweichen. Seit September 2016 wird die neue Mercatorhalle wieder genutzt.[360]

353 N. N., Es war einmal ..., S. 158.
354 Zit. nach Pletziger, Mercatorhalle, S. 139.
355 Ebd.
356 Obiera, Pedro, Rückkehr in die Mercatorhalle. Zur Wiedereröffnung von Duisburgs „guter Stube", in: DJB 2017, S. 156–161, S. 159.
357 WAZ, 20.11.2013.
358 WAZ, 14.5.2015.
359 Ebd.; WAZ, 11.8.2015; Obiera, Rückkehr, S. 159.
360 RP, 4.11.2015.

III. Zwischenbetrachtung

Bei einem Zwischenresümee über die Duisburger Kulturpolitik der Jahre 1945 bis 1969 fällt auf, dass sie sich im Wesentlichen auf die Wiederherstellung der durch den Krieg zerstörten Kulturinstitute beschränkte. Die Orientierung an humanistischen Traditionen und die Pflege deutscher Klassiker wie Goethe und Schiller standen im Vordergrund. Dies war in den meisten deutschen Städten – sowohl in der DDR als auch in der BRD – der Fall.[361] Die einzige wirkliche kulturpolitische Innovation durch Duisburger Verantwortliche war im genannten Zeitraum die Gründung der „Niederrheinischen Universitätswoche". Paul Dittrich hatte diese 1948 ins Leben gerufen, um renommierte Wissenschaftler zu Vorträgen und Symposien nach Duisburg zu locken.[362]

Nach dem Krieg ging es den führenden Duisburger Kulturpolitikern vornehmlich darum, die Arbeiterschaft an die sogenannte „bürgerliche Kultur" heranzuführen. Die im Nationalsozialismus zerstörten Traditionen der Arbeiterkulturbewegung aus der Zeit der Weimarer Republik wurden nicht reaktiviert.[363] Der Soziologe Helmut Schelsky beobachtete Anfang der 1950er Jahre, dass durch den sozialen Aufstieg und den zunehmenden materiellen Wohlstand der Industriearbeiterschaft ein Abbau der Klassengegensätze und eine „soziale und kulturelle Entdifferenzierung" stattgefunden habe.[364] Die alte Klassengesellschaft sei in der Wirtschaftswunderzeit von einer Konsumgesellschaft, die sich der Arbeiterschaft öffnete, abgelöst worden.[365] Schelsky prägte den Begriff der „nivellierten Mittelstandsgesellschaft". Die Kulturpolitik in

361 Glaser, Kultur, S. 107; Hermand, Kulturgeschichte, S. 235ff.; Schildt / Siegfried, Kulturgeschichte, S. 64f.

362 Dazu ausführlich Vetter, Kulturpolitik, S. 95–105.

363 Stadt Duisburg, Der Oberstadtdirektor, Niederrheinisches Museum der Stadt Duisburg, Trotz alledem! Arbeiterkultur in Duisburg. Begleitheft zur Ausstellung im Niederrheinischen Museum der Stadt Duisburg, 1.9.–22.10.1989, Duisburg 1989, S. 11; Schildt / Siegfried, Kulturgeschichte, S. 61.

364 Vgl. Schelsky, Helmut, Die Bedeutung des Schichtenbegriffs für die Analyse der gegenwärtigen Gesellschaft 1953, in: ders., Auf der Suche nach Wirklichkeit. Gesammelte Aufsätze zur Soziologie der Bundesrepublik, München 1979 und ders., Wandlungen der deutschen Familie in der Gegenwart. Darstellung und Deutung einer empirisch-soziologischen Tatbestandsaufnahme, Stuttgart ³1955 und Glaser, Kultur, S. 211f.

365 Vgl. auch Mooser, Josef, Abschied von der „Proletarität". Sozialstruktur und Lage der Arbeiterschaft in der Bundesrepublik in historischer Perspektive, in: Conze, Werner / Lepsius, Rainer M. (Hg.), Sozialgeschichte der Bundesrepublik Deutschland. Beiträge zum Kontinuitätsproblem, Stuttgart 1983, S. 143–186, S. 163ff.

Duisburg hat diesen Prozess mit beachtlichen kulturpolitischen Anstrengungen vor allem im Bereich der Bibliothek unterstützt. Dennoch bleibt festzuhalten, dass in der Wiederaufbauphase und noch lange Zeit danach die kulturpolitische Ausrichtung zur Förderung einer „bürgerlichen Kultur" in Duisburg so sehr Leitmotiv war, dass eigene Wege und künstlerisch-kreative Wagnisse versperrt wurden. Am deutlichsten machte sich dies in der Theaterpolitik bemerkbar. Wie fast alle deutschen Bühnen in der Nachkriegszeit sollte auch das Theater in Duisburg als „moralische Anstalt" fungieren.[366]

Der Soziologe Ralf Dahrendorf sprach Mitte der 1960er Jahre in seiner viel beachteten Arbeit „Gesellschaft und Demokratie in Deutschland" davon, dass die Stabilität der Bundesrepublik zur „Starre" ausarte und der „Rhythmus des Wandels" fehle.[367] Dieses Missfallen an festgefahrenen Strukturen und den auf vielen Gebieten zu beobachtenden restaurativen Tendenzen galt für das Ruhrgebiet insgesamt und ganz besonders für Duisburg. Der Schriftsteller Horst Krüger schrieb in einem Reisebericht 1968: „Überaltert, erzkonservativ und sehr provinziell liegt das Ruhrgebiet mitten in unserer Republik, so als gehörte es nicht dazu. Es hämmert und dröhnt, es zischt und sprüht, es glüht und rostet zugleich."[368] Die traditionalistischen Mentalitäten der Bevölkerung spiegelten sich im Wahlverhalten und den politischen Vertretern wider. Die im Ruhrgebiet starke SPD war und ist dem konservativen Flügel der Bundespartei zuzurechnen.[369]

Mit dem Generationswechsel in den Stadtverwaltungen, der sich in den 1960er und 1970er Jahren allmählich vollzog, änderten viele Revierstädte ihre Kulturpolitik zum Teil radikal, wie drei Beispiele stellvertretend verdeutlichen sollen:

Richard Erny (1928–2014) löste mit seiner progressiven Arbeit als Kulturdezernent in Bochum von 1970 bis 1990 eine „Kulturrevolution" aus.[370] Er kürte in bewusster Opposition zu den Bochumer Ikonen Saladin Schmitt und Hans Schalla „obsessive Theaterleute vom Kaliber eines Peter Zadek, Claus Peymann oder Frank-Patrick

366 Glaser, Kultur, S. 114.

367 Dahrendorf, Ralf, Gesellschaft und Demokratie in Deutschland, München 1965, S. 143.

368 Zit. nach Bigge, Mathias, Kulturpolitik im Ruhrgebiet, in: Bovermann, Rainer (Hg.), Das Ruhrgebiet. Ein starkes Stück Nordrhein-Westfalen. Politik in der Region 1946–1996, Essen 1996, S. 499–532, S. 515.

369 Vgl. dazu Rohe, Karl, Vom alten Revier zum heutigen Ruhrgebiet. Die Entwicklung einer regionalen politischen Gesellschaft im Spiegel der Wahlen, in: ders., Politik und Gesellschaft im Ruhrgebiet. Beiträge zur regionalen Politikforschung, Königstein 1979, S. 21–73.

370 Vgl. Ketelsen, Uwe-K., Von einer Angebots- zu einer Nachfragekultur. Das Beispiel des Bochumer Schauspielhauses während der 70er und 80er Jahre, in: Barbian / Heid, Entdeckung, S. 470–486.

Steckel“ zu Intendanten des Schauspielhauses.[371] Der promovierte Germanist und Sozialdemokrat förderte außerdem zeitgenössische Kunst im öffentlichen Raum. 1979 ließ er die rostige Stahlplastik „Terminals“ von Richard Serra vor dem Bochumer Hauptbahnhof ausstellen, was öffentliche Proteste hervorrief. Die WAZ feierte Serras Arbeit Jahrzehnte später als „Jahrhundertwerk der internationalen Plastik“.[372]

Der Dortmunder Kulturdezernent Alfons Spielhoff (1912–1987) kritisierte seit 1962 immer wieder die Konzentration der städtischen Kulturfinanzmittel auf die hoch subventionierten Theater, Opern und Orchester, die nur von einer Minderheit in Anspruch genommen würden. Spielhoff blieb seinem überregional bekannt gewordenen Credo „Kulturpolitik ist Gesellschaftspolitik“ treu.[373] Unter seiner Führung übernahm Dortmund in der Förderung alternativer Kulturangebote und Vereinsarbeit im Ruhrgebiet eine Vorreiterrolle.[374] Spielhoff war zugleich Geschäftsführer der „Kulturpolitischen Gesellschaft“, die seit ihrer Gründung 1976 Leitbilder und Ziele für die Kulturpolitik in Deutschland entwickelt.

In Oberhausen war seit 1951 Hilmar Hoffmann Leiter der Volkshochschule. In dieser Funktion initiierte er die berühmten Kurzfilmtage. Der Kaufmannssohn wurde 1925 in Bremen geboren. Als Jugendlicher beeindruckte ihn die Nazi-Ideologie. Im Zweiten Weltkrieg kämpfte er als Fallschirmjäger unmittelbar an der Front und geriet danach in Kriegsgefangenschaft. Seine in der NS-Zeit gesammelten Erfahrungen als Jugendlicher prägten ihn nachhaltig. Sie führten nach 1945 zu einem radikalen Umdenken.[375] Nach dem Krieg studierte Hoffmann in Essen an der Folkwang Hochschule für Musik und Theater. Danach arbeitete er als Regieassistent an den Bühnen der Stadt Essen. 1965 wurde er Kulturdezernent der Stadt Oberhausen. Als junger Beigeordneter ging er von einem weit gefassten Kulturbegriff aus und förderte zum Entsetzen mancher „biederer Genossen“ (Hoffmann) avantgardistische Kulturprojekte und soziokulturelle Zentren.[376] Sein berühmt gewordenes Schlagwort „Kultur für alle!“ setzte er in Oberhausen schon früh in die Tat um.[377] „Kultur für alle!“ meint, „dass das öffentliche Kulturleben auf eine breitenwirksamere Basis gestellt werden

371 Hoffmann, Hilmar, „Ihr naht euch wieder, schwankende Gestalten“. Erinnerungen, Hamburg 1999, S. 96.

372 WAZ, 8.9.2014.

373 Spielhoff, Alfons, Kulturpolitik ist Gesellschaftspolitik. Festschrift für Alfons Spielhoff, Hagen 1982; vgl. auch Strüder, Günter, Neue Kulturpolitik im Ruhrgebiet. Die Beispiele Dortmund und Unna, in: ders. / Bigge, Mathias (Hg.), Neue Kulturpolitik im Ruhrgebiet, Essen 1994, S. 15–67, S. 45ff.

374 Spielhoff, Alfons, Bilanz der Alternativ-Kultur, in: Kultur für alle – von allen? Zwischenbilanz der Alternativ-Kultur, Loccumer Protokolle 6/1980, Rehburg-Loccum 1980, S. 24.

375 Hoffmann, Hilmar, Generation Hitlerjugend. Reflexionen über eine Verführung, Frankfurt/M. 2018.

376 Hoffmann, Gestalten, S. 96.

377 Hoffman, Hilmar, Kultur für alle, Frankfurt/M. 1979.

sollte. Zugleich sollen die psychischen, sozialen und ökonomischen Schwellen kultureller Beteiligung abgebaut und aufgelöst werden."[378] Hoffmann verwirklichte diese Konzeption, indem er in Oberhausen 1965 „den Anachronismus des Vierspartentheaters" mit Oper, Operette, Ballett und Schauspiel beendete und den Etat allein für das verbliebene Schauspiel nutzte.[379] Hier fanden Stücke von Peter Handke ebenso ihr Publikum wie die „alternative Form des Beattheaters". Die „Vorliebe der jungen Arbeiter für schräge Musik" sollte als „Konterbande genutzt werden, um sie als Abonnenten für ein dauerhaftes Interesse ans Theater zu binden".[380]

Die Losung „Mehr Demokratie wagen!", die der erste sozialdemokratische Kanzler der Bundesrepublik, Willy Brandt, 1969 in seiner Regierungserklärung verwandte, erfasste auch den Kulturbetrieb in Westdeutschland. Viele Intellektuelle unterstützten Brandts neuen Kurs. Er wollte in bewusster Abkehr von seinen Vorgängern, den Kanzlern Adenauer, Erhard und Kiesinger, eine demokratischere und liberalere Gesellschaftspolitik betreiben. Die Kultur sollte vor allem aufklärerisch wirken und möglichst breiten Bevölkerungskreisen gesellschaftliche Teilhabe ermöglichen.[381]

Forderungen einzelner Reformer wie Richard Erny, Hilmar Hoffmann, Alfons Spielhoff oder Hermann Glaser nach einer Erneuerung des Kulturbetriebes wurden größtenteils von den Kommunen umgesetzt. Der Deutsche Städtetag wählte für seine 16. Hauptversammlung 1971 das programmatische Motto „Rettet unsere Städte jetzt!". Der Verbund erhob seit den 1970er Jahren mehrere innovative kulturpolitische Zielsetzungen. Reformideen, wie sie auf den Tagungen des Deutschen Städtetags 1973, 1983, 1985 und 1992 formuliert wurden, betonten die besondere Bedeutung von Kultur als Element der Stadtentwicklung. Der wichtigste Bestandteil war dabei ein erweiterter Kulturbegriff. Eine strikte Trennung von der „reinen Welt des Geistes und den Niederungen der Realität (eben der politischen und sozialen Verhältnisse)" sollte durch die Förderung soziokultureller Angebote der Vergangenheit angehören.[382] Die Kommunen sollten nicht mehr nur die Finanzierung und Verwaltung von Theatern und Museen übernehmen und die vermeintlich elitären Meisterwerke der „hohen Kunst" feiern, sondern eine progressive „Neue Kulturpolitik" einleiten, um die Städte neu zu beleben.[383] Kultur müsse wieder in einen Erfahrungszusammen-

---

378 Pankoke, Eckart, Kriterien und Kategorien kulturpolitischer Orientierung, in: Kultur für alle – von allen? Zwischenbilanz der Alternativ-Kultur, Loccumer Protokolle 6/1980, Rehburg-Loccum 1980, S. 20–26, S. 24.

379 Hoffmann, Hilmar, Geschichten aus Oberhausen, Freiburg i. Br. 1991, S. 37.

380 Ebd.

381 Hermand, Kulturgeschichte, S. 207.

382 Zit. nach Klein, Kulturpolitik, S. 181.

383 Schwencke, Olaf / Revermann, Klaus Heinrich / Spielhoff, Alfons (Hg.), Plädoyers für eine neue Kulturpolitik, München 1974; Strüder / Bigge, Neue Kulturpolitik, S. 15.

hang mit der gesellschaftlichen Wirklichkeit und dem Alltagsleben gebracht werden, um möglichst breiten Schichten und vielen gesellschaftlichen Gruppen den Zugang zu Kunst und Kultur zu erleichtern. Kultur sollte, wie es der nordrhein-westfälische Ministerpräsident Johannes Rau einmal treffend und bildhaft formulierte, nicht mehr länger nur „der Sahneklecks auf dem Kuchen, sondern die Hefe in der Gesellschaft sein".[384]

Wie begegnete die Stadt Duisburg den neuen gesellschaftlichen Forderungen, die an die Kulturarbeit gestellt wurden? Welchen Einfluss übten der Niedergang der Montanindustrie, die seit 1980 zu beobachtende Massenarbeitslosigkeit und die stark ansteigende kommunale Haushaltsverschuldung aus?[385] Welche Maßnahmen wurden ergriffen, um die Lebensqualität in der Stadt zu steigern bzw. den seit den 1980er Jahren zu beobachtenden Bevölkerungsschwund einkommensstarker Schichten, die vor allem an den Niederrhein zogen, einzudämmen?[386] Kurz, wie reagierte die Duisburger Kulturpolitik auf die veränderten Rahmenbedingungen und Anforderungen in den Bereichen Politik, Wirtschaft, Gesellschaft und Kultur? Diese Fragen sollen im folgenden Kapitel beleuchtet werden. Es ist thematisch gegliedert und widmet sich jenen Kulturinstitutionen und -bereichen, in denen im Betrachtungszeitraum nennenswerte Neuerungen zu verzeichnen waren.

384 Zit. nach Pankoke, Kulturlandschaft, S. 126.

385 Vgl. dazu ausführlich Wagemann, Stunde, S. 134–145 und die Statistiken im Geschäftsbericht (GB) der Stadt Duisburg 2000, S. 63 und S. 73.

386 In der Presse wurde der Bevölkerungsschwund als „Exodus der Stadt" bezeichnet; vgl. WAZ 12.2.1986 und Brenneisen, Neugliederung, S. 44. Die folgende sozialwissenschaftliche Studie untersucht nicht die städtische Kulturpolitik, sondern betrachtet die sozio-ökonomische Dimension des Strukturwandels in Duisburg und Leipzig, die in der ostdeutschen Stadt positiver verlief: Glock, Birgit, Stadtpolitik in schrumpfenden Städten. Duisburg und Leipzig im Vergleich, Wiesbaden 2006.

IV. Kulturpolitik in der Zeit des wirtschaftlichen Strukturwandels 1969 bis 2005

1. Neue Wege in der Theaterpolitik: Das „Studio M“

Seit der Gründung der Deutschen Oper am Rhein 1956 monierten Kulturinteressierte das Fehlen eines eigenen städtischen Schauspieltheaters. Karl-Heinz Stroux machte 1963 seine Idee publik, in Duisburg ein Studio zu gründen, in dem „ausgefallene, experimentelle Stücke gespielt werden“.[387] In Oberhausen sei dies durch die Umnutzung der vorhandenen Probebühne schließlich auch gelungen. Seine Hoffnung, die Stadtväter „herumzukriegen“, damit sie diesen Plan unterstützen, erfüllte sich nicht.[388] Die „Stadt Montan“ besaß jahrzehntelang das traurige Alleinstellungsmerkmal, als einzige deutsche Großstadt mit mehr als 500.000 Einwohnern über kein eigenes Theaterensemble zu verfügen.

Anfang der 1970er Jahre schlug der Direktor der Mercatorhalle Walter Philipp vor, die theaterpolitische „Lücke im Kulturleben der Stadt“ zu schließen.[389] Nach seiner Vorstellung sollte eine kleine Studiobühne für Kammerspiele und moderne Stücke in Duisburg gegründet werden.[390] Eine Gruppe von Befürwortern um Bürgermeister Josef Krings unterstützte die Idee. Die Realisierung war keineswegs Ergebnis einer langfristigen Planung seitens der Stadtverwaltung, sondern lag am Engagement einzelner Personen.

Am 27. Februar 1970 beschloss der Aufsichtsrat der Mercatorhalle unter Vorsitz von Oberbürgermeister Arnold Masselter einstimmig die Gründung des „neuen Theaters in Duisburg“.[391] Die SPD-Fraktion unter der Leitung des einflussreichen Vorsitzenden Ernst Ernert hatte das Vorhaben bereitwillig abgesegnet.[392]

Das neue „Theaterchen“, wie es die „Rheinische Post“ etwas spöttisch bezeichnete, wurde auf den Namen „Studio M“ getauft. Es wurde nach dem Ort der Aufführ-

387 NRZ, 24.6.1963.
388 Ebd.
389 RP, 23.4.1970.
390 RP, 28.2.1970.
391 Ebd.
392 NRZ, 19.2.1970.

rungen, dem Orchesterprobensaal in der Mercatorhalle, benannt. Finanzielle Mittel hatte die Stadt vorläufig bis Juni 1971 zur Verfügung gestellt. Dafür sollten vier Inszenierungen in mindestens 40 Vorstellungen gezeigt werden. Joachim Frontheim, Generalintendant der Vereinigten Städtischen Bühnen Krefeld-Mönchengladbach, übernahm die Leitung. Er war durch viele positiv aufgenommene Theatergastspiele in der Duisburger Kulturszene kein Unbekannter. Zunächst sollten vier Schauspielkräfte verpflichtet werden. Die insgesamt 180 Plätze des Theaterraums wurden zum einheitlichen Eintrittspreis in Höhe von fünf DM angeboten.[393]

Das „Studio M“ wollte keine Konkurrenz zum Stadttheater bilden. In der Konzeption und Zielgruppenansprache unterschied es sich deutlich von der altehrwürdigen Institution in der Königstraße. Das Duisburger Kulturleben sollte durch das neue und unkonventionelle Angebot „belebt“ und „verjüngt“ werden.[394] Mercatorhallendirektor Philipps wollte eine Begegnungsstätte progressiver Kunstfreunde und kein Illusions- und Kulissentheater üblichen Stils schaffen.[395] In einem Pressegespräch skizzierte er seine Vorstellungen: „‚Bei uns wird alles etwas hemdsärmlig zugehen‘, wendet sich Direktor Philipps gegen jede Art festlicher Repräsentation, die vom Besuch abhalten könne. Eine Kleidervorschrift gibt es nicht. Man kann im Rollkragen-Pullover erscheinen und in der Pause sein Bier aus der Flasche trinken.“[396] Alles solle „ein bisschen improvisiert [...] sein; kein ‚feines‘ Theater mit Sonntagnachmittagsausgehanzug. [...] Auf die Länge der Haare achtet hier auch keiner.“[397] Dem Intendanten Frontheim schwebte ein modernes Theater mit Werkstattcharakter vor.

Um die Attraktivität des Studios zu steigern, wurden bildende Künstler aus Duisburg eingeladen, dort ihre Arbeiten zu präsentieren.

Die Eröffnung fand am 18. April 1970 mit Aufführungen von Peter Handkes „Quodlibet“ und Rainer Werner Fassbinders „Preparadise Sorry Now“ statt. Oberbürgermeister Arnold Masselter stiftete die Karten für den ersten Abend.[398] Er wollte nicht nur die „oberen Zehntausend“ einladen, wie dies kurz zuvor bei der Neueröffnung des Schauspielhauses in Düsseldorf geschehen war.[399] Nach seiner Vorstellung sollte das Publikum des „Studio M“ einen „echten Querschnitt“ der gesamten Stadtbevölkerung bilden: „Schüler, Arbeiter und alle anderen Bevölkerungsgruppen.“[400] Masselter bezeichnete das „Studio M“ als „eine Chance für die Jugend“: Es sei ein „Angebot

393 WAZ, 28.2.1970.
394 NRZ, 19.3.1970.
395 WAZ, 18.4.1970.
396 WAZ, 11.3.1970.
397 RP, 11.3.1970.
398 WAZ, 11.3.1970.
399 WAZ, 28.2.1970; RP, 28.2.1970.
400 RP, 28.2.1970; WAZ, 11.3.1970.

für progressive Kunst, für progressive Künstler und für aufgeschlossene Bürger dieser Stadt. ‚Studio M‘ ist ein Experiment. Es stellt Stücke zur Diskussion. Nicht das Bewährte, sondern das Neue ist sein Programm, auch um den Preis des Risikos oder der Ablehnung.“[401]

Den Diskursen der Zeit gemäß stand die demokratische Mitbestimmung im Mittelpunkt aller konzeptionellen Überlegungen. Frontheim sah die Vorbereitung und Durchführung der Inszenierungen als Gemeinschaftsarbeit. Die Schauspieler erhielten bei der Auswahl der Stücke, der Besetzung, der Regie und der Festlegung der Probenzeiten ein Mitspracherecht. Das Publikum sollte an der Theaterarbeit stärker teilhaben. Daher war jede Probe für die Öffentlichkeit zugänglich und es wurden Einblicke hinter die Kulissen gewährt. Nach jeder Aufführung erhielten die Zuschauer Gelegenheit, mit dem Regisseur und den Schauspielern über das Gesehene zu diskutieren.

Die Premiere fand vor ausverkauftem Haus statt. Obwohl die letztendlich fünf verpflichteten Schauspieler nur einige wenige Monate Zeit für ihre Proben hatten, überzeugte die Darbietung. Der Rezensent der „Rheinischen Post“ schloss seine Besprechung mit den Worten: „Nach den Erfahrungen des ersten Abends steht das ‚M‘ des Studios sicher nicht für Mittelmäßigkeit. Die Duisburger sollten das honorieren.“[402] Die „WAZ“ lobte den erfrischenden Stil der neuen Kulturinstitution: „Vieles war an diesem Abend ungewohnt, es gab keinen Vorhang, keine nummerierten Plätze. Die Mitwirkenden betreten das Podium durch den Saal und die Pause wird vom Regisseur angesagt. [...] Erfreulich groß war das Interesse der Besucher an der anschließenden Diskussion mit den Mitwirkenden. [...] Man kann im ‚Studio M‘ vermutlich in Zukunft noch einiges an Experimenten erwarten.“[403] Die „NRZ“ sah einen „im ganzen gelungenen Start“, prognostizierte aber, dass es „Stücke wie diese nicht leicht haben in Duisburg“.[404]

Der Rezensent sollte Recht behalten. Die Zuschauerzahlen blieben in der Folge unter den Erwartungen. Zwar wurden Premieren im „gut besetzten Saal der ambitionierten Experimentierbühne“[405] oder erfolgreiche Kindermusicals[406] vermeldet, in den Quellen ist jedoch auch von Erstaufführungen vor „pflichtgemäß applaudierendem Minipublikum“[407] die Rede oder von wiederholtem „bedauerlichem Des-

---

401 RP, 20.4.1970.
402 RP, 23.4.1970.
403 WAZ, 20.4.1970.
404 NRZ, 23.4.1970.
405 WAZ, 8.3.1971.
406 RP, 10.12.1971.
407 NRZ, 24.4.1971.

interesse“ für die Darbietungen des „Studio M“.[408] Intendant Frontheim, der seine Funktion in Duisburg und Krefeld/Mönchengladbach in Personalunion ausfüllte, verließ das „Studio M“ in „gegenseitigem Einvernehmen“ mit der Begründung einer Arbeitsüberlastung.[409] Sein Nachfolger wurde im Herbst 1971 Hans-Peter Kurr.[410] Als Chefdisponent der Ruhrfestspiele verfügte er über gute Kontakte zu zahlreichen Künstlern. Die Bestrebungen, ein breiteres Publikum durch neue Veranstaltungsformate und professionelleres Marketing anzusprechen, scheiterten unter seiner Führung ebenfalls. Trotz einer Anpassung der Aufführungszeiten an die Bedürfnisse der Studenten der 1968 eröffneten Pädagogischen Hochschule blieb der erhoffte Zuspruch auch von dieser Klientel aus.[411] Die Eintrittspreise für Schüler wurden als zu hoch empfunden. Dies beweist ein erhaltener, ungewöhnlich scharf formulierter Protestbrief junger Freunde des Experimentiertheaters.[412] Eine zu große Bühne und Probleme mit der Raumakustik standen gelungenen Inszenierungen im Wege. Der Spielplan mit Werken von Carlo Goldoni, Jean Genet oder Harold Pinter war in der Industrie- und Arbeiterstadt zu anspruchsvoll. Duisburg verfügte weder über eine lange Schauspieltradition noch über eine große avantgardistische und intellektuell gebildete Zielgruppe in der Bevölkerung. Angesichts der Vielzahl der Aufführungen stellte sich der Saal mit 180 Plätzen als zu groß heraus. So überrascht es nicht, dass die Platzauslastung nach zwei Jahren bei 45 Prozent inklusive Freikarten lag.[413] Einige Aufführungen mussten wegen Besuchermangels sogar komplett ausfallen. Hier hat die niederrheinische Nachbarstadt Moers eine strategisch klügere Theaterpolitik eingeschlagen. Das künstlerisch ambitionierte, aber sehr viel kleinere Schlosstheater erarbeitete sich seit seiner Gründung 1975 erfolgreich ein Stammpublikum.

1970 erwirtschaftete das „Studio M“ ein Defizit von 53.000 DM.[414] 1971 mussten 77.000 DM aus dem Kulturhaushalt bezuschusst werden.[415] Angesichts des mageren Besucherzuspruchs waren diese Subventionen in Duisburg nicht länger zu rechtfertigen. Dass die Summen im Vergleich zu anderen städtischen Ausgaben gering waren, fiel in der politischen Bewertung nicht ins Gewicht. Das „Studio M“ hatte keine Lobby. Sogar einer der Initiatoren, Walter Philipp, stellte resigniert fest, dass „selbst ein gutes Angebot [...] vom Markt verschwinden [sollte], wenn es dafür keine ausreichende

408 NRZ, 7.1.1972.
409 NRZ, 15.6.1971.
410 WAZ, 4.9.1971.
411 NRZ, 9.9.1972.
412 Brief vom 30.4.1970, in: STA DU, Bestand 40202, „Studio M“.
413 RP, 24.8.1972; NRZ, 9.9.1972.
414 RP, 24.8.1972.
415 Ebd.; NRZ, 9.9.1972.

Nachfrage gibt“.[416] Seitens der Politik gab es keinen Widerspruch. Am 14. Dezember 1972 stimmte der Aufsichtsrat der Mercatorhalle dafür, das Ensemble des „Studio M“ aufzulösen.[417] In den nächsten Jahren wurden Stücke auswärtiger Bühnen eingekauft. Unter anderem gastierten das Westfälische Landestheater, die Kammerspiele Düsseldorf und das Stadttheater Wuppertal.[418] 1976 wurde aus Restmitteln des „Studio M“ der „Duisburger Spielkorb“ gegründet. Unter diesem Namen organisierte das Kulturdezernat mit dem Wuppertaler Sekretariat für gemeinsame Kulturarbeit und einigen Kultur- und Bildungseinrichtungen in Duisburg ein spezielles Programm für Kinder. Die pädagogischen Angebote des „Spielkorbs“ umfassten u. a. Theater-, Film-, Musik- und Tanzveranstaltungen, die zunächst im „Studio M“ in der Mercatorhalle stattfanden. Durch die wachsenden Bedürfnisse der Bezirke infolge der kommunalen Neugliederung weitete die Stadt das Programm des „Spielkorbs“ schließlich auf das gesamte Duisburger Stadtgebiet aus.[419]

Das „Studio M“ hatte sich in einen künstlerischen Vielzweckraum verwandelt. Einen neuen Impuls erhielt es im Jahr 1977, nachdem dort das „filmforum“ der VHS eingerichtet worden war. Das ehemalige Avantgarde-Theater avancierte schnell zu einem „Kult-Kino mit Treffpunkt-Flair“.[420]

2. Das Duisburger „filmforum“: Keimzelle des Kulturquartiers am Dellplatz

Neben der Gründung des „Studio M“ kam es 1970 zu einer weiteren kulturpolitischen Pioniertat in Duisburg. Der Rat beschloss die Gründung eines Kommunalen Kinos. Damit wurde das kulturelle Spektrum der Industrie- und Arbeiterstadt um ein neues Genre erweitert. Dass diese Sparte öffentliche Mittel erhielt, war damals keineswegs selbstverständlich. Bundesweit nahm Duisburg damit eine Vorreiterrolle ein.

Der Vorsitzende des Kulturausschusses, Bürgermeister Josef Krings, hatte öffentlich um Unterstützung für das ungewöhnliche Vorhaben geworben: „Warum sollen

416 RP, 24.8.1972.
417 WAZ, 15.12.1972.
418 Burandt, Karlheinz, „Studio M“. Die vergessenen Jahre, in: DJB 1996, S. 111–115, S. 111.
419 WAZ, 26.6.2012.
420 Burandt, „Studio M“, S. 112.

wir wie Theater, Konzert oder Bücherei nicht auch Filmkunst subventionieren?"[421] Die „WAZ" verwies auf die Chance, dass „ein Kommunales Kino [...] als unabhängige Pflegestätte echter Filmkunst ein Gegengewicht gegen das ungesunde Überangebot an Sex- und Pornostreifen bilden [könnte], die zur Zeit die Lichtspielhäuser überschwemmen".[422] Sechs Tage später verdeutlichte der Pädagoge Krings, der im Hauptberuf als Realschulrektor arbeitete, seinen Kollegen im Kulturausschuss den akuten Bedarf, indem er das niveaulose Tagesprogramm der Duisburger Kinos verlas.[423] Es bestand im Wesentlichen aus den in den 1970er Jahren populären Italo-Western, Pauker- und Sexfilmchen. Künstlerisch anspruchsvolle Filme würden die Stadt anscheinend gar nicht erreichen. Um den kulturellen Anspruch in der Kinolandschaft zu heben, beschloss das Gremium einstimmig die Initiative zur Einrichtung eines „Kommunalen Filmtheaters". Durch die Nutzung des „Studio M" in der Mercatorhalle wäre laut Krings „eine räumliche Lösung gegeben, die eine zusätzliche Besucherzahl ermögliche".[424] Walter Philipp stellte das Studio „grundsätzlich gerne zur Verfügung".[425] Lediglich Fachdezernent Dr. Wehner äußerte Bedenken. Er wollte ein Kino lieber „im Zentrum pulsierenden Verkehrs – etwa im Gebäude der Stadtbücherei" oder im Rahmen des geplanten dritten Bauabschnitts des Wilhelm-Lehmbruck-Museums einrichten.[426] Dann hätte das „filmforum" zu einer komplett eigenständigen Institution mit täglichem Programm auch für Kinder und Jugendliche werden können. Wehner hatte mehrere Vorgespräche geführt, um diese Planung durchzusetzen. Er wurde in derselben Kulturausschusssitzung jedoch überstimmt. Der Ausschuss beschloss die Verlegung des „filmforums" in die Mercatorhalle.[427]

In der Nachbarstadt Oberhausen fanden seit 1954 die Kurzfilmtage statt. Angesichts des überragenden Erfolgs dieses Filmfestivals überrascht es nicht, dass der Plan zur Gründung eines Kommunalen Kinos in Duisburg über Parteigrenzen hinweg große Zustimmung erhielt. Doch auch in Duisburg hatte der künstlerisch wertvolle Film schon längere Zeit eine Lobby, wenngleich in bescheidenerem Umfang. Seit 1959 führte die Volkshochschule die Veranstaltungsreihe „filmforum" durch. Im Großen Saal der VHS wurden in loser Folge unkonventionelle Filme, Regisseure und Schau-

421 NRZ, 20.6.1970.
422 WAZ, 20.6.1970.
423 Klucken, Peter, 25 Jahre „filmforum". Spagat zwischen Masse und Klasse, in: DJB 1997, S. 8–11, S. 8.
424 KAP, 26.6.1970.
425 NRZ, 20.6.1970.
426 KAP, 26.6.1970; vgl. WAZ 1.4.1971.
427 WAZ, 27.6.1970.

spieler vorgestellt.[428] Von dieser Pionierarbeit und der Vorentscheidung im Kulturausschuss ermutigt, stellte die SPD im Juli 1970 den Antrag im Rat der Stadt, ein kommunales „Filmkunst-Theater" mit eigenem Etat und Programm im ehemaligen „Studio M" einzurichten.[429] Institutionell sollte das Filmtheater weiterhin unter dem Dach der Volkshochschule geführt werden.[430] Diese Struktur unterscheidet das Duisburger Modell vom städtischen Kino in Frankfurt, das im Herbst 1971 gegründet wurde. Hilmar Hoffmann hatte es dort als komplett eigenständiges Institut ins Leben gerufen.[431] Die Leitung in Duisburg wurde Horst Schäfer übertragen, der seit 1965 die Arbeit des „filmforums" an der Volkshochschule leitete. Er war der eigentliche Initiator und maßgebliche Motor des Projekts. Einen Fahrplan zur Gründung eines Kommunalen Kinos hatte Schäfer detailliert ausgearbeitet. Nur durch sein taktisch geschicktes Vorgehen passierte die Vorlage den Kulturausschuss und den Rat der Stadt ungewöhnlich schnell.[432] Grundlage dafür war das Konzept zur Gründung Kommunaler Kinos, das Hilmar Hoffmann systematisch formuliert hatte.[433]

Ab dem 27. September 1970 konnte Schäfer sein Motto „andere Filme anders zeigen" im „Studio M" in die Praxis umsetzen.[434] Filmvorführungen fanden nun unter verbesserten Bedingungen und regelmäßig, nämlich zweimal in der Woche, statt. Zugleich wollte er Sonderprogramme für Kinder und Schulen sowie Seminare zu Spezialgebieten des Films anbieten. Die Politik beschloss für das Filmtheater 30.000 DM als Starthilfe, das vorwiegend aus verhängten Bußgeldern der Stadt stammte.[435] Für das Jahr 1971 wurden 80.000 DM als Zuschuss bewilligt.[436] Den Eintrittspreis legte man auf eine DM pro Person und Film fest.[437] Die Premiere im „Studio M" wurde mit einer filmischen Überblicksreihe mit Werken von Werner Herzog gefeiert. Der Regisseur war zu diesem Anlass persönlich anwesend.[438]

---

428 Gottlob, Kai / Hausmann, Dirk, Ein Haus mit Seele. Geschichten zur Geschichte eines Theaters, Duisburg 2010, S. 26.

429 WAZ, 29.12.2000.

430 Kewitz, Hermann, „Fliegender Wal" überm Hof. Das neue Kino fürs „filmforum" am Dellplatz, in: DJB 2003, S. 148–152, S. 150; KAP, 26.6.1970. Das „filmforum" gehörte bis 2004 institutionell zur VHS. Danach war es eine eigenständige Gesellschaft mit beschränkter Haftung, siehe ders., Blockbuster am Dellplatz. Das „filmforum" wird 40 Jahre alt, in: DJB 2010, S. 168–172, S. 169f.

431 N. N., 10 Jahre „filmforum", in: DJ 9/1980, S. 12; Schildt / Siegfried, Kulturgeschichte, S. 329.

432 WAZ, 25.9.1970; N. N., Wir feiern: 20 Jahre „filmforum", in: DJ 9/1990, S. 48–49, S. 48.

433 Klucken, Spagat, S. 8.

434 NRZ, 20.6.1970.

435 WAZ, 25.9.1970.

436 WAZ, 18.7.1972.

437 NRZ, 25.9.1970.

438 Ebd.; RP, 25.9.1970; WAZ, 1.10.1970.

Das „filmforum" präsentierte in der Folge sowohl Filmklassiker als auch neue, künstlerisch anspruchsvolle Filme. Damit lieferte es einen aktiven Beitrag zur Förderung der alternativen Kinokultur und zu einem Wandel der Sehgewohnheiten beim Publikum. Dies wurde im Ruhrgebiet durch die Unterzeichnung des „Oberhausener Manifests" am 28. Februar 1962 eingefordert, in dem es hieß: „Der alte Film ist tot. Wir glauben an den neuen."[439] Junge deutsche Filmemacher wie Rainer Werner Fassbinder, Werner Herzog, Alexander Kluge, Edgar Reitz oder Volker Schlöndorff eiferten ihren französischen Vorbildern der „Nouvelle Vague"-Tradition nach und setzten in ihrer Arbeit hohe ästhetische und gesellschaftspolitische Maßstäbe an. Mit ihrem ostentativen Abschied von „Opas Kino", mit der die Welle der restaurativen Heimatfilme in den 1950er Jahren gemeint war, läuteten sie eine neue filmische Ära in Deutschland ein. Ihre Erzeugnisse konnten nun auch in Duisburg bestaunt und diskutiert werden.

Das „filmforum" etablierte sich durch stetig wachsende Zuschauerzahlen in der Stadt zu einer „Guckoase in der Kinowüste".[440] Schnell waren Kontakte zu Studenten und Lehrenden der Pädagogischen Hochschule geknüpft, die das neue Kulturangebot bereitwillig in Anspruch nahmen.[441] 1971 mussten die Filmvorführungen am Sonntag aufgrund des großen Besucherandrangs verdoppelt werden.[442] 1971 gab es bereits an vier Tagen in der Woche Vorführungen. Vom zweiten Halbjahr 1970 bis Ende 1971 hatten sich die Zuschauerzahlen von 2.715 auf 17.567 mehr als versechsfacht.[443] Auswärtige Filmexperten wie der Leiter des Kommunalen Kinos in Frankfurt, Walter Schobert, lobten die Arbeit des „filmforums" ausdrücklich. Nach seinem Urteil bot es nach dem Berliner Kino „Arsenal" das „beste" und „reichhaltigste Programm in Deutschland" an.[444] In einer Studie des Deutschen Städtetags schnitt das Filmtheater in Duisburg exzellent ab. Im Vergleich zu den Kommunalen Kinos in Düsseldorf, Frankfurt und München konnten hier die meisten Vorstellungen und die höchsten Besucherzahlen erzielt werden.[445] Durch das ambitionierte Kinoprogramm und didaktische Begleitveranstaltungen erarbeitete sich das „filmforum" den Ruf, eine „Schule des Sehens" im Ruhrgebiet zu sein.[446]

Im Jahr 1977 fand zum ersten Mal die „Duisburger Filmwoche" statt. Diese ging aus den „Filminformationstagen" hervor, die das „filmforum" kurz nach seiner Gründung

439 N. N., 20 Jahre „filmforum", S. 48.
440 Kewitz, „Fliegender Wal", S. 150.
441 WAZ, 25.9.1970.
442 WAZ, 1.4.1971.
443 WAZ, 18.7.1972.
444 Evangelischer Pressedienst, Kirche und Film 3/24, 3.3.1971, S. 8, in: STA DU, Bestand 401, „filmforum".
445 NRZ, 6.9.1973.
446 Klucken, Spagat, S. 8.

1970 in Zusammenarbeit mit dem Land NRW ausgerichtet hatte.[447] Damals wurde eine Auswahl neuer westdeutscher Spielfilme vorgestellt. An dieses Konzept knüpfte die „Duisburger Filmwoche“ zunächst an. Als es dafür 1978 an Mitteln fehlte, bildete man einen anderen Schwerpunkt.[448] Künftig sollten Dokumentarfilme gezeigt werden, die sich mit der gesellschaftlichen Realität in Deutschland und darüber hinaus auseinandersetzten.[449] Gerade in einer von sozialen Spannungen geprägten Stadt wie Duisburg sollte die „Filmwoche“ kein „Glamourfestival“ sein.[450] Vielmehr wollten die Verantwortlichen dem Bedeutungsverlust von Dokumentarfilmen mit sozialkritischen Themen in Kino und Fernsehen entgegenwirken.[451] Die „Filmwoche“ avancierte rasch zu einem über Deutschlands Grenzen hinweg beachteten Dokumentarfilmfestival. Sie bot Filmemachern die Möglichkeit zum fachlichen Austausch und eine öffentliche Plattform. Nach jeder Vorführung wurde der Film zur Diskussion gestellt, an der sich nicht nur die Filmemacher und Experten beteiligten, sondern auch das Publikum. Gäste waren unter anderem Rainer Werner Fassbinder, Werner Nekes, Marcel Ophüls, Christoph Schlingensief und Wim Wenders. Zudem wurden spezielle Film-AGs gegründet, um mit Vertretern von Schulen, Gewerkschaftern oder Kirchen ins Gespräch zu kommen.

Da Unterhaltungsformate im Kino und Fernsehen seit Mitte der 1970er Jahre an Bedeutung gewannen und die Auseinandersetzung mit sozialen und politischen Problemen immer weiter in den Hintergrund geriet, wuchs die Bedeutung der „Filmwoche“. Die Programme und Diskussionen, die seit 1978 protokolliert wurden, sind ein Spiegel der politischen Diskurse der Zeit. Im Mittelpunkt standen Themen wie Angst vor Krieg, Vergangenheitsbewältigung, soziale Ungleichheit, Umweltzerstörung, Wirtschaftskrise oder Migration.[452] Besonders aktiv nahmen die in die Diskussionen einbezogenen Zuschauer an Filmgesprächen teil, die mit ihrer Lebenswelt unmittelbar zu tun hatten. So wurde 1984 unter dem Motto „Heimat, Deine Filme“ das Selbst- und Fremdbild des Ruhrgebiets und dessen Darstellung in den Medien erörtert.[453] Viele Diskurse der „Duisburger Filmwoche“ sind in entsprechenden Fachpublikationen aufgearbeitet worden.[454]

---

447 Gottlob / Hausmann, Haus, S. 30; Ruzicka, Werner, 10. „Duisburger Filmwoche“ 1986, in: DJ 11/1986, S. 15, S. 15; vgl. auch WAZ, 22.9.1980.

448 Ruzicka, Werner / Warnecke, Thomas, Die „Duisburger Filmwoche“, in: DJB 2014, S. 112–119, S. 114.

449 Ruzicka, Filmwoche, S. 15; ders., Ernte ’84. Dokumente deutscher Wirklichkeit. Die 8. „Duisburger Filmwoche“, in: DJ 12/1984, S. 42, S. 42.

450 WAZ, 22.9.1980.

451 Ruzicka / Warnecke, Filmwoche, S. 114.

452 Ruzicka, Ernte ’84, S. 42.

453 Ebd.

454 Ruzicka, 10. „Duisburger Filmwoche“, S. 15.

Abb. 4 Das City-Kino am Dellplatz und spätere „filmforum“ 1968

Aufgrund der hohen Besucherzahlen bei der „Filmwoche“ und im regulären Kinobetrieb musste Ende der 1970er Jahre nach einem neuen Kinosaal Ausschau gehalten werden. Das „Studio M“ in der Mercatorhalle erwies sich angesichts der wachsenden Ansprüche als zunehmend ungeeignet.[455] Die Warnungen des Kulturdezernenten Wilhelm Wehner nach der im Kulturausschuss „spontan wie übereilt“ („WAZ“) gefassten Standortentscheidung hatten sich weitgehend erfüllt.[456] Das Kulturamt stellte 1980 fest, dass „das bisher genutzte ‚Studio M‘ nicht ideal“ sei, da es „isoliert liege“ und insbesondere „bei den beliebten Abend- und Nachtveranstaltungen“ ohne gastrono-

455 Gottlob / Hausmann, Haus, S. 27.
456 WAZ, 1.4.1971.

mische Anbindung sei.[457] Es gebe keine Gelegenheiten, „nach der Vorstellung plaudernd zu verweilen“.[458] Das „Studio M“ habe keine Atmosphäre, und es fehle ihm der Charakter eines Kinos. Benötigt werde ein ständig zur Verfügung stehender Raum mit der Angliederung einer Kneipe oder eines Cafés.

Als neuer Standort wurde das Filmtheater am Dellplatz auserkoren. Nach dem Krieg hatte es als „Kleines Theater“ und seit 1949 als Lichtspielhaus unter wechselnden Besitzern gedient.[459] Zuletzt war dort ein Sexkino untergebracht, das an einen Straßenstrich grenzte.[460] Die Behörden hatten es nach Protesten der Anwohner und der Kirchengemeinde 1978 geschlossen, sodass das Gebäude leer stand.[461] Die Stadt plante einen Abriss, um im heruntergekommenen Dellviertel eine Großsporthalle zu errichten. Dafür hätten gleich mehrere Altstadthäuser abgerissen werden müssen. Die Kulturverwaltung mit Dezernent Konrad Schilling an der Spitze verhinderte das Vorhaben.

Schilling legte dem Rat im Frühjahr 1979 einen alternativen Plan vor. Er wollte das Viertel erhalten und zu einem Kulturquartier zur „Verbesserung der soziokulturellen Infrastruktur“ in Duisburg ausbauen.[462] Ein Künstlerhaus in der Goldstraße sollte als Atelier, Fotolabor, Druck- und Literaturwerkstatt dienen. Im April 1980 wurde es bezugsfertig.[463] Das Kommunale Kino sollte in das verlassene Erotiklichtspielhaus ziehen. Die kalkulierten Baukosten waren erheblich und in der Politik umstritten. Für die Renovierung des Kinos wurden 380.000 DM veranschlagt. Die jährlich anfallenden laufenden Kosten des Filmbetriebs wurden auf 90.000 DM beziffert.[464] Die Sanierung des Künstlerhauses in der Goldstraße 15 in den Jahren 1983 und 1984 sollte insgesamt 525.000 DM kosten.[465] Die Ratsfraktionen der CDU und FDP lehnten die Vorschläge ab. Teile der SPD meldeten erhebliche Bedenken an.[466] Die Mehrheit der SPD-Fraktion setzte den Ankauf der Gebäude und die notwendigen Baumaßnahmen im Rat der Stadt am 28. April 1981 durch.[467] Das „filmforum“ feierte die Einweihung des neuen Kinosaals mit 190 Plätzen am 30. Oktober 1981.[468] Auch die Renovierung des Künstlerhauses Goldstraße 15 konnte schließlich umfassend erfolgen.

457 NRZ, 13.11.1980.
458 RP, 28.11.1980.
459 Westdeutsches Volksecho, 9.8.1946; NRZ, 23.10.1946; RP, 26.10.1946; RP, 28.8.1946.
460 Gottlob / Hausmann, Haus, S. 24f.; NRZ, 24.1.1981.
461 Vgl. RP, 9.2.2010.
462 Zit. nach RP, 28.11.1980.
463 Kopatschek, Frank, Eine stolze Kolonie der Künste. 15 Jahre Künstlerhaus Goldstraße, in: DJ 9/1995, S. 30–31, S. 30f.; vgl. auch Kruse, Sigrid, Ornamente. Goldstraße 15. Künstler- und Atelierhaus, in: dies. / Große-Oetringhaus, Hans-Martin (Hg.), Duisburg auf den zweiten Blick. Texte und Bilder über die eigene Stadt, Duisburg 1994, S. 38–43.
464 NRZ, 13.11.1980; RP, 28.11.1980.
465 NRZ, 13.11.1980.
466 Ebd.; RP, 29.4.1981.
467 RP, 29.4.1981.
468 RP, 9.2.2010.

Abb. 5 Josef Krings am Rednerpult bei der Eröffnung des „filmforums" am 30. Oktober 1981

Das Konzept, dem Dellplatz durch diese Maßnahmen Leben einzuhauchen, erwies sich als tragfähig. Im Laufe der 1980er Jahre siedelten sich dort Künstler, Musiker, Vereine und Literaturschaffende an. 1986 wurde das „Café Movies" im „filmforum" eröffnet, dem weitere Cafés und Kneipen folgten.[469] Die Straßen um den Platz wurden verkehrsberuhigt. Mit der Gründung des Theaters „Die Säule" mit 99 Plätzen erhielten die freien Theaterschaffenden im September 1995 einen Standort.[470] Der Dellplatz mit seinem unverwechselbaren kulturellen Fluidum zog nicht nur Studenten und Intellektuelle an. Aufgrund der Ödnis der City ohne größere Auswahl an Restaurants, Kneipen, Biergärten und Cafés war er für weite Teile der Einwohnerschaft attraktiv. Innerhalb weniger Jahre entwickelte er sich zu einem der seltenen Orte in Duisburg, der echtes urbanes Flair ausstrahlte. Zu Recht ist das „filmforum" als „Keimzelle dieses Biotops" bezeichnet worden.[471]

Durch den Einzug in das neue Gebäude konnte das „filmforum" das Programmangebot erweitern, die „Duisburger Filmwoche" ausbauen und neue Festivals gründen.

469 WAZ, 29.12.2000.
470 NRZ, 31.8.1995.
471 Kewitz, „Fliegender Wal", S. 150.

Im Juni 1985 fanden die ersten „1. Internationalen Duisburger Amateur Filmtage“ statt, denen der Regisseur Fatih Akin viele Jahre später in seiner Duisburg-Hommage „Solino“ ein Denkmal setzen sollte. Um den Nachwuchs zu fördern, gliederte das „filmforum“ das Nachwuchsfilmfestival „Jugend-Video-Forum“ daran an.[472] Außerdem wurde ein Kinderkino mit filmpädagogischen Workshops ins Leben gerufen. Die jüngsten Zuschauer durften Darsteller kennenlernen und einiges über die Entstehung eines Films und die Berufe in dieser Branche erfahren. Für Lehrer wurden Schulvorstellungen und filmpädagogische Angebote konzipiert, um die Medienkompetenz von Kindern und Jugendlichen zu erhöhen.[473]

Zu den vorgegebenen Themen der Internationalen Kinderbuchausstellung „IKiBu“ (siehe Kapitel IV/3) und dem Theaterfestival „Duisburger Akzente“ (siehe Kapitel IV/4.1) bot das „filmforum“ regelmäßig Filmreihen und Begleitveranstaltungen an. Nach dem Umzug konnte ein historisches Archiv mit wertvollen Raritäten der internationalen Kinogeschichte aufgebaut werden. Die Sammlung aus Filmdokumenten, Drehbüchern, Plakaten und Fotos hat internationale Bedeutung.[474]

Die kulturpolitische Bedeutung des Kommunalen Kinos hat sich durch die Einführung des Privatfernsehens und den Quotendruck im öffentlich-rechtlichen Fernsehen in den 1980er Jahren erhöht. Gegen das immer seichter werdende TV-Programm konnte das „filmforum“ ein Gegengewicht setzen. Nicht zuletzt lieferte es einen Beitrag zur Bewahrung des kollektiven Gedächtnisses der Stadt, indem es Filmaufnahmen über Duisburg sammelte. Kai Gottlob, langjähriger Leiter des Kommunalen Kinos, produzierte die Filmporträts „Duisburg – 1914/45“ und „Duisburg – 1945/66“. Diese wurden mit Zeitzeugeninterviews und historischem Filmmaterial angereichert. In der Duisburger Bevölkerung erzielten sie eine außergewöhnliche Resonanz: Die Dokumentationen gehören zu den meistgesehenen Filmen in Duisburg überhaupt.[475]

1998 konnte das „filmforum“ erheblich erweitert werden. Das Landesministerium für Arbeit, Soziales und Stadtentwicklung, Kultur und Sport hatte eine „Arbeitsgruppe Urban“ gegründet, die für eine kulturelle Belebung der nordrhein-westfälischen Innenstädte sorgen sollte.[476] Diese AG startete eine Initiative zur Förderung der Innenstadtkinos, die durch die Gründung zahlreicher Multiplexkinos in Existenznot geraten waren. In der Tat hatte nach dem Bau eines solchen Großkinos am Duisburger Hauptbahnhof in der City ein Kinosterben eingesetzt. Die Daseinsberechtigung des „filmforums“ erhöhte sich dadurch weiter.

---

472 Ebd., S. 152.
473 Kewitz, Blockbuster, S. 170.
474 Vgl. dazu Klucken, Spagat, S. 12; Gottlob / Hausmann, Haus, S. 33.
475 Kewitz, „Fliegender Wal“, S. 151; ders., Blockbuster, S. 169f.
476 RP, 14.12.1998; RP, 19.12.1998.

Kulturdezernent Gerd Bildau kündigte im Dezember 1998 an, dass er den Dellplatz zu einer „Duisburger Kulturmeile“ und zu einem „Magneten für die Stadt“ ausbauen wolle.[477] Das „filmforum“ hatte die Besucherzahlen „Jahr für Jahr getoppt“ und von 1995 bis 1999 sogar verdoppelt.[478] Nun wurde es um einen zweiten Saal mit 90 Plätzen erweitert, wodurch pro Jahr 40.000 EUR zusätzlich erwirtschaftet werden sollten.[479] Vorgesehen waren ferner die Renovierung der Außenfassade und die Instandsetzung des gastronomischen Bereichs. Die Kosten für den von 2002 bis 2003 erfolgten Umbau in Höhe von etwa einer Million EUR übernahm zu 80 Prozent das Land Nordrhein-Westfalen aus dem Etat für Stadtentwicklung. Den Rest bezuschussten die Filmstiftung NRW und die Stadt.[480]

Die Programme des Kommunalen Kinos sind hinsichtlich der Besucherresonanz seit Jahrzehnten „Selbstläufer“.[481] Vorbildlich sind die Kooperationen mit anderen Kultureinrichtungen der Stadt wie der Bibliothek, der Volkshochschule oder den Duisburger Philharmonikern. Die mit dem Opernorchester veranstalteten Konzerte zu Filmklassikern von Ernst Lubitsch oder Charlie Chaplin waren Publikumsmagnete.[482]

2004 wurde das „filmforum“ in eine GmbH umgewandelt. Ein Jahr später sahen mehr als 82.000 Zuschauer über 1.200 Vorstellungen.[483] Das Kommunale Kino in Duisburg gehört damit zu den erfolgreichsten Einrichtungen dieser Art in Deutschland.[484] Durch gezielte Maßnahmen schufen die Kulturpolitiker am Dellplatz ein „Stück Stadtkultur, von der Duisburg nicht gerade überbordend viel zu bieten hat“.[485] Selten befanden sich die Bedürfnisse der Bevölkerung mit den Entscheidungen der Mandatsträger in Verwaltung und Politik derart im Einklang.

477 WAZ, 18.12.1998.
478 NRZ, 8.3.2000; WAZ, 29.12.2000.
479 NRZ, 30.5.2000.
480 Ebd.; Gottlob / Hausmann, Haus, S. 36.
481 WAZ, 29.12.2000.
482 Kewitz, „Fliegender Wal“, S. 152; ders., Blockbuster, S. 169.
483 WAZ, 15.9.2005.
484 WAZ, 29.12.2000; RP, 15.9.2005.
485 Kewitz, Blockbuster, S. 172.

3. Aufstieg und Niedergang eines Vorzeigeobjekts: Die Duisburger Stadtbibliothek

Angebote für Migranten

Duisburg war durch die Schwerindustrie, die in der wirtschaftlichen Struktur dominierte, in erhöhtem Maße auf Arbeitsmigranten angewiesen. Dies spiegelte sich in der sozialen Struktur der Einwohnerschaft wider: In den Jahren 1974 bis 1976 lag die Ausländerquote in Duisburg konstant bei 10,25 Prozent.[486] Circa 62.000 Ausländer wurden insgesamt gezählt, davon gehörten 51.500 der sogenannten Gastarbeiterschicht an. Die Mehrzahl dieser Gruppe stellten mit fast 70 Prozent Einwohner türkischer Herkunft.[487] Die Integration der Migranten gestaltete sich zunehmend als schwierig. 1973 verhängte die Bundesregierung einen offiziellen Anwerbestopp für Arbeitskräfte aus dem Ausland. Zwar ging der Zuzug daraufhin zurück, doch die meisten „Gastarbeiter" blieben dauerhaft. Erst in den 1970er Jahren kümmerte sich die Politik mit zaghaften Konzepten darum, die in vielen Bereichen problematische Lebenssituation dieser Klientel zu verbessern. Dennoch blieb die Ausländerpolitik in Deutschland ein „permanentes Provisorium".[488]

Die Duisburger Volkshochschule eröffnete im Oktober 1980 das „Internationale Zentrum" an der Niederstraße.[489] Hier konnten Migranten Sprachunterricht erhalten und Schulabschlüsse nachholen. Zudem wurde der interkulturelle Austausch durch Seminare, Vorträge, Ausstellungen, Feste und Konzerte intensiviert.[490]

Neben der Volkshochschule gehörte die Stadtbibliothek von Anfang an zu den Vorreitern einer interkulturell orientierten Arbeit.[491] Das Ziel, die Bibliothek für Migranten zu öffnen, wurde 1972 durch einen Ratsbeschluss offiziell formuliert. Die Institution sollte einen bedarfsgerechten Medienbestand bereitstellen und ein Ein-

---

486 Fest, Johannes (Hg.), Mobile Bibliotheksversorgung ausländischer Arbeitnehmer. Das Duisburger Modell 1974–1977, Bonn und München 1978, S. 52.

487 Ebd., S. 53 und S. 101.

488 Regionalstelle zur Förderung Ausländischer Kinder und Jugendlicher in Duisburg, Familie, Schule, Ausbildung, in: DJ 8/1981, S. 4, S. 4.

489 Molder, Harald, Gäste auf Dauer. Man hat Arbeitskräfte gerufen und es kamen Menschen, in: DJB 2011, S. 156–163, S. 163.

490 Esch, Wolfgang, Seit 30 Jahren Spiegel der Einwanderung. Das Internationale Zentrum, in: DJB 2011, S. 92–97, S. 94.

491 Vgl. die rückblickenden Betrachtungen in Stadt Duisburg, Der Oberstadtdirektor (Hg.), Ausländergesamtplan der Stadt Duisburg. Konzeption und Maßnahmen zur Integration ausländischer Arbeitnehmer, Flüchtlinge, Zuwanderer und ihrer Familien, Duisburg 1980, S. 128ff.

führungs- und Erschließungssystem entwickeln, „das auf die ausländischen Nutzer zugeschnitten ist".[492] Außerdem sollte sie ein Programm anbieten, „in dessen Rahmen [...] ausländische Mitbürger [...] selbst veranstaltend Identität im Umgang mit Bibliothek und ihren Möglichkeiten erleben".[493]

Anfang der 1970er Jahre hatte die Stadtbibliothek damit begonnen, einen Bestand mit fremdsprachiger Literatur aufzubauen, der sich eng an den Bedürfnissen der ausländischen Neubürger orientierte.[494] Das Interesse der Migranten war groß. Die Bibliothek wäre allerdings „haushaltsmäßig zu stark belastet", wenn sie etwa viele unterschiedliche fremdsprachige Zeitungen und Zeitschriften beziehen würde.[495] Die Anschaffung war nicht nur zeit- und kostenintensiv, es traten auch Sprach- und Mentalitätsprobleme auf. Nicht zuletzt fehlten Auswahlkriterien für die Werke weitgehend unbekannter Autoren.[496]

Eine Chance, das rudimentäre Angebot auf eine breitere Basis zu stellen, bot sich durch veränderte politische Rahmenbedingungen in der Bundesrepublik. Die sozial-liberale Koalition in Bonn stellte sich Anfang der 1970er Jahre langsam den Herausforderungen der Integration. Das Bundesministerium für Bildung und Wissenschaft hatte Konzepte erarbeiten lassen, um ausländischen Arbeitnehmern und deren Familien Zugang zur Literatur im öffentlichen Raum zu ermöglichen. Infolgedessen wurde im Herbst 1973 von der Arbeitsstelle für das Bibliothekswesen eine Projektgruppe gegründet. Darin waren die Internationale Jugendbibliothek in München, die Einkaufszentrale für Öffentliche Bibliotheken in Reutlingen, die Arbeitsgemeinschaft der Jugendbuchverleger in der Bundesrepublik und die Stadtbibliotheken Frankfurt und Duisburg vertreten. Im Dezember 1974 stellte die Projektgruppe ihre Ziele in der Münchner Jugendbibliothek öffentlich vor. Dabei wurden die alarmierenden Ergebnisse einer Frankfurter Studie hervorgehoben, die besagte, dass die meisten der 2,5 Millionen ausländischen Arbeitnehmer vollkommen isoliert von der deutschen Gesellschaft leben würden und kaum Kontakte zu ihren deutschen Kollegen hätten. 17 Prozent der Migranten besäßen eine schlechte oder gar keine Schulbildung. 70 Prozent ihrer Kinder würden in der Hauptschule scheitern. Die Projektgruppe leitete daraus eine besondere Verantwortung der Bibliotheken zur Bewältigung der skizzierten Probleme ab: „Diese wenigen Zahlen zeigen, dass gesellschaftliche Integration und die kulturelle Betreuung der ausländischen Arbeitnehmer und ihrer Familien eine wichtige gesellschaftspolitische Aufgabe

492 Stadt Duisburg, Ausländergesamtplan, S. 134.
493 Ebd.
494 Fest, Modell, S. 38; RP, 14.3.1973; NRZ, 30.11.1974.
495 RP, 14.3.1973.
496 NRZ, 30.11.1974.

darstellen. [...] Zu den Einrichtungen, die einen wesentlichen Beitrag zur sozialen Integration und kulturellen Betreuung der ausländischen Mitbürger leisten können, zählen die Bibliotheken."[497]

Aus diesem Grund startete das Bundesministerium für Bildung und Wissenschaft einen auf anderthalb Jahre angelegten Modellversuch, der ganz bewusst in Duisburg erprobt wurde. Ziel war die Schaffung einer „Fahrbibliothek für die ausländischen Mitbürger der Stadt Duisburg". Dieser Schritt erfolgte in Anerkennung der bisherigen Bemühungen der Stadtbibliothek für die Integration ausländischer Mitbürger. Ein Vertreter des Ministeriums lobte, dass sie „eine der angesehensten und am besten ausgestatteten Einrichtungen ihrer Art in der Bundesrepublik" sei und „vielen Städten mit ihren Aktivitäten als Ansporn zur Nachahmung diene".[498] Dass der Bedarf an fremdsprachiger Literatur in Duisburg dringlich war, veranschaulicht die Gründung der ersten türkischsprachigen Buchhandlung in Deutschland, die hier 1974 erfolgte.[499]

Der Bund stellte ab Mitte November 1974 einen großen Bus zur Verfügung und übernahm die Personalkosten für einen Projektleiter, dessen Assistenten und einen Busfahrer.[500] Insgesamt betrug die Fördersumme aus Bonn 250.000 DM.[501] Die Stadt finanzierte die Ausstattung des Fahrzeugs, das ausschließlich fremdsprachige Literatur führte. Gezielt wurden Haltestellen in Stadtteilen ausgewählt, in deren Nähe viele Migranten wohnten. Die Stationen in dem „extrem ausgedehnten Stadtgebiet" wurden einmal in der Woche angesteuert. Die Ausleihzeit betrug insgesamt 17 Stunden pro Woche.[502]

Die „leuchtendbunte rollende Bücherei" war von außen mit auffälligen Fahnen und Kurzhinweisen in den jeweiligen Landessprachen der in Duisburg hauptsächlich vertretenen Nationen versehen.[503] Der Bus führte rund 5.000 Medien, darunter Bücher, Zeitungen, Zeitschriften, Dia-Reihen und Kassetten. Darüber hinaus wurden Broschüren anderer Institutionen der Stadt ausgegeben. Diese waren in den sieben Sprachen der damaligen Anwerbeländer Türkei, Italien, Spanien, Portugal, Griechenland, Jugoslawien und Polen sowie in Englisch verfasst.[504] Der Bus erhielt nach Aussage des wissenschaftlichen Betreuers des Projekts die Funktion eines „Werbeträgers, einer Angel sozusagen, die versuchsweise ausgeworfen wurde, um ein als schwer erreichbar geltendes, unter Schwellenangst gegenüber der ‚normalen' deutschen Institution leidendes Publikum an die Öffentliche Bibliothek heranzuführen und dort heimisch zu

497 STA DU, Bestand 401, Stadtbücherei, Aktenkonvolut Fahrbibliothek.
498 WAZ, 30.11.1974.
499 NRZ, 3.1.1985.
500 Fest, Modell, S. 40; WAZ, 3.4.1974; RP, 30.11.1974; NRZ, 30.11.1974.
501 RP, 30.11.1974; WAZ, 30.11.1974.
502 Fest, Modell, S. 39.
503 NRZ, 30.11.1974; WAZ, 30.11.1974.
504 WAZ, 30.11.1974; RP, 30.11.1974.

machen".[505] Auf diese Weise sollten die Zweigstellen der Stadtbüchereien langfristig zu festen Anlauf- und Kommunikationsstellen für die ausländischen Mitbürger werden.

Als Mindestnorm wurde die Anschaffung einer Medieneinheit je „Gastarbeiter" avisiert, die trotz der tatkräftigen Hilfe des in Duisburg ansässigen türkischen Buchhändlers nur annähernd erreicht werden konnte.[506]

Bei der öffentlichen Einweihung des Busses lobte ein Vertreter des Bundes die „lebendige Bibliotheksarbeit in dieser Stadt, mit ihrer Ausstrahlung auf die ganze Bundesrepublik".[507] Bürgermeister Josef Krings unterstrich die Notwendigkeit dieser Einrichtung: „Wir wollen ausländische Kinder und Erwachsene ansprechen, sie integrieren und gleichzeitig erreichen, dass sie in ihrem eigenen Sprachraum heimisch bleiben. Wir wollen sie mit Hilfe des Buches hineinnehmen in den Stadtbereich. In dem Bus sollen die Ausländer Unterhaltung, Information und Bildung finden."[508]

Das Modellprojekt hatte zu Beginn einige praktische und logistische Startschwierigkeiten zu bewältigen, da es keinen „vorgegebenen methodischen Rahmen" und „keine konzeptionelle Fixierung des Arbeitsablaufs" gab.[509] Die Probleme mussten von dem kleinen Team schnell und in Eigenregie gelöst werden. Aufgrund der sprachlichen und zeitlichen Überforderung der Bibliotheksmitarbeiter in der Zentrale, die sehr schnell eine Vielzahl fremder Bestände bestellen und einordnen mussten, wurde die Anstellung einer Halbtagskraft türkischer Herkunft unumgänglich. Durch diese personelle Maßnahme, die von der Stadt finanziert wurde, konnten die zuvor häufig aufgetretenen Fehler in der Katalogisierung korrigiert werden und es stand eine direkte Übersetzungsmöglichkeit zur Verfügung.[510]

Schon in der Anfangsphase im November 1974 sprengte der Andrang der Besucher die räumlichen und personellen Kapazitäten des Bücherbusses. Weitere Werbemaßnahmen waren nicht nötig. Die stetig wachsende Nachfrage musste befriedigt werden. Viele Interessenten lernten den Bus als ambulantes soziales Kommunikationszentrum kennen. Es ermöglichte einen Zugang zu weltlichen und modernen Medien, die konservative Religionswächter in den Zuwandererkreisen manchmal unterdrückten.[511] Im Bus fanden Migranten einen regelmäßigen Austausch mit Deut-

505 Fest, Modell, S. 39.
506 Ebd., S. 54ff.
507 NRZ, 30.11.1974.
508 Ebd.
509 Fest, Modell, S. 46.
510 Ebd.; Barbian, Jan-Pieter / Holtz-Ersahin, Yilmaz, Eine Geschichte mit Zukunft. Die interkulturellen Angebote, in: Barbian, Jan-Pieter (Hg.), Vom „Sachsenspiegel" bis zum eBook. Die Stadtbibliothek Duisburg als kommunales Medien-, Bildungs- und Kulturzentrum, Duisburg 2017, S. 171–187, S. 172.
511 Barbian, Angebote, S. 172.

schen und durften sich trotzdem wie „zu Hause fühlen".[512] Die Mitarbeiter des Bücherbusses stellten sich als „allgemeine informatorische Anlaufstelle und Verteiler, als Beschwerdeempfänger, als Klagemauer, Kindergärtner, Steuerberater, Sozialhelfer, erste Hilfe, Hausaufgabenbetreuer und vieles andere mehr zur Verfügung". Die Aussage des Projektleiters Johannes Fest zeigt deutlich, wie dankbar der Bücherbus angenommen wurde. Gleichzeitig verdeutlicht er die hohen Erwartungen der Nutzer und die starke Beanspruchung des kleinen Betreuungsteams. Vor allem aber wird daran erkennbar, wie stark die Vernachlässigung dieser Klientel durch die Politik, die Verwaltung, Vereine und Verbände bereits vorangeschritten war.

Eines der wichtigsten Ergebnisse des Modellprojekts war die Erkenntnis, dass die ausländischen Mitbürger eine sehr viel höhere Schwellenangst gegenüber den Büchereifilialen besaßen als angenommen. Dies lag vorwiegend daran, dass sie häufig weder in Deutschland noch in ihrem Heimatland in direkten Kontakt mit einer Bibliothek gekommen waren. Durch den Bücherbus konnte eine Brücke vom Wohnumfeld der Migranten hin zur Bibliothek gebaut werden, die sich durch vertrauensbildende Maßnahmen des Personals als tragfähig erwies. Daher lief die Testphase nicht wie ursprünglich geplant nach anderthalb Jahren aus, sondern erst 1977.[513]

Vom November 1974 bis Ende Dezember 1976 führte der Bücherbus insgesamt 2.217 eingetragene Leser. Davon waren knapp 91,6 Prozent türkischer Herkunft.[514] Diese liehen im selben Zeitraum 62.652 Titel aus.[515] Dieses Rekordergebnis lässt sich dadurch erklären, dass ein Ausweis von mehreren Familienmitgliedern benutzt wurde. Nach Abschluss des Modellversuchs stand eindeutig fest, dass sich der Bücherbus für die überproportional vertretene Ausländergruppe der Türken „als sehr erfolgreich" erwies und sie in „weit größerem Maße die elf Bibliotheken des Duisburger Bibliothekssystems" nutzten.[516] Dies galt auch für die türkischstämmige Bestsellerautorin Hatice Akyün, die als Schülerin in Marxloh ihre ersten Leseerfahrungen im Bücherbus sammelte.[517]

Nach diesen positiven Erkenntnissen garantierte die Stadt den Fortbestand des Bücherbusses. Ab Mai 1979 wurde er als „Mobiles Informations- und Beratungszentrum für türkische Familien" eingesetzt.[518] Zwar blieb die Möglichkeit der Ausleihe fremdsprachiger Titel in geringem Umfang erhalten, aber der Schwerpunkt des Angebots

---

512 Dies und das Folgende nach ebd., S. 84f.
513 Stadt Duisburg, Ausländergesamtplan, S. 133.
514 Fest, Modell, S. 86.
515 Ebd., S. 120.
516 Lufen, Peter, Wir sehen uns in der Stadtbibliothek. Bibliotheksarbeit für Ausländer in Duisburg, in: DJ 8/1981, S. 8, S. 8.
517 Die Zeit (Zeitmagazin), 20.7.2016.
518 Im Jahr 1990 wurden 161.000 Medien im Bus ausgeliehen. Zur weiteren Entwicklung vgl. N. N., Bücherbus versorgt wöchentlich 3.000 Bücherfreunde, in: DJ 8/1991, S. 34, S. 34.

verlagerte sich hin zur praktischen Vermittlung von dezentralen sozialen Beratungs- und Bildungsangeboten der Stadt.[519] Jene Leser, die ihre Medien hauptsächlich im Bücherbus ausliehen, konnten erfolgreich in das örtliche Filialsystem überführt werden.[520] Um dies zu gewährleisten, intensivierte die Stadtbücherei mit Hilfe des Deutschen Bibliotheksinstituts in Berlin ihre Bemühung, fremdsprachige Titel in den Gesamtbestand aufzunehmen. Das Land NRW und die Sparkasse Duisburg sorgten für die finanzielle Unterstützung. Großunternehmen wie Mannesmann, Krupp und Thyssen spendeten zumeist für die Bezirks- und Stadtteilbibliotheken.

Durch die Kontakte, die über den Bücherbus zu Migranten in den einzelnen Stadtteilen hergestellt wurden, konnte sich die Stadtbibliothek immer besser an die tatsächlichen Wünsche und Bedürfnisse dieses Leserkreises anpassen. Die gesammelten Erfahrungen erwiesen sich auch im Hinblick auf die Erweiterung und Neukonzeptionierung der Kinder- und Jugendbibliothek in der Hauptstelle im Duisburger Zentrum als besonders wertvoll. Diese wurde 1975 durch den Ankauf eines benachbarten Kinos ermöglicht.

Ende der 1970er Jahre konnte die Betreuung türkischstämmiger Leser verbessert werden. Für die Zentralstelle und zehn Stadtteilbibliotheken mit türkischsprachigem Bestand wurden sieben ABM-Kräfte eingestellt. Die Stellen waren auf drei Jahre befristet. Die Kosten übernahmen Bund, Land und das Arbeitsamt. Sämtliche neuen Mitarbeiter hatten türkische Wurzeln, was sich für die Arbeit vor Ort als vorteilhaft erwies und positiv auf die Ausleihzahlen auswirkte: „Sie ergänzen die Bibliotheks-Angestellten in vielfältiger Weise, da sie die ausländischen Benutzer in die Bibliotheksbenutzung einweisen, Kinder und Jugendliche durch Spielaktionen, Schulaufgabenhilfen u. ä. betreuen und außerdem auch bei der Klärung immer wieder auftretender disziplinarischer Schwierigkeiten vermittelnd eingreifen. Damit üben sie Dienstleistungen aus, die mit deutschen Mitarbeitern gar nicht oder nur sehr begrenzt wahrgenommen werden könnten.“[521]

1978 sollte ein neuer Bibliothekar eingestellt werden, der sich um die Koordinierung und die stetige Fortentwicklung aller dieser Maßnahmen bemühen sollte. Die Personalentscheidung erwies sich als Glücksfall: Tayfun Demir kümmerte sich mit hohem persönlichen Engagement und großer Sachkenntnis um den Aufbau einer Türkischen Bibliothek. Dafür entwickelte er spezielle Schlagwortverzeichnisse, Kataloge und – mit Hilfe der Krupp-Stiftung – zweisprachige Empfehlungslisten für Neuerscheinungen.[522] Durch eigens konzipierte Sonderausstellungen und eine Viel-

519 Barbian, Jan-Pieter / Demir, Tayfun, Geschichte mit Zukunft. 30 Jahre Türkische Bibliothek in der Stadtbibliothek Duisburg, in: BuB 57 2/2005, S. 134–137, S. 135.

520 Fest, Modell, S. 93.

521 Stadt Duisburg, Ausländerplan, S. 135.

522 Barbian / Demir, Geschichte, S. 135.

zahl von Veranstaltungen mit türkischstämmigen Autoren wie zum Beispiel Orhan Pamuk leistete er in den über 20 Jahren seiner beruflichen Tätigkeit einen großen Beitrag zur interkulturellen Vermittlungsarbeit. Diese wurde bundesweit als vorbildlich anerkannt und vielfach kopiert.[523] Wie keine andere Kulturinstitution versuchte die Stadtbibliothek, die Bildung und Integration der ausländischen Mitbürger nach Kräften voranzutreiben. Dies geschah häufig in Abstimmung mit anderen Kultur- und Bildungseinrichtungen in Duisburg. Weitere Kooperationspartner in diesem Bereich waren Schulen, Kirchen, Gewerkschaften, Verbände, Vereine und Initiativen wie das internationale Jugend- und Kulturzentrum Kiebitz, das Kinderkulturaktionszentrum „Der Spielkorb" oder vereinzelt der Verein für Literatur und Kunst.[524] Im Rückblick, so Tayfun Demir, wurden diese Bemühungen aber „durch die zu geringe personelle Ausstattung, einen nie dauerhaft abgesicherten, faktisch auch stets viel zu geringen Anschaffungsetat" erschwert.[525] In Stadtteilen wie Hochfeld oder Marxloh, in denen viele Migranten wohnten, seien die Bemühungen durch die Schließung der Zweigstellen sogar ganz „zunichte gemacht" worden.

Trotz vieler Hemmnisse belegte eine Kundenbefragung im Jahr 2005 die Wirkung der unternommenen Anstrengungen in der Stadtbibliothek: Der Ausländeranteil der Bibliotheksnutzer betrug 14,3 Prozent, davon waren 51 Prozent türkischer Herkunft.[526] Diese Zahlen entsprechen „fast vollständig dem ausländischen Bevölkerungsanteil in Duisburg" in Höhe von 14,8 Prozent.[527] Die Zahlen spiegeln eine positive Bilanz der Duisburger Kulturpolitik gegenüber anderen Städten in diesem Bereich wider.

Die Internationale Kinderbuchausstellung „IKiBu"

Rückblickend bezeichnete Peter Klucken, Journalist der Rheinischen Post und einer der langjährigsten Beobachter der Duisburger Kulturszene, die Internationale Kinderbuchausstellung „IKiBu" als das „älteste, erfolgreichste und wichtigste Duisburger Festival".[528] Die „IKiBu" gehöre wie die „Akzente" und die „Duisburger Filmwoche" zu den Kulturereignissen, die von städtischem Pioniergeist zeugen.[529]

523 WAZ, 8.2.2001.
524 Baykurt, Fakir, Türkische Literatur an deutschen Schulen, in: DJB, 8/1981, S. 5, S. 5; Stadt Duisburg, Ausländerplan S. 133; vgl. auch die Veranstaltungsankündigungen als pars pro toto u.a. in: DJ 7/1982, S. 16; DJ 6/1983, S. 16; DJ 9/87, S. 33; WAZ, 18.10.1984.
525 Barbian / Demir, Geschichte, S. 135.
526 Barbian / Fühles-Ubach / Seidler-de Alwis, Bibliothek, S. 278.
527 Ebd, S. 279; RP, 21.9.2005; NRZ, 29.11.2005.
528 RP, 23.10.2007.
529 RP, 29.9.2004.

Mit der Gründung der „IKiBu" unterstrich die Duisburger Stadtbibliothek ihre Vorreiterrolle im Bereich der Kinder- und Jugendarbeit in Deutschland. Wie bereits erwähnt, hatte Duisburg mit der Einrichtung einer Kinder- und Jugendbücherei 1955 in der Fachwelt und darüber hinaus Aufsehen erregt. Diese wurde von der UNESCO als Vorzeigeprojekt ausgezeichnet und seither vorbildlich geführt. Die Erfinder der „IKiBu" knüpften an diese Tradition an und entwickelten neue und zeitgemäße Konzepte zur Leseförderung. Zum 25. Jubiläum der Jugendbücherei veranstaltete die „IKiBu" 1980 eine Festwoche, um diese Traditionslinie öffentlich zu betonen.[530]

Die „IKiBu" ist eine „Duisburger Erfindung".[531] Sie sollte ursprünglich nur einmal stattfinden.[532] Die Initiative zur Gründung ging 1971 von der Leiterin der Kinder- und Jugendbibliothek, Imma Wick, sowie dem Kunst- und Buchhändler Kurt Selbiger aus.[533] Der Bibliotheksdirektor Franz Rakowski unterstützte das Projekt maßgeblich. Rakowski (1927–2014) stammte aus Oberhausen. Am Ende des Zweiten Weltkriegs wurde er als jugendlicher Soldat zur Verteidigung Berlins eingesetzt. Im April 1945 geriet er in russische Gefangenschaft, aus der er erst 1949 entlassen wurde. Nach diesen Erfahrungen wollte er einen Beitrag zur Demokratisierung Deutschlands leisten. Im Anschluss einer Ausbildung zum Diplom-Bibliothekar in Köln war er seit 1951 in der Duisburger Stadtbibliothek tätig. Rakowski hatte das Konzept für die von der UNESCO prämierte Kinder- und Jugendbuchbibliothek entworfen. Die Erziehung einer neuen Generation zu Humanität und Toleranz war ihm in seiner Arbeit ausgesprochen wichtig. Zeit seines Lebens sah er die Stadtbibliothek als Bildungsinstitut mit einer außerordentlichen gesellschaftlichen Bedeutung an.

Leitmotiv der „IKiBu" war es von Anfang an, die Phantasie und Kreativität von Kindern aktiv zu fördern, einer breiten Öffentlichkeit Einblicke in die Vielfalt der Kinder- und Jugendliteratur zu ermöglichen, Neuerscheinungen und Trends dieses Genres vorzustellen und einen unmittelbaren Austausch zwischen Autoren und jungen Lesern zu ermöglichen.[534] Die bescheidene Grundidee, Kinderbücher und Illustrationen auszustellen und parallel dazu Lesungen zu veranstalten, wurde im Laufe der Vorbereitungen weiterentwickelt. Durch das hohe Engagement der Initiatoren und ihre Fähigkeit, Unterstützer und Verbündete in der Stadtverwaltung zu finden, wurde aus der „IKiBu" ein universales Kulturfest für Kinder. Unter der Regie der Stadtbibliothek organisierten das Jugend-, Schul-, Presse- und Werbeamt, die Mercatorhalle und die Buchhandlung Atlantis die erste Internationale Kinder- und

530 WAZ, 30.10.1980.
531 WAZ, 15.11.2001.
532 RP, 14.11.1985.
533 WAZ, 17.11.2001.
534 Wick, Imma, 10. „IKiBu" in Duisburg, in: DJ 11/1985, S. 12–13, S. 12.

Jugendbuchausstellung in Duisburg.[535] Die Eröffnung fand am 26. November 1971 in der Mercatorhalle unter der Schirmherrschaft des Kultusministers des Landes Nordrhein-Westfalen statt. Die im Volksmund gerne als „gute Stube“ bezeichnete Mercatorhalle gehörte für knapp zwei Wochen den Kindern, die sogar die Fassadenfenster bemalen durften.[536] Neben einer großen Spielwiese im Innenraum konnten sechs Ausstellungen mit rund 2.000 Einzeltiteln aus 24 Ländern besucht werden.[537] Die „IKiBu“ sollte ein „Riesenspaß mit vielen Informationen“ für Familien aus Duisburg und Umgebung sein.[538] Dazu gehörten unter anderem neue Kinder-, Bilder- und Jugendbücher sowie wissenschaftliche Ratgeber, Fachliteratur zur frühkindlichen Erziehung und eine Sammlung pädagogischer Lernspiele. Parallel wurden Kinderbuchillustrationen, Grafiken und Zeichnungen verschiedener Verlage und Künstler präsentiert.

Das Begleitprogramm mit Lesungen namhafter Kinder- und Jugendbuchautoren wie Janosch oder Willi Fährmann, mit Theateraufführungen, Puppen- und Marionettenspielen, Informations- und Diskussionsveranstaltungen richtete sich nicht nur an Kinder und deren Familien. Angesprochen werden sollten auch Lehrer, Journalisten, Erziehungswissenschaftler, Bibliothekare und Kunstinteressierte. Spezielle Angebote gab es für Migranten und Menschen mit Handicap.[539]

Der Publikumszuspruch bei der ersten „IKiBu“ übertraf mit mehr als 80.000 geschätzten Besuchern sämtliche Erwartungen.[540] Das Medienecho war enorm. Neben der üblichen lokalen Berichterstattung informierten überregionale Zeitungen, Radio- und Fernsehsender ausführlich über das Ereignis, darunter die ARD und der Westdeutsche Rundfunk, der eine große Kinderparty organisiert hatte. Die „WAZ“ verkündete, dass die „IKiBu“ Duisburg in das „bundesdeutsche Blickfeld“ gerückt habe.[541]

Es überrascht nicht, dass die „IKiBu“ nach diesem beachtlichen Anfangserfolg im Jahr darauf erneut stattfinden sollte.[542] Das Organisationskomitee wurde personell verstärkt und die Vernetzung mit anderen städtischen Institutionen ausgeweitet.

---

535 Barbian, Jan-Pieter, Fantastische Welten. 30 Jahre Internationale Kinder- und Jugendbuchausstellung, in: DJB 2002, S. 121–130, S. 121.

536 Barbian, Welten, S. 122.

537 Stadt Duisburg, Die Oberbürgermeisterin (Hg.), 30 Jahre Internationale Kinder- und Jugendbuchausstellung 1971–2001, Duisburg 2002, S. 4.

538 RP, 6.12.1971.

539 Barbian, Welten, S. 122.

540 Ebd.; Schulten, Susanne, Die Kinder- und Jugendbuchausstellung „IKiBu“. Literatur für junge Leute, in: DJB 2013, S. 104–109, S. 105.

541 WAZ, 6.12.1971.

542 WamS, 4.11.1973.

Abb. 6 Die IKiBu in der Mercatorhalle 1971

Die zweite „IKiBu" fand im November 1972 statt. Sie blieb dem erfolgreichen Grundkonzept treu, „Kinder (und deren Eltern), die mit dem Buch noch wenig vertraut sind, auf eine neue Art zur Beschäftigung mit ihm zu veranlassen".[543] Ausstellungen widmeten sich gesellschaftlich relevanten Themen wie „Literatur für Gastarbeiter", „Kind und Umwelt", „Zeitgeschichte im Jugendbuch" oder „Literatur zum Drogenproblem".[544] Mit der Verleihung des Deutschen Jugendbuchpreises im Rahmen der „IKiBu" konnte eine zusätzliche überregionale Aufmerksamkeit erzielt werden.

In den Folgejahren entwickelte sich die „IKiBu" zu einem Vorzeigeprojekt für die Stadt. Im Jahr 1973 wurden circa 160.000 Teilnehmer gezählt. Der Gesamtetat betrug 95.000 DM.[545] Alle Veranstaltungen konnten kostenlos wahrgenommen werden.[546] Ein Jahr später musste der Besucherandrang durch eine Ausweitung und Dezentralisierung des Angebots auf Schulen, Bezirksbibliotheken, Sportstätten, Musikschulen und Museen im gesamten Stadtgebiet entzerrt werden.[547] Die „IKiBu" wirkte auf

543 FAZ, 14.11.1973.
544 Stadt Duisburg, 30 Jahre, S. 7.
545 NRZ, 9.11.1973; WAZ, 19.11.1973.
546 RP, 20.11.1973.
547 WAZ, 3.4.1974; NRZ, 15.11.2001.

das Kulturgeschehen in Duisburg insgesamt belebend. Künstler aus der Stadt wirkten beim Programm aktiv mit.

Wegen der zunehmenden Bedeutung des Fernsehens im Alltag der Kinder wurden ab Mitte der 1970er Jahre verstärkt Formate zur Förderung der Medienkompetenz initiiert. Hierzu gehörten die Produktion kleinerer Hör- und Fernsehspiele, Diavorführungen, Filmreihen mit ausgewählten Kinder- und Jugendfilmen oder die Einrichtung von Mediotheken, etwa zum Themenschwerpunkt „Türkei".[548] Gleichzeitig sollten die jungen Teilnehmer aktiver in die Programme einbezogen werden. Daher wurde die Zahl der Veranstaltungen mit „Werkstattcharakter" erhöht.

Die größte „IKiBu" fand 1977 statt.[549] Mit 280 Veranstaltungen in der ganzen Stadt und 200.000 Besuchern, die zum Teil mit Zügen und Bussen aus der gesamten Bundesrepublik und den Niederlanden anreisten, war der Höhepunkt erreicht.[550] Der Etat betrug 200.000 DM. Die Stadt stellte 140.000 DM zur Verfügung, während das Land 60.000 DM beisteuerte.[551]

Bibliotheksleiter Franz Rakowski stellte erfreut fest, dass die Ausstellung „von allen Schichten der Bevölkerung so gut aufgenommen, ja übernommen wurde und eine Identifikation der Duisburger mit ihrer ‚IKiBu' erreicht werden konnte, mit der so keiner gerechnet hat".[552] Das Projekt sei in der gesamten Einwohnerschaft „fest verwurzelt".[553] In einer Hörfunksendung des WDR wurde dieser Eindruck bestätigt: „Natürlich werden auch Kinder sogenannter Gastarbeiter in einem solchen Rahmen besonders einbezogen. (Die Stadtbibliothek freut sich, unter ihren Lesern so viele Ausländer zu haben, wie es ihrem Anteil an der Bevölkerung entspricht: das erstaunliche Ergebnis einer offensichtlich richtigen Kulturarbeit.)."[554] Auch der Bibliothekar Hans Sonn, einer der Hauptorganisatoren, zeigte sich zum Abschluss des Bücherfestes äußerst zufrieden: „Diese ‚IKiBu' ist die mit dem intensivsten Besucherinteresse, mit der produktivsten Beteiligung der Kinder, mit dem größten Echo unter den aktiven Gruppen in Duisburg vom Behinderten-Sport bis zum Amateur-Theater."[555]

---

548 Barbian, Welten, S. 124.

549 N. N., „IKiBu". 6. Internationale Kinder- und Jugendbuchausstellung 1977, in: DJ 11/1977, S. 8, S. 8.

550 RP, 28.11.1977; WAZ, 28.11.1977.

551 Barbian, Welten, S. 124; RP, 19.10.1977; RP, 19.11.1977.

552 NRZ, 19.10.1977.

553 WAZ, 5.11.1977.

554 Abgedruckt in: Stadt Duisburg, „IKiBu '77". Dokumentation. Presse, Rundfunk, Fernsehen, Duisburg 1977, S. 34; vgl. WAZ, 19.10.1977; WAZ, 5.11.1977.

555 WAZ, 26.11.1977.

Trotz dieser positiven Effekte musste das Bücherfest unter dem zunehmenden Haushaltsdefizit der Stadt leiden. Die finanziellen Lücken sollten durch Kürzungen bei der „IKiBu“ kompensiert werden. Mit der Unterstützung durch die Fraktionen der CDU und FDP hatte der Verwaltungschef Dr. Ernst Caumanns schon die Kosten für die „IKiBu“ 1977 in Höhe von 140.000 DM einsparen wollen.[556] Die SPD stoppte diesen Plan. Nach den Vorstellungen der Politik sollte die „IKiBu“ fortan aber nur noch alle zwei Jahre stattfinden. Die Ratsherren und die Verwaltungsspitze erkannten weder die enorme langfristige bildungspolitische Bedeutung noch die stadtwerberische Wirkung dieser in Deutschland einmaligen Kinder- und Jugendmesse. Eine Redakteurin der „WAZ“ kommentierte, „dass sich Duisburg mit dieser Einrichtung weit über die Grenzen der Stadt hinaus positiv ins Gespräch gebracht und eine Lücke im kulturellen Angebot geschlossen“ habe. Andere Städte würden Duisburg um die „IKiBu“ beneiden. Die Überschrift ihres Artikels lautete entsprechend: „‚IKiBu‘ poliert das Image auf“.[557]

Anhand der Quellen über die „IKiBu“ in den 1980er und 1990er Jahren lässt sich schnell herauslesen, dass das Budget dieses einstigen Vorzeigeprojekts immer weiter gekürzt wurde. Dies geschah ohne nennenswerte Widerstände seitens der Öffentlichkeit oder Politik.

Das Motto 1981 „Jeder gehört dazu“ betonte das Ziel der „IKiBu“, Kinder und Eltern aus allen sozialen Schichten in Duisburg anzusprechen. Die Veranstalter wollten eben kein „Konsumfestival“, sondern das junge Publikum aktiv einbinden.[558] Insbesondere sollten wieder auch solche angesprochen werden, die sich kaum oder gar nicht mit Literatur befassten oder befassen konnten: „Behinderte und Nichtbehinderte, Ausländerkinder und deutsche Sprösslinge gingen wie selbstverständlich miteinander um. Bei der ‚IKiBu‘ fielen spielend jene Schranken, die die Erwachsenenwelt mit sturer Ernsthaftigkeit aufbaut.“[559] Für diese Zielgruppen wurden spezielle Angebote erarbeitet, die kostenfrei genutzt werden konnten. Explizit wurde die Darstellung körperlich beeinträchtigter Kinder im Jugendbuch vorgestellt.[560] Durch eine Kooperation mit örtlichen Kinderheimen und Kinderkrankenhäusern konnten „Literaturprogramme für kranke Kinder erprobt und mit dem Ziel angeboten werden, eine kontinuierliche Programmarbeit für die Einrichtungen zu entwickeln“.[561] Der aus der Türkei stammende Lehrer und Autor Fakir Baykurt las an fünf Tagen

556 WAZ, 17.9.1977.
557 WAZ, 26.11.1977.
558 WAZ, 20.5.1981.
559 WAZ, 12.11.1981; WAZ, 17.11.1981; WAZ, 18.11.1981; NRZ, 26.11.1981.
560 WAZ, 27.10.1981; WAZ, 12.11.1981.
561 NRZ, 15.5.1981.

Kindern türkische Märchen und Geschichten in seiner Muttersprache vor. Einige seiner Texte handelten von den Problemen und der Lebenswelt türkischer Arbeiter in Deutschland.[562]

Die Bemühungen der Organisatoren, eine möglichst breite Zielgruppe zu erreichen, waren von Erfolg gekrönt. Die „IKiBu“ 1981, die unter der Schirmherrschaft des NRW-Ministerpräsidenten stand, erreichte mit rund 200.000 Besuchern eine Rekordmarke. Die Leiterin einer Bezirksbibliothek zeigte sich erfreut darüber, dass viele Leute gekommen seien, „die wir nie zuvor hier gesehen haben“.[563] Das erfolgreiche Konzept wurde in andere Städte exportiert. Die „IKiBu“ war Vorbild für eine große Kinderbuchmesse in Mexico-City.[564]

Dennoch verschlechterten sich die Bedingungen für die Ausrichtung des Kultur- und Bildungsprojekts spürbar. Am Ende der „IKiBu“ 1981 kündigte Kulturdezernent Schilling für das nächste Jahr Kürzungen an: „Wir überlegen, wie wir das eine oder andere sparen können. Die fixen Kosten fressen uns auf.“[565] Angesichts eines verordneten Spardiktats im Kulturbereich in Höhe von vier Millionen DM schlug das zuständige Dezernat im Herbst 1982 vor, die „IKiBu“ komplett zu streichen.[566] Zwar konnte dieses Vorgehen abgewendet werden, aber der städtische Zuschuss wurde um die Hälfte von 200.000 auf 100.000 DM verringert.[567] Aus diesem Grund war es den Veranstaltern bei der nächsten „IKiBu“ nicht mehr möglich, die Mercatorhalle zu nutzen. Die Veranstaltungen mussten von 260 auf 200 reduziert werden. Die „IKiBu“ dauerte nicht mehr 10 bis 14 Tage, sondern lediglich eine Woche.[568] Vielen Interessenten musste eine Absage erteilt werden, da die Angebote, vor allem aber die räumlichen und personellen Kapazitäten nicht mehr ausreichten, um die nach wie vor hohe Nachfrage zu befriedigen.[569] Obwohl alle Veranstaltungen ausgebucht waren, brachen die Besucherzahlen ein: 1983 wurden nur noch knapp 90.000 Gäste gezählt.[570] „Alle vermissten die Halle. Die ‚IKiBu‘ verlor über 100.000 Besucher“, überschrieb die „NRZ“ einen Artikel über diese negative Entwicklung.[571]

Trotz dieser drastischen Einsparungen arbeiteten die Organisatoren weiter hoch engagiert. Stets orientierten sie sich in ihrer Arbeit an den Bedürfnissen und Inte-

562 WAZ, 27.10.1981; WAZ, 18.11.1981.
563 WAZ, 27.11.1981.
564 NRZ, 20.11.1981.
565 WAZ, 26.11.1981; NRZ, 26.11.1981; WAZ, 27.11.1981; RP, 29.11.1981.
566 WAZ, 25.9.1982.
567 WAZ, 29.10.1983; RP, 4.11.1983.
568 WAZ, 29.11.1983; RP, 29.11.1983.
569 WAZ, 29.11.1983; NRZ, 29.11.1983; RP, 29.11.1983.
570 NRZ, 18.11.1983; RP, 29.11.1983; NRZ, 29.11.1983.
571 NRZ, 29.11.1983.

ressen der Stadtbevölkerung. Das Thema der „IKiBu“ 1983 lautete „In der Stadt leben“. Kinder konnten dazu neue Bücher entdecken oder an dem Schreibwettbewerb „Ich lebe in Duisburg“ teilnehmen. Die „IKiBu“ blieb auch in den nächsten Jahren ihrer Programmatik treu und rückte inhaltlich das Stadtgeschehen in den Fokus. Nachdem Duisburg eine Städtepartnerschaft mit Vilnius gegründet hatte, bildete 1985 Litauen einen Schwerpunkt.[572] Ferner wurde der „Medienalltag von Kindern und Jugendlichen“ am Beispiel der Stadt Duisburg erörtert.[573] Schulen befassten sich intensiv mit der in Deutschland äußerst populären Figur des Kommissars Horst Schimanski aus der ARD-Krimireihe „Tatort“. Dieser „ermittelte“ seit Juni 1981 in Duisburg und transportierte ein stereotypes Bild der Stadt mit rauchenden Schloten, dreckigen Straßen und rüpelhaften Einwohnern. Schüler sollten durch selbstgedrehte Videos, eigene Ausstellungen, Drehortbesichtigungen und Diskussionen lernen, die Mechanismen des Film- und Fernsehgeschäfts zu durchschauen und ein TV-Idol kritisch zu hinterfragen.[574] Das Projekt kulminierte in einer Podiumsdiskussion im „filmforum“, an der ein Nebendarsteller der Krimiserie, echte Duisburger Polizisten und Redakteure des WDR teilnahmen. 300 Schüler verfolgten das Podiumsgespräch und konnten sich mit vorbereiteten Fragen einbringen.[575] Dabei zeigte sich, dass nicht nur Erwachsene, sondern auch Kinder das Image Duisburgs durch den Fernsehkrimi in Gefahr sahen. Viele der jungen Zuschauer monierten, dass der Schimanski-„Tatort“ ein „völlig falsches Bild ihrer Stadt zeichne“.[576] Die Medien berichteten ausführlich über diese Veranstaltung, da die Figur „Schimanski“ und die Darstellung Duisburgs im „Tatort“ schon lange Stadtgespräch waren.[577] Es ist verwunderlich, dass sich die Kinderbuchausstellung als wohl einziger kultureller Akteur dieses in Duisburg virulenten Themas annahm.

---

572 WAZ, 14.11.1985; RP, 20.11.1985; WAZ, 22.11.1985; WAZ, 26.11.1985.

573 Stadt Duisburg, Der Oberstadtdirektor, Medienalltag von Kindern und Jugendlichen. Dokumentation eines Projektes der Stadtbibliothek Duisburg im Rahmen der 10. „IKiBu“ 1985 in der Stadtbibliothek, Duisburg 1986.

574 RP, 23.11.1985; NRZ, 28.11.1985.

575 NRZ, 14.11.1985; RP, 29.11.1985.

576 WAZ, 29.11.1985.

577 Siehe WamS, 31.5.2009: „Aber ganz so schmutzig wie in Duisburg-Ruhrort geht es heute ja selbst in Berlin-Marzahn nicht mehr zu.“ Noch im Jahr 2012 schreibt Oberbürgermeister Sören Link in einem Vorwort eines Stadtführers: „Spuken doch auch heute noch die merkwürdigsten Gerüchte und Vorurteile über meine Heimatstadt in den Köpfen der Leute herum, als wäre ‚Schimanski‘ nicht ein toller Krimi, sondern eine Dokumentation über unsere Stadt gewesen.“, zit. nach Hofmann, Marco, DU mein Duisburg. Entdeckungsreise durch eine Stadt mit Charakter, Rheinberg 2012, S. 7. Die Duisburger CDU wollte verhindern, dass der Stadt Duisburg im Abspann der TV-Serie gedankt wird. In Teilen der Bevölkerung kam „Schimanski“ jedoch gut an: „Auf Händen getragen wurde der ‚Schmuddel-Kommissar‘ von der Duisburger Arbeiterschaft. Der damalige SPD-Oberbürgermeister Josef Krings, heute 86, berichtet, dass George in Rheinhausen auch schon mal großzügig in die Streikkasse einzahlte“, zit. nach WAZ, 27.6.2001.

Die Besucherzahl konnte durch die zielgruppenorientierten Angebote auf 120.000 gesteigert werden.[578]

Anfang der 1990er Jahre geriet die Ausrichtung des Vorzeigeprojekts in Gefahr. Das Programm musste aufgrund erneuter Sparvorgaben weiter reduziert werden. 1994 betrug der städtische Etat nur noch 40.000 DM.[579] Dutzende Schulklassen mussten angesichts begrenzter Kapazitäten abgewiesen werden. Diese negative Entwicklung hat sich gegen Ende der 1990er Jahre verschärft.[580] Der Bedarf nach Lese- und Sprachförderung wuchs in einer Stadt wie Duisburg, deren soziale Probleme zunahmen und deren Schulpolitik zu wünschen übrig ließ (siehe Kapitel IV/9.1). Während der Andrang des Publikums auf konstant hohem Niveau blieb, musste über das Budget bei nahezu jeder „IKiBu" hart gerungen werden.[581] 1999 wurden bei 140 Veranstaltungen, die lediglich über fünf Tage angeboten wurden, 12.000 Besucher gezählt.[582] Im neuen Jahrtausend wurde das Programm der „IKiBu" durch das Aufkommen neuer Medien aufgefrischt und an das veränderte Leseverhalten von Kindern und Jugendlichen im neuen Jahrtausend angepasst.[583]

Die Idee und Konzeption der „IKiBu" erwies sich trotz aller finanziellen Einbußen als langfristig tragfähig. Bibliotheksdirektor Jan-Pieter Barbian schrieb anlässlich des 30-jährigen Jubiläums, das 2001 gefeiert wurde: „Dass Duisburg ein solches ‚Büchervolksfest' erfunden hat und seit nunmehr 30 Jahren allen Schwierigkeiten zum Trotz weiterhin ermöglicht – darauf kann die Stadt stolz sein."[584] Sicherlich ist die „IKiBu" mit dafür verantwortlich, dass unter den Nutzern der Stadtbibliothek „die von anderen Kultureinrichtungen nur schwer erreichbare Zielgruppe der 14- bis 20-jährigen besonders stark vertreten ist."[585] Sie stellten 2005 über ein Drittel der Leserschaft.[586]

Kurz vor dem 40. Jahrestag stand die „IKiBu" wieder vollends auf der Kippe. Die Bezirksregierung gab die Finanzmittel lange nicht frei und kürzte die ohnehin schon geringe Förderung nochmals um 30 Prozent.[587] Daher gab es weder Plakate oder

---

578 WAZ, 2.12.1985.

579 NRZ, 21.11.1994.

580 NRZ, 13.11.1999; RP, 22.11.1999.

581 Siehe RP, 12.11.2003: „IKiBu"-Koordinator Holthoff: „Wir könnten das Dreifache von dem anbieten, was wir zurzeit anbieten, so groß sei die Resonanz bei den Schulen"; NRZ, 18.11.2003: „Aus allen Nähten platzte die Zentralbibliothek".

582 NRZ, 22.11.1999; RP, 22.11.1999.

583 Barbian, Jan-Pieter / Holthoff, Jens, Die Schieflage von Pisa geraderücken. Das Programm der Stadtbibliothek Duisburg zur Förderung der Lese- und Medienkompetenz von Kindern und Jugendlichen, in: BuB 56/2004, S. 594–598, S. 595.

584 RP, 17.11.2001.

585 Barbian / Fühles-Ubach / Seidler-de Alwis, Bibliothek, S. 279.

586 RP, 21.9.2005.

587 NRZ, 23.9.2010.

Programmhefte noch eine Eröffnungsveranstaltung oder ein Rahmenprogramm, sondern ausschließlich Lesungen.[588] Die Veranstaltungen wurden von 200 auf 60 reduziert und ausschließlich für Schulklassen angeboten. Öffentliche Lesungen für Eltern und Kinder konnten nicht ausgerichtet werden.[589] „Aus der traditionsreichen Großveranstaltung ist ein kleines Festival geworden", stellte die „NRZ" 2010 ernüchtert fest.[590] Aufgrund der einmaligen und auf die Stadt zugeschnittenen Konzeption hat sich die „IKiBu" trotz aller Widrigkeiten über 40 Jahre im Kulturleben der Stadt behauptet.

Kahlschläge im Bibliotheksnetz in den 1980er Jahren

Die städtischen Etatkürzungen machten auch vor den festen Einrichtungen der Bibliothek nicht halt. Im Jahr 1975 verfügte die mit 620.000 Nutzern „wohl meist besuchte Bibliothek der Bundesrepublik" in Duisburg über 225 Stellen.[591] Die Kommunale Gemeinschaftsstelle für Verwaltungsmanagement (KGSt) empfahl in einem Gutachten ein Soll von 296 Mitarbeiterstellen.[592] Trotz des bestehenden Personaldefizits wurden zwischen 1978 und 2001 weitere 100 Stellen im Duisburger Bibliotheksbereich abgebaut.[593] 25 Stadtteilbibliotheken und Außenstellen mussten für immer geschlossen werden.[594] Die Stadtbibliothek konzentrierte die verbleibenden Mittel hauptsächlich auf die Zentralstelle in der Innenstadt.[595] Dies geschah auf Kosten der Filialen in den Bezirken. 1977 wurde einer der beiden Bücherbusse abgeschafft. Ein Jahr später schlossen die Stadtteilbibliotheken Meiderich-Mylendonk und Baerl. „Der große Kahlschlag" („NRZ") fand in den 1980er Jahren statt.[596] 1982 wurden die Stadtteilbibliotheken Obermarxloh, Schulzentrum Hamborn, Neudorf, Neuenkamp, Rumeln, Hohenbudberg, Süd Großenbaum und Wanheim geschlossen. Um 3,3 Millionen DM einzusparen, mussten 1987 die Stadtteilbibliotheken Duissern, Hochfeld, Laar, Hagenshof, Marxloh, Bergheim, Asterlagen, Meiderich-Berg und Homberg aufgegeben werden.[597]

---

588 RP, 16.11.2010.
589 NRZ, 19.11.2010.
590 NRZ, 23.9.2010.
591 Rat der Stadt Duisburg, Stadtbibliothek, S. 47.
592 Ebd., S. 36.
593 Stadt Duisburg, 100 Jahre Stadtbibliothek, o. S. 2004 waren es nur noch 135 Mitarbeiter, siehe RP, 8.1.2004.
594 Vgl. Barbian, 100 Jahre Stadtbibliothek, S. 114; NRZ 21.4.2001; RP 10.5.2001.
595 Brenneisen, Neugliederung, S. 175 und S. 178.
596 NRZ, 21.4.2001.
597 NRZ, 6.7.1987; NRZ, 17.8.1988.

Die Folgen dieser massiven Schließungen waren in bildungs- und kulturpolitischer Hinsicht fatal. Die Institutionen wurden in den 1960er Jahren mühsam durch öffentliche Mittel aufgebaut. In Homberg beendete man eine Bibliothekstradition abrupt, die bis ins Jahr 1873 zurückreichte. Über die Hälfte der Ausleihen stammte hier zuletzt von Kindern und Jugendlichen.[598] In jeder Stadtteilbibliothek wurde die Zusammenarbeit mit den ortsansässigen Schulen intensiv gepflegt. Schüler unterschiedlicher Herkunft und aus allen sozialen Schichten erhielten spezielle Führungen und altersgerechte Einführungen in die Bibliotheksnutzung. Bibliotheksleiter Hans Sonn bezeichnete dies als „prophylaktische Sozialarbeit", die in der Zeit des Strukturwandels von „immenser Wichtigkeit" sei.[599] Kinder und Jugendliche aus prekären Verhältnissen, die in beengten Verhältnissen wohnten, nutzten die Bibliotheken häufig als Rückzugsorte, um dort zum Beispiel Hausaufgaben zu erledigen. Als universale Informations-, Bildungs- und Kulturstätten richteten Stadtteilbibliotheken Lesungen, Konzerte, Mal-, Schreib- und Vorlesewettbewerbe, Ausstellungen zu vornehmlich lokalen Themen oder Veranstaltungen der „IKiBu" oder „Duisburger Akzente" aus.[600] Mit ihren Filialen im gesamten Stadtgebiet erreichte die Stadtbibliothek eine Bürgernähe, die in dieser Form und Intensität kein anderes Kulturinstitut in Duisburg entwickelt hatte. Die Angebote fielen nun einfach weg und ein nennenswerter Ersatz wurde nicht geschaffen. Drei Millionen Entleihungen im Jahr 1987 sind ein deutlicher Beweis für die weiterhin ungebrochene Nachfrage der Duisburger Bevölkerung nach Büchern und anderen Medien in den 1980er Jahren. Die Stadtbücherei war damit noch immer „die meistgenutzte kulturelle Einrichtung Duisburgs".[601] Dies lag sowohl an einer konsequenten Orientierung an den Nutzerbedürfnissen als auch an einer Anpassung an den technischen Fortschritt in der Medienentwicklung durch die Bereitstellung von Videos, DVDs oder CD-Roms.[602]

Durch die Aufgabe zahlreicher Bibliotheken wurde der Trend zur Verödung der Stadtteile beschleunigt. Nach der Schließung der Bücherei in Hochfeld beispielsweise zog eine kommerzielle Videothek mit „zweifelhaftem Angebot" an „indizierten Filmen" in das verlassene Gebäude ein.[603] Zwar gab es in den Stadtteilen weiterhin

598 NRZ, 11.8.1987.

599 NRZ, 16.9.1993: „Wir werden uns zu einer Gesellschaft [entwickeln], in der ein Teil top-gebildet ist und mit Medien umgehen kann, eine zunehmende Zahl jedoch leseungewöhnt ist, bis zum sekundären Analphabetismus."

600 Vgl. die Beispiele in: RP, 9.12.1987; RP, 20.12.1988; WAZ, 16.5.1991; RP, 4.11.1992; NRZ, 1.3.1996; NRZ 3.5.1996; RP, 2.4.2001; NRZ, 29.3.2003; NRZ, 13.10.2005; NRZ, 21.10.2005; NRZ, 3.11.2005.

601 VB 1987, S. 27.

602 Barbian, Jan-Pieter, Modernisierung in Zeiten knapper Kassen. Stand und Entwicklungsperspektiven der Stadtbibliothek Duisburg, in: BuB 53/2001, S. 302–305, S. 304; RP, 4.4.2001; RP, 8.1.2004.

603 RP, 18.1.2000; RP, 2.4.2001; NRZ, 21.4.2001.

den Bücherbus und Veranstaltungen im Rahmen der „Akzente“ oder „IKiBu“. Diese konnten den Wegfall einer kontinuierlichen Kultur- und Bildungsarbeit durch feste Bibliotheksstandorte vor Ort jedoch nicht annähernd kompensieren.

1994 beschloss der Rat der Stadt ein Sparpaket in Höhe von 50,5 Millionen DM.[604] Vier Stadtteilbibliotheken und ein Bücherbus sollten aufgegeben werden, der zu 60 bis 70 Prozent von Kindern und Jugendlichen genutzt wurde.[605] Gegen diese Pläne regte sich in der Bevölkerung, in den Medien und in der Politik Protest.[606] Immerhin konnte die Abschaffung eines Bücherbusses vorerst verhindert werden. Allerdings mussten hier Stellen abgebaut und der Fahrplan ausgedünnt werden.[607] Schwerwiegender war der Wegfall von vier Zweigstellen in Friemersheim, Neudorf, Huckingen und im Schulzentrum Biegerhof.[608] Die Gebühren für die Benutzung der verbliebenen Bibliotheken wurden angehoben. Mitarbeiterstellen in den verbleibenden Filialen mussten eingespart werden.[609] Aus Kostengründen durfte die Stadtbibliothek zwischen 1994 und 2000 keine Ausbildungsplätze mehr vergeben. Dies führte zu einer Überalterung des Personals und zu Serviceeinschränkungen.[610]

Angesichts erneuter Kürzungspläne kam es in einer Kulturausschusssitzung im Februar 1996 zu einem Eklat: Die Vertreter der Parteien CDU und Grüne verließen die Sitzung demonstrativ, da sie sich die Kürzungspläne im Bereich der öffentlichen Kultur nicht mehr anhören wollten. Der Fraktionsvorsitzende der SPD, Ratsherr Lachmann, musste seine Ausführungen über den Haushaltsentwurf vor einem fast leeren Plenum vornehmen. „Er führte an, dass die Politik im Kulturbereich immer schon Überlegungen angestellt habe, wieweit Einschnitte in den verschiedenen Bereichen vertretbar seien. [...] So habe er sich selbst in Bezug auf das Bibliothekswesen – nachdem dort über viele Jahre erhebliche Einschnitte vorgenommen wurden – die Frage gestellt, ob den Grundbedürfnissen der Bürger an kultureller Bereitstellung noch Rechnung getragen werde.“[611] Die Aussage stellt eine indirekte Kritik an der Kulturpolitik der eigenen Partei dar. Zugleich verdeutlicht sie das große Dilemma der SPD, angesichts harter Sparvorgaben an ihren politischen Idealen und Zielen festzuhalten.

Im August 1996 konstituierte sich mit großer Unterstützung von Josef Krings die „Bürgerstiftung Bibliothek“. Die Stiftung unterstützt die Arbeit der Bibliothek seither

604 NRZ, 8.9.1993; NRZ, 16.9.1993.
605 WAZ, 13.8.1994; NRZ, 25.3.1998.
606 NRZ, 11.12.1993; NRZ, 29.1.1994.
607 NRZ, 11.1.1994; NRZ, 28.10.1994.
608 NRZ, 8.9.1993.
609 Ebd.; NRZ, 29.1.1994.
610 RP, 17.11.2000; RP, 18.1.2000; NRZ, 8.3.2001.
611 KAP, 22.2.1996.

in den Bereichen, die nicht zu deren Pflichtaufgaben gehören.[612] Dazu zählen die Pflege und Erweiterung der Sammlung historischer Bücher, die Förderung von Veranstaltungen oder die Unterstützung der Öffentlichkeitsarbeit.

Durch die sich immer weiter verschlechternde haushaltspolitische Lage der Stadt sahen sich Oberbürgermeisterin Bärbel Zieling und ihre Dezernenten Anfang des neuen Jahrtausends gezwungen, ein Sparpaket in Höhe von insgesamt 121 Millionen DM vorzulegen.[613] Der Volkshochschuletat sollte um 900.000 DM verringert werden.[614] Kürzungen im Bibliotheksbereich sollten zusätzlich knapp 1,3 Millionen DM einbringen.[615] Der Stadtkämmerer und Kulturdezernent Bildau schlugen vor, sieben von dreizehn Bibliotheksstandorten bis Ende des Jahres 2001 aufzugeben: Beeck, Großenbaum, Neumühl, Ruhrort, Rumeln, Walsum-Vierlinden, Wanheimerort.[616] Gegen diese Pläne wehrten sich Kommunalpolitiker, Kirchenvertreter, Bürgervereins-, Schüler- und Schulvertreter aus den Bezirken. Auch die SPD-Fraktion machte sich für den Erhalt der Bezirks- und Stadtteilbibliotheken stark. Die Vorlage sei „nicht beratungsfähig", so der kulturpolitische Sprecher Gerhard Jahn.[617] Allein die Bibliothek in Rumeln gehörte mit etwa 100.000 Ausleihen im Jahr zu den Einrichtungen, die am meisten frequentiert wurden.

Für den Erhalt der Filialen wurden Unterschriften gesammelt und kleinere Protestkundgebungen veranstaltet, die von der Lokalpresse positiv begleitet wurden.[618] Der Kulturausschuss stimmte schließlich einstimmig gegen die Kürzungspläne, um die „kulturelle Grundversorgung" in den Stadtteilen zu erhalten.[619] Diesem Votum schlossen sich die Fraktionen der SPD und der „Grünen" im Rat der Stadt an. Auch die vorgesehenen Einschnitte bei der Volkshochschule konnten vereitelt werden. Grund dafür war eine deutliche Entlastung des Sozialetats der Stadt durch eine unvorhergesehene konjunkturelle Besserung auf dem Arbeitsmarkt.[620] Trotzdem mussten die Jahresgebühr der Stadtbibliothek von 10 auf 20 DM, die Kartenpreise für die Philharmonischen Konzerte um 17 Prozent und die Gebühren der Niederrheinischen Musik- und Kunstschule um fünf Prozent erhöht werden.[621] 2004 hatte die Stadtbibliothek aufgrund eines Ratsbeschlusses den Medienetat um 120.000 EUR zu kürzen.

612 Barbian, Modernisierung, S. 303. Krings bat an seinem 70. und 80. Geburtstag an Stelle von Geschenken um Spenden für die Stiftung, siehe RP, 25.1.2007.
613 NRZ, 5.4.2001.
614 WAZ, 18.5.2001.
615 NRZ, 5.4.2001; NRZ, 21.4.2001; RP, 10.5.2001; RP, 16.5.2001.
616 NRZ, 21.4.2001; RP, 10.5.2001; WAZ, 18.5.2001.
617 RP, 10.5.2001; NRZ, 11.5.2001; RP, 16.5.2001.
618 RP, 10.5.2001; NRZ, 11.5.2001; NRZ, 6.6.2001.
619 WAZ, 18.5.2001; RP, 23.5.2001.
620 WAZ, 8.6.2001.
621 RP, 23.5.2001.

Dies waren knapp 15 Prozent ihres Gesamtbudgets und geschah trotz einer Rekordnutzung mit 2,3 Millionen Entleihungen in dem Jahr allein in der Hauptstelle.[622] In einer wissenschaftlichen Studie wurde festgestellt, dass die Kunden mit der Arbeit der Duisburger Stadtbibliothek überaus zufrieden waren. Dennoch konnten die Kürzungen nicht verhindert werden.[623]

4. Breitenkultur und Imagepflege: Festivals

4.1 Die „Duisburger Akzente"

In den 1970er und 1980er Jahren setzten sich in fast jeder bundesdeutschen Großstadt Kulturfestivals durch. Inzwischen ist die Festivallandschaft kaum noch zu überblicken. 2004 wurden über 300 kulturelle Festwochen in Deutschland gezählt.[624] Im Ruhrgebiet war die Zahl der Festivalgründungen besonders hoch. Die bestehenden Kulturinstitutionen hatten hier meistens nur bildungsbürgerliches Stammpublikum angesprochen. Mit Hilfe neuer Festivals hoffte man, neue Zielgruppen für die Kulturarbeit zu erreichen. In den 1980er Jahren kam ihnen mehr und mehr die Funktion zu, Prestige und Image der Städte zu erhöhen bzw. zu verbessern. Duisburg bereichert die Festivallandschaft seit 1977 mit den „Duisburger Akzenten". Diese entwickelten sich sukzessive zu einem bundesweit beachteten kulturellen Aushängeschild für die Stadt. Im Folgenden werden die Umstände der Gründung und die Ziele der „Akzente" untersucht.

Der Wuppertaler Kulturdezernent Dr. Karl Richter setzte sich Anfang der 1970er Jahre für eine Zusammenarbeit der nordrhein-westfälischen Großstädte im Kulturbereich ein. Durch einen gemeinsamen Finanzierungsfonds sollten ambitionierte Kulturprojekte ermöglicht und das Angebot im bevölkerungsreichsten Bundesland besser koordiniert werden. Durch Richters Initiative angestoßen schlossen sich 1974 die Großstädte Nordrhein-Westfalens im Wuppertaler „Sekretariat für gemeinsame Kul-

622 RP, 6.4.2005; RP, 21.9.2005.

623 NRZ, 22.12.2004; WAZ, 13.10.2005. In einer Kundenumfrage wurde die Stadtbibliothek mit einer Durchschnittsnote von 1,23 bewertet, siehe RP, 29.11.2005.

624 Bildau, Gerd, Die „Duisburger Akzente" im Zeitenwandel, in: DJB 2004, S. 20–26, S. 23.

turarbeit" zusammen.[625] Generalsekretär wurde Karl Richter. Einer seiner ersten Vorschläge war es, die Vielfältigkeit der Bühnenlandschaft in Nordrhein-Westfalen im Rahmen eines Theatertreffens zu präsentieren.[626] Da Duisburg kein eigenes Schauspielensemble besaß, wohl aber ein Theater mit einer technisch gut ausgestatteten Bühne zur Verfügung stellen konnte, schien die Stadt als Veranstaltungsort prädestiniert. Kulturdezernent Wilhelm Wehner unterstützte das Vorhaben, weil immer weniger Besucher in Duisburg die Gastspiele aus Düsseldorf sehen wollten.[627] Da seine Amtszeit endete, konnte er das Theaterfestival aber nicht mehr realisieren.[628]

Sein Nachfolger Dr. Konrad Schilling, der wie erwähnt von 1976 bis 1992 als Kulturdezernent amtierte, trieb die Vorbereitungen voran, denn „schauspielmäßig lief hier ja zu dieser Zeit wenig", wie er sich rückblickend erinnerte.[629] Die Ursprungsidee eines reinen Theatertreffens entwickelte er weiter. Er konzipierte ein umfassendes und spartenübergreifendes Kulturfestival mit einem inhaltlichen Leitthema, an dem alle städtischen Kulturinstitute programmatisch mitarbeiten sollten. Die Beteiligung möglichst breiter Bevölkerungsschichten war bei der Ausrichtung der „Akzente" – so der neue Name – in der „Arbeiterstadt" („FAZ") ein zentrales Motiv.[630]

An den ersten „Duisburger Akzenten" 1977 wirkten fast alle städtischen Kulturinstitutionen mit. Kooperiert wurde mit auswärtigen Bühnen und Künstlergruppen, der Landeszentrale für politische Bildung, Kirchen, Ministerien und Universitäten. Auffällig und nicht nachvollziehbar ist die Nichtbeteiligung der Gewerkschaften.

Die Vorbereitung des Festivals übernahm eine kleine Projektgruppe, die sich zu einem maximal 35 Personen umfassenden Organisationskomitee unter Führung des Kulturdezernenten ausweitete.[631] Beteiligt wurden neben Mitarbeitern der Kulturverwaltung Professoren und wissenschaftliche Assistenten der Universität Duisburg, die Leitung des Sekretariats für gemeinsame Kulturarbeit sowie einige Intendanten der Theater des Landes Nordrhein-Westfalen.[632] Dieser organisatorische Rahmen wurde über Jahrzehnte im Wesentlichen beibehalten.

Die weitestgehend isoliert voneinander arbeitenden städtischen Kulturinstitute vernetzten sich durch die Zusammenarbeit bei den „Akzenten" besser, was einen positiven Langzeiteffekt hatte. Ebenfalls glückte die Bemühung, die Duisburger Univer-

---

625 Bonner Generalanzeiger, 4.3.1978; Bildau, Zeitenwandel, S. 20.
626 Bildau, Zeitenwandel, S. 20.
627 Stadt Duisburg, 100 Jahre Theater, S. 80.
628 Sonntag, Brunhilde, Gespräch mit dem Kulturdezernenten der Stadt Duisburg Dr. Konrad Schilling, in: DJ 7/1989, S. 26–30, S. 27; WAZ, 19.7.1975.
629 Stadt Duisburg, 100 Jahre Theater, S. 80.
630 FAZ, 8.7.1977.
631 VB 1987, S. 66.
632 Schilling, Konrad, „Duisburger Akzente". Konzeption mit Erfolg, in: DJB 1993, S. 46–49, S. 46.

sität für das Festival zu gewinnen und auf diese Weise in die kommunale Kulturpolitik einzubinden. Der Universität oblag die „wissenschaftliche Aufarbeitung der jeweiligen Thematik, die Strukturierung der Kongresse, Symposien und Vorträge".[633]

Die ersten „Duisburger Akzente" mit dem Titel „Shakespeare" fanden vom 6. bis 22. Mai 1977 statt. Die Schirmherrschaft übernahm der Ministerpräsident des Landes Nordrhein-Westfalen. Das Kulturdezernat hatte die Federführung inne. Es arbeitete eng mit dem Sekretariat für gemeinsame Kulturarbeit in Nordrhein-Westfalen, der Universität Duisburg und der Deutschen Shakespeare Gesellschaft (West) zusammen. Im städtischen Verwaltungsbericht wurde als Ziel formuliert, „den Bürger mit Shakespeare vor allem auch in den Stadtbezirken bekannt" zu machen.[634] Deshalb gab es „neben bedeutenden Shakespeare-Inszenierungen im Theater der Stadt Duisburg [...] Aufführungen von Straßentheater, Laien-Ensembles, Schülergruppen und Puppenspielern".[635] Im Vorwort des offiziellen Pressespiegels der ersten „Akzente" unterstreicht der Kulturdezernent seine Bemühungen, „weite Bevölkerungskreise für Shakespeare zu interessieren und mit dem englischen Dichter als bedeutende Persön-

Abb. 7 Eine Veranstaltung der „Akzente" zum Thema Shakespeare 1977 in Duisburg-Homberg

633 Ebd.
634 VB 1977, S. 108.
635 Ebd.

lichkeit der Weltliteratur bekannt zu machen".[636] Nach Angaben der Stadt nahmen circa 27.000 Besucher Programmangebote wie Ausstellungen, Filme, Vorträge, Diskussionen, Konzerte oder Lesungen wahr.[637] „Zumindest für einige Wochen wurde die Industrie- und Hafenstadt Anlaufstelle für Tausende Kulturinteressierte."[638]

Der Konzeption, möglichst breite Schichten für Themen der klassischen Bildung zu interessieren, blieb man bei der Ausrichtung des Festivals im Folgejahr treu. In seinem Grußwort für die „Akzente" „Goethe & Co. Traum und Wirklichkeit der deutschen Klassik" 1978 erläuterte Oberbürgermeister Krings, dass „den Bürgern der Stadt und der Region [...] in einmaliger Weise durch eine Fülle von beispielhaften Klassiker-Inszenierungen die große Epoche der deutschen Dichtung nahegebracht" werde.[639] Um diesen Anspruch zu erfüllen, wurden unter anderem Programmhefte vor Werksbetrieben verteilt und Lesungen in Kneipen durchgeführt. Der Etat für die „Akzente" 1978 betrug 150.000 DM. Das Land steuerte 60.000 DM über das Wuppertaler Kultur-Sekretariat bei.[640]

Der WDR bezeichnete das umfangreiche Programm als eine „Kulturlawine", die auf die Stadt „niederginge".[641] Die „WAZ" fragte, ob „das nicht alles eine Nummer zu groß, zu bombastisch, zu unübersichtlich gestreut" sei.[642] Die „FAZ" hingegen würdigte, „dass eine rußgeschwärzte Industrie- und Binnenhafenstadt wie Duisburg wagemutig genug ist, ihre Bevölkerung einen ganzen Monat lang im Namen Goethes kulturell zu mobilisieren".[643] Ganz in diesem Sinne maß Oberbürgermeister Krings den „Akzenten" „in einer Arbeiterstadt, belastet durch Stahlkrise und große finanzielle Schwierigkeiten", einen „besonderen kulturpolitischen Rang" bei.[644] Wie aber sahen die kulturellen Bemühungen in der Praxis aus und wie wurden sie von den Adressaten angenommen?

In Duisburg-Hochfeld wurden anlässlich der Festivalwochen deutsche und türkische Kinder durch den Einsatz eines Medienbusses mit Goethes Ballade „Der Zauberlehrling" konfrontiert. Türkische Lehrer halfen beim Übersetzen des Textes, der anschließend in Rollenspielen interpretiert werden sollte. Der Erfolg war durchwach-

636 Stadt Duisburg, Presse- und Informationsamt (Hg.), Pressespiegel „Duisburger Akzente" 1977, Duisburg 1977, o. S.
637 VB 1977, S. 108.
638 RP, 27.6.1992.
639 NRZ, 27.1.1978; NRZ, 31.3.1978.
640 RP, 5.4.1978; NRZ, 5.4.1978.
641 WDR III Hörfunkprogramm, Redaktion „Mosaik", 4.4.1978, in: Stadt Duisburg, Presse- und Informationsamt (Hg.), Pressespiegel „Duisburger Akzente", „Goethe & Co. Traum und Wirklichkeit der deutschen Klassik", Duisburg 1978, o. S.
642 WAZ, 4.4.1978.
643 FAZ, 21.2.1978.
644 NRZ, 5.4.1978.

Abb. 8 Das Banner zu den „Akzenten" „Goethe & Co." 1978 am Stadttheater

sen, einige Kinder „ließen den Zauberlehrling links liegen und kletterten voller Wonne auf dem Animationsbus herum".[645]

Das Theaterprogramm, Kernstück der „Akzente", folgte dem „erklärte[n] Ziel der Veranstalter", den „‚einfachen Bürger' mit ‚Goethe & Co.'" zu konfrontieren.[646] Die Lokalpresse kommentierte diese Bemühungen kritisch. So sei der Publikumszuspruch bei der Aufführung des Theaterstücks „Das Jahrmarktfest zu Plundersweilern" von Peter Hacks nach einem Entwurf von Johann Wolfgang Goethe nicht nur „spärlich" gewesen, sondern für die wenigen Anwesenden auch noch schwer verständlich, da

645 RP, 11.4.1978; WAZ, 11.4.1978.
646 RP, 22.4.1978.

nicht einmal ein Programmheft vorlag, das die „notwendigen Erklärungen zum Stück und Sinn der Bearbeitung" hätte liefern können.[647]

Das Düsseldorfer Schauspielhaus führte das bürgerliche Trauerspiel „Kabale und Liebe" auf. Dies geschah, obwohl der „langatmige Klassiker", so die „NRZ", „alles andere als eine Neuheit in der örtlichen Kulturszene" sei.[648] Der Redakteur vermisste bei der Aufführung in Duisburg „Mut zum Risiko". Die Inszenierung des „dreieinhalb Stunden schweren Schinken[s]" sei dem Muster des „steife[n] Nachempfinden[s] von Klassikern auf den Bühnenbrettern" gefolgt. Als spielerische Variante schlug er vor, für das heimische Publikum die Herkunft der Hauptfiguren zu verändern: „Proletariertochter und Fabrikantensohn? Damit wird [man] Schillers Denkmal ja nicht gleich umstoßen, oder?"[649]

Nur wenige Akzente konnten im Stadtteil Homberg gesetzt werden. Hier versuchte ein Straßentheater, „dem Bürger [...] Goethe näherzubringen".[650] Der überwiegende Teil der „in die Geschäfte hastenden" Passanten hatte dafür allenfalls ein „müdes Lächeln oder wenige Sekunden übrig", die gesamte Veranstaltung sei ein „Reinfall" gewesen. Eine „streng werktreue Inszenierung" von Goethes „Urfaust" in der Homberger Glückaufhalle, noch dazu in „veraltete[r] humanistische[r] Form [...] mit übertriebener Gestik und Mimik auf halbleerer Bühne" aufgeführt, war mit circa 50 Zuschauern schlecht besucht. Angesichts dieser Misserfolge erinnerte die „NRZ" an eine Aussage von SPD-Chef Lachmann, der in einer Podiumsdiskussion einige Monate zuvor „mehr Kultur für Homberg" gefordert hatte. Nach Ansicht der Zeitung könne „eine punktuelle plötzliche ‚Überschüttung' mit Kultur-Angeboten kein kontinuierliches, gehaltvolles Angebot ersetzen [...], das weiterhin fehlt".

Werbemaßnahmen für die „Akzente" hätten im Duisburger Norden wenig durchdacht gewirkt: „Eine große Bevölkerungsgruppe kann mit ihm [Goethe] und den so zahlreich unters Volk gebrachten Schriften so gar nichts anfangen. Da sieht man Türkenfrauen ratlos Bedrucktes bestaunen. Einige winken ab, darunter durchaus auch Deutsche: Sie wollen mit dem vermeintlichen Spitzenkandidaten der Parteien nichts zu tun haben."[651]

Die Bemühungen, die Einwohner in Duisburg mit anspruchsvollen kulturellen Themen vertraut zu machen, wurden auf die Belegschaften lokaler Großunternehmen ausgeweitet. Im Hüttenwerk Rheinhausen stellte der Autor Peter Härtling jungen Lehr-

647 WAZ, 8.4.1978.
648 NRZ, 11.4.1978.
649 Ebd.
650 Dies und das Folgende nach NRZ, 18.4.1978.
651 NRZ, 1.4.1978; vgl. auch WAZ, 5.4.1978.

lingen seine Biografie über Friedrich Hölderlin vor. Aufschlussreich sind die Reaktionen der Jugendlichen bei dieser von der Ausbildungsleitung und dem „Akzente"-Komitee organisierten Lesung. Die meisten der jungen Zuhörer sahen die Veranstaltung als „Pflichtübung" an, die sie vorzeitig, das heißt zu ihrem offiziellen Feierabend in Scharen verließen. Ein Auszubildender monierte, dass das gewählte Thema „doch gar nichts mit uns zu tun" habe, und fragte nach dem Sinn des Formats. Ein anderer schloss sich dieser Meinung an, ergänzte aber: An der Geschichte der Arbeiterbewegung, die vor einiger Zeit bei einer Bildungsveranstaltung der Firma Krupp von einem Gewerkschafter erläutert worden war, wäre er hingegen sehr interessiert gewesen.[652] Dieser Kommentar zeigt, dass die Lehrlinge anspruchsvollen Themen gegenüber nicht grundsätzlich abgeneigt waren. Das Leben und Werk Friedrich Hölderlins hatte mit ihrer Lebenswirklichkeit jedoch wenig zu tun, was die Organisatoren im Vorfeld hätten wissen und beachten müssen. Der „Vorwärts" verglich die gutgemeinten Bildungsanstrengungen mit den „vergeblichen oder gar abschreckenden Bemühungen der Schulen um Literaturvermittlung".[653] Nach Ansicht der SPD-Parteizeitung wäre es besser gewesen, wenn die Veranstalter auf einen zeitgenössischen Text, nämlich „Die neuen Leiden des jungen W." von Ulrich Plenzdorf zurückgegriffen hätten, um eine Brücke von der Epoche der Klassik in die Gegenwart zu schlagen. Die „WAZ" kritisierte die Kulturpolitik der Stadt nach der Lesung im Hüttenwerk grundsätzlich: „Kultur vor ein Publikum zu bringen, das sonst fast nie mit ihr in Berührung kommt, in einer Stadt, in der Kultur fast nur für Kreise gemacht wird, bei denen Kulturbewusstsein zur normalen Erziehung gehört [...], das kann für den Betrachter und die Betroffenen nur frustrierend ausgehen."[654]

Die kulturpädagogischen Bemühungen an der jungen Einwohnerbasis im soziokulturellen Zentrum Eschhaus waren ebenfalls nicht von Erfolg gekrönt. Dort mussten Schauspieler die juvenilen Gäste mehrfach um Ruhe bitten, um ihre Lesung zu Ende zu führen. Eine Diskussion über klassische Dichtung musste „krampfhaft herausgefordert werden, um einige jugendliche Zuhörer zu Meinungsäußerungen zu bewegen".[655]

Der Auftakt einer Vortragsreihe der Stadtbibliothek über deutsche Klassiker mit einer Lyriklesung von Peter Rühmkorf interessierte nur wenige Besucher.[656]

Große Beachtung fand dagegen ein ungewöhnliches Veranstaltungsformat: Insgesamt vierzehn Mal suchten Schauspieler vornehmlich in Arbeitervierteln Kneipen

652 WAZ, 12.4.1978.
653 Vorwärts, 11.5.1978.
654 WAZ, 18.4.1978.
655 WAZ, 17.4.1978.
656 WAZ, 11.4.1978.

auf, um dort im Auftrag des Duisburger Kulturdezernats über Goethe und andere Autoren der deutschen Klassik zu sprechen.[657] Der Start in einer Gaststätte in Duisburg-Neumühl verlief vielversprechend, Schauspieler und Zuhörer zeigten sich zufrieden.[658] Zwei Tage später war das Interesse an der „etwas lustlos[en]" Darbietung der Akteure in einer Homberger Kneipe mäßig, aber immerhin berichtete das ZDF in der Kultursendung „Aspekte" über das Experiment „mit wenigen Interessierten im kleinen Kreis".[659] Stammgäste trauten sich nur zögernd in ihre Lieblingskneipe hinein, weil sie glaubten, dass sie „nicht stören dürfen", so der Wirt. Ihm zufolge hätte man die Hemmschwelle durch ein bloßes „Herzlich willkommen" auf dem Ankündigungsplakat senken können.[660] Zwar hörten einige Rentner dem Programm interessiert zu, aber dennoch blieb es nach den Worten des anwesenden SPD-Ratsherrn Dirk Lachmann bei einem „Versuch mit vielen Fragezeichen".[661]

Bei einem neuen Anlauf in einer Kneipe in Rheinhausen verteilte Kulturdezernent Schilling persönlich Goethe-Plakate mit biografischen Daten des Dichters an die Gäste. Die Zeitungen konnten sich ironische Bemerkungen darüber nicht verkneifen. Es habe, so die „WAZ", eine Szenerie „wie in einem Dom" geherrscht: „Was in dieser Form eigentlich eine Vergewaltigung des Gaststättenbesuchers war, wurde still geduldet und ein Schnitzelstück passierte die Zähne noch lautloser als sonst, während Herr Lindemann von Goethes Co., von Herrn Gotthold Ephraim Lessing, Lebensdaten, lebzeitige und spätere Bedeutung, wie Zeugnisse seiner Aufmüpfigkeit gegen die damalige, eben seine Zeit, verkündete."[662] Die Idee sei zwar grundsätzlich gut, aber ein „schlecht moderierender Schauspieler" habe leider „höchst langweilige Texte über den Goethe-Compagnon Lessing" gesprochen.[663] Man müsse doch versuchen, „Goethe und Co. so zu verkaufen, dass Zuhören Spaß macht – der große Zauber, mit Licht und Lautsprecher, der die Menschen in der Phase der Erholung und Zerstreuung letztlich nur vergewaltigte, schadet der guten Intention".[664]

Bei einem Vortrag über Heinrich von Kleist in einer Kneipe in Rheinhausen lief es nicht besser. Die „Malocher" hätten sich vom Thema nicht angesprochen gefühlt, urteilte die „NRZ": „Hier wäre eine andere Art der Ansprache wohl passender – etwa ein Kneipengespräch."[665] Die Lesung der Schauspieler, deren Sprache „verkrampft" gewirkt habe, wurde immer wieder von lautstarken Einwürfen des Publikums unter-

657 RP, 30.3.1978; NRZ, 31.3.1978; NRZ, 4.4.1978; WAZ, 5.4.1978; RP, 5.4.1978; NRZ, 5.4.1978.
658 WAZ, 6.4.1978.
659 WAZ, 8.4.1978.
660 NRZ, 8.4.1978.
661 Ebd.
662 WAZ, 11.4.1978.
663 Ebd.; vgl. auch RP, 10.4.1978.
664 WAZ, 11.4.1978.
665 NRZ, 19.4.1978.

brochen. Zuhörer riefen Kommentare wie „Was wollt ihr hier?“, „Der Kleist ist doch gar nicht mehr aktuell“ oder „Wie der Arbeiter mehr Geld verdienen kann, das erzählen sie nicht“.[666] Insbesondere die letzte Aussage verrät, dass das Kulturangebot der Stadt an den tatsächlichen Bedürfnissen und Lebenswirklichkeiten der angesprochenen Einwohner vollkommen vorbeiging.

Nach Abschluss der Reihe wurde in den „Kulturinformationen Ruhr“ ein Resümee gezogen: „[Den] mutigen Versuche[n], Goethe-Texte in Kneipen am Stammtisch den Stammgästen schmackhaft zu machen, waren mehr Misserfolge als Erfolge beschieden. [...] Es scheint so, als müssten diese Unternehmungen künftig noch besser durchdacht und weniger akademisch geplant werden.“[667] Die meisten Lesungen waren schwach besucht. Das Kneipenstammpublikum ließ sich kaum mobilisieren, eher kamen „Literaturinteressierte“ aus den jeweiligen Stadtteilen.[668]

Der Verwaltungsbericht der Stadt beschrieb das neue Format hingegen positiv: „Das Thema hieß ‚Stammtisch Goethe & Co.‘, erzählt wurde aus dem Leben Goethes, Kleists oder Lessings, und dazu wurde aus Texten vorgetragen. Der anfängliche Gedanke, man könne sich quasi unter die Kneipenbesucher mischen, schlug fehl. Die ‚Stammtische‘ konnten nur mit Mikrophon durchgeführt werden, die zeitgenössischen Stehpulte wirkten in dem einen oder anderen Lokal deplatziert. Aber insgesamt war die anstrengende Aktion für die jungen Leute vom Fach Schauspiel ein Erfolg. Wenn auch die Zahl der Anwesenden schwankte, die ‚Duisburger Akzente‘ wurden bekannt, Arbeiter erinnerten sich aus ihrer Schulzeit an Goethes ‚Erlkönig‘, bürgerliches Publikum war dankbar, dass in den Stadtteilen etwas geschah.“[669]

Ehrlich war die Bemühung der Veranstalter, möglichst breite Schichten anzusprechen, Amateurkultur zu fördern und die Kulturinstitutionen der Stadt und die Gesamthochschule besser zu vernetzen. Die Intention, Teile der Arbeiterschaft in verrauchten Kneipen mit Texten von und über „Goethe & Co.“ zu beglücken, folgte bildungsbürgerlichen Idealvorstellungen. Häufig prallten dabei Welten aufeinander – hier die Repräsentanten der Duisburger Kulturverwaltung mit dem ehemaligen Studienrat Konrad Schilling an der Spitze, dort die Arbeiter in den Stadtteilen, die mit Zeugnissen der klassischen Hochkultur unmittelbar in Berührung kamen und damit wenig anfangen konnten. Schillings Bemühungen wirken im Vergleich zu anderen westdeutschen Städten anachronistisch.

Seine pädagogisch-idealistischen Vorstellungen sind zum Teil mit dessen Sozialisation erklärbar. Konrad Schilling wurde 1927 in Leipzig geboren. 1951 siedelte er

666 WAZ, 19.4.1978; RP, 19.4.1978
667 Kulturinformation Ruhr, Mai 1978, in: Stadt Duisburg, „Duisburger Akzente“ 1978, o. S.
668 RP, 10.4.1978; NRZ, 10.4 und 15.4.1978.
669 VB 1987, S. 68.

aus der DDR in die BRD über. In der Nachkriegszeit hatten die Vorstellungen eines Johannes R. Becher, Franz Mehring oder Georg Lukács als Leitbilder für die Kulturpolitik in der DDR gedient. Die ostdeutschen Arbeiter und Bauern sollten „die Höhen der Kultur erstürmen“ und von ihnen „Besitz ergreifen“, wie es auf SED-Parteitagen häufig hieß. Möglichst allen Bevölkerungsschichten sollte das „bürgerlich-humanistische Kulturerbe“ der deutschen Klassiker und Realisten auf volkstümliche Art und Weise nähergebracht werden. Bechers Schlagwort „Vorwärts zu Goethe!“ war in der DDR-Kulturpolitik eine offizielle Maßgabe. Kultur zur bloßen Unterhaltung wurde von staatlicher Seite abgelehnt. Schlager, Krimis, Western, Comics oder Illustrierte galten der Einheitspartei als Erzeugnisse der Trivialkultur und des Kapitalismus.[670] Es ist unverkennbar, dass Konrad Schilling von solchen Auffassungen geprägt wurde. In der DDR wurde diese Hochkulturorientierung spätestens seit 1970 von einer jungen Generation als „altmodisch“ angesehen und von der SED-Führung sukzessive aufgegeben.[671] Diese Weiterentwicklung hat Schilling von außen in Westdeutschland nicht miterleben können. Die Trends in der BRD mit einer „neuen Kulturpolitik“ und einer Welle soziokultureller Initiativen blieben ihm im Herzen fremd.

Sicherlich sorgten die „Akzente“ 1978 für eine „erfreuliche Belebung“ der Duisburger Kulturszene.[672] Das Angebot wurde dezentralisiert – mehr als ein Drittel aller Veranstaltungen fand in den Stadtteilen statt.[673] Trotzdem fühlten sich viele Kulturinteressierte in den Bezirken Homberg, Walsum und Rumeln-Kaldenhausen, die seit der kommunalen Neugliederung in NRW am 1. Januar 1975 zu Duisburg gehörten, benachteiligt. Eine Bürgerin brachte ihre Unzufriedenheit über die geringe Anzahl der „Akzente“-Veranstaltungen in Rheinhausen in einem Leserbrief zum Ausdruck und forderte von der Verwaltung mehr „Demokratie“ und „Bürgernähe“.[674] Der Beigeordnete Schilling wies die Verantwortung in einem Antwortbrief zurück: „Oder ist es nicht hier wie in vielen anderen Fällen: Was die Stadt Duisburg anbietet, mag es auch noch so hochwertig und attraktiv sein, wird einfach nicht akzeptiert.“[675] Nach dieser Argumentation trugen nicht die Veranstalter durch eine verfehlte Zielgruppenansprache und Programmgestaltung an den niedrigen Teilnehmerzahlen in den Stadtvierteln die Verantwortung, sondern die dort lebenden Bürger. Eine analytische Ursachenforschung oder Kulturentwicklungsplanung fand nicht statt. Ein Jahr später enttäuschte der Publikumszuspruch in den Stadtteilen bei den „Akzenten“ abermals.

---

670 Hermand, Kulturgeschichte, S. 236ff.
671 Ebd., S. 256 und S. 261.
672 dpa, 24.4.1978, in: Stadt Duisburg, „Duisburger Akzente“ 1978, o. S.
673 WAZ, 25.4.1978.
674 WAZ, 21.4.1978.
675 WAZ, 24.4.1978.

Konrad Schilling versuchte sich mit einer Aussage zu rechtfertigen, die eine gewisse Arroganz und Überheblichkeit verrät: „Dort kommt offensichtlich nur der tingelnde Star gut an.“[676]

Das Motto der „Akzente“ 1979 lautete „Kleiner Mann, was tun?“. Es war auf die Interessen der Bevölkerung weitaus besser zugeschnitten. Nach den Erfahrungen in den Vorjahren hatte das Thema der Rat der Stadt vorgegeben, nicht die Kulturverwaltung.[677] Die „Akzente“ sollten eine Bestandsaufnahme des Volkstheaters vornehmen und gesellschaftliche Fragen erörtern, die mit der Lebenswelt des überwiegenden Teils der Einwohnerschaft etwas zu tun hatten. Nach den Lehren aus der Vergangenheit wurden in Arbeiterkneipen nun keine Vorträge oder Lesungen mehr zu abstrakten Themen organisiert. Stattdessen führte man zielgruppenorientiert kleinere Theaterinszenierungen auf, die einen eher spielerischen und unterhaltsamen Charakter hatten. Veranstaltungen mit Themen wie „Jugend im Ruhrgebiet“, „Wohnen im Ruhrgebiet“, „Alte Leute im Ruhrgebiet“, „Frauen im Ruhrgebiet“ oder „Umweltzerstörung im Ruhrgebiet“ richteten sich insbesondere an das Duisburger Publikum, indem sie spezifische Probleme der Region in den Fokus nahmen.[678] Dennoch wurden, so die ernüchternde Bilanz der „NRZ“, „neue Schichten von Kulturinteressierten [...] kaum erschlossen“.[679] Die „Akzente“ hätten sich „im Wesentlichen als ein Treffen von Menschen erwiesen, die ohnehin schon Zugang zur Kultur hätten. Daran seien weder die Veranstalter noch das Publikum schuld. Nur sollten die Organisatoren nicht so tun, als seien die ‚Akzente‘ ein toller Erfolg gewesen. Kultur ist leider nach wie vor die Sache einer Minderheit. Kein Grund zur Resignation, eher sogar ein Anreiz, die Minderheit zu vergrößern.“[680] Diesen Unkenrufen zum Trotz waren die Besucherzahlen im Vergleich zum Vorjahr von 25.000 auf 31.000 gestiegen.[681]

Die „Akzente“ 1980 widmeten sich mit „Russlands große Realisten. Dichter, Maler und Musiker des 19. Jahrhunderts“ wieder einem sehr anspruchsvollen Thema. In der Stadt wurden dazu Aufführungen im Theater und in Kneipen sowie Ausstellungen, Filme, Lesungen und viele Einzelveranstaltungen angeboten. Über 100 russische Schauspieler, Musiker, Sänger und bildende Künstler waren nach Duisburg

676 NRZ, 22.5.1979.
677 KAP, 6.6.1991.
678 NRZ, 4.5.1979.
679 RP, 22.5.1979.
680 Ebd.
681 NRZ, 22.5.1979; RP, 22.5.1979.

gekommen, um das „Akzente"-Programm zu bereichern.[682] Dies geschah wenige Monate nach dem Einmarsch der Roten Armee in Afghanistan, der eine neue Eiszeit in den Ost-West-Beziehungen einläutete. Das Lehmbruck-Museum erarbeitete eine Ausstellung mit Werken des berühmten Sohns der Stadt und einiger Expressionisten. Die Schau wurde ab Oktober 1982 in der Leningrader Eremitage und später im Staatlichen Puschkin-Museum in Moskau gezeigt.[683] Duisburg initiierte mit einigen Städten in der Sowjetunion einen Kulturaustausch, der in der Bundesrepublik seinesgleichen suchte.[684] Trotz des hohen „Vorbildungsniveau[s], das das Thema verlangt", besuchten rund 30.000 Personen die „Akzente".[685]

Volkstümlicher war das Programm zu den „Akzenten" „Zurück zur Narrtur" 1981, an dem sich auch Duisburger Karnevalsvereine beteiligten. Die Gesamthochschule Duisburg sah sich „aus personellen" Gründen nicht in der Lage, die „Akzente" wissenschaftlich zu betreuen. Die Universität Siegen übernahm diese Aufgabe.[686] Prof. Dr. Riha, der an der Hochschule lehrte und die Programmgestaltung wissenschaftlich begleitete, war von der Einbindung der Bevölkerung begeistert: „Ich habe es noch in keiner Stadt erlebt, dass die Initiativen von unten so erfolgreich mit dem Kulturangebot von oben gekoppelt werden."[687] Im Niederrheinischen Museum wurde die Figur Till Eulenspiegel in einer Ausstellung beleuchtet. Das Lehmbruck-Museum zeigte einen Überblick über die Erscheinungsformen des „Narren" von der Antike bis zur Gegenwart. Die Ausstellung wurde von der „Rheinischen Post" verrissen. Das Lehmbruck-Museum habe sich durch das Thema offenbar „überfordert" gefühlt.[688] Neben den Filmreihen im „filmforum" gab es zahlreiche kleinere Aufführungen in den Kneipen-, Straßen-, Puppen- und Kindertheatern.[689] Das Presseecho zu diesen fünften „Akzenten" war insgesamt überraschend negativ: Die Programmatik des Theatertreffens habe aufgrund ihrer Einfallslosigkeit allenfalls ein „müdes Lächeln" hervorgerufen und sei insgesamt wenig originell, „allgemein enttäuschend" und „akzentelos" gewesen.[690] Geplante Bühnengastspiele aus Stuttgart, Bochum, Zürich, Wien, Bremen und München kamen aufgrund technischer Schwierigkeiten bei der Adaption von Stücken für das Duisburger Haus nicht zustande.[691] Kulturdezernent Schilling

682 WAZ, 6.5.1980; WAZ, 7.5.1980; NRZ, 21.5.1980.
683 NRZ, 8.10.1980; Niederrheinische Blätter 11/1979, S. 24.
684 Stadt Duisburg, 100 Jahre Theater, S. 80; WAZ, 15.6.1981.
685 RP, 15.5.1980; RP, 21.5.1980.
686 WAZ, 7.4.1981.
687 WAZ, 5.1.1981.
688 RP, 20.5.1981.
689 WAZ, 13.10.1980; NRZ, 3.4.1981.
690 RP, 11.3.1981; RP, 7.4.1981; RP, 19.5.1981.
691 WAZ, 11.3.1981; RP, 11.3.1981; RP, 7.4.1981; vgl. auch RP, 29.12.1981; WAZ, 24.5.1985.

schilderte das „eigentliche Problem“, dass das Stadttheater „einfach zu groß“ sei und viele „auswärtige Bühnen nicht in einem Opernhaus gastieren [wollen], sondern in einem Kammertheater“.[692]

Defizite in der kulturellen Infrastruktur der Stadt wurden externen Beobachtern auch in den öffentlichen Museen deutlich. Sie seien dem plötzlichen Publikumszuspruch während des Kulturfestivals „nicht gewachsen“. Es fehle ganz grundsätzlich an „Raum [...], es mangelt an Personal zur Betreuung von Ausstellungen, von museumseigenen Bibliotheken, kurz, es mangelt weitgehend an finanzieller und ideeller Unterstützung, die dringend nötig wäre, das einmal erwachte Interesse aufrechtzuerhalten“.[693] Während bei den „Akzenten“ ein wahres Veranstaltungsfeuerwerk entzündet wurde, musste zur gleichen Zeit die Stellenausschreibung eines wissenschaftlichen Mitarbeiters für das Museum der Deutschen Binnenschifffahrt aus Kostengründen gestrichen werden.[694] Kritik erntete auch die Tatsache, dass bei der Wahl des „Akzente“-Themas die Spitzen der Duisburger Kulturinstitutionen nicht entscheidungsbefugt seien, sondern nur die Theaterintendanten gefragt würden.[695] Insgesamt konnten rund 35.000 Besucher bei den „Akzenten“ 1981 gezählt werden. Laut Kulturdezernent Schilling sei „der erwartete Durchbruch zu noch breiteren Bevölkerungsschichten ausgeblieben, aber geschwunden sei das Interesse an den ‚Akzenten‘ keineswegs“.[696]

Auf dem Höhepunkt des Ost-West-Konflikts und der Diskussionen über den in der Bundesrepublik umstrittenen NATO-Doppelbeschluss lautete das Motto 1982 „Eine Taube macht noch keinen Frieden“.[697] Die Bürgerbeteiligung wurde dabei besonders großgeschrieben. Jeder Teilnehmer konnte sich schon im Vorfeld einer von fünf Arbeitsgruppen anschließen, in denen die Themen „Dritte Welt“, „Die Friedensbewegungen nach 1949“, „Internationaler Frieden und Kirche“ und „Ausländische Bürger in Duisburg: Integration – Isolation“ behandelt und aufbereitet wurden.[698] Die Resultate wurden auf einem „Friedensmarkt“ in der Duisburger Innenstadt öffentlich präsentiert und diskutiert.

Nach dem Willen der Veranstalter sollten insbesondere Schüler aus Duisburg und Umgebung mit dem Programm erreicht werden. Sieben Schultheaterensembles erarbeiteten für die „Akzente“ eigene Bühnenstücke.[699] 53 Schulklassen sahen die Gastspielauf-

692 RP, 20.5.1981.
693 RP, 18.4.1981.
694 Ebd.
695 RP, 20.5.1981.
696 Ebd.; NRZ, 11.11.1981.
697 NRZ, 11.11.1981; NRZ, 29.12.1981.
698 RP, 29.12.1981; WAZ, 5.5.1982.
699 NRZ, 31.3.1982.

führungen im Stadttheater.[700] Das 1976 gegründete freie Duisburger „Reibekuchentheater“ bot spezielle Inszenierungen für Kinder und Jugendliche an.[701] Friedensforscher diskutierten mit Abiturienten über die weltpolitische Lage und friedenssichernde Maßnahmen.[702] Das Institut für Schulbuchforschung der Universität Duisburg richtete eine Ausstellung über Modelle der „Friedenserziehung in der Schule“ aus.[703]

Das Angebot in den Stadtteilen war aus finanziellen Gründen und aufgrund der geringen Resonanz in den Vorjahren eher „knapp bemessen“. Insgesamt verliefen die sechsten „Duisburger Akzente“ aber erfolgreich: Circa 100 Veranstaltungen lockten 33.000 Interessierte an.[704] Der prestigeträchtige Höhepunkt war eine Diskussion in der Duisburger Mercatorhalle zwischen dem ehemaligen sowjetischen Botschafter Valentin Falin, der Mitglied im Zentralkomitee der KPdSU war, dem amerikanischen Außenexperten Dr. Helmut Sonnenfeldt sowie den sozialdemokratischen Persönlichkeiten Egon Bahr und Erhard Eppler.[705] Nach Ablauf des Festivals beklagte die „WAZ“, dass „die Stadtteilkultur [...] rigoros gestrichen werden“ solle. In Hamborn und Walsum sollten die Zuwendungen für Theatergastspiele und Musikveranstaltungen von 141.000 auf 16.100 DM gekürzt werden. Konrad Schilling verteidigte seine Sparpläne für den Norden Duisburgs: „Die Arbeiter bekommen genug Angebote und Vergünstigungen. Außerdem gehen fast keine Arbeiter ins Theater.“[706] Damit hatte sich der Kulturdezernent offensichtlich abgefunden. Innovative Maßnahmen wurden gegen diesen negativen Trend jedenfalls nicht eingeleitet.

Die „Akzente“ blieben dennoch dem Konzept aus den Vorjahren weitestgehend treu. 1983 schrieb man die kulturelle Bildung für eine jugendliche Zielgruppe besonders groß.[707] Das Thema „Das Erbe. 1933/1983 – Fünfzig Jahre danach“ wurde in 18 Schulen durch Diskussionen, Vorträge oder Lesungen mit Zeitzeugen, Historikern und Politologen vertieft.[708] Obwohl in der Stadtbücherei „die Situation der Jugend im Dritten Reich“ schwerpunktmäßig behandelt wurde, war dort „das Interesse der mittleren und älteren Jahrgänge am stärksten, während man die Jugend etwas vermisste“.[709] Nach offiziellen Angaben besuchten 34.000 Personen die „Akzente“ des Jahres 1983.[710]

---

700 RP, 20.5.1982.
701 RP, 2.3.1982.
702 RP, 18.11.1981; NRZ, 29.12.1981.
703 WAZ, 29.12.1981; NRZ, 7.5.1982.
704 NRZ, 29.4.1982; NRZ, 22.5.1982.
705 RP, 7.4.1982.
706 WAZ, 7.12.1982.
707 NRZ, 30.4.1983.
708 Ebd.; NRZ, 25.4.1983; NRZ, 21.5.1983.
709 WAZ, 21.5.1983.
710 Ebd.

In den folgenden Jahren konnte die Zusammenarbeit mit den Schulen ausgeweitet werden. 1984 nahmen erstmals 20 Hauptschulen an den „Akzenten" mit dem Titel „Ist die Zukunft noch zu retten?" teil.[711] Die Auseinandersetzung mit dieser Frage erschien in einer Stadt, in der die Bewohner direkt oder indirekt von Arbeitslosigkeit, Verschuldung und großen Umweltproblemen betroffen waren, ausgesprochen lebensnah.[712]

Ein Jahr später widmeten sich insgesamt 40 Schulen, die durch Wissenschaftler der Universität und arbeitslose Lehrer unterstützt wurden, dem „Akzente"-Thema „Italien – Sehnsucht und Wirklichkeit".[713] Das Publikumsinteresse war groß: Das Gesamtprogramm wurde von über 45.000 Besuchern wahrgenommen.[714]

Im Kulturausschuss bekräftigte der Kulturdezernent sein Konzept, „mit den ‚Duisburger Akzenten' breite Kreise mit hoher Kultur und anspruchsvollen Themen zu konfrontieren".[715] Angesichts der finanziellen, sozialen und wirtschaftlichen Probleme in Duisburg fügte er ein neues Argument hinzu, um das aufwendige und teure Kulturfestival zu legitimieren: „Die Mittel für diese und andere Veranstaltungen seien bestangelegtes Geld und Hypotheken für die Zukunft und trügen dazu bei, dass Duisburg auch in positiven Zeilen der Presse erscheine." Um eine „stadtwerberische Wirkung" zu erzielen, so Schilling, lud man zu den immer imposanter gestalteten Eröffnungsveranstaltungen prominente Gastredner ein. Dies geschah auch auf Kosten der „IKiBu". Zwar hielt man am ursprünglichen Konzept eines Festivals zur kulturellen Bildung fest, dennoch ist unverkennbar, dass die „Akzente" ab Mitte der 1980er Jahre immer stärker zur „Imagesteigerung" und „zum Nutzen eines Prestigewertes" für die Stadt ausgerichtet wurden.[716] Duisburg leistete sich zunehmend eine Importkultur, weil die finanziell und personell gebeutelten Kulturinstitute in der Stadt nicht mehr ausreichend in der Lage waren, eigene schillernde Leistungen hervorzubringen. So musste die Veranstaltungsreihe „das Kulturleben der Industriestadt für drei Maiwochen dem etwas provinziellen Alltag entheben".[717]

Bei den „Akzenten" „Man ist Frau" 1986 waren erstmals türkische Frauen mit eigenen Veranstaltungen vertreten. Speziell in den Stadtteilen, in denen viele türkische Migranten wohnten, bildeten sich Arbeitsgemeinschaften und Diskussionsrunden, in denen Türkinnen über ihr Leben zwischen zwei Kulturen sprechen konnten.[718] Die „Rheinische Post" stellte überrascht fest, dass dies bei den „Akzenten" erstmals der

711 RP, 1./2.5.1984.
712 Vgl. RP, 28.4.1984.
713 RP, 3.5.1985.
714 WAZ, 24.5.1985; NRZ, 24.5.1985.
715 Dies und das Folgende nach KAP, 25.11.1985.
716 Bildau, „Akzente", S. 23.
717 RP, 3.5.1985.
718 NRZ, 16.4.1986; WAZ, 25.4.1986.

Fall war, lebten doch immerhin 18.000 Türkinnen teilweise schon seit Jahrzehnten in der Stadt.[719]

Eine besonders hohe Aufmerksamkeit erhielten die „Akzente“ 1987 mit dem Titel „Einblicke. Kultur und Kunst aus der Deutschen Demokratischen Republik. Erbe und Gegenwart“. Kulturdezernent Schilling, der bekanntlich aus Leipzig stammte, hatte das Großprojekt initiiert. Er erläuterte bei einer Pressekonferenz, „dass für die DDR noch nie ein so umfassendes Festival ausgerichtet worden sei“.[720] Oberbürgermeister Krings hob hervor, dass man die gemeinsame Wurzel der beiden deutschen Staaten „nicht aus dem Bewusstsein verlieren“ solle.[721] Es gelte, den Berg gegenseitiger Vorurteile abzubauen.[722]

Fast 800 Schauspieler, Musiker, Tänzer, Schriftsteller und Wissenschaftler durften aus der DDR nach Duisburg anreisen, darunter Christa Wolf, Stefan Heym und Stephan Hermlin.[723] Im Niederrheinischen Museum wurde die 250 Exponate umfassende Schau „Kostbarkeiten aus Goethes Kunstsammlung“ aus Weimar gezeigt. Umgekehrt wurde vereinbart, eine Lehmbruck-Ausstellung in Dresden, Gotha, Ostberlin und Leipzig zu präsentieren.[724] Ministerpräsident Johannes Rau zeigte sich in seiner Eröffnungsrede erfreut über den bisherigen „Höhepunkt der partnerschaftlichen Anstrengungen“. Nordrhein-Westfalen wolle bei „dem deutsch-deutschen Austausch Schrittmacherdienste leisten“.[725] Kritik übten Presseorgane des Springer-Konzerns. Die offensive und unkritische Selbstdarstellung der DDR in Duisburg sei „eine massive, geradezu blendende Ablenkung von den kulturpolitischen Untaten [...] dieser Funktionäre und der Partei, der sie dienen“, so die „Welt am Sonntag“.[726] Der Redakteur erinnerte an die vielen zensierten oder verbotenen Bücher, Theaterstücke und Filme oder sinnlos vernichtete Bauwerke wie die Leipziger Universitätskirche. Auch seien die Berufsverbote und das Schicksal der Dissidenten nicht thematisiert worden. Man habe in Duisburg die „Akzente“ falsch gesetzt.

Um eine kritische Auseinandersetzung mit den Repressionen des DDR-Regimes sollte es in erster Linie gar nicht gehen.[727] Laut Konrad Schilling habe es sich die DDR

719 RP, 25.4.1986.
720 WAZ, 10.1.1987; WamS, 17.5.1987.
721 Ebd.
722 WAZ, 9.5.1987; RP, 2.6.1987.
723 NRZ, 28.5.1987; RP, 1.6.1987; WAZ, 21.5.1987; RP, 20.1.1987; WAZ, 14.5.1987.
724 WAZ, 20.5.1987; RP, 2.6.1987.
725 WAZ, 11.5.1987.
726 WamS, 17.5.1987.
727 Vgl. Schilling, Konrad, Hellwacher Partner, in: Hoffmann, Gertraude / Klaus Höpcke (Hg.), „Das Sicherste ist die Veränderung.“ Hans-Joachim Hoffmann – Kulturminister der DDR und häufig verdächtigter Demokrat, Berlin 2003, S. 183–200.

im Vorfeld „gründlich überlegt, wo sie am ehesten auf eine wohlwollende Grundstimmung treffen würde, denn nicht überall finde man die gleiche Aufgeschlossenheit wie in Duisburg".[728] Trotzdem wurde der Kulturminister der DDR in Duisburg mit kritischen Fragen konfrontiert, „die ihm ganz offensichtlich mehr als unbequem waren".[729]

Die „Akzente" erreichten 73.000 Besucher bei 110 Veranstaltungen.[730] Oberstadtdirektor Richard Klein zeigte sich „beglückt, dass es noch andere Themen außer der Haushaltskonsolidierung gibt, die Duisburg überregional ins Gespräch bringen. Alle, die Duisburg für eine Stadt hielten, in der nichts mehr läuft, seien eines besseren belehrt worden."[731] Ihr Lebenswille sei auch an ihren kulturellen Aktivitäten erkennbar, so Klein.

Spätestens nach diesem Erfolg wurden die „Akzente" zu *dem* kulturellen Aushängeschild der Stadt Duisburg schlechthin ausgebaut. Die Liste der eingeladenen Schriftsteller, Musiker, Schauspieler, Künstler und Wissenschaftler bildet ein „Who's who" der damaligen Kulturszene im In- und Ausland ab. Je älter das Festival wurde, desto mehr zeigten die „Akzente", was sich Duisburg an auswärtiger Kultur kaufen konnte – und nicht, was die eigene Kulturszene der Stadt zu leisten imstande war. Jedes neue Programm überbot das des Vorjahres mit immer spektakuläreren Höhepunkten. Der bildungsbürgerlichen Idealvorstellung, breite Bevölkerungsschichten im Sinne Schillings mit „hoher Kultur" zu konfrontieren, blieben die „Akzente" dabei treu: „Duisburger Akzente über Jahre, Theatertreffen und literarische Präsentation weltbekannter Dichter und Schriftsteller wie Shakespeare, Goethe, Schiller, Lessing, Kleist, Raimund, Nestroy, Horvath, Zuckmayer, Fleißer, Kroetz, Fo, Puschkin, Gogol, Turgenjew, Dostojewski, Tolstoi, Tschechow, Gorki, Brecht, Miller, Kipphardt, Borchert, Frisch und Goldoni, um nur einige zu nennen, in einer Arbeiterstadt – das wirft Vermittlungsprobleme ganz besonderer Art auf. In der Wechselwirkung literarischer dramatischer Meisterwerke auf das Tun und Lassen der Menschen gilt es, breiten Bevölkerungskreisen den Zugang zu Bereichen der Kunst- und Kulturgeschichte zu schaffen, wie dies mit solcher Konsequenz und Vollständigkeit in der Bundesrepublik und – soweit bekannt – auch in anderen Ländern bisher nicht versucht wurde."[732]

1989 widmeten sich die „Akzente" anlässlich des Jubiläumsjahrs der Französischen Revolution. Das Lehmbruck-Museum zeigte französische Skulpturen von 1770

728 WAZ, 2.6.1987.
729 Born, Gernot, Ehrendoktorwürde für Konrad Schilling, in: DJB 1995, S. 32–33, S. 33.
730 WAZ, 2.6.1987.
731 Ebd.; RP, 2.6.1987.
732 VB 1987, S. 67.

bis 1820 aus dem Pariser Louvre.[733] Die Zeitung „Le Monde“ lobte die kulturellen Anstrengungen der Stadt an Rhein und Ruhr: „Unter den deutschen Städten geht Duisburg weit vor Hamburg, München und sogar Bonn das längste Stück Weges mit Frankreich.“[734] Der ehrgeizige und umtriebige Kulturdezernent Konrad Schilling verfügte über ein enormes Organisationstalent. Er verstand es, ansässige private Firmen wie etwa Haniel für die immer aufwendiger gestalteten Festivaltage zu gewinnen. Somit konnten nicht nur Kulturveranstaltungen, sondern auch Kolloquien, Ringvorlesungen, internationale Kongresse oder Symposien durchgeführt werden, die dem „Ruf der Universitätsstadt Duisburg einen wichtigen Dienst erwiesen“.[735] Mit rund 71.000 offiziell gezählten Besuchern fiel der Publikumszuspruch etwas geringer aus. Schilling erklärte diesen Umstand mit Sprachbarrieren und dem „hohen Anspruch der Veranstaltungen, der den Zugang zum schwierigen Themenkomplex nicht gerade erleichtert habe“.[736]

Das zunehmende Prestigedenken in der Duisburger Kulturpolitik ging zu Lasten der Stadtteile, die mit immer größeren Problemen wie Bevölkerungs- und Firmenschwund, leer stehenden Geschäften und Verarmung der vorhandenen Einwohnerschaft zu kämpfen hatten.[737] Die „Akzente“-Veranstaltungen stießen hier von Jahr zu Jahr auf geringeres Interesse, da dort immer weniger kulturaffine Menschen lebten. Deshalb wurde das ohnehin nur noch schmale Festivalangebot jenseits des Stadtzentrums weiter zurückgefahren. Dieser Teufelskreis sorgte dafür, dass das Leben in den Stadtteilen auch in kultureller Hinsicht immer trostloser wurde. So blieb bei den „Akzenten“ 1989 der „Zentralismus [...] weiterhin ein Hauptmerkmal Duisburger Kulturpolitik“.[738] Von weit über 100 Veranstaltungen fanden lediglich acht im Duisburger Norden statt. Auch in den Folgejahren sah die Kulturverwaltung trotz mancher Erfolge die „Angebote in den Stadtteilen [...] immer noch als Arbeit auf steinigem Boden“ an.[739] Die „Akzente“ sollten als imagförderndes Festivalspektakel die Defizite in der kulturellen Grundversorgung Duisburgs nach außen überdecken. Die „FAZ“ resümierte: „Fast scheint es so, als wolle die Halbmillionenstadt, die sich – darin wirklich einmalig in Deutschland – kein eigenes Schauspiel leistet und die Oper nur mit Düsseldorf teilt, vier Wochen lang

733 WAZ, 14.1. und 15.4.1989; RP, 15.4.1989.
734 WAZ, 13.5.1989.
735 NRZ, 14.1.1989; NRZ, 13.5.1989.
736 NRZ, 13.5.1989.
737 Vgl. die wegweisende Studie von Bogumil, Jörg / Heinze, Rolf G. / Lehner, Franz / Strohmeier, Klaus Peter (Hg.), Viel erreicht, wenig gewonnen. Ein realistischer Blick auf das Ruhrgebiet, Essen 2012.
738 WAZ, 15.3.1989.
739 RP, 29.5.1990.

klotzen, womit sie das Jahr über nur kleckern kann: Das Festival als kultureller Crash-Kurs."[740]

Das laut Josef Krings „schwierige Akzente-Thema" 1991 „Gott, Götter, Götzen, Gurus" wertete der Oberbürgermeister als „Versuch, die geistige Vitalität und Toleranzbereitschaft unserer Stadt auf die Probe zu stellen". All dies sei ein Wagnis, aber „Wagnisse gehören vielleicht zum Stil Duisburger Kulturpolitik".[741] Vor dem Hintergrund, dass mit einem Bevölkerungsanteil von acht Prozent in keiner anderen deutschen Großstadt so viele Muslime wie in Duisburg wohnten, sah die „WAZ" in der Wahl des Themas weniger ein Wagnis als vielmehr die Chance zu einem „dringend notwendigen Dialog" der „lediglich nebeneinander" lebenden Religionen.[742] Viele Moscheen wurden während der „Akzente" zu einem Haus der offenen Tür.[743] Diskutiert wurde in zahlreichen Veranstaltungen nicht nur über „Gott im Kohlenpott", sondern über das Zusammenleben zwischen Christen, Juden und Muslimen.[744] Einigen dieser Formate lag jedoch ein „antiquiertes Konzept" zugrunde, da der Dialog zwischen Christen und Moslems auf Podien stattfand und das Publikum eher eine „Theateraufführung" erlebte, da es sich nicht aktiv beteiligen konnte.[745]

Angesichts der geschilderten Defizite in den Bereichen Bürgerbeteiligung und Publikumsorientierung überrascht es nicht, dass kritische Stimmen lauter wurden. Der aus Duisburg stammende Bürgermeister Heinz Pletziger (CDU) bemängelte im Mai 1990 im Kulturausschuss, „dass die Themen zwar in Übereinstimmung mit dem Land und den Theatern in Nordrhein-Westfalen festgelegt, aber der Bevölkerung ‚aufgepfropft' würden".[746] Ein Jahr später wurde Pletziger im Ausschussprotokoll im gleichen Zusammenhang mit einer ähnlichen Bemerkung zitiert: „Die Vorschläge gingen möglicherweise an den Wünschen der Bevölkerung vorbei."[747] Anregungen aus der Fraktion der „Grünen", „die Duisburger Bevölkerung bzw. Schulen im Rahmen eines Ideen-Wettbewerbes aufzufordern, Themen zu nennen", wurden von der Verwaltung abgelehnt: „Beigeordneter Schilling konnte sich diesen Wünschen nicht anschließen. [...] Er bat darum, rechtzeitig selbst die Themeninitiative zu ergreifen und mögliche Themen und die Umsetzung vorzuschlagen."

740 FAZ, 13.4.1991.
741 RP, 15.4.1991.
742 WAZ, 14.5.1991.
743 RP, 20.2.1991.
744 Ebd.; NRZ, 11.4. und 23.4.1991.
745 WAZ, 14.5.1991.
746 KAP, 17.5.1990.
747 Dies und das Folgende nach KAP, 6.6.1991.

Das „oberste Gebot“ bei der Ausrichtung der „Akzente“ sei „die Einbeziehung möglichst breiter Bevölkerungsschichten“ gewesen.[748] Die Beteiligung der freien Künstler der Stadt blieb allerdings trotz erkennbarer Nachfrage und vereinzelter Erfolge jahrzehntelang rudimentär. Dieser Umstand wurde in der Stadt immer wieder kritisiert.[749] 1991 richteten Musikgrößen aus der Ruhrgebietsszene – unter ihnen Peter Bursch und Helge Schneider – ein Konzert mit passenden Songs zum Thema „Gott, Götter, Götzen, Gurus“ aus. Die Veranstaltung mit dem Titel „Heidenlärm“ wurde von überwiegend jüngeren Zuschauern in der nahezu ausverkauften Rheinhausenhalle bejubelt.[750] An diesem Beispiel zeigte sich, wie sinnvoll und fruchtbar eine enge Zusammenarbeit mit den einheimischen Künstlern sein konnte.

Die letzten „Akzente“ unter der Leitung von Kulturdezernent Schilling sollten 1992 „sowohl in den einzelnen Stadtteilen als auch in den Schulen [...] so bürgernah wie möglich“ stattfinden.[751] Nach dem Abschluss des Kulturfestivals berichtete die „NRZ“ von der „erstmaligen und erfolgreichen Beteiligung Duisburger Künstler und Künstlerinnen an den ‚Akzenten‘“.[752] Diese Akzentverschiebung verstärkte sich nach einem Wechsel an der Spitze des Kulturdezernats im Juni 1992.[753]

4.2 Musikfeste

Beinahe jede Großstadt des Ruhrgebietes besitzt ein eigenes Orchester. Georg Ludwig Jochum leitete das Duisburger Symphonieorchester von 1946 bis zu seinem plötzlichen Tod 1970. In diesem knappen Vierteljahrhundert beschritt der Generalmusikdirektor keineswegs ausgetretene Pfade der Musikgeschichte, wie Oberbürgermeister August Seeling in einer Gedenkveranstaltung betonte: „In den 24 Jahren [...] haben wir die großen Symphoniker des klassischen und romantischen Zeitalters [...] in glanzvollen Aufführungen hören dürfen, ebenso aber auch die Komponisten des 20. Jahrhunderts: Strawinsky, Bartók, Hindemith, Richard Strauss, Honegger, Fortner, Henze zum Teil in Ur- und Erstaufführungen. Weise und behutsam [...] versuchte er immer wieder, das Publikum an Werke zeitgenössischer Komponisten heranzufüh-

748 Schilling, „Akzente“, S. 46.
749 WAZ, 18.3.1993.
750 NRZ, 7.5.1991.
751 RP, 7.2.1992.
752 NRZ, 30.5.1992.
753 RP, 7.2.1992; RP, 27.6.1992.

ren."[754] Jochum war es auch, der 1948 Kapellmeister Heinz Reinhart Zilcher die Leitung von Jugendkonzerten übertrug, „deren pädagogischer Wert in den Nachbarstädten als vorbildlich angesehen wurde".[755]

1977 wurde das Orchester in Duisburg anlässlich des 100-jährigen Bestehens in „Duisburger Sinfoniker" umbenannt. In Duisburg sind die Philharmoniker, so der offizielle Name seit August 2000, hauptsächlich für die Musik bei den Aufführungen der Deutschen Oper am Rhein im Stadttheater verantwortlich. Um die Außenwirkung des guten, aber nicht gerade auffälligen Orchesters zu verbessern, veranstaltete die Stadt in den 1980er und 1990er Jahren große Musikfeste. Diese fanden neben den jährlich stattfindenden „Duisburger Akzenten" statt und widmeten sich jeweils einem zeitgenössischen Komponisten.

Nach Jochums Tod übernahmen zunächst 16 Gastdirigenten die Führung der Symphoniker.[756] Zwischen 1975 und 1981 formte Miltiades Caridis als Generalmusikdirektor die Berufsmusiker der Stadt. Diese Verpflichtung sei ein Glücksfall gewesen, wie Kulturdezernent Schilling in einem Interview 1989 rekapitulierte: „Als 1981 die

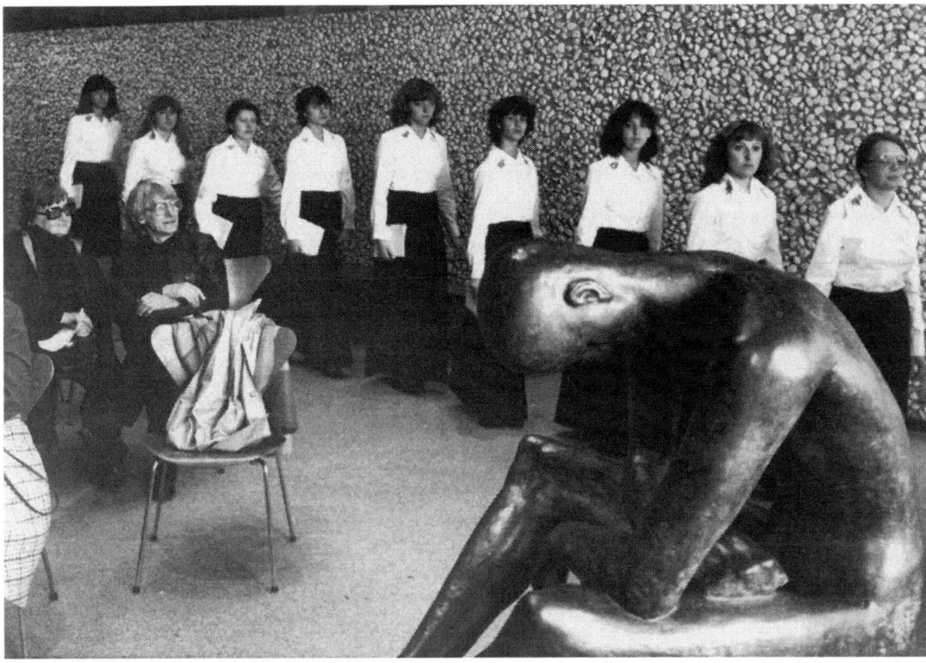

Abb. 9 Chorkonzert im Bartók-Jahr im Wilhelm-Lehmbruck-Museum am 13.10.1981

754 Stadt Duisburg, Philharmoniker, S. 47.
755 Ebd., S. 42.
756 VB 1987, S. 37.

100. Wiederkehr des Geburtstages von Béla Bartók gefeiert wurde, habe ich die Anregung unseres damaligen Generalmusikdirektors Miltiades Carides, der sich intensiv um zeitgenössische Musik bemühte, aufgegriffen, ein Bartók-Festival zu inszenieren. Der Rat der Stadt Duisburg war von dieser Idee sehr angetan und bewilligte die Mittel!"[757] Diese Initiative traf sich mit der Idee des Wuppertaler Sekretariats für gemeinsame Kulturarbeit, nicht so häufig gespielte Komponisten in Zyklen vorzustellen.[758] Der Plan wurde von dem Sekretariat zunächst wieder fallengelassen, aber durch die hartnäckige Fürsprache Konrad Schillings dann doch weiter verfolgt. 1981/82 fand in Duisburg das „Internationale Béla-Bartók-Festival" und 1984/85 das „Internationale Dmitri-Schostakowitsch-Festival" statt.

Nach dem glänzenden Erfolg des Schostakowitsch-Festivals beschloss der Rat der Stadt, die Musikveranstaltungen im jährlichen Turnus auszurichten. Die Musikenthusiasten Oberstadtdirektor Dr. Herbert Krämer[759], dessen Amtszeit von 1978 bis 1986 dauerte, und Oberbürgermeister Josef Krings hatten dafür den notwendigen politischen Rückhalt gesichert. In den nächsten Jahren richtete die Stadt eine Vielzahl weiterer Musikfeste aus:

1985: „Rheinisches Musikfest"
1986: 61. Bachfest der Neuen Bachgesellschaft: „Johann Sebastian Bach: Spätwerk und Umfeld"
1987: „Charles Ives und die amerikanische Musik"
1988: „Carl Philipp Emanuel Bach: Ein musikalisches Abenteuer" – zum 200. Todestag
1990/91: „Sergej Prokofjew und zeitgenössische Musik aus der Sowjetunion" –zum 100. Geburtstag
1992/93: „Arnold Schönberg und Neue Musik aus Deutschland, Österreich und der Schweiz"
1994: „Palestrina, Lassus, Monteverdi: Musik in der Zeit des Umbruchs"
1996/97: „Schubert in Duisburg" – zum 200. Geburtstag
1999: „Rheinisches Musikfest"[760]

757 Sonntag, Schilling, S. 29.

758 Dies., Musikalische Aktivitäten am Beispiel der Stadt Duisburg, in: Franz, Otmar (Hg.), Das Ruhrgebiet – Kulturlandschaft in Europa, Duisburg 1990, S. 96–100, S. 96.

759 Herbert Krämer wurde 1931 in Freudenberg als Sohn eines Bauunternehmers geboren. Seine Mutter stammte aus Duisburg-Meiderich. Nach einem Studium der Rechts- und Staatswissenschaften in Bonn wurde er 1961 in seiner Heimatstadt zum damals jüngsten Bürgermeister Deutschlands gewählt. Nach seiner Pensionierung als Oberstadtdirektor förderte er das Kulturleben Duisburgs durch einige Ehrenämter. So hatte er den Vorsitz des Freundeskreises des Wilhelm-Lehmbruck-Museums mehr als zehn Jahre inne. Er starb am 9.2.2015.

760 Zur Geschichte der Festivals vgl. Stadt Duisburg, Philharmoniker, S. 68ff.

Durch Sponsoren und Förderer, insbesondere aus der Wirtschaft mit Firmen wie Klöckner oder Haniel, konnten die Musikfeste eine öffentliche Strahlkraft erreichen, die weit über die lokale Dimension hinausging. Die Akquirierung von Fördergeldern gelang aufgrund des persönlichen Engagements und der Hartnäckigkeit von Konrad Schilling: „Nie zuvor besaß Duisburg jemanden, der so erfolgreich Sponsoren und andere Geldquellen mobilisieren konnte wie der Beigeordnete."[761] Duisburg entwickelte sich mit Hilfe der Festivals zu einem Musikzentrum im Ruhrgebiet. Zugleich knüpfte die Stadt an die Tradition der großen Musikfeste an, die in Duisburg in den 1920er Jahren stattfanden, so die „Jahrtausendfeier" des Rheinlandes 1925, die Max-Reger-Tage 1928 oder das Tonkünstlerfest 1929.[762]

Unter den genannten musikalischen Großereignissen war das Schostakowitsch-Festival zweifellos das bedeutendste. Oberbürgermeister Krings erklärte in seiner Begrüßungsrede, dass die „Botschaft Dmitri Schostakowitsch' für unsere Zeit" sein sollte, „sich in Frieden" zu begegnen.[763] Duisburg wollte in einer neuen Hochphase des Kalten Kriegs ein Zeichen der Versöhnung und des kulturellen Brückenschlags mit der UdSSR setzen. Damit kam indirekt ein neues Selbstbewusstsein zum Vorschein: Duisburg hatte den Anspruch, künftig in der ersten Liga der deutschen Kulturmetropolen mitzuspielen. Im Verwaltungsbericht der Stadt heißt es entsprechend, dass das Festival „die Stadt Duisburg als Hauptinitiator, Organisator und Gastgeber zu einem Kulturzentrum der Bundesrepublik" gemacht habe.[764]

Dem Kulturprogramm der Stadt kann man die Organisation und die Programmatik des Schostakowitsch-Festivals entnehmen: „Ziel [...] ist es, den weltberühmten sowjetischen Komponisten auch in der Bundesrepublik Deutschland in verstärktem Maße bekannt zu machen, wie es seiner Bedeutung in der zeitgenössischen Musik entspricht. Schirmherr des Festivals ist der Ministerpräsident des Landes Nordrhein-Westfalen, Johannes Rau. [...] In den folgenden Monaten werden im Rahmen des Festivals Konzerte, Ballette, Opern, Filme, Ausstellungen, Symposien, Vorträge, Seminare sowie ein Streichquartett-Interpretationsseminar geboten, eine Fülle von Veranstaltungen also, zu denen alle Bürger der Stadt und des Landes herzlich eingeladen sind."[765]

In Duisburg als Hauptausrichterstadt, aber auch in anderen Kommunen des Landes Nordrhein-Westfalen traten weltbekannte sowjetische Ensembles auf, darunter

761 RP, 27.6.1992.
762 Vgl. Stadt Duisburg, Philharmoniker, S. 58ff. und Heid / Kraume u. a., Kleine Geschichte, S. 291.
763 Krings, Josef, Eröffnungsansprache des Schostakowitsch-Festivals am 16.4.1984, in: DJ 11/1984, S. 4–5, S. 5.
764 VB 1987, S. 41.
765 N. N., Internationales Dmitri-Schostakowitsch-Festival 1984/85, in DJ 9/1984, S. 4, S. 4.

das Symphonieorchester der Leningrader Staatsphilharmonie, das Ballettensemble des Bolschoi-Theaters sowie eine Vielzahl prominenter russischer Solisten. Duisburg schickte seine Sinfoniker zu einem zehntägigen Gegenbesuch in die Sowjetunion, wo sie in den Worten des Duisburger Verwaltungsberichts „die Herzen der Zuhörer bewegten".[766] In Vilnius, Leningrad und Moskau fanden sie „begeisterte Aufnahme", und es war „eine hochverdiente Ehrung für den Dirigenten Lawrence Foster, der die Leistungskraft der Duisburger Sinfoniker in einem Maß gesteigert und verfeinert hat, dass gelegentliche Besucher von Duisburger Konzerten immer wieder staunen".[767] Die Festivals beeinflussten die Besucherfrequenz der üblichen Symphoniekonzerte des Duisburger Orchesters in der Mercatorhalle äußerst positiv. 1988/89 lag die Platzauslastung bei 99,1 Prozent. Dieser Spitzenwert war seit der Eröffnung der Halle 1962 nicht mehr erreicht worden.[768] Viele Duisburger identifizierten sich mit den Leistungen „ihres" Orchesters.

In einer Kulturausschusssitzung im November 1985 stellte der Beigeordnete Schilling das Programm für das „61. Bachfest" vor. Ratsherr Pletziger (CDU) fragte, ob sich Duisburg „dieses und die anderen geplanten Feste überhaupt noch leisten könne".[769] Er halte einige der geplanten Veranstaltungen für teure „Eintagsfliegen". Dadurch würden „finanzielle Korrosionserscheinungen zu Lasten der Institute entstehen, die jahrelang gut angenommen seien und dem kulturellen Leben der Stadt ein Gesicht gegeben haben". Schilling entgegnete, dass „die stadtwerberische Wirkung der Veranstaltungen [...] ungleich höher [sei] als der finanzielle Einsatz". Ratsherr Lachmann (SPD) argumentierte, dass die Kulturpolitik festhalten solle am „kulturellen Gerippe" bzw. dem „Fundus, dem die traditionellen Kulturinstitute angehören". Daneben müsse es aber Angebote geben, welche das „Image der Stadt Duisburg steigere und Duisburg für Bürger von außen attraktiv mache".

Aufgrund der schwierigen Finanzlage der Stadt und einer zunehmend auf repräsentative Zwecke ausgerichteten Kulturpolitik konnte eine nachhaltige Leistungssteigerung des Duisburger Orchesters durch die Musikfeste nicht erreicht werden. Der 1982 mit einem exklusiven Vertrag verpflichtete Star-Dirigent Lawrence Foster warf deshalb das Handtuch. Foster begründete seinen Abschied damit, „dass er die Qualität des Orchesters für die Zukunft nicht garantieren könne".[770] Da es durch

766 VB 1987, S. 37; vgl. Stadt Duisburg, Philharmoniker, S. 51.
767 VB 1987, S. 41.
768 WAZ, 9.5.1989; N.N. Besucherrekorde in der Konzertsaison 1988/89, in: DJ 8/1989, S. 8, S. 8.
769 Dies und das Folgende nach KAP, 25.11.1985.
770 WAZ, 18.1.1986.

die zahlreichen Symphonie- und Opernaufführungen, Tourneen und Musikfeste „zu den meistbeschäftigten der Republik“ zählte, wollte Foster das Orchester „wegen des großen Dienstplans, der eine hohe physische Belastung für die Musiker bedeutet“ und wegen der „gefahrvollen Altersstruktur“ um vier Holzbläser verstärken.[771] Wegen der Überanstrengung der Musiker „sei es schwierig, junge Talente und Stars länger als ein Jahr zu halten“.[772] Er schlug eine Verbesserung der Gehälter und Sozialleistungen vor, da sonst „viele gute Leute“ gehen würden. „Wenn Duisburg seine Forderungen nicht berücksichtige, sei es fast sicher, dass die Sinfoniker sehr schnell an Qualität verlieren würden. Auch wenn Duisburg einen erstklassigen neuen Dirigenten finde, die Substanz ist das Orchester.“ Seine Warnungen mündeten in der Prognose, dass die Stadt „grau werde“, wenn sie „ihr Kulturleben nicht hoch genug schätzt“.

Der Verwaltung war es aus finanziellen Gründen nicht möglich, die Wünsche Fosters zu erfüllen, sodass der Generalmusikdirektor seinen Vertrag nicht verlängerte. Die aus diesem Grund einberufene Pressekonferenz am 17. Januar 1986 trug groteske Züge: „Foster, ein Mann des offenen Wortes, erregte dabei auch den Unwillen des Kulturdezernenten Dr. Konrad Schilling, der sichtlich bemüht war, die kulturelle Fahne der Stadt Duisburg hochzuhalten. ‚Das ist meine Pressekonferenz. Ich stehe doch hier nicht unter Zensur!‘ brauste Foster nach einigen Unterbrechungen durch den Dezernenten schließlich verärgert auf und verließ unter Protest den Raum. Dr. Schilling folgte ihm erregt. Nach wenigen Minuten kamen beide beruhigt wieder zurück. Der Unmut war verrauscht, und die Besprechung setzte sich in sachlicher Weise fort. ‚Das kommt alles nur davon, weil ich meinen Kulturdezernenten liebe‘, machte Lawrence Foster einen Schlussstrich unter die – wie er sagte – ‚seltsame Situation‘“.[773]

Konrad Schilling äußerte Verständnis für Fosters Entscheidung: „Man muss akzeptieren, wenn er seinen Namen nicht verbunden sehen möchte mit einem in ein paar Jahren möglicherweise nicht mehr so glanzvollen Orchester.“[774] An diesem Beispiel zeige sich die Ohnmacht der Verwaltung angesichts der finanziellen Lage. Fosters Ratschlag, „die Substanz“ und die Qualität des Orchesters durch gezielte Maßnahmen zu bewahren bzw. zu verbessern, konnte nicht beherzigt werden. Vielmehr landete die Stadt mit der Verpflichtung des Bolschoi-Stardirigenten Alexander Lazarew einen nächsten, medial geschickt inszenierten Coup. Lazarew war der erste russische Dirigent überhaupt, der ein deutsches Orchester leiten durfte.[775]

771 NRZ, 18.1.1986; WAZ 18.1.1986.
772 Dies und das Folgende nach RP, 18.1.1986.
773 WAZ, 18.1.1986.
774 RP, 18.1.1986.
775 Stadt Duisburg, Philharmoniker, S. 52.

Kultur wurde in Duisburg wie in fast allen deutschen Städten seit Mitte der 1980er Jahre funktionalisiert. Der Schwerpunkt der kulturpolitischen Bemühungen wurde eindeutig auf die Verbesserung des Stadtimages gelegt. Der aus Bad Oeynhausen stammende Volkswirt Dr. Richard Klein, der von 1986 bis 1994 als Oberstadtdirektor agierte, hatte in der Stadtentwicklungsplanung „Duisburg 2000“ diese kulturpolitische Ausrichtung manifestiert. Unter der Kapitelüberschrift „Maßnahmen zur Image-Verbesserung“ wurde bekümmert festgestellt, dass „auch Duisburg [...] von der Negativbeurteilung des Ruhrgebiets eingeholt [werde]“.[776] Bemerkenswert ist das auf diesen Satz folgende, nach all den unternommenen Anstrengungen in der Vergangenheit resigniert klingende Eingeständnis: „Es hat sich in den vergangenen Jahren als unmöglich erwiesen, sich durch die Hervorhebung von Duisburger Besonderheiten vom Ruhrgebietsimage abzukoppeln.“

Um Abhilfe zu schaffen, verwies man auf eine vom Kommunalverband Ruhrgebiet durchgeführte Imagekampagne „mit repräsentativen und informativen Großanzeigen“, die von „Duisburg uneingeschränkt unterstützt und mitgetragen wurde. [...] Duisburg selbst unterstützt diese Außenwerbung durch ein Bündel von Maßnahmen, die eine positive überregionale Berichterstattung auslösen und auswärtige Besucher und Kunden nach Duisburg bringen sollen.“ Das Bild von Duisburg sollte sich durch eine andere Berichterstattung über die Stadt ins Positive wenden. „Die Verbesserungen der Standortqualitäten und der lokalen Lebensbedingungen müssen durch eine **gezielte und konsequente Öffentlichkeitsarbeit**[777] ergänzt werden:

1. Kontinuierliche Beobachtung und Auswertung von Berichten und Darstellungen über Duisburg, z. B. in Presse, Rundfunk, Fernsehen, in Schulbüchern oder Lexika, und offensive Gegendarstellungen dort, wo das traditionelle Bild Duisburgs (Stadt Montan) verbreitet wird (Verstärkung des Positiv-Images bei Kultur, Freizeit und Sport)
2. Durchführung nationaler und internationaler Kultur- und Sportveranstaltungen [...] mit den damit verbundenen positiven überregionalen Berichterstattungen.“[778]

An den großen Anzeigenkampagnen hielt man auch in der Fortschreibung des Strategiepapiers „Duisburg 2000“ 1991 fest: „Ziel ganzseitiger Anzeigenkampagnen und Direct-Mailing-Aktionen ist es, das Interesse potentieller Investoren auf den Wirtschaftsstandort Duisburg zu lenken. Bekannte Persönlichkeiten aus Politik, Wirtschaft, Wissenschaft und Kultur werben für den Standort ‚Duisburg am Rhein. Im

776 Dies und das Folgende nach Stadt Duisburg, Der Oberstadtdirektor (Hg.), „Duisburg 2000“. Perspektiven für eine neue wirtschaftliche Entwicklung, Duisburg 1988, S. 48.

777 Hervorhebung hier und im Folgenden vom Original übernommen.

778 Ebd., S. 50.

Herzen Europas'. In den vergangenen 1 ½ Jahren sind insgesamt 137 Anzeigen in nationalen (67) und internationalen (70) Werbeträgern vor allem in südostasiatischen Ländern erschienen."[779]

Demnach musste der Dirigent Alexander Lazarew kurz nach seiner Verpflichtung in einer Anzeigenkampagne als Werbeikone für die Stadt herhalten. Die Anzeige zeigt Lazarew im Großformat vor der pittoresken Innenkulisse des Moskauer Theaters. Der Untertitel lautet:

„Heute Bolschoi-Theater, morgen Duisburg. Das ist für mich ein Stück Kultur-Glasnost.

Duisburg ist nicht nur ein optimaler Wirtschaftsstandort. Duisburg ist auch eine Stadt mit kultureller Vielfalt auf internationalem Niveau – dafür steht Alexander Lazarew. Über alle Grenzen hinweg praktiziert – und dirigiert – er eine einzigartige kulturpolitische Perestroika. Ein musikalischer Globetrotter zwischen Moskau und Duisburg. Ein ‚phil'harmonisches Experiment, wie es in der Bundesrepublik einmalig ist. Und so wie die Duisburger stolz auf ‚ihren' Alexander Lazarew sind, so ist dieser stolz auf den musikalischen Export aus Duisburg: Konzerte in Moskau, Leningrad und Vilnius mit ‚seinen' Duisburger Sinfonikern. Natürlich bietet Duisburg noch ganz andere kulturelle Aspekte – wie regelmäßige Theater- und Musikfestivals und eine vielfältige Museen-Landschaft, z. B. das Wilhelm-Lehmbruck-Museum, eines der bedeutendsten Skulpturen-Museen Europas. Mehr über den – auch kulturell interessanten – Standort Ihrer Zukunft erfahren Sie bei unserer Gesellschaft für Wirtschaftsförderung."[780]

Noch deutlicher konnte die Instrumentalisierung der Kultur für die Bewerbung des Wirtschaftsstandorts Duisburg nicht formuliert werden. Ob die in Duisburg vorhandenen Anhänger klassischer Musik wirklich „stolz auf ‚ihren' Alexander Lazarew" waren, der seine Chefposition in Moskau behielt und zeitweilig nach Duisburg pendelte, blieb dahingestellt. Allenfalls rudimentär war Lazarews Motivation, in Duisburg neue künstlerische Maßstäbe zu setzen. Der quasi importierte Star-Dirigent fühlte sich nicht bemüßigt, seine Konzertprogrammgestaltung persönlich vor dem Kulturausschuss darzulegen. Dieses arrogant wirkende Verhalten erzürnte Oberbürgermeister Krings.[781] Schon Lazarews Vorgänger, der Dirigent Lawrence Foster, hatte seine Vertragspflichten geradezu nachlässig erfüllt, wie sich später herausstellte: „Generalmusikdirektor Lawrence Foster, der seinen Vertrag zum 31. Dezember 1986 gekündigt hat, wird auch noch 1987 das Duisburger Sinfonieorchester dirigieren. Das erklärte gestern Kulturdezernent Dr. Konrad Schilling auf Anfrage der CDU-Fraktion.

779 Stadt Duisburg, Der Oberstadtdirektor (Hg.), „Duisburg 2000". Mitten im Strukturwandel, Duisburg 1991, S. 25.

780 Ebd., S. 51.

781 Drucksache der Verwaltung 2702, Vermerk des Kulturausschussvorsitzenden Josef Krings, in: STA DU, Bestand 401/36/60.

Foster erhält für ein Sinfoniekonzert und eine Konzertreise in die Sowjetunion kein Gehalt. Er muss – schlicht gesagt – ‚nachsitzen', da die Leistungen mit ‚nicht erfüllten Vertragsverpflichtungen während der Vertragszeit' verrechnet werden."[782]

Durch Imagekampagnen, hochkarätige Veranstaltungen und die offensive Beeinflussung der Berichterstattung sollte sich das Bild über Duisburg im Hauruckverfahren ins Positive wandeln. Der Hauptgrund für das Bemühen um Imageverbesserung mithilfe der Kultur war eindeutig das Interesse, Firmen und Investoren anzulocken. Ratsherr Dirk Lachmann, ein ständiges Mitglied im Kulturausschuss und gleichzeitig Fraktionsvorsitzender der SPD, bilanzierte rückblickend im Jahre 1995: „In Duisburg sei in der Vergangenheit gerade auch durch den damaligen Kulturdezernenten Dr. Konrad Schilling der Begriff ‚Hochkulturpolitik' geprägt worden, auch um der Stadt ein Image zu geben, damit diese als Wirtschaftsstandort den Standortfaktor Kultur in entsprechender Form einbringen könne."[783] In einem Buch über Kulturmanagement wird „Hochkultur" wie folgt definiert: „Elite- bzw. Hochkultur (= höhere Kultur im engeren Sinne). Darunter fallen die sog. schönen Künste von der Malerei und Bildhauerei über die klassische Musik bis hin zu Theater, anspruchsvoller Literatur und Philosophie. Sie ist ein Werk weniger schöpferischer Geister für eine gebildete Elite."[784] Die Genossen der Duisburger SPD hatten gegen die vom Kulturdezernenten formulierte kulturpolitische Richtlinie für ihre Stadt keine Einwände.

Etwas Eigenes zu produzieren, um die kulturelle Identität der Stadt nach innen und nach außen zu stärken, war nicht das primäre Ziel der kommunalen Kulturpolitik in dieser Zeit. Konrad Schilling: „[Diese Stadt,] die sich dauernd in die Ecke gestellt, dauernd beschimpft sieht. Da kommt das Fernsehen her, dreht einen Film: Warum wird der Tatort hier gefilmt? Weil der niedergehende Sonnenball sich vor dem Dreckhaufen und den zerstörten Häusern so außerordentlich romantisch und malerisch ausmacht. Worüber kaum geschrieben wird, ist, dass wir hier einen weißen Winter hatten, und dass nach 14 Tagen der Schnee in den Gärten immer noch weiß war. Sie können hier verbessern, was sie wollen, die Stadt hat einen schlechten Ruf. Das muss geändert werden. Deswegen tun wir alles, um in dieser Stadt kulturelle Höhepunkte zu schaffen, die in der Bevölkerung das Gefühl erwecken, wir können mit weniger Geld, aber mit Enthusiasmus das, was andere Städte mit sehr viel Geld leisten."[785]

Eine originäre Konzeption mit dem Ziel, Duisburg ein unverwechselbares kulturelles Profil zu verleihen, wurde nicht erarbeitet. Vielmehr wurde die Kulturpolitik

---

782 NRZ, 18.2.1986.

783 KAP, 23.10.1995.

784 Rauhe, Hermann, Kulturmanagement. Theorie und Praxis einer professionellen Kunst, Berlin 1994.

785 Schultz, Reinhard, Interview mit Dr. Konrad Schilling, in: Ortszeit Ruhr 9/85, o. S.

bürgerlich geprägter Großstädte als Vorbild angesehen und kopiert. Eine Verbindung Duisburgs mit dem Ruhrgebiet sollte streng vermieden werden. Die Stadt stellte deshalb ihre Identität als Industrie- und Arbeiterstadt an der Rhein- *und* Ruhr-Mündung stark in den Hintergrund. Dies kam auch im bereits zitierten Strategiepapier der Stadtverwaltung „Duisburg 2000" zum Ausdruck. Die Erinnerung an den einst stolz gepflegten Ruf der „Stadt Montan" sollte wie erwähnt gar eliminiert werden. Auf kulturellem Gebiet verglich man sich lieber mit den Großstädten südlich des Rheins. Eine vom Kulturdezernenten 1992 mitinitiierte Kulturwerbekampagne der Städte Duisburg, Düsseldorf, Köln und Bonn unter dem Motto „Die 4 am Rhein" verdeutlicht die Abgrenzung von den östlich gelegenen Nachbarstädten im Ruhrgebiet. Die Begründung liest sich wie folgt: „Entlang der Rheinschiene repräsentieren die Städte Bonn, Köln, Düsseldorf und Duisburg einen eigenen Lebens- und Kulturraum mit vermittelbaren Gemeinsamkeiten. Der Freigabe [...] der Mittel zur Mitfinanzierung gemeinsamer Werbemaßnahmen der Städte Bonn, Köln, Düsseldorf und Duisburg wird zugestimmt."[786]

Zu den wenigen vermittelbaren Gemeinsamkeiten „des gewerbefleißigen Duisburg"[787] (Thomas Mann) mit den aufgezählten Rheinstädten gehörten die geographische Lage und eine weitestgehend auf bürgerliches Publikum abgestimmte Kulturpolitik. Eine „überdimensional große städtische Tafel", die jahrelang vor dem Duisburger Hauptbahnhof stand, trug die Aufschrift: „Duisburg am Rhein: Kulturstadt im Herzen Europas."[788] Dieser selbst gewählte Titel drückte das Wunschdenken der Kulturverwaltung aus. Auf viele Einwohner und Reisende musste die Formulierung in der grauen Ödnis des Duisburger Hauptbahnhofs angestrengt und aufgesetzt wirken. Der Kunstsammler Lothar-Günther Buchheim hat diesen Komplex erkannt: „Die Stadt Duisburg leidet an einem merkwürdigen Trauma – an dem Trauma ‚Ruhrpott'. Daher rührt sicher ein überzogenes Verlangen, vor aller Welt in Verbindung mit ‚Kultur' genannt zu werden."[789]

Das Ideal einer sozialdemokratischen Politik nach dem Motto „Kultur für alle!" spielte in den 1980er Jahren eine immer geringere Rolle. Dies zeigte sich am Beispiel der Musikfeste. Vorschläge und Mahnungen einer Musikprofessorin der Universität Duisburg, nicht nur für die „doch noch vorhandene bürgerliche Schicht" in Duisburg „Dinge zu entwickeln, die dann auch nachhaltig trugen", blieben ohne Echo: „Wo bleibt also in einer Arbeiterstadt das Angebot und die künstlerische Kommunikati-

786 Drucksache der Verwaltung 4314 vom 30.4.92, in: STA DU, Bestand 401/36/63.

787 Mann, Thomas, Die Betrogene, in: ders., Die Erzählungen, Frankfurt/M. 2005, S. 906.

788 Pletziger, Heinz, Duisburg am Rhein. Kulturstadt im Herzen Europas, in: DJB 2003, S. 8–13, S. 8.

789 Buchheim, Lothar-Günther, Das Museum in den Wolken. Zum Fall Duisburg, München 1986, S. 67.

on mit der größten Gruppe der Bevölkerung, nämlich den Arbeitern? [...] Ich denke vor allem an ein spezielles künstlerisches Angebot für den Arbeiter, ein auf seinen Informations- und Bildungsstand zugeschnittenes ästhetisch-künstlerisch-pädagogisches Bildungsprogramm, das ihm einerseits hilft, einen neuen Weg der Selbstverwirklichung zu finden, ihn aber auch darauf vorbereitet, Konzertangebote motiviert anzunehmen. Beispiele solcher Ausbildungsmodelle gibt es: H. W. Henze hat sie [...] mit Erfolg durchgeführt. Ich denke es genügt nicht [...], dass Freikarten für Konzerte an Arbeiter verschenkt werden, wenn nicht zugleich versucht wird, dem angesprochenen Menschen einen inneren Zugang zu der Kunst, die ihm vorgeführt wird, zu verschaffen. Die Spendenfreudigkeit der Industrie für die Kunst im Ruhrgebiet ist großartig. Es wäre allerdings schade, wenn es dabei bliebe, dass die geförderte Kunst nur eine Industrielandschaft wirtschaftlich attraktiv machen soll. Kunst muss auch den Menschen, die im Ruhrgebiet leben und arbeiten, einen Gewinn bringen."[790]

In Duisburg wiederholte sich in den 1980er Jahren in ähnlicher Form das, was Günter von Roden in seiner Studie über die Geschichte der Stadt Duisburg schon für die Musikpflege in den 1920er Jahren festgestellt hatte: Es traten „Spannungen auf", die in einer zu starken Berücksichtigung des „Konservatismus der dünnen Oberschicht, die hier das Konzertleben trug [...] ihren Ursprung hatten".[791] Zwar wurden der Öffentlichkeit moderne Komponisten vorgestellt, deren Stücke in Deutschland nicht so häufig gespielt wurden. Das Duisburger Bürgertum fand daran großen Gefallen. Innovative Wege in der Musikvermittlung zur Gewinnung neuer Publikumsschichten beschritt man dabei aber nicht. Unterschiedliche Musiksparten wurden nicht – wie beispielsweise beim 1983 gegründeten „Zelt-Musik-Festival" in Freiburg – miteinander kombiniert, neue Phänomene wie Techno oder Hip-Hop schon gar nicht als förderungswürdig erachtet. Die Musikfestivals in Duisburg hätten auch in anderen Großstädten stattfinden können, da die besondere soziale Struktur der Einwohnerschaft bei der Ausrichtung keine Rolle spielte. Gleichwohl führten die Musikfeste zu einer kurzzeitigen Vitalisierung des städtischen Kulturlebens und zu einer überwiegend positiven Berichterstattung in überregionalen Medien. Effekte, die sich die Stadtspitze so erhofft hatte, deren Nachhaltigkeit Kritiker aber aus guten Gründen anzweifelten.

790 Sonntag, Aktivitäten, S. 98f.
791 Roden, Geschichte, S. 625.

5. Neue Anstrengungen zur Künstlerförderung

5.1 Unterstützung bildender Künstler

Auf die Frage, warum Konrad Schilling seinen Arbeitsplatz als Dezernent von Göttingen nach Duisburg verlegte, gab er folgende Antwort: „Für den Wechsel nach Duisburg sprach, dass die elftgrößte Stadt der Bundesrepublik Deutschland als Arbeiterstadt per se eine besondere kulturpolitische Herausforderung darstellte, insonderheit ihr kulturelles Profil nicht der Ausstattung einer Großstadt entsprach."[792] Traf dieser Befund auch für die Lage der bildenden Künstler in Duisburg zu?

Anfang der 1970er Jahre bemühte sich der umtriebige Chef der Mercatorhalle, Walter Philipp, den Duisburger Künstlern eine größere Plattform zu bieten. So wurden zum Beispiel Kunstmärkte an das jährlich stattfindende „Fest in der City" gekoppelt.[793] In der Erinnerung der Künstlerin Hetty Breßer an den ersten Kunstmarkt spiegelt sich die Atmosphäre wider, die damals geherrscht haben musste: „Wenn ich mich recht erinnere, war der erste Kunstmarkt im Jahr 1970 in der Mercatorhalle gleichzeitig die erste große, gemeinsame öffentliche Aktion der Duisburger Künstler: der Sezession und des Künstlerbundes. [...] Damals, an nur einem Sonntag, von morgens neun Uhr bis spät in die Nacht, konnten sie ihren schier unerschöpflichen Ideen freien Lauf lassen. Realisiert werden konnte dieser eine Tag nur, weil Walter Philipp, Direktor der Mercatorhalle, Räume, Tische und Stühle kostenlos zur Verfügung stellte. An quer durch den Raum gespannten Wäscheleinen hingen – mit Klammern befestigt – Bilder jeder Couleur [...]. Viele, sehr viele Duisburger Bürger sind an diesem Tag mit Kind und Kegel gekommen, nicht allein, ‚um mal zu kucken', sondern auch zu kaufen, zu essen und mitzumachen bei allen Aktionen. Der Abend im hell erleuchteten Großen Saal war ein vergnügliches Miteinander und Durcheinander."[794]

Nach diesem Erfolg fanden 1971 und 1972 zwei weitere Kunstmärkte in der Mercatorhalle statt. Diese wurden von einem umfangreichen Beiprogramm mit öffentlichen Performances, pädagogischen Workshops, Lesungen, Diskussionen und Konzerten begleitet. Walter Philipp erinnerte sich an den großen Zuspruch dieser „Pro Art" genannten Messen, in denen zahlreiche Vertreter des Künstlerbundes und der

---

792 Schilling, Demokratisierung, S. 63.

793 Schilling, Konrad, Zur Lage der bildenden Künstler in Duisburg, in: DJ 8/1980, S. 10–12, S. 11.

794 Dies und das Folgende nach Duisburger Künstlerbund – ein historischer Abriß. Anläßlich des 60-jährigen Bestehens des DKB 1983, online verfügbar: http://duisburger-kuenstlerbund.de/DKB_60-Jahre-Geschichte_1923-83.pdf

Sezession mitwirkten: „Über 50 Galerien, Editionen, Künstlergruppen und Verlage beteiligten sich 1971 an der ersten ‚Pro Art', über 60 waren es im nächsten Jahr. [...] Die ‚Pro Art' durfte sich mit Fug und Recht als ‚Internationaler Markt für aktuelle Kunst' bezeichnen. Galeristen aus Italien, Österreich, Schweiz, Holland, Belgien, Polen und der Bundesrepublik beteiligten sich. Neben der sämtliche Foyers und den Kleinen Saal der Mercatorhalle füllenden Ausstellung lief ein umfangreiches Rahmenprogramm mit Happenings, Straßentheater, Konzerten, Filmvorführungen, Lesungen und Diskussionen. Als Veranstalter zeichneten die Mercatorhalle, das städtische Werbeamt sowie eine Organisationsgemeinschaft avantgardistischer Galeristen. Über 150.000 Besucher kamen zu den jeweils selbständigen Messen."

Um möglichst breite Besucherschichten zu erreichen, war der Eintritt zur Messe frei. Dem Publikum wurde nicht nur bildende Kunst in nahezu allen Variationen, sondern auch Hilfestellung für das Verständnis der Objekte angeboten: „Ausgehend von den Erfahrungen der bisherigen Kunstmärkte wird in Duisburg zum ersten Mal versucht, eine Messe nach didaktischen Gesichtspunkten zu gliedern [...] Im Eingangsfoyer der Mercatorhalle ist ein Informationsteil aufgebaut. Hier wird in Form von Schrifttafeln, Abbildungen, Bildern und Objekten mit Filmen und Vorträgen ein Überblick über die Kunstformen des 20. Jahrhunderts gegeben."

„Kontinuität konnte aber leider aus Kostengründen nicht entstehen", bilanzierte Kulturdezernent Schilling.[795] Angesichts der in überregionalen Medien gewürdigten Leistung lockte die Nordwestdeutsche Ausstellungsgesellschaft NOWEA, die spätere Messegesellschaft Düsseldorf, die „Pro Art" in die NRW-Landeshauptstadt. Dadurch verlor die Kunstschau ihren in Duisburg unverwechselbaren Charakter, nämlich „eine offene (eintrittsfreie) Begegnungsstätte des Bürgers mit der aktuellen Kunst, zu sein. [...] Düsseldorf organisierte eine eindeutig merkantil ausgerichtete, sich konservativ-elitär gebende Messe."[796]

Eine längerfristige Unterstützung der Künstler in Duisburg konnte durch die Bereitstellung von Atelierhäusern erzielt werden. Die Stadt brauchte für deren Einrichtung Jahrzehnte. Bereits 1957 hatte Wilhelm Wiacker, der damalige Vorsitzende des Duisburger Künstlerbundes, öffentlich die Einrichtung solcher Arbeitsstätten gefordert: „Es sei bedauerlich, dass eine Industriestadt von 430.000 Einwohnern für bildende Künstler nicht einmal eine Atelier-Etage erstellen könne."[797] Für diesen Zweck erschien ihm das alte Dreigiebelhaus geeignet. Die Anregung verhallte. Erst im März 1970 beantragte die SPD-Fraktion im Rat der Stadt, das historische Gebäude im

795 Schilling, Demokratisierung, S. 68.

796 Duisburger Künstlerbund, Abriß, o. S.

797 Kopatschek, Frank, Der Duisburger Künstlerbund. 90 Jahre jung und attraktiv, in: Duisburger Künstlerbund e.V. (Hg.), 90 Jahre Duisburger Künstlerbund, Duisburg 2014, S. 6–17, S. 9.

Zentrum Duisburgs als Atelierhaus zu nutzen. Im ältesten erhaltenen Haus der Stadt sollten künftig junge Künstler leben und arbeiten. Die entsprechenden Pläne hatte Kulturdezernent Wehner ausgearbeitet. Im Juli 1974 stimmten der Kultur- und der Bauausschuss in einer gemeinsamen Sitzung dem Umbau des Dreigiebelhauses zu.[798] Dieser Entscheidung waren langjährige Diskussionen angesichts der Baukosten in Höhe von 1,9 Millionen DM vorausgegangen.

Künftig sollte der Lehmbruck-Förderpreis den Atelierhauskünstlern zugute kommen. Dieser war seit 1966 zusammen mit dem „großen" Wilhelm-Lehmbruck-Preis an Nachwuchstalente verliehen worden und wurde nun in ein Stipendium umgewandelt. Im Juni 1976 trat das „Wilhelm-Lehmbruck-Stipendium" in Kraft. Fortan vergaben es die Stadt und der Bundesverband der Deutschen Industrie alle zwei Jahre. In der Satzung des Förderprogramms wird das Bestreben der Duisburger Kulturpolitik deutlich, das Werk Wilhelm Lehmbrucks nicht ausschließlich retrospektiv zu betrachten bzw. zu musealisieren. Vielmehr sollte es als Ausgangspunkt für künstlerische Aktivitäten in der Gegenwart dienen: „Aus Verpflichtung gegenüber dem Lebenswerk Lehmbrucks will die Stadt Duisburg begabte junge Künstler fördern, indem ihnen durch kostenloses Wohnen und Arbeiten Möglichkeiten der Auseinandersetzung mit einer industriegeprägten Umwelt geboten werden."[799] Vier junge Künstler, die nicht älter als 35 Jahre sein und noch keinen Preis „von überregionaler Bedeutung" gewonnen haben durften, erhielten die Chance, maximal zwei Jahre lang kostenlos in einem Atelier im historischen Dreigiebelhaus zu wohnen und zu arbeiten.[800] Des Weiteren durften sich die Stipendiaten in einer Ausstellung im Lehmbruck-Museum präsentieren. Umgekehrt mussten sie sich verpflichten, der Stadt ein Kunstwerk zu schenken, das in Duisburg entstanden war.[801] Eine Jury, die aus fünf Kunstsachverständigen, zwei Ratsmitgliedern sowie dem Kulturdezernenten und dem Oberstadtdirektor bestand, wählte die Lehmbruck-Stipendiaten aus.[802] 1977/78 bewarben sich rund 70 Künstler.[803] Seit 1984 werden aus Kostengründen nur noch drei Stipendiaten ausgewählt.[804]

---

798 WAZ, 19.71975; Körper, Kurt, Die neuere Geschichte des Dreigiebelhauses. Ein Beispiel für die Verwirklichung eines kulturpolitischen Konzeptes in der Stadt Duisburg, in: Stadt Duisburg (Hg.), Das Duisburger Dreigiebelhaus. Dokumentation seiner Geschichte, seiner Wiederherstellung und künftigen Nutzung, Duisburg 1976, S. 25–37, S. 30.

799 Die Grundsätze über die Verleihung des „Wilhelm-Lehmbruck-Stipendiums der Stadt Duisburg" in der Fassung vom 28.8.1978 sind abgedruckt in: Stadt Duisburg (Hg.), Dreigiebelhaus.

800 Schilling, Zur Lage, S. 11.

801 Stadt Duisburg, Kunst und Bauen, S. 12.

802 Brockhaus, Einführung, S. 12.

803 Körper, Dreigiebelhaus, S. 32.

804 Brockhaus, Einführung, S. 12.

Um die Künstlerszene zu beleben, stellten die beiden großen Duisburger Künstlergruppen ihre Arbeiten seit 1976 in Jahresausstellungen im Wilhelm-Lehmbruck-Museum aus.[805] Trotz der genannten Einzelmaßnahmen hatte Konrad Schilling unmittelbar nach seinem Amtsantritt im selben Jahr bemerkt, dass es in Duisburg „erheblichen Nachholbedarf" in der Künstlerförderung gab.[806] Er plante, zusätzliche Ateliers in der Goldstraße 15 im Dellviertel einzurichten.[807] Das über 100 Jahre alte Gebäude mit seinen verwinkelten Hinterhöfen wurde auf Initiative Schillings 1979 unter Denkmalschutz gestellt. Der Rat sollte beschließen, es fortan als Künstlerhaus zu nutzen. Um diesen Plan zu forcieren, schuf Schilling Tatsachen: Er ermunterte einige Duisburger Künstler, Teile des Bauwerks auf eigenes Risiko zu renovieren. Erst nachdem die Arbeiten vorangeschritten waren, erfuhren die städtischen Gremien von dem eigentlichen Vorhaben. Bei einem Vororttermin zeigten sich die Ratsmitglieder von den Ideen so beeindruckt, dass sie kurze Zeit später für die Annahme der Vorlage Schillings votierten.[808] Die Eröffnung fand am 25. April 1980 statt. Drei Jahre später konnten in Baerl und Rumeln-Kaldenhausen weitere Atelierhäuser errichtet werden.[809]

1988 musste das Haus Goldstraße 15 umfassend saniert werden. Aufgrund der finanziellen Notlage der Stadt zogen sich die Arbeiten bis 1993 hin. Seither leben und arbeiten dort bis zu zwölf Künstler. Die Stadt verlangte eine niedrige Miete und machte keine speziellen Auflagen. Die Künstler bieten im Gegenzug Ausstellungen, Lesungen, Werkstattgespräche oder Führungen für Schulklassen an. In einer Festschrift zum 30-jährigen Bestehen würdigte die Stadt das Künstlerhaus: Es bilde seit Jahren das, „was in einer Industrie- und Arbeiterstadt wie Duisburg lange um Existenzberechtigung kämpfte – die untrennbare Einheit von Bildung und Kultur".[810]

Eine punktuelle Möglichkeit der Künstlerförderung ergab sich durch den Bau einer neuen Stadtbahn. Diese sollte in der Duisburger Innenstadt ober- und unterirdisch verlaufen.[811] In einem Projektausschuss fanden ab 1980 Besprechungen zwischen der Verwaltungsspitze und dem Rat der Stadt über die Gestaltung der neuen Bahnhöfe statt. Schnell einigte man sich auf das Vorgehen, nicht nur Architekten und Inge-

805 Brockhaus, Seit Lehmbruck, S. 48.
806 Schilling, Demokratisierung, S. 68.
807 Schilling, Zur Lage, S. 11; Kopatschek, Kolonie, S. 30.
808 Kopatschek, Kolonie, S. 30f.; Klucken, Peter, Das Künstlerhaus an der Goldstraße, in: DJB 1998, S. 150–154, S. 152.
809 Brockhaus, Seit Lehmbruck und Hoff, in: ders. Seit Lehmbruck, S. 45–49, S. 48.
810 Stadt Duisburg, Der Oberbürgermeister, Dezernat für Familie, Bildung und Kultur (Hg.), Kulturbetriebe – Kulturbüro, Goldstraße 15. Die Künstler, Duisburg 2012, S. 6f.
811 N. N., Stadtbahn verändert City-Gesicht, in: DJ 7/1992, S. 2–3, S. 2.

nieure, sondern auch Künstler daran zu beteiligen.[812] Bei dieser Überlegung dienten die U-Bahn-Stationen in Metropolen wie London, Moskau, Paris oder Stockholm als Vorbilder. Der kulturaffine Oberstadtdirektor Herbert Krämer und Kulturdezernent Konrad Schilling wollten auch in Duisburg Kunst auf höchstem Niveau in den Stadtbahnhöfen zeigen.[813]

Im Juli 1992 waren fünf U-Bahnhöfe fertiggestellt.[814] Drei davon hatten laut Konrad Schilling „weltbedeutende Künstler" individuell gestaltet.[815] Für das Design der Station „Duisburg-Rathaus" zeichnete der Duisburger Künstler und ehemalige Lehmbruck-Stipendiat (1979–1981) Manfred Vogel verantwortlich. Isa Genzken und ihr damaliger Ehemann Gerhard Richter verschönerten die Haltestelle „König-Heinrich-Platz". Die aus Berlin stammende Künstlerin Yael Niemeyer widmete sich dem „Hauptbahnhof". Im Jahr 2000 konnten die U-Bahnhöfe „Meiderich Bahnhof" und „Auf dem Damm" der Öffentlichkeit übergeben werden. Am Erscheinungsbild wirkten hier die Künstler Thomas Riehle und Eberhard Bosslet mit. Letzterer hatte ebenfalls zu Beginn seiner Karriere ein Lehmbruck-Stipendium erhalten. Nach der Fertigstellung bot das Lehmbruck-Museum der interessierten Öffentlichkeit Führungen durch die neuen U-Bahnhöfe an. Die Teilnehmer reagierten auf die künstlerischen Gestaltungen überwiegend positiv.[816]

Zur Verschönerung der Innenstadt wurde außerdem die Errichtung einer Brunnenmeile in der Haupteinkaufsstraße beschlossen. Die Idee stammte vom Braunschweiger Architekten Hartmut Rüdiger. Er plante die Umgestaltung der Königstraße seit 1978. Bei einem seiner ersten Besuche in Duisburg fiel ihm auf, dass es hier kaum Wahrzeichen oder „positive Merkzeichen" gab, „die das Bild der Stadt einprägsam" für Besucher und Auswärtige machten.[817] Ähnlich wie in Köln, Kiel oder Hannover wurde die alte Stadtstruktur mit ihren Straßen nach dem Zweiten Weltkrieg nicht wiederhergestellt, sondern nach den Bedürfnissen des Verkehrs grundlegend neu konzipiert und damit zerstört.[818] Rüdiger wollte die Königstraße zu einem „Boulevard" ausbauen und Duisburg dadurch ein markanteres Großstadtprofil verleihen. In die-

812 Leinz, Gottlieb, U-Bahn-Kunst unter der Königstraße, in: Brockhaus, Christoph (Hg.), Stadtbild Duisburg. Identität, Wandel und Vision, Oberhausen 1999, S. 87–98, S. 90.

813 Ebd., S. 88ff.; Fest, Waltraud, Phantasie verbindet sich mit Formgefühl bei der U-Bahn-Gestaltung der U-Bahnhöfe, in: DJ 9/1992, S. 49–50, S. 49.

814 Leinz, Gottlieb, U-Bahn-Kunst, in: ders., StadtKunstFührer. Skulpturen im Duisburger Stadtraum, S. 101–115, S. 101ff.

815 Ebd.; Leinz, Gottlieb, U-Bahn-Kunst in Duisburg, in: DJ 9/1992, S. 47–49, S. 47; KAP, 14.5.1992.

816 KAP, 14.1.1992.

817 Rüdiger, Hartmut, Boulevard Königstraße, in: Brockhaus, Stadtbild, S. 73–78, S. 74.

818 Glaser, Kultur, S. 178f.

sem Konzept kam der Brunnenmeile an den verschiedenen Querstraßenkreuzungen eine tragende Rolle zu. Das Wilhelm-Lehmbruck-Museum begleitete die Planungen von Beginn an, um sowohl die künstlerische Qualität als auch die Vielfalt der Stile der Brunnen zwischen Abstraktion und Gegenständlichkeit zu gewährleisten. Geschaffen werden sollten Orte „künstlerischer Identität".[819]

Mit einer Finanzspritze der Stadtwerke in Höhe von 300.000 DM konnte 1983 eine erste Brunnenplastik am Averdunk-Platz von André Volten aufgestellt werden.[820] Der niederländische Künstler wählte für seine über sechs Meter hohe Arbeit Thyssen-Edelstahl als Material, um einen Bezug zur industriellen Produktion in der Stadt herzustellen. Nicht weit davon entfernt wurde 1986 eine „Wassermühle" mit phantasievollen Figuren nach den Entwürfen des Künstlers Otmar Alt eingeweiht. Dieses Objekt finanzierte die Firma Karstadt.[821]

Das Landesministerium für Stadtentwicklung und Verkehr sowie private Spender halfen bei der Finanzierung weiterer Brunnen, die 1990/91 über das „Kunst und Bauen"-Verfahren ausgewählt wurden. Die Kunstwerke wurden zu 90 Prozent fremdfinanziert.[822] In den Entwürfen sollte eine Auseinandersetzung der Künstler mit der Stadthistorie „symbolhaft" erkennbar sein.

Ulf Hegewald schuf mit seinem „Stadtbild" (1991–1993) ein abstraktes geometrisches Abbild Duisburgs, auf das sich eine Wasserwand ergießt. Zwei Halbkreise deuten den Hafen und den Corputiusplan[823], den ältesten Stadtplan Duisburgs aus dem Jahr 1566, an. Hegewalds aus Ton gebrannter Brunnen wurde von der Stadtsparkasse finanziert und vor dem Kreditinstitut platziert.[824]

Zu einem neuen Wahrzeichen Duisburgs und beliebten Fotomotiv für Einheimische und auswärtige Gäste wurde der „Life-Saver" (1991–1993) von Niki de Saint Phalle. An diesem zentralen Platz in der Mitte der Fußgängerzone hatte von 1905 bis zur Einschmelzung 1942 ein Denkmal des Reichskanzlers Otto von Bismarck gestanden. Nun wurde an dieser Stelle ein grell-bunter Phantasievogel mit einer unförmigen weiblichen Figur aufgestellt. Die Skulptur ist über fünf Meter hoch und kann um jeweils 90 Grad nach links oder rechts ausschwenken. Den 2,2 Meter hohen Sockel schweißte der Schweizer Künstler Jean Tinguely aus Industrieabfällen und Schrott zusammen. Eigentlich sollte der Lehmbruck-Preisträger des Jahres 1976 neben seiner

819 Brockhaus, Christoph, Brunnenmeile Königstraße, in: ders., Stadtbild, S. 79–86, S. 86.
820 RP, 29.9.1982; RP, 26.7.1983.
821 Brockhaus, Brunnenmeile, S. 81.
822 KAP, 14.5.1992.
823 Milz, Joseph / von Roden, Günter (Hg.), Duisburg im Jahre 1566: der Stadtplan des Johannes Corputius (= Duisburger Forschungen 40/1993), Duisburg 1993.
824 Brockhaus, Brunnenmeile, S. 81.

Frau Niki de Saint Phalle noch einen eigenen Brunnen gestalten. Durch seinen Tod im August 1991 kam es dazu nicht mehr.[825] Dennoch wurde eine gute Lösung als Ersatz gefunden: Friedrich Werthmann erklärte sich bereit, seine imposante „Mercator-Kugel" (1965) aus Stahl in die Königstraße umsetzen zu lassen und sie dort mit einem Wasserspiel zu erweitern. Seit 1993 erinnert die „Hommage an Mercator" an den berühmten Geographen und Kartographen, der nach langem Wirken 1594 in Duisburg starb.

Kurz nach dem Aufstellen des „Life-Savers" hatten sich einige Bürger über die Figur öffentlich empört. Allerdings stand bei der Kritik eher die Frage nach den Kosten für die finanziell arg gebeutelte Stadt im Vordergrund. Angesichts des städtischen Eigenanteils in Höhe von zehn Prozent konnten die Verantwortlichen in der Kulturbehörde die Gemüter schnell beruhigen.[826]

Thomas Virnich zeigt in seinem Brunnen drei „Schiffsmasken" (1991–1993). Sie lassen sich mit Schiffsrümpfen und gotischen Häusergiebeln assoziieren. Der thematische Transfer zu dem Duisburger Hafen und der Lage der Stadt an Rhein und Ruhr ist auch anhand des 100 m^2 großen Wasserbeckens unverkennbar, in dem sogenannte Schiffsmasken aufgestellt wurden.

Den Außenpunkt der Brunnenmeile bildet die „Skulptur für Duisburg" (1992) von Wasa Marjanov auf dem Friedrich-Wilhelm-Platz. Der Künstler verwendete Edelstahl als Material. Sein Objekt erinnert an einen spiralförmig und abstrakt angeordneten Schiffsaufbau.

Im Zuge der aufwendigen Sanierung der Königstraße konnten weder der Rathausmarkt noch der Bahnhofsplatz erneuert werden. Architekt Hartmut Rüdiger bezeichnete diese beiden Stadträume als „seltsam unstädtische Gebilde, übriggeblieben aus Kriegsschäden, Resträume der Stadtplanung".[827] Seine Umbaupläne an diesen repräsentativen Orten konnten aus finanziellen Gründen nicht realisiert werden. Das historische Zentrum Duisburgs mit dem Rathaus, der Salvatorkirche, dem alten Markt und dem Stadtarchiv ist durch einen großen Parkplatz und eine Hauptverkehrsstraße von der Fußgängerzone abgeschnitten. Gleiches gilt für den Bahnhofsvorplatz.

Resümierend kann festgehalten werden, dass sich die maßgeblichen Akteure in der Kulturverwaltung bemühten, die Arbeitsbedingungen der ansässigen Künstler zu verbessern. Dies geschah durch Kunstmessen, öffentliche Aufträge bei Bauvorhaben,

825 KAP, 14.5.1992; Brockhaus, Brunnenmeile, S. 80.
826 Brockhaus, Brunnenmeile, S. 82.
827 Rüdiger, Boulevard, S. 78.

Stipendien, Preise oder die Bereitstellung von Ateliers. Im Gegenzug erhoffte sich die Stadt künstlerische Impulse im Kulturleben und im öffentlichen Raum. Im Großen und Ganzen bestand die Kunst- und Künstlerförderung in Duisburg aus Einzelmaßnahmen, die zumeist isoliert und mit großem zeitlichen Abstand voneinander realisiert wurden. Gleichwohl konnten die wenigen Chancen, die sich in diesem Bereich vor allem durch Sponsoren boten, durch beherztes Handeln Einzelner genutzt werden. Eine langfristige und systematische Konzeption ist jedoch nicht erkennbar.

Wie sahen hingegen die Bemühungen in Duisburg aus, soziokulturelle Initiativen und Künstler abseits der Hochkultur zu fördern, die sich aus dem alternativen Milieu in den Bereichen Jazz-, Folk-, Heavy-Metal-, Punk-, Hip-Hop-, Pop- und Rockmusik, Tanz, Theater, Literatur oder Kabarett rekrutierten?

5.2 Das soziokulturelle Zentrum Eschhaus

Eine Heimstatt für diese Gruppen bildete das Duisburger Eschhaus. Es war eines der ersten unabhängigen und selbstverwalteten Jugendkulturzentren in der Bundesrepublik. Die Initiative zur Gründung ging von Jugendlichen aus, die ihre Bedürfnisse im Kulturleben der Stadt nicht ausreichend berücksichtigt sahen. Jene, die in diesem Bereich auf einen Impuls durch die Errichtung der Pädagogischen Hochschule 1968 hofften, wurden enttäuscht. Duisburg war keine lebendige Universitätsstadt mit einer langjährigen kontinuierlichen Tradition wie etwa Göttingen oder Bonn. Die Auswirkungen der Studentenbewegung waren hier kaum spürbar. Ein Zeitzeuge bemerkte in einem Aufsatz mit dem Titel „Studentenbewegung in Duisburg?“: Eine „entwickelte soziale universitäre Infrastruktur von Kneipen, Clubs und Zirkeln, die jeweils Kristallisationspunkte darstellten [...], fehlte in Duisburg völlig“, und es „war nichts vorhanden, wo sich politische Diskussion und Agitation hätte verankern können“.[828] Weiter heißt es: „Stadt Montan, ein Zentrum der Schwerindustrie, geprägt durch die Industriearbeiterschaft; mehrheitlich traumwandlerisch auf die Sozialdemokratie orientiert. Der selbstgewählte Name der Stadt symbolisiert auch die Traditionslinien der politischen Kultur in ihren Mauern – unbeweglich, konservativ und bieder – auch heute noch. Daran hat auch die Universität in ihrer nunmehr zwanzigjährigen Geschichte nichts oder wenig ändern können.“[829] In Duisburg herrschte ein „Vakuum für

828 Schophaus, Walter, Studentenbewegung in Duisburg?, in: Stadt Duisburg, Der Oberstadtdirektor (Hg.), „Traue keinem über 30“. Ein Streifzug durch die Duisburger Jugendszene seit 1968. Begleitband zur Ausstellung im Kultur- und Stadthistorischen Museum der Stadt Duisburg 2.5.–1.8.1993, Duisburg 1993, S. 53–55, S. 53.

829 Ebd.

mögliche Treffpunkte junger Menschen".[830] Die Jungsozialisten hatten jahrelang vergeblich versucht, ein großes Jugendzentrum in der Innenstadt zu realisieren.[831] Viele Jugendliche trafen sich mangels Alternative regelmäßig vor einem großen Kaufhaus in der Fußgängerzone – auf dem sogenannten Heiratsmarkt.

Auch die Förderung der Musikszene in Duisburg wurde von der Stadt vernachlässigt. Im benachbarten Essen hatte es 1968 mit den „Songtagen" das erste große deutsche Rock- und Popfestival gegeben. Ein Jahr später folgte das „Internationale Essener Pop- und Bluesfestival", bei dem weltbekannte Bands wie Pink Floyd oder Fleetwood Mac auftraten.[832] Populäre internationale Rockbands mussten in Duisburg in der Mercatorhalle spielen. Peter Bursch, einer der aktivsten und überregional bekanntesten Duisburger Musiker, stufte die Auftritte dort retrospektiv als geradezu „entsetzlich" ein: „Wenn hier geraucht wurde oder eine Holztäfelung verrutschte, dann verbot die Stadt jahrelang jede größere Rockveranstaltung. Wie sollte sich hier was Größeres entwickeln, wie zum Beispiel in Köln, Düsseldorf, Essen oder anderen Städten in der näheren Umgebung. Es gab also kaum was. Wir sind dann in die anderen Städte gefahren, um richtig gute Bands zu sehen."[833] Die meisten Duisburger Bands vermissten geeignete Probenräume und Auftrittsmöglichkeiten in ihrer Stadt. Aus ihren Reihen mehrten sich kritische Stimmen. Einige von ihnen hatten in den Niederlanden neue Formen der Kulturarbeit für Jugendliche kennengelernt. Die Jugendzentren in Duisburg öffneten dagegen nur bis in den frühen Abend. Die Angebote bestanden aus den üblichen Kicker-, Dart- und Billardspielen und waren damit wenig attraktiv, geschweige denn innovativ. Ganz anders stellte sich die Situation in Oberhausen dar, wo unter der Ägide des Kulturdezernenten Hilmar Hoffmann alternative Projekte als besonders förderungswürdig erachtet wurden: Mit der Fabrik K14 wurde hier im Mai 1969 eines der ersten soziokulturellen Zentren in Deutschland gegründet.

Im November 1972 erhöhten Duisburger Jugendliche den Druck auf die Stadtverwaltung. Eine Schülerzeitung startete einen Aufruf zur Gründung einer organisierten Initiative zur Schaffung eines Jugendkulturzentrums. Vertreter aus zwölf Jugendor-

---

830 Claßen, Ludger, „... uns selbst eine kulturelle, politische Heimat zu schaffen ..." Das Eschhaus Duisburg, in: ders. / Krüger, Heinz-Hermann / Thole, Werner (Hg.), In Zechen, Bahnhöfen und Lagerhallen. Zwischen Politik und Kommerz – soziokulturelle Zentren in Nordrhein-Westfalen, Essen 1989, S. 39–59, S. 40.

831 Esch, Wolfgang, Das Eschhaus oder Jugend in den siebziger Jahren, in: Stadt Duisburg, Streifzug, S. 95–103, S. 96.

832 Conrad, Vera, Mythen und Menschenmassen. Rock- und Pop-Festivals, in: Grütter, Heinrich Theodor (Hg.), Rock&Pop im Pott. 60 Jahre Musik im Ruhrgebiet, Katalogbuch zur Ausstellung des Ruhr Museums auf Zollverein Essen 5.5.–28.2.2017, Essen 2016, S. 72–85.

833 Sommer, Susanne, Passing by – Gedanken zur Geschichte der Duisburger Rockszene, in: Stadt Duisburg, Streifzug, S. 161–169, S. 166.

ganisationen schlossen sich der Interessenvertretung an. Die Mitglieder trafen sich regelmäßig und machten durch kreative öffentliche Aktionen auf ihre Lage aufmerksam. Um das Fehlen eines geeigneten, ihren Bedürfnissen entsprechenden Treffpunkts zu versinnbildlichen, stellten sie mitten in der Duisburger Fußgängerzone Sofas, Tische und Stühle auf. Um Gelder zu sammeln, führten sie Kundgebungen, Solidaritätskonzerte und Trödelmärkte durch.[834] Bestehende Duisburger Institutionen wurden als „Stätten der Langeweile und des Miefs" klassifiziert.[835] In Eigenregie suchte die Initiative nach einem Haus in der Innenstadt, das die Anforderungen für ein soziokulturelles Zentrum erfüllte. Fündig wurde man in der Nähe des Innenhafens: In der Niederstraße befand sich ein verlassenes Gebäude der Textilfirma „Esch".

Nun wurden Kontakte zur Politik und Verwaltung geknüpft, deren verantwortliche Vertreter die Bemühungen der Jugendlichen bis dahin eher desinteressiert verfolgt hatten. Aus der Jugendinitiative bildete sich ein repräsentativer Beirat, der mit dem Jugendamt der Stadt in Verhandlungen trat. Für die Mitglieder stand von Anfang an fest, dass sie sich selbst frei und unabhängig verwalten wollten. Entscheidungen über die programmatische Arbeit, die Organisation und die Vergabe von Geldern sollten intern über jährlich einberufene Vollversammlungen möglichst vieler künftiger Besucher gefällt werden. Ein daraus gewählter Verwaltungsbeirat sollte als eingetragener Verein und juristischer Träger des Zentrums fungieren.[836] Die Stadt stimmte dieser Satzung und dem gewünschten Gebäudestandort nach langen Diskussionen schließlich zu. Sie verzichtete auf Sitz und Stimme im Beirat und schloss lediglich einen Nutzungsvertrag mit dem Verein „Unabhängiges Jugendzentrum Eschhaus – Verwaltungsbeirat e.V.". Wie sich später zeigen sollte, war dies ein großer Fehler. Die Stadt hatte sich die Chance verbaut, direkten Einfluss auf eine pädagogisch sinnvolle Jugendkulturarbeit und ein solides Finanzierungskonzept zu nehmen. Letztendlich wurde dadurch eine langfristig positive Entwicklung des Zentrums verhindert.

Am 29. Mai 1974 konnte das 600 m² große Eschhaus der „Jugend" feierlich übergeben werden.[837] Die Umbaumaßnahmen waren umfangreich gewesen – die Kosten beliefen sich auf eine Dreiviertelmillion DM. Einem Beobachter der „WAZ" schien es, als sei der „Krieg" zwischen Jugendlichen und der Stadt nun endlich begraben: „Man fasste Bier und kaltes Buffet – Präsent der Stadt – gewiss als Versöhnungsbeitrag für die lange Wartezeit auf."[838] Für die Ausstattung des Eschhauses stellte die Stadt Duisburg 80.000 DM zur Verfügung. Große Teile der Einrichtungsarbeiten übernahmen

834 Claßen, Eschhaus, S. 41f.
835 Esch, Eschhaus, S. 95.
836 Ebd, S. 96.
837 Claßen, Eschhaus, S. 45.
838 WAZ, 29.5.1974.

die Eschhausaktivisten selbst. Für den laufenden Betrieb wurden 60.000 DM pro Jahr bewilligt, um die Betriebskosten wie Strom, Heizung, Wasser und eine Hausmeisterstelle finanzieren zu können.[839]

Die offizielle Eröffnung feierte das Eschhaus am 30. Oktober 1974. Schnell etablierte es sich als ein Sammelbecken für Kulturschaffende aus dem alternativen Milieu. Musiker aus Duisburg empfanden die Gründung als „Rettung" ihrer Arbeit. Durch das soziokulturelle Zentrum bildete sich eine lebendige Rockszene heraus, die sich Mitte der 1970er Jahre zu einer Initiative aus circa 20 Gruppen zusammenschloss. Neben Musik- und Veranstaltungsräumen bot das Eschhaus einen Kinosaal, einen Thekenbereich, eine Teestube sowie Sporträume. Hier fanden diverse Konzerte, Literatur-, Theater-, Tanz- und Filmaufführungen statt. Es gab Beratungs- und Weiterbildungsangebote zu höchst unterschiedlichen Themen.[840] Der Publikumserfolg war immens: Das Eschhaus wurde regelrecht überrannt. In der ersten Woche besuchten es tausende Gäste. Noch vier Jahre nach der Gründung schrieb die „NRZ", dass es an die Grenzen der Raumkapazität geraten sei und „mehr Besucher habe, als es aufnehmen könnte".[841] Das Eschhaus war Vorreiter für die Gründung anderer soziokultureller Zentren in der Region und darüber hinaus. Ein Gründungsmitglied der Initiative hob die Impulse für das gesamte Kulturleben der Stadt hervor: „In den besten Zeiten erreichte das Wirken des Eschhauses eine Dichte von Innovation, Kritik und Selbstironie, die bis heute in Duisburg ohne Nachfolge geblieben ist."[842]

Schon in den Anfangsjahren verstand sich das Eschhaus als Teil einer linken politischen Bewegung, die eng mit den Ideen und Idealen der 68er-Generation verbunden war. Viele Mitglieder des Beirats, den ein Vertreter als „eine Art Räte-Modell" bezeichnete, waren Parteigenossen der Jungsozialisten.[843] Das Klima zwischen CDU und SPD im Rat der Stadt war bezüglich des Jugendzentrums vergiftet. Dies lag an der einseitigen politischen Ausrichtung der Arbeit des Eschhaus-Komitees, in dem einzelne Gruppen Demonstrationen gegen die Volkszählung, die Atomenergie oder den § 218 vorbereiteten.[844] Nach und nach lockte das Haus soziale Randgruppen an, die es schließlich für sich vereinnahmten, wie sich ein Zeitzeuge erinnerte: „Die Bewohner dieser Welt waren ein [...] recht bunt gemischtes junges Volk, das sich [...] aus Hippies, Ökos, Alternativen, Anti-Atomlern, Punkern, Schwulen, Lesben, Anar-

839 Claßen, Eschhaus, S. 44.

840 Pelikan, A.S.H., „Heimatplanet". Erinnerungen an das Eschhaus, in: Große-Oetringhaus, Hans-Martin / Kruse, Sigrid (Hg.), Duisburg auf den zweiten Blick. Texte und Bilder über die eigene Stadt, Duisburg 1994, S. 26–30, S. 32.

841 NRZ, 21.4.1978.

842 Esch, Eschhaus, S. 101.

843 Die Zeit, 12.1.1979.

844 Claßen, Eschhaus, S. 39.

chos, Makrobioten, Afro- und Xenophilen, Hanffreunden, Autonomen, Antifaschisten, Frauenbewegten, Solarbastlern, Folkies, Rockfans, Musikern, Kabarettisten, Tänzern, freien Theaterschaffenden, Teetrinkern, Naturköstlern, Existenzgründern, Cineasten, Jazzern, Zivis, Totalverweigerern, Sozialhilfeempfängern, Internationalisten, Motorradliebhabern, Multimediaartisten, Vocal Heroes und vielen anderen mehr zusammensetzte."[845]

Die Macher des Veranstaltungsprogramms bemühten sich erst gar nicht, ihre Angebote an einen repräsentativen Querschnitt der Duisburger Jugendlichen anzupassen. „Studentisches Milieu bietet es nicht"; das Haus sei eher Anlaufstelle für „Schüler, Arbeiter, Musiker, viele Arbeitslose", analysierte die Wochenzeitung „Die Zeit".[846] Ein pädagogisches Konzept des Hauses suchte man vergebens. Vielmehr sollte jeder Besucher „seine eigenen Ideen mitbringen und die daraus sich entwickelnden Vorstellungen selbst realisieren".[847] Die Publikationen des Hauses erregten im bürgerlichen Spektrum Anstoß. Die Herausgeber provozierten die Kritik durch angeblich obszöne und blasphemische Artikel und Sympathiebekundungen für Mitglieder der Terrororganisation RAF.[848] In einem Kommentar der „WAZ" hieß es: „Man darf gespannt sein, ob der Steuerzahler auch künftige Veröffentlichungen, die kriminelle Taten verherrlichen, mitfinanzieren muss, oder ob es diesmal für die ‚rote Karte' reicht."[849]

Zu allem Überfluss wurden die städtischen Subventionen veruntreut, obwohl der Thekenbetrieb im Eschhaus florierte.[850] Der Trägerverein war nicht in der Lage, eine seriöse Buchhaltung zu führen und damit den Nachweis eines verantwortlichen Umgangs mit den Zuwendungen der Stadt, also mit Steuergeldern, zu erbringen. Das basisdemokratische Modell der freien Selbstorganisation führte zu einem organisatorischen Chaos. Die Vollversammlungen fanden mit zum Teil mehr als 100 Leuten wöchentlich statt. Wichtige Entscheidungen über die Vergabe von Geldern, die programmatische Ausrichtung und die Organisation des Betriebs wurden aufgrund des ausufernden Diskussionsbedarfs und der vielfältigen Wünsche der Bewohner verzögert. Ein Beteiligter urteilte selbstkritisch: „Den Übergang zum Konstruktiven, Inhaltlichen, Verantwortlichen, den hat das Eschhaus nie richtig gepackt. Es ist ein großes Wunder, wie es sich trotzdem durchschlawinert hat."[851] Die Eschhaus-Befürworter in Politik und Verwaltung gerieten unter Legitimationsdruck. Aufgrund der nicht ab-

845 Pelikan, „Heimatplanet", S. 31.
846 Die Zeit, 12.1.1979.
847 NRZ, 5.8.1974.
848 WAZ, 24.7.1981; NRZ, 4./5.5.1978.
849 WAZ, 2.10.1978.
850 Claßen, Eschhaus, S. 46f; N. N., Wie war das mit dem Eschhaus ...? Erinnerungen und Erlebnisse, in: Stadt Duisburg, Streifzug, S. 103–105, S. 105.
851 N. N., Erinnerungen, S. 105.

reißenden Probleme und Skandale sah sich die Stadt im Mai 1978 gezwungen, den Betriebskostenzuschuss zweckgebunden für die Stelle eines Sozialpädagogen umzuwidmen.[852]

In den 1980er Jahren mehrten sich die Beschwerden der Anwohner und der Polizei über eine offene Drogenszene mit Todesopfern, Vandalismus und massive Lärmbelästigungen inmitten eines Wohngebiets.[853] Ein außer Kontrolle geratenes Punkrockfestival im Eschhaus musste die Polizei auflösen.[854] Inzwischen forderten selbst freie Mitarbeiter der Institution von den verantwortlichen Beiräten „Rechenschaft über mangelnde Sauberkeit, Besucherschwund und Organisationspannen".[855] Die Vertreter des Eschhauses waren nicht willens und durch die langwierigen basisdemokratischen Entscheidungsprozesse überfordert, die berechtigte Kritik an ihrer Arbeit anzunehmen und die Probleme zu lösen. Wiederholt kursierten in der Öffentlichkeit Gerüchte über eine mögliche Schließung der Einrichtung. 1980 verlangten einige Ratsherren der CDU die sofortige Einstellung der Bezuschussung mit öffentlichen Geldern.[856] Zugleich stieg der Druck auf die Politik durch die Wählerschaft. Bei einer Versammlung des SPD-Ortsvereins Stadtmitte machte eine Anwohnerin ihrem Ärger Luft: „Wenn das Eschhaus nicht verschwindet, zieht die Niederstraße geschlossen aus!"[857] Der politische Rückhalt durch die SPD-Fraktion für das Experiment Eschhaus verschwand allmählich.[858]

Im Herbst 1981 verhandelte die Stadt über eingeschränkte Öffnungszeiten in der Nacht, um die Ruhe der Anwohner zu schützen.[859] Die Vollversammlung des Eschhauses lehnte den Kompromissvorschlag ab und gelobte stattdessen Besserung. Der Cafébetrieb wurde eingestellt, da dieser Ort „nur noch als Drogentreff und zum Auslassen von Zerstörungswut genutzt" wurde, wie es im Eschhausheft hieß.[860]

Trotz aller Beteuerungen von Besserung schwelte der Konflikt zwischen Rat, Politik und dem Eschhaus weiter. Die Stadt beschränkte sich nur noch auf die vertraglich vereinbarten Pflichtausgaben für den Unterhalt des Hauses. Der städtische Personalkostenzuschuss für die Stelle eines Sozialpädagogen wurde auf den Landschaftsverband Rheinland abgewälzt. Der Verband strich Ende 1982 die Mittel, da die Ergebnisse der

852 NRZ, 4./5.5.1978.
853 NRZ, 9.12.1980; RP, 9./10.12.1980; NRZ, 10.8.1981; WAZ, 17.9.1981.
854 NRZ, 18.8.1980; RP, 18.8.1980.
855 WAZ, 20.8.1980.
856 Ebd.; WAZ, 29.11.1980; NRZ, 1.12.1980.
857 WAZ, 30.6.1981.
858 WAZ, 28.9.1981.
859 WAZ, 17.9.1981; NRZ, 28.9.1981.
860 Eschhaus-Heft 6/82, zit. nach Esch, Eschhaus, S. 100.

Kulturarbeit des Eschhauses zu bescheiden waren. Das Paritätische Bildungswerk, dem das Eschhaus angehörte, folgte diesem Beispiel, indem es im selben Jahr die Gelder für laufende Veranstaltungen drastisch kürzte. Im Februar 1984 eskalierte die Situation, als Mitarbeitern der Duisburger Drogenberatung der Zugang zur Einrichtung verwehrt wurde. Nach diesem Vorfall sah die Stadt keine Basis mehr für eine Zusammenarbeit. Im April 1985 bemerkte die „NRZ": „Das Eschhaus steht vor einem Scherbenhaufen."[861] Der Publikumszuspruch nahm rapide ab, die Schulden stiegen auf 75.000 DM, zudem hatte sich eine Bürgerinitiative gegen das einstige soziokulturelle Vorzeigeprojekt gegründet.[862] Angesichts des öffentlichen Drucks bildeten 1985 drei Vertreter und drei Besucher des Eschhauses eine Kommission, um sich mit den Gründen für die missliche Lage auseinanderzusetzen und Wege aus der Misere zu finden. Ihre Analyse über die gemachten Fehler fiel vernichtend aus: Schuld seien „Mißmanagement", „falsche Veranstaltungs- und Personalpolitik" und die „Verantwortungslosigkeit" der Mitarbeiter.[863]

Der Versuch eines Neuanfangs durch den Austausch des Beirats, der neue und durchaus ambitionierte Konzeptideen einbrachte, kam jedoch zu spät.[864] Die Stadt zog im September 1986 die Konsequenzen aus den Querelen der Vergangenheit und kündigte den Nutzungsvertrag zum 31. März des Folgejahres. Die Anwohner reagierten erleichtert.[865] Der Standort Niederstraße habe sich „mehr und mehr als problematisch erwiesen", gab Jugenddezernent Otto Fichtner als Begründung an.[866] Die Stadt wollte mit dem Vorstand des Eschhauses gemeinsam nach einer neuen Unterkunft suchen. Der Verdacht der Mitarbeiter, dass das soziokulturelle Zentrum angesichts neuer Bebauungspläne im Innenhafen schließen sollte, schien nicht unbegründet. Sie verlangten die sofortige Rücknahme der Kündigung und die Beibehaltung der vertraglich gesicherten Selbstverwaltung.[867] Politische Unterstützung erhielten sie lediglich von der Ratsfraktion der „Grünen". Die Verwaltung schlug den Umzug des Zentrums in eine ehemalige Kupferhüttenkneipe in Hochfeld vor.[868] Dies lehnten die Vertreter des Eschhauses ab. Es gebe keine Busverbindung dorthin, das Gebäude sei vergammelt und liege auf Giftmüll in der Sanierungswüste von Hochfeld.[869] Die Vertreter des Eschhauses fühlten sich in ihrem Anliegen nicht ernst ge-

861 NRZ, 12.4.1985.
862 Claßen, Eschhaus, S. 51.
863 NRZ, 12.4.1985.
864 NRZ, 17.8.1985.
865 WAZ, 13.9.1986.
866 RP, 10.9.1986.
867 NRZ, 13. und 18.9.1986.
868 RP, 18.9.1986.
869 NRZ, 7.10.1986; WAZ, 25.10.1986.

nommen. Sie kritisierten die Kulturpolitik in Duisburg: In einem „WAZ"-Interview äußerten sie, dass es im kommunalen Kulturbetrieb die irrtümliche Meinung gebe, „viel Geld gleich gute Kultur". Ihre Institution müsse dem „Renommierprojekt" der Innenhafenbebauung weichen, zugleich werde eine der letzten Freiflächen in der Innenstadt durch das Buchheim-Museum zubetoniert. Ohne ein soziokulturelles Zentrum habe die „Avantgarde als Subkultur keine Chance" in Duisburg.[870] Die Szene startete öffentliche Proteste: Anlässlich der 10. „Duisburger Filmwoche" „stürmten Vertreter des Eschhauses auf die Bühne und protestierten mit Spruchband und Rede gegen die Kündigung des Mietvertrags".[871] Als Kulturdezernent Schilling das Mikrofon ergriff, kam es zu „tumultartigen Szenen".[872] Zwei Wochen später besetzte eine Gruppe von Jugendlichen das Dach des zwölf Millionen DM teuren Neubaus des Lehmbruck-Museums. Für die Eschhausaktivisten war die spektakuläre Aktion ein „symbolischer Akt", den sie in einem Flugblatt zu erklären versuchten: „Sinnlose Verprassung von Steuergeldern, Konzeptlosigkeit und kleinkarierte Beamtenmentalität im Sozial- und Kultursektor korrespondieren mit der Angst vor dem ‚bunten Völkchen' der Unkontrollierten."[873] Viele Duisburger Künstler befürworteten den Erhalt des Eschhauses.[874]

Auch nach einem Spitzentreffen mit Oberstadtdirektor Dr. Richard Klein beharrten beide Seiten auf ihren Standpunkten. Die Stadt hielt an der Kündigung fest, während das unabhängige Jugend- und Kulturzentrum seinen Sitz unter allen Umständen in der Niederstraße behalten wollte. Die „NRZ" brachte die Posse auf den Punkt: „Beide Seiten [...] reden aneinander vorbei."[875]

Das Eschhaus repräsentierte ein Kulturmilieu, mit dem die Duisburger Verwaltungsbeamten wenig anfangen konnten. Sie schlugen einen Schlingerkurs mit Zuckerbrot und Peitsche ein, der die Perspektive einer zukünftigen Zusammenarbeit höchstens andeutete. Umgekehrt forderten die Eschhausvertreter kompromisslos ein autonomes Organisationsmodell, das politisch längst nicht mehr durchsetzbar war.[876] Es verwundert nicht, dass sich beide Seiten nicht mehr aufeinander zu bewegten und die Verhandlungen schließlich gänzlich scheiterten. Nachdem die Eschhausmitglieder den Schlachthof in Hamborn als Standort nicht akzeptieren wollten und die Stadt kein geeignetes Gebäude in Innenstadtnähe zur Verfügung stellte, stand Ende März 1987

870 WAZ, 25.10.1986.
871 NRZ, 5.11.1986.
872 Ebd.
873 NRZ, 19.11.1986.
874 NRZ, 13.12.1986.
875 NRZ, 14.3.1987.
876 Claßen, Eschhaus, S. 59; Pelikan, „Heimatplanet", S. 35.

Abb. 10 Der Abriss des Eschhauses in der Niederstraße 1987

fest, dass das Eschhaus nach dreizehn turbulenten Jahren zum 30. Juni für immer schließen würde.[877] Die soziokulturelle Szene in Duisburg verlor ihre Heimat. Daran war sie keineswegs unschuldig.

Das Eschhaus habe in Duisburg „Kulturgeschichte" geschrieben, hieß es in einem Nachruf der „NRZ": „Mit der Schließung des Eschhauses verliert Duisburg ein wichtiges Stück seiner Kulturszene. Das häufig unbequeme und immer quer zum offiziellen Kulturbetrieb arbeitende Zentrum bot Minderheiten und Randgruppen eine Anlaufstelle und machte sich damit weit über die Grenzen des Ruhrgebiets hinaus einen Namen."[878] Das Eschhaus wurde am 1. Juli 1987 abgerissen. Das Bedauern in Verwaltung und Politik darüber dürfte sich in engen Grenzen gehalten haben. Auf den Trümmern des ehemaligen Gebäudes stehen heute altengerechte Wohnungen.[879]

877 WAZ, 27.3.1987.
878 NRZ, 30.5.1987.
879 WAZ, 17.3.2006

6. Museen: Verpasste Chancen und Erfolge

6.1 „Das Museum in den Wolken“: Die Affäre Buchheim

„Dem ersten Blick zeigt sich ein Drama. Dem zweiten ein Stück mit schwankhaften Zügen.“[880] Mit diesen Worten skizzierte die „Frankfurter Allgemeine Zeitung“ einen der größten Kunstskandale der deutschen Nachkriegsgeschichte. Unter der hoffnungsvollen Überschrift „Duisburg wird Kunststadt“ hatte das stadteigene Kulturmagazin „Duisburger Journal“ im März 1983 eine Sensation verkündet: Lothar-Günther Buchheim wollte seine auf 200 Millionen DM geschätzte Kunstsammlung, in der sich knapp 500 Bilder deutscher Expressionisten befanden, in die „proletarische Revierstadt Duisburg“ verlagern.[881] Die „Rheinische Post“ sah dies als „Jahrhundert-Ereignis in der kulturellen Geschichte der Stadt Duisburg“[882] an und die „NRZ“ feierte eine „Sensation für das Ruhrgebiet“.[883] Obwohl der „kulturpolitische Ehrgeiz einer ziemlich ins Abseits geratenen Industrie-Stadt“ („FAZ“) im Falle Buchheim keine Grenzen kannte, scheiterte das ambitionierte Vorhaben.[884] Zwischen dem als cholerisch geltenden Sammler und den Spitzenvertretern der Stadt gab es einen „weithin beachteten Eklat“, der die Feuilletons wochenlang in Atem hielt.[885] Im Folgenden werden die Entstehung des Projekts, die Absichten Buchheims und die der städtischen Vertreter sowie die Gründe für das unrühmliche Ende der Zusammenarbeit untersucht. Um das Verständnis zu erleichtern, wird zunächst die Biografie der Sammlerpersönlichkeit skizziert:

Lothar-Günther Buchheim wurde 1918 in Weimar geboren. Er wuchs in der Arbeiterstadt Chemnitz auf. Sein Vater war Staatsbeamter im öffentlichen Dienst, seine Mutter arbeitete als Malerin.[886] Schon als Jugendlicher richtete der vielseitig talentierte Sohn eigene Kunstausstellungen aus. Das entscheidende künstlerische Vorbild für ihn waren die von den Nationalsozialisten als „entartet“ gebrandmarkten expressionistischen Maler der Künstlergemeinschaft „Brücke“. Erich Heckel, Ernst Ludwig

880 FAZ, 6.3.1986.
881 DJ 3/1983, S. 6; Hoffmann, Erinnerungen, S. 421; Buchheim, Museum, S. 13.
882 RP, 19.2.1983; vgl. auch WAZ, 21.1.1983 („Jahrhundert-Projekt“).
883 NRZ, 7.2.1983.
884 FAZ, 6.3.1986.
885 FAZ, 30.10.1986.
886 N. N., Buchheim, Lothar-Günther, in: Killy, Walther (Hg.), Literaturlexikon, Band 2, München 1989, S. 280f.

Kirchner und Karl Schmidt-Rottluff hatten diese 1905 in Dresden gegründet.[887] Später gehörten ihr Max Pechstein, Otto Mueller und für kurze Zeit auch Emil Nolde an. Diese Künstler, die „mit peitschendem Strich und scharfer Farbe alles Gesittete austreiben wollten, die mit zackig gepinselter Hingabe einem arkadischen Leben frönten", hatten in Buchheim früh einen Liebhaber gefunden.[888] Er gründete kurz nach dem Zweiten Weltkrieg in Frankfurt eine Galerie und „begann rege mit dieser Kunst [...] zu handeln, mit Expressionisten, die Hitler hatte auslöschen wollen und die auch in der frühen Bundesrepublik nur wenige Freunde besaßen. Von der Missachtung angestachelt, machte sich Buchheim zum Künder und Kenner, erwarb auf Auktionen zahlreiche Blätter unter Wert, ließ Bildbände, Kalender, Postkarten drucken, schrieb Vorworte und Aufsätze – und wurde zum wichtigsten Fürsprecher der lange Ungeliebten."[889]

Nach dem Abitur folgten Studien an den Kunstakademien Dresden und München. 1940 ließ sich Buchheim auf persönlichen Wunsch als Marinekriegsberichterstatter einem U-Boot zuteilen, wo er den Rang eines Marineleutnants erreichte. Seine in dieser Zeit gewonnenen Eindrücke und Erlebnisse verarbeitete er in dem dokumentarischen Roman „Das Boot" (1973). Das Buch wurde in 18 Sprachen übersetzt und erreichte eine Weltauflage von über drei Millionen Exemplaren. Die Verfilmung durch den Regisseur Wolfgang Petersen 1981 avancierte zu einem internationalen Kino- und Fernsehkassenschlager. Seit den 1950er Jahren verlegte und verfasste Buchheim Monografien über den deutschen Expressionismus und andere Künstler des 20. Jahrhunderts. Seine Publikationen „Der blaue Reiter", „Max Beckmann", „Otto Mueller", „Picasso" oder „Brücke" gelten als Standardwerke. Zu Buchheims Œuvre zählen weiterhin Fotobände und Reiseberichte. Sein Verlag galt lange als einer der größten Kunstkalender-Verlage der Welt.[890]

Buchheim, der nach eigener Aussage schon als Pennäler mit dem Fahrrad durch ganz Deutschland fuhr, um die großen Museen zu besuchen, hatte seine Sammlung expressionistischer Kunst zu einem Zeitpunkt angelegt, als diese Bilder noch erschwinglich waren.[891] Die Pflege der Gemälde, Aquarelle und Grafiken übernahm die Direktion der Bayerischen Staatsgemäldesammlungen. Zu Beginn der 1980er Jahre geriet der exzentrische Sammler mit dem dortigen Generaldirektor Erich

887 Buchheim, Lothar-Günther, Die Künstlergemeinschaft „Brücke". Erich Heckel, Ernst Ludwig Kirchner, Otto Mueller, Emil Nolde, Max Pechstein, Karl Schmidt-Rottluff. Gemälde, Zeichnungen, Graphik, Plastik, Dokumente, Feldafing 1956.

888 Die Zeit, 24.5.2001.

889 Ebd., 22.1.2001.

890 N. N., Sammlung Lothar-Günther Buchheim eröffnet, in: DJ 5/1982, S. 34–35, S. 35.

891 Der Spiegel, 4.9.2000.

Steingräber in einen heftigen Streit.[892] Laut „FAZ" führte die Auseinandersetzung „schließlich zum Bruch zwischen Buchheim und den Münchnern, die seine Kollektion eine Weile betreut und auf eine Dauerleihgabe oder Stiftung gehofft hatten".[893] Buchheim suchte nach diesem Vorfall eine neue Verwahr- und Pflegestätte für seine kostbaren Kunstgegenstände: „Es brauchte nur einer zu kommen, der mir ins Ohr blies, dass er sich ganz anders verhalten würde als der böse Steingräber; es brauchte mir nur einer zu sagen, dass er nicht mein Ableben und das Erbe schon im Auge habe, sondern dass es ihm nur um ‚lebendigen Besitz' und nicht um das Eigentum etwa ginge. [...] Besonders vollmundig und wohltönend blies es damals aus Duisburg."[894]

Zu dieser Zeit feierte Duisburg den 100. Geburtstag von Wilhelm Lehmbruck gebührend. Oberbürgermeister Krings zog in seiner Ansprache am 4. Januar 1981 eine direkte Linie von der Herkunft und der Kunst Lehmbrucks hin zur Geschichte und der sozialen Struktur der Stadt, aus der sich eine besondere kulturpolitische Verantwortung ergebe: „Sein Werk zeigt Interesse an sozialen Themen und engagiertes menschliches Mitempfinden. So ist es von den Anfängen her stark mit dieser Stadt verbunden, die traditionsgemäß in erster Linie immer eine Industriearbeiterstadt war und ist. [...] Für den Rat und die Verwaltung der Stadt, deren Bevölkerung sich zum größten Teil aus Industriearbeitern zusammensetzt, Menschen, die durch ihre Lebensbedingungen selten Gelegenheit haben, sich mit kulturellen Erscheinungen auseinanderzusetzen, ist es eine große Verpflichtung, Kultur zu vermitteln und zu fördern. So ist der Stellenwert des Bildhauers Wilhelm Lehmbruck für uns ein anderer, als nur ein kunsthistorischer. Gerade sein Werk ist Anlass, die Kunst in unserer industriell geprägten Welt zu verankern und zu entwickeln."[895] Selten hat ein Duisburger Oberbürgermeister die kulturpolitischen Grundlagen und Leitlinien für die Stadt so deutlich formuliert. Neben dem eindeutigen Bekenntnis der Kulturförderung in wirtschaftlich schwierigen Zeiten ist insbesondere die Passage bemerkenswert, in der Josef Krings die Vermittlung des Werks Lehmbrucks in einer Arbeiterstadt als mindestens genauso wichtig ansah wie eine kunsthistorische Betrachtung seines Schaffens. Mit dieser auf die Besucher orientierten Philosophie stieß Krings bei Lothar-Günther Buchheim auf offene Ohren.

892 Die Zeit, 11.2.1983; Buchheim, Yves, Buchheim. Künstler. Sammler. Despot: Das Leben meines Vaters, München 2018, S. 281.

893 FAZ, 6.3.1986.

894 Buchheim, Museum, S. 12.

895 Krings, Josef, Begrüßung aus Anlass des Festaktes zum 100. Geburtstag von Wilhelm Lehmbruck am 4.1.1981, in: DJ 2/1981, S. 17–19, S. 18.

Die ersten Kontakte zwischen offiziellen Vertretern der Stadt und dem Kunstsammler wurden im April 1981 geknüpft.[896] Die Initiative ergriff der damalige Direktor des Wilhelm-Lehmbruck-Museums, Dr. Siegfried Salzmann. Er organisierte eine Ausstellung mit Werken aus der Sammlung des Lehmbruck-Museums in Moskau und Leningrad. Die Schau sollte mit Expressionisten aus Buchheims Bestand verstärkt werden, um damit eine höhere Strahlkraft zu erzielen.[897] Die Wanderausstellung in der Sowjetunion war ein großer Erfolg.[898] Mit Hilfe des Auswärtigen Amtes wurde im Anschluss daran eine internationale Tournee organisiert. Der Wert der Expressionisten Buchheims mehrte sich dadurch. Die Duisburger Vertreter konnten sich in vielen Metropolen der Welt wie Moskau, Leningrad, Barcelona, Helsinki, Straßburg, Tel Aviv, Philadelphia, Minneapolis als Ausrichter der Ausstellung präsentieren und hochrangige politische, wirtschaftliche und diplomatische Kontakte knüpfen.[899] Die Präsentation in Philadelphia etwa wurde im Beisein des Bundespräsidenten Karl Carstens und zahlreicher Staatsgäste eröffnet.[900] In der Duisburger Stadtverwaltung tauchte im Laufe dieser Zusammenarbeit der Gedanke auf, die Expressionisten-Sammlung des Lehmbruck-Museums mit der weitaus größeren von Lothar-Günther Buchheim zusammenzuführen und dafür ein eigenes Museumsgebäude zu bauen. Die Wochenzeitung „Die Zeit" prognostizierte, dass das „vorwiegend auf Skulptur konzentrierte Haus" in Duisburg dann in „eine ganz neue Dimension" vorstoßen würde.[901] Buchheim fand die Pläne äußerst reizvoll. Duisburg erschien ihm als neue Heimat für seine Bilder besonders geeignet. Im Gegensatz zu München, das ihm als „Disneyland" mit einem fast schon zu großen Kunstangebot erschien, könne die Sammlung im Ruhrgebiet auf besonderes Interesse in der nicht gerade kunstverwöhnten Bevölkerung stoßen. Hier würde sie als ein „neuer Kristallisationspunkt"[902] und „Element produktiver Beunruhigung"[903] fungieren. Zudem sei das Revier jener sächsischen Industrieregion nicht unähnlich, aus der sowohl viele „Brücke"-Maler als auch Buchheim stammten. Aufgrund der deutschen Teilung war dort eine dauerhafte Präsentation nicht möglich, sodass sich der Sammler, Maler und Schriftsteller von der Offerte aus Duisburg locken ließ. Er wies darauf hin, dass er seine Sammlung nach Duisburg geben würde, falls bestimmte bauliche Bedingungen erfüllt würden. Die Stadtspitze zeigte sich darüber hocherfreut, da das Brücke-Museum in Berlin, das Lenbachhaus in München und

896 FAZ, 6.3.1986; vgl. RP 27.2.1986.
897 Buchheim, Museum, S. 67.
898 WAZ, 23.9.1983.
899 RP, 7.2.1983.
900 RP, 8.10.1983.
901 Die Zeit, 11.2.1983.
902 Schwäbische Zeitung; Rhein-Zeitung Koblenz, 11.2.1983.
903 Hannoversche Allgemeine, 2.3.1983.

das städtische Kunstmuseum Düsseldorf Buchheim inzwischen ebenfalls Avancen gemacht hatten.[904]

Oberbürgermeister Krings, Oberstadtdirektor Krämer und Kulturdezernent Schilling zeigten dem Sammler einige städtische Immobilien in Duisburg, die ihrer Meinung nach für die Präsentation seiner Sammlung geeignet seien. Die Vorschläge, die ihm unterbreitet wurden, empfand der Umworbene als geradezu „hirnrissig", allenfalls habe er „interessante Ruinen" kennengelernt.[905] Als würdiger Platz für seine Bilder erschien ihm einzig das Lehmbruck-Museum, das entsprechend ausgebaut werden müsste.

Gemeinsam mit dem Oberstadtdirektor fuhr Buchheim mehrere Museen in Deutschland an, um Anregungen für einen Museumsneubau zu gewinnen. In einem langen Brief an Herbert Krämer vom 25. August 1982 legte er seine Vorstellungen darüber präzise dar.[906] Die Stadt wusste also frühzeitig, welche Ziele Buchheim vorschwebten. Im Dezember 1982 unterschrieb er einen vorläufigen Vertrag mit der Stadt. Im Februar 1983 wurde die Absicht des Sammlers im „Duisburger Journal" öffentlich bekannt gegeben:

„Die Stadt Duisburg erlebte am 6. Februar ein wichtiges Ereignis, das für die Zeitgenossen und für künftige Generationen von hoher kulturpolitischer Bedeutung ist. Zwischen Lothar-Günther Buchheim und der Stadt Duisburg wurde ein Vertrag geschlossen [...]. Aus Anlass seines 65. Geburtstages am 6. Februar 1983 stellt Herr Lothar-Günther Buchheim seine international renommierte wertvolle Sammlung expressionistischer Bilder, Aquarelle, Zeichnungen, Graphiken etc. zum Zwecke dauernder öffentlicher Präsentation der Stadt Duisburg zur Verfügung. Die Stadt übernimmt die Verpflichtung, so schnell wie möglich, spätestens aber innerhalb von sechs Jahren, für die Schaffung eines Museumsgebäudes Sorge zu tragen und der gesamten Sammlung damit eine bleibende Heimstatt zu geben. Es wird sich um ein selbständiges Bauwerk in Anlehnung an das Wilhelm-Lehmbruck-Museum handeln. In der geplanten Galerie soll nicht allein der in dem Katalog der Sammlung Buchheim bezeichnete Bestand expressionistischer Werke der Öffentlichkeit zugänglich gemacht werden, sondern darüber hinaus das geistige Umfeld des deutschen Expressionismus. Die Konzeption zielt auf ein lebendiges Museum, das sich deutlich von den üblichen Bildergalerien unterscheiden soll."[907]

---

904 WAZ, 21.1.1983.

905 NRZ, 25.9.1981.

906 Vgl. Buchheim, Museum, S. 55ff.

907 N. N., Buchheims Expressionisten-Sammlung kommt nach Duisburg, in: DJ 3/1983, S. 6, S. 6.

Abb. 11 Lothar-Günther Buchheim und Johannes Rau bei der Ausstellungseröffnung im Lehmbruck-Museum 1983

Das Lehmbruck-Museum eröffnete eine Werkschau mit 250 Bildern des Malers Lothar-Günther Buchheim zu dessen 65. Geburtstag.[908] Diese Retrospektive erntete in Fachkreisen hämische Kritik, da ein renommiertes Museum dessen „doch eher epigonales Werk" ohne weitreichende Absichten wohl niemals ausgestellt und mit einem üppigen Katalog geehrt hätte.[909] Zur großen Vernissage und der damit verbundenen Geburtstagsfeier mit „Prominenz aus Politik und Wirtschaft" („NRZ") verlieh Ministerpräsident Johannes Rau Buchheim den Professorentitel.[910] Im Stadttheater fand ein opulentes und durch Künstler umrahmtes Fest inklusive eines Banketts für zahlreiche Ehrengäste statt. Dessen Finanzierung aus städtischen Mitteln wurde in der Lokalpresse kritisch hinterfragt.[911]

Einige Wochen danach verhalf die Gesamthochschule Duisburg Buchheim zu einem nichthauptamtlichen Lehrauftrag für das Fach Kunst.[912] Zwei Jahre später erhielt

908 Nordwest-Zeitung, 19.2.1983; Hannoversche Allgemeine, 2.3.1983.
909 Allgemeine Zeitung Mainz, 16.2.1983; Börsenblatt für den deutschen Buchhandel, 22.2.1983; NRZ, 7.2.1983; RP, 27.2.1986.
910 RP, 7.2.1983; NRZ, 7.2.1983.
911 NRZ, 29.1.1983.
912 RP, 9.3.1983.

er von der Universität einen Ehrendoktor.[913] Zudem wurde ihm auf Betreiben der Stadt das Bundesverdienstkreuz Erster Klasse verliehen.[914]

Die juristische Bedeutung des bis dato zustande gekommenen Vertragswerks rechtfertigte diese Huldigungen keineswegs. Oberstadtdirektor Herbert Krämer erläuterte die Übereinkunft rückblickend im Kulturausschuss: „Nach diesem Vertrag habe Buchheim seine Sammlung zwar als Dauerleihgabe der Stadt Duisburg zur Verfügung gestellt. Er habe aber auch darauf bestanden, sein Recht auf Rückforderung in der Vereinbarung zu verankern."[915] Euphorische Schlagzeilen wie die der „Bild"-Zeitung – „Wunderbar! Buchheim-Sammlung (200 Mio. Mark wert) für immer in Duisburg" – waren deshalb verfrüht. In Wirklichkeit war der Vertrag nichts weiter als eine juristisch unverbindliche Absichtserklärung Buchheims. Der Sammler blieb auch nach Unterzeichnung dieser Vereinbarung Eigentümer und Inhaber der Nutzungsrechte an den Kunstwerken. Zwar wurde schriftlich fixiert, dass der Eigentümer nicht die Absicht habe, „den einmal der Stadt Duisburg übertragenen Besitz zurückzufordern".[916] Das Recht „dazu bleibt ihm oder seinen Rechtsnachfolgern aber unbenommen, solange nicht ein Stiftungszweck oder eine andere Regelung wirksam werden".[917]

Darüber hinaus ließ sich Buchheim ein Mitspracherecht an der baulichen Gestaltung des Galeriegebäudes garantieren. Das neue Museum sollte von Stadt, Land und der Stiftung Duisburger Kunstbesitz, die aus lokalen Firmen bestand, finanziert werden.[918] Die Stadt übernahm die Verantwortung für die konservatorische Betreuung aller Bilder der Sammlung, unabhängig von ihrem Aufbewahrungsort. Angesichts dieser einseitigen Verpflichtungen wundert es nicht, dass sich bei einigen Ratsherren nach der ersten Euphorie rasch Ernüchterung breitmachte. Ein Jurist mokierte sich über den dürftigen Gehalt des Vertrags: „Das macht alles den Eindruck, als hätte man den abends nach einem Glas Bier ganz schnell aufgesetzt, um den Vogel bei der Stange zu halten."[919]

Oberbürgermeister Krings verteidigte das Vorgehen. Im Hinblick auf den Strukturwandel betonte er die Notwendigkeit, in den kulturellen Sektor zu investieren. Duisburg brauche „Kreativität, Kunst und Wissenschaft [...], um überleben zu können".[920] Der Rat der Stadt stimmte einem Museumsanbau einstimmig mit 98 Ja-Stimmen zu.[921]

913 RP, 2.2.1985.
914 NRZ, 24.11.1983.
915 KAP, 6.3.1986 (Krämer).
916 NRZ, 12.3.1983.
917 NRZ, 3.3.1983.
918 NRZ, 7.2.1983; RP, 12.3.1983; WAZ, 21.1.1983.
919 RP, 12.3.1983.
920 NRZ, 7.2.1983.
921 Schwäbische Zeitung; Rhein-Zeitung Koblenz, 11.2.1983.

Der Museumsanbau kostete insgesamt fast zwölf Millionen DM.[922] Die Stadt, das Land Nordrhein-Westfalen und ein Zusammenschluss von circa dreißig Firmen aus der Duisburger Wirtschaft beteiligten sich jeweils mit vier Millionen DM, also je einem Drittel, an dem Prestigeprojekt.[923]

Die Zustimmung zum Anbau fiel den Ratsherren wegen des gravierenden Haushaltsdefizits schwer. Die Entscheidung wurde ihnen erleichtert, da das Lehmbruck-Museum seit langem dringend sanierungsbedürftig war: „Hässlicher Rost nagt an der Visitenkarte Duisburgs. [...] Der Verfall ist nicht mehr zu übersehen. Besucher im Lehmbruck-Museum zeigen sich betroffen über den derzeitigen Zustand des Gebäudes."[924]

Ebenso unbefriedigend war der akute Platzmangel im Museum, da wie erwähnt geplante bauliche Erweiterungen in den 1960er Jahren aus Kostengründen nicht realisiert worden waren: „Der Entschluss für den Museumsneubau fiel sehr leicht, weil entsprechende Pläne bereits seit Anfang der 70er Jahre vorlagen. Vorgesehen war, dass der Museumstrakt für die Buchheim-Sammlung und gleichzeitig für das Wilhelm Lehmbruck-Museum (Vortragssaal, Sozialräume, Depot, Wechselausstellungsraum) zur Verfügung stehen sollte."[925] Im Vergleich zu den in den 1980er Jahren eröffneten Museumsbauten in den Nachbarstädten mutete der Anbau in Duisburg geradezu bescheiden an. In Köln wurden für das Museum Ludwig und den Konzertsaal 270 Millionen DM ausgegeben. Das Museum Abteiberg in Mönchengladbach kostete 75 Millionen DM, das Museum Folkwang in Essen 47 Millionen.[926] Der Neugründungsboom in der deutschen Museumslandschaft – zwischen 1969 und 1988 stieg die Anzahl von 673 auf 2.400 – war an Duisburg ohnehin vorbeigegangen.[927]

Obwohl in Duisburg ein „Lothar-Günther-Buchheim-Museum"[928] mit einem völlig neuartigen Ausstellungskonzept entstehen sollte, das auch als ein Zentrum zur Erforschung des Expressionismus fungieren sollte, konnte der Architekt für den Neubau weder durch einen öffentlichen Wettbewerb noch durch Buchheim selbst ausge-

---

922 Krings, Josef, Begrüßungsrede anlässlich der Erweiterung des Wilhelm-Lehmbruck-Museums, in: DJ 4/1987, S. 5–7, S. 7.

923 KAP, 6.3.1986; Brockhaus, bürgerschaftliches Engagement, S. 69.

924 WAZ, 11.1.1986.

925 KAP, 6.3.1986 (Krämer).

926 Krings, Erweiterung, S. 7.

927 Schildt / Siegfried, Kulturgeschichte, S. 431.

928 Zunächst sollte als Name „Galerie Lothar-Günther Buchheim" verwendet werden, dann „Lothar-Günther-Buchheim-Museum". Dieser Vorschlag wurde laut Kulturausschussprotokoll am 30.11.1983 vom Kulturdezernenten zurückgenommen. Der Name „Lothar-Günther-Buchheim-Museum" taucht aber auf Geheiß des Oberstadtdirektors ab Dezember 1983 wieder auf; vgl. RP, 27.2.1986; Kölner Stadt-Anzeiger, 8.3.1986; KAP 30.11.1983.

sucht werden.[929] „Es gab einen Streit darüber, dass der Museumsneubau durch den Architekten Manfred Lehmbruck entworfen werden sollte. Es besteht eine rechtliche Bindung der Stadt an den Architekten, wonach ein mit dem bestehenden Museum verbundener Neubau auch von ihm geplant werden muss."[930] Zunächst akzeptierte Buchheim Lehmbruck als Architekten, „doch schon mit den ersten Plänen für den Museumsneubau war Buchheim nicht einverstanden".[931]

Die ersten Entwürfe Manfred Lehmbrucks waren in der Tat kaum auf die Sammlung Buchheim und dessen neuartiges Museumskonzept abgestimmt. Vor dem Kulturausschuss erläuterte der Architekt seine Vorstellungen über den zu realisierenden dritten Bauabschnitt mit allgemein gehaltenen Ausführungen.[932] Lothar-Günther Buchheim fühlte sich bei den Planungen übergangen. Besonders ärgerte ihn, dass Manfred Lehmbruck seine Sammlung angeblich unbekannt war.[933] Ohne Absprache mit der Stadt Duisburg erteilte er schließlich dem Architekten Eike Rollenhagen aus München den Auftrag einer Neuplanung: „Weil meine ungezählten schriftlichen und mündlichen Klagen über die Einfallslosigkeit der Entwürfe nichts gefruchtet hatten, entschloss ich mich eines Tages kurzerhand, einen befreundeten Architekten, nämlich Eike Rollenhagen, den Erbauer des Münchner ‚Gasteig', der meine Sammlung genau kannte, mit einem neuen Entwurf auf eigenes Risiko zu beauftragen. [...] Er erklärte sich dazu bereit, mit Manfred Lehmbruck am neuen Entwurf gemeinsam weiterzuarbeiten."

Manfred Lehmbruck bestand auf seinem Entwurf. Zwischen den beiden Architekten gab es keine Einigung, sodass die Entwürfe einer unabhängigen Jury, die aus drei angesehenen Fachleuten bestand, zur Begutachtung vorgelegt wurden. Diese entschieden sich für Lehmbrucks Modell. Buchheim, der vor dem Architektenwettbewerb versichert hatte, er werde sich dem neutralen Richterspruch fügen, verlangte dennoch zahlreiche Änderungen, denen weitestgehend entsprochen wurde.[934] Die grundsätzliche Unzufriedenheit des Sammlers mit der Museumsarchitektur konnte damit aber nicht beseitigt werden.

Nach außen bezeichnete Buchheim den Weggang des Direktors des Lehmbruck-Museums, Siegfried Salzmann, der zum 1. Januar 1985 an das Bremer Kunstmuseum wechselte, als „schweren Schlag". Mit ihm hatte der Sammler „hunderte von Stunden der Planung im Dialog verbracht".[935] Aus den Akten ist allerdings er-

929 FAZ, 6.3.1986.
930 KAP, 6.3.1986.
931 Ebd. (Krämer)
932 KAP, 26.5.1983.
933 Dies und das Folgende nach Buchheim, Museum, S. 34.
934 FAZ, 6.3.1986.
935 RP, 3.2.1984.

sichtlich, dass das Verhältnis zwischen den beiden angespannt war. Buchheim hatte in einem ausführlichen „Memorandum" an Oberstadtdirektor Herbert Krämer die „Weihestättenatmosphäre" des Museums „bedrückend" genannt.[936] Die Architektur löse eine Schwellenangst beim Publikum aus, die sich in „schlechten Besucherzahlen" widerspiegele. Das Museum sei insgesamt „nicht attraktiv". Salzmann, dem das Schreiben verwaltungsintern weitergeleitet wurde, fasste diese Äußerungen als Kritik an seiner Arbeit auf und reagierte in einem Antwortschreiben höchst empfindlich. Spätestens ab diesem Zeitpunkt sah er keine Basis für eine weitere Zusammenarbeit und streckte die Fühler nach beruflichen Alternativen aus. Buchheim hatte jedoch vor allem die vorhandene Architektur gemeint und in die Zukunft argumentiert. Er wollte keinen „normalen Museumsanbau", kein „Annex" an das bestehende, in sich geschlossene Gebäude, das dem Erbe Lehmbrucks verpflichtet ist. Ihm schwebte ein neues, modernes und „offenes Museum" für seine Sammlung im Stil des Louisiana-Museums in Dänemark oder des Kröller-Müller-Museums in den Niederlanden vor, in dem keine „starre Schausammlung alter Art" präsentiert werde, sondern Bewegung herrsche.[937] Seine Vorstellungen legte er in seiner Denkschrift en détail dar. Buchheim kritisierte darin, dass nicht von „Anfang an ein klareres geistiges Konzept" für die Art der Präsentation erarbeitet worden sei: „Das ist es eben, was ich beklage: Keine präzisen Vorstellungen, ein bisschen Politik, viel Wischi-waschi. [...] Wer zu viele Fliegen auf einen Streich erwischen will, schnappt sich möglicherweise gar keine. Statt die Dinge voranzutreiben, sie zu entwickeln, ist an ihnen herumgebogen worden."[938] Die Brisanz dieser Mahnungen unterschätzten die Adressaten in Duisburg.

Die Zusammenarbeit zwischen dem „Querulanten Buchheim" („Die Zeit") und seinem direkten Verhandlungspartner, der „napoleonischen Natur"[939] mit „bisweilen cholerischem Durchsetzungsvermögen"[940], Kulturdezernent Konrad Schilling, erwies sich als höchst problematisch. Insbesondere gingen die Meinungen über die Definition des im Vertragstext schriftlich fixierten Begriffs eines „lebendigen Museums" weit auseinander. Mehrfach beklagte sich Buchheim bei Schilling, dass dieser keine Zeit für ihn habe und kein wirkliches Interesse an seinen Vorstellungen zeige. Seine ausführlich dargelegten Visionen würden daher keine Berücksichtigung in den Planungen finden. Da eine Zusammenarbeit zwischen Buchheim und dem Kulturdezer-

936 Vgl. Esper, 50 Jahre, S. 77: „Die Atmosphäre im Lehmbruck-Trakt hat etwas weihevolles, fast Sakrales."; Krings, Gedenken, S. 43: „So schuf er [Manfred Lehmbruck] einen Raum von hoher Spiritualität, die jeder spürt, der das Haus betritt."

937 STA DU, Bestand Buchheim, 3/422, 6.7.1983.

938 Ebd.

939 RP, 15.11.1994.

940 RP, 27.6.1992; RP, 26.6.2007.

nenten mit der Zeit „unmöglich“[941] (Buchheim) wurde, entzog Krämer seinem leitenden Mitarbeiter die Zuständigkeit und führte die Verhandlungen im letzten Jahr der Zusammenarbeit persönlich.

Als Nachfolger von Siegfried Salzmann übernahm im Januar 1985 der Lübecker Kunsthistoriker Dr. Christoph Brockhaus die Direktion des Lehmbruck-Museums. Als Devise für seine Arbeit gab er „Bürgernähe“ aus.[942] Die Hoffnung Buchheims, dass der neue Leiter sein originäres Ausstellungskonzept unterstützt, zerschlug sich schnell: In einem Brief an den Oberstadtdirektor klagte der Sammler: „Meine Vorstellungen von einem lebendigen Museum entsprechen ganz und gar nicht den Vorstellungen von der Kunstverwahranstalt, wie [man] sie sich als Museum [dort] offenbar wünscht. Ich sehe leider auch immer deutlicher, dass solche (von den meinen) divergierenden Vorstellungen auch Herr Dr. Brockhaus hegt.“[943] In der Tat zeugten dessen Aussagen über die künftige Präsentation der Exponate in einem Zeitungsinterview nicht gerade von Wagemut und Pioniergeist: „Er halte es indes für sinnvoll, einige Stücke etwa aus Buchheims Volkskunst-Sammlung in Vitrinen den ‚Expressionisten‘ zeitweilig hinzuzugesellen.“[944]

Der Widerspruch dieser Aussage zu den Vorstellungen Buchheims könnte kaum größer sein. Buchheim hatte als Leitlinie „Think big!“ im Sinn, um „in Duisburg statt eines der üblichen Provinzmuseen etwas ganz Besonderes in die Welt zu setzen“.[945] Er wollte kein „Wandflächen-Museum“ mit „Flachware an der Wand“, das es überall gebe, sondern den Besuchern die „Radikalität der Kunstrevolution durch die ‚Brücke‘-Künstler“ mit Hilfe eines besonderen Raumerlebnisses mit Werkstattcharakter vermitteln.[946] Hierzu sollte die in Museen übliche Trennung von Grafik und Malerei aufgelöst werden, um den kreativen und handwerklichen Schaffensprozess der Künstler anhand eines Nebeneinanders von Zeichnung und Gemälde zu veranschaulichen. „Um bildungsbürgerliche Kalmierung sollte es weiß Gott nicht gehen. Eher schon um frischen Wind und Unruhe. Man kann es auch so ausdrücken: Es sollte etwas vom Geist der ‚Brücke‘ in die öden Hallen kommen.“[947] Dazu zählten für Buch-

941 STA DU, Bestand Buchheim, 6/429, 20.2.1986.
942 RP, 31.12.1985.
943 Zit. nach Buchheim, Museum S. 52.
944 RP, 29.4.1985.
945 Buchheim, Museum, S. 90.
946 RP, 3.2.1984; WAZ, 3.2.1984.
947 Buchheim, Museum, S. 51. Das städtische Kulturmagazin „Duisburger Jahrbuch“ schrieb noch im Juni 1982: „Für die Brücke-Maler bildeten Leben und Kunst eine Einheit. [...] Schon der sowjetische Publizist Lunatscharski hat 1923 festgestellt, dass diese Künstler manche festgelegten und erstarrten Strukturen des gesellschaftlichen und geistigen Lebens gesprengt hatten. Dazu gehörte die Überwindung der akademischen Regeln und der Normen des bürgerlichen Daseins und Kunstbetriebs. [...] Die erste Ausstellung der Künstlergemeinschaft

heim die Bestände aus seiner Volkskunstsammlung, „Kuriositäten- und Raritätenkabinette“, die „in den Kontext eines erweiterten Expressionismusbegriffs gehören“ und „für die ‚Brücke-Maler‘ besonders wichtig waren.“[948] In seinem Buch „Das Museum in den Wolken“ schreibt er, dass „die Leute, auf die sich mein Interesse gerichtet hatte, also die wirkliche Bevölkerung, [...] vom Museum eher ferngehalten als angezogen“ würden.[949] Deshalb wollte er „zum Beispiel auch afrikanische Kunst und Kunst der Südsee [...] vorführen und jenes Entdeckungserlebnis nachvollziehbar machen, das einige der ‚Brücke-Maler‘ hatten, als sie zum ersten Mal über die Schwelle eines ethnographischen Museums getreten waren. [...] Die Museumsbesucher wieder aktiv sehen lernen – darauf sollte es mir mehr ankommen als auf Belehrung.“[950] Buchheim ging es nie darum, so „Die Zeit“, die Bilder der „Brücke“-Maler „wie tote Käfer aufzureihen; er will ihre gefühlvolle Härte, ihre Widerborstigkeit nicht einfrieren, er will sie für sich selber lebendig halten.“[951] Ihm schwebte nichts weniger vor als ein Museum, „wie es in dieser Form noch keines gibt“. Wenn dies nicht ermöglicht werde, „pfeife“ er auf Duisburg.[952]

Zwar verlieh die Stadt Joseph Beuys Anfang 1986 – wenige Tage vor dessen Tod – öffentlichkeitswirksam den „Wilhelm-Lehmbruck-Preis“. Beuys’ revolutionäres Konzept eines erweiterten Kunstbegriffs aber wollte man in der Praxis höchstens in Ansätzen erfüllen.[953] Oberstadtdirektor Krämer erteilte in einem Zeitungsinterview Buchheims Vision eines „lebendigen Museums“ eine Absage: „Wir können nicht neben den Expressionisten von Buchheim noch alle anderen Sammlungen von ihm hier ausstellen. Der Platz ist nicht da.“[954]

Das Verhältnis zu Buchheim entwickelte sich auch auf anderem Gebiet negativ. Laut Oberbürgermeister Krings sei er bis zuletzt nicht bereit oder in der Lage gewesen, einen Stiftungsvertrag zu unterschreiben, den die städtische Seite eingefordert hatte.[955] Sie beharrte auf Erbverzicht und gab sich mit der bis dato lediglich ausgehandelten

fand typischerweise nicht in einem Museum, sondern in einer Lampenfabrik statt. [...] Insgesamt waren Leben und Kunst der Maler eine revolutionäre Herausforderung, die mit großer Selbstsicherheit und innerer Freiheit gelebt und vorgetragen wurde. Kein Wunder, dass diese Künstler in Widerspruch zur bürgerlichen Gesellschaft ihrer Zeit gerieten. Von der nationalsozialistischen Kunstdiktatur wurden sie abgelehnt und als entartet verdammt“, zit. nach N. N., Sammlung Buchheim im Wilhelm-Lehmbruck-Museum, in: DJ 6/1982, S. 8–9, S. 9.

948 Vgl. Buchheim, Museum, S. 22ff. und S. 52ff.; vgl. auch Buchheim, Künstler, S. 283f.

949 Ebd., S. 30.

950 Ebd., S. 22.

951 Die Zeit, 22.1.2001.

952 WAZ, 3.2.1984.

953 Über Beuys’ erweiterten Kunstbegriff vgl. Stachelhaus, Heiner, Joseph Beuys, Düsseldorf 1987, S. 79–99.

954 NRZ, 18.12.1985.

955 Westfälische Rundschau, 27.2.1986.

Dauerleihgabe nicht zufrieden, da diese jederzeit zurückgezogen werden konnte. Buchheim empörte sich über diese Haltung, da die Erben Lehmbrucks im Gegensatz zu Buchheim keine vertragliche Verpflichtung eingehen mussten. In der Tat basierte die Dauerleihgabe zwischen der Stadt und den Rechtsnachfolgern Lehmbrucks „auf Treu und Glauben", wie Josef Krings öffentlich bestätigte.[956] Buchheims Frau Diethild zeigte Konzessionsbereitschaft und verzichtete auf ihren Erbanspruch.[957] Zu diesem Schritt war Buchheims Sohn Yves aus erster Ehe hingegen nicht bereit, wie er Oberstadtdirektor Krämer bei einem Besuch in Duisburg im Januar 1986 klarmachte.[958] Dieser Umstand belastete die ohnehin festgefahrenen Verhandlungen zusätzlich und beförderte das völlige Scheitern der Beziehung zwischen Buchheim und der Stadt.

Der endgültige Bruch entzündete sich an der Museumsarchitektur, der Ausstellungskonzeption und an persönlichen Animositäten. Die Baupläne des Hauses seien, so Oberstadtdirektor Krämer und Museumsleiter Brockhaus, mit Buchheim abgestimmt und nach dessen Wünschen verändert worden.[959] Der Kunstsammler hatte die Bauarbeiten aus gesundheitlichen Gründen lange nicht verfolgen können. Bei einer Visite im Februar 1986 geriet er beim Anblick des Rohbaus in Rage und sah sein „Lebenswerk" in Gefahr.[960] Die jahrelangen enervierenden Diskussionen gipfelten in offenen Wutausbrüchen auf beiden Seiten. Buchheim schimpfte auf die Architektur, die Lehmbruck-Erben und das Kulturpersonal der Stadt.[961] Dass sich der für die Kuratierung seiner Exponate zuständige Museumsdirektor mit dem Kulturdezernenten, der nach Krämers Intervention doch eigentlich „nicht mehr über das Museum zu befinden hätte",[962] inzwischen duzte, verärgerte den hochsensiblen Sammler maßlos.[963] Buchheim verlangte nun für „sein" Museum die volle Nutzungsfläche von 1.900 m², einen eigenen Direktor, einen eigenen Etat und eine strikte Trennung vom Lehmbruck-Museum.[964] Ein neuer Raum für Wechselausstellungen wurde ihm nach zähen Verhandlungen schließlich doch noch gewährt.[965] Dieser Schritt brachte für die

956 WAZ, 7.3.1986; vgl. auch RP, 28.2.1986 und RP, 11.11.1986.
957 KAP, 14.4.1986; KAP 6.3.1986.
958 WAZ, 7.3.1986; NRZ, 7.3.1986; Kölner Stadt-Anzeiger, 8.3.1986; vgl. auch Buchheim, Künstler, S. 289.
959 NRZ, 26.2.1986; RP, 7.3.1986; Kölner Stadt-Anzeiger, 8.3.1986.
960 WAZ, 27.2.1986.
961 RP, 7.3.1986; Die Auswertung einer Besucherbefragung im Museum 1994 kam zu ähnlichen Ergebnissen über die Architektur: „Ebenfalls eher negative Kritiken bekam der Neubau; er wurde vor allem als zu dunkel bezeichnet", siehe Käufer, Birgit, Besucherbefragung im Wilhelm-Lehmbruck-Museum, in: DJ 8/1995, S. 22–23, S. 22.
962 Schreiben von Diethild Buchheim vom 20.2.1986 an Herbert Krämer, in: STA DU, Bestand Buchheim, 6/429.
963 RP, 28.2.1986; RP, 11.11.1986.
964 SZ, 28.2.1986; NRZ, 27.2.1986; Westfälische Rundschau, 27.2.1986.
965 KAP, 6.3.1986.

Stadt aber keine Fortschritte, da der Bestseller-Autor auf die Frage Krämers, ob er sich für eine Schenkung oder Stiftung entscheiden würde, erneut eine Antwort schuldig blieb.[966] Krämer hatte sich wie kein anderer ausdauernd um eine konstruktive Lösung der Konflikte bemüht. Bei der Ortsbesichtigung platzte ihm angesichts der massiven Vorwürfe verständlicherweise der Kragen. Der Oberstadtdirektor beförderte Buchheim kurzerhand aus dem Museum.[967] Unmittelbar nach dieser heftigen Auseinandersetzung setzte man sich wieder zusammen und verabredete, das Projekt in einigen Wochen mit besseren Nerven neu zu besprechen.[968]

In einem Brief legte Krämer noch einmal die strittigen Punkte dar und gab seiner Hoffnung Ausdruck, diese „trotz der Irritationen der letzten Wochen" nach seinem Urlaub klären zu können.[969] Sofern keine Einigkeit erzielt werden könne, solle man sich „im beiderseitigen Einvernehmen auf honorige Art und Weise trennen".[970] Wenige Tage später verkündete Buchheim, dass er seine Sammlung nicht nach Duisburg geben würde.[971]

Noch Wochen danach schimpfte er über die „dumpfe" und „schwerfällige" Ignoranz der Duisburger Verhandlungspartner. Das Lehmbruck-Museum sei eine „tote Hose" („WAZ") und werde wie ein „Mausoleum" betrieben.[972] Die Causa sei ein „Bilderbuchbeispiel für den Zusammenprall zwischen großen Ideen, hochfliegenden Plänen und einem muffigen Spießbürgertum".[973] Er könne in Duisburg nichts mehr in Bewegung setzen.[974] Die Stadt bzw. ein „mächtiger, verfilzter Kulturclan" habe die „Zugkraft seiner Sammlung benutzt, um damit den dritten Bauabschnitt des Lehmbruck-Museums über die Bühne zu bringen" und mit dem Neubau gleichzeitig eine Sanierung der vorhandenen „Bauruine" vornehmen zu können.[975]

Kulturdezernent Schilling widersprach diesem Vorwurf in der „NRZ" vehement: „Davon kann keine Rede sein. Wir haben einen Vertrag mit Buchheim gemacht, die Stadt hat sich um eine Ehrenprofessur für ihn bemüht, ein Wissenschaftler ist zur

---

966 NRZ, 27.2.1986.

967 WAZ, 7.3.1986; RP, 7.3.1986. Krämer äußerte in seiner Rede zur Verabschiedung von Christoph Brockhaus: „Beide kamen wir zu dem Schluss, dass er nicht mehr tragbar sei und haben ihn ohne parlamentarische Rückendeckung zum Rücktritt veranlasst – um es vornehm auszudrücken!", zit. nach Krämer, Herbert, Verabschiedung von Christoph Brockhaus. Rede vom 16.1.2010, in: Freundeskreis Wilhelm Lehmbruck Museum, Freundeskreis, S. 145–148, S. 148.

968 RP, 7.3.1986.

969 Schreiben von Herbert Krämer an Lothar-Günther Buchheim vom 14.2.1986, in: STA DU, Bestand Buchheim, 6/429.

970 WAZ, 21.11.1986.

971 RP, 27.2.1986.

972 WAZ, 12.4.1986; Kölner Stadt-Anzeiger, 1.3.1986.

973 Kölner Stadt-Anzeiger, 1.3.1986; vgl. WAZ, 8.3.1986.

974 FAZ, 27.2.1986.

975 NRZ, 26.2.1986; WAZ, 27.2.1987; Westfälische Rundschau, 27.2.1986.

Bearbeitung und Betreuung der Sammlung eingestellt worden, und wir haben die Welttournee der Bilder für Buchheim arrangiert. Das tut man nicht für lau!“[976] In der Äußerung offenbart sich ein großes Missverständnis. Für die oben genannten Schmeicheleien, zu denen noch die große Feier zum 65. Geburtstag, eine „pompöse Retrospektive“ („Rheinische Post“) seiner eigenen Bilder und ein hinter den Kulissen organisiertes Bundesverdienstkreuz gehörten, erwartete die Stadt Gegenleistungen.[977] Buchheim ließ sich aufgrund seines egomanischen und narzisstischen Charakters gern hofieren. Als von der Kunst „Besessener“[978] interessierte er sich aber einzig und allein für seine Sammlung und deren Präsentation. Dass er hierbei trotz aller Huldigungen keine Kompromisse eingehen würde, hatten seine Verhandlungspartner entweder gar nicht oder zu spät verstanden. Im Kulturausschuss legte Heinz Pletziger den Finger in die Wunde: „Nach dem Aktenstudium könne er nur feststellen, dass Buchheim stets genau gewusst habe, was er wolle und was er nicht wolle. [...] Entgegen der Verwaltungsstellungnahme habe Buchheim ausführliche Memoranden verfasst, in denen er seine Wünsche und Absichten sehr deutlich zum Ausdruck gebracht habe.“[979]

Darüber hinaus stellte Buchheim im Laufe der Zeit fest, dass die Stadt aufgrund ihrer desolaten finanziellen Situation gar nicht in der Lage war, ein angekündigtes „Zentrum zur Erforschung des Expressionismus“ zu finanzieren.[980] Entsprechende Mittel fehlten nicht nur für das Personal, sondern auch für die Ausstattung, beispielsweise für den Aufbau und Unterhalt einer Forschungsbibliothek.[981]

Erleichtert wurde der Abbruch der Verhandlungen durch die kritischen Stimmen der angeblich „eifersüchtigen Lehmbruck-Erben“.[982] Buchheim machte sie für seine Absage an Duisburg mitverantwortlich.[983] Sie wollten seine Forderung nach einer Benennung des neuen Museumstrakts in „Lothar-Günther-Buchheim-Museum“, die ihm der Oberstadtdirektor anscheinend zugesichert hatte, unter allen Umständen verhindern. In der „Rheinischen Post“ hieß es: „Einer der beiden Lehmbruck Söhne, Guido, hat dem Vernehmen nach Einspruch dagegen erhoben, weil er fürchtet, dass

976 NRZ, 26.2.1986.

977 RP, 27.2.1986.

978 So die treffende Bezeichnung von Peter Sager über die „Spezies“ Kunstsammler; vgl. ders., Begegnungen mit Kunstsammlern zwischen Aachen und Tokio, Köln 1992. Über die „Besessenen“ vgl. auch Gludowacz, Irene / Hagen, Susanne van / Chancel, Philipp (Hg.), Kunstsammler und ihre Häuser, München 2005.

979 KAP, 6.3.1986.

980 Schon in seinem Memorandum vom 6.7.1983 drängt Buchheim auf eine Klärung der Frage, wie genau ein solches Forschungszentrum aussehen solle, siehe STA DU, Bestand Buchheim, 3/422.

981 RP, 18.11.1986.

982 Die Zeit, 22.5.2001.

983 NRZ, 26.2.1986; Kölner Stadt-Anzeiger, 1.3.1986.

ein ‚Buchheim-Museum' möglicherweise das Lehmbruck-Museum ins zweite Glied verweisen werde."[984] Seinen Missmut hatte Guido Lehmbruck in einem Brief an den Oberbürgermeister deutlich zum Ausdruck gebracht.[985] Pikant war, dass Krings mehrfach öffentlich bekundet hatte, dass die Familie Lehmbruck keinen Druck auf die Stadt ausgeübt habe.[986] Im „Kölner Stadt-Anzeiger" wurde allerdings ein Interview mit dem Architekten Manfred Lehmbruck abgedruckt, das eindeutig das Gegenteil bewies. Er gab zu Protokoll, dass seine Familie alle Leihgaben zurückgezogen hätte, wenn es zur Namensgebung „Lothar-Günther-Buchheim-Museum" gekommen wäre.[987] Auch wenn der Oberstadtdirektor hoffte, trotz einer solch konfrontativen Haltung noch eine Einigung zwischen den Parteien zu erzielen, wurde die Trennung von Buchheim durch diese Differenzen sicherlich erleichtert.[988] Rückblickend äußerte Krings: „Duisburg bezog Position für Lehmbruck und auch zu der Frage, wer die Kulturpolitik einer Stadt bestimmt."[989] In seinen Memoiren beschrieb der Oberbürgermeister die ganze Dramatik der Situation: „Es drohte uns der Verlust der Lehmbruck-Exponate und der Sammlung Buchheim. Es drohte ein leeres Haus auf der Düsseldorfer Straße."[990] Das eindeutige Bekenntnis zu Lehmbruck seitens der Stadt war richtig. Die Versäumnisse aus den Verhandlungen in der Vergangenheit mit dem Kunstsammler konnten zu diesem Zeitpunkt nicht mehr gekittet werden.

Nach der Absage Buchheims an Duisburg betonte Direktor Christoph Brockhaus, dass im Depot seines Museums 5.000 Werke lagern würden, darunter 700 Skulpturen, 300 Gemälde und der Rest Grafiken. Alles sei „von hoher Qualität".[991] Damit könne das neue Haus in den nächsten Jahren bespielt werden.[992] Die „Rheinische Post" kommentierte hingegen, dass „all die Kunstschätze im Depot [...] nicht genügen, um für Duisburg die Ausstrahlung zu erreichen, die für die Expressionisten-Sammlung zu erwarten gewesen wäre".[993] Kunstkenner sahen dies genauso, weshalb die Industriellenfamilie Henle für den Ankaufsetat des Lehmbruck-Museums umgehend zwei Millionen DM über die Peter-Klöckner-Stiftung zur Verfügung stellte.[994] Durch dieses teure Trostpflas-

984 RP, 29.4.1985; RP, 27.2.1986.
985 KAP, 6.3.1986; vgl. RP, 18.11.1986.
986 WAZ, 27.2.1986; NRZ und WAZ, 7.3.1986.
987 Kölner Stadt-Anzeiger, 4.3.1986.
988 RP, 27.2.1986; Kölner Stadt-Anzeiger 8.3.1986.
989 Krings, Josef, Begrüßungsansprache anlässlich der Wiedereröffnung des Wilhelm-Lehmbruck-Museums Duisburg am 16.11.1991, in: DJ 1/1992, S. 3–5, S. 3.
990 Krings, Begegnungen, S. 55.
991 RP, 27.2.1986. Von 1985 bis zum Ende seiner Amtszeit 2010 konnte Brockhaus den Sammlungsbestand inklusive des Ankaufs des Lehmbruck-Nachlasses verdreifachen, siehe Brockhaus, Christoph, Rückblick mit Zukunft. Zur Bedeutung der Sammlung, in: Dinkla, Idee, S. 100–106, S. 100.
992 RP, 28.2.1986; vgl. WAZ, 27.2.1986.
993 RP, 27.2.1986.
994 NRZ, 1.3.1986; SZ, 1./2.3.1986.

ter, mit dem die Plastik „Frau auf dem Wagen“ von Alberto Giacometti erworben wurde, konnte der peinliche Skandal für die „allzu gutgläubigen Stadtväter“ („Rheinische Post“) abgemildert werden.[995] Die Stiftung förderte außerdem die Museumspädagogik langfristig. Trotz dieser Solidaritätsbekundung war der Zorn in der Bevölkerung auf die Verantwortlichen groß, da die Stadt die Ausgaben in fast allen Bereichen stark gekürzt hatte. Nun seien „12 Millionen für einen Flop hingegeben“ worden.[996]

Die lokale und regionale Presse berichtete ausgiebig über den Vorfall. Die „Rheinische Post“ bedauerte, dass ein „großer Wurf von großem Stil“, nämlich die Präsentation einer künstlerisch bedeutsamen Sammlung und die Gründung eines wissenschaftlichen Zentrums des deutschen Expressionismus, misslang.[997] Die „NRZ“ sah darin eine „gewaltige Blamage“.[998] Die „Kulturfront“ in Duisburg habe bis an die „Grenze der Selbstverleugnung“ verhandelt. Die Einschätzung bestätigte Konrad Schilling.[999] Es sei „viel gewagt und doch verloren“ worden.[1000] Ratsherr Pletziger von der CDU meinte, dass die Stadt „auf zu dünnes Eis gelockt worden und eingebrochen“ sei.[1001] Der Bau des Museumsabschnitts sei an einem „uninformierten Rat vorbei beschlossen worden“. Die konservative Oppositionspartei hielt sich angesichts des Eklats mit Kritik noch zurück, um den für Duisburg entstandenen Imageschaden nicht noch zu vergrößern. „Man habe sich mit der Kritik nicht leicht getan, da jedes Wort Kontra-Duisburg ein Wort Pro-Buchheim sei.“[1002] Die Beiträge der Mitglieder des Kulturausschusses, die vom Kulturdezernenten aufgefordert wurden, „Solidarität mit der Kulturpolitik dieser Stadt zu üben“, zeugen zum Teil von geringer Sachkenntnis. Ein Ratsherr konstatierte: „Was brauchen wir Buchheim, wir haben doch Lehmbruck.“[1003] Dirk Lachmann von der SPD bewies wenig politisches Gespür, indem er Buchheims These bestätigte, dass die Stadt dessen Sammlung als Vehikel zur Verwirklichung des lange geplanten dritten Bauabschnitts benutzte: Er sah die „Beschlussfassung zum Museumsbau mit und ohne Buchheim auch nachträglich noch für richtig an. Der politische Wille habe bereits seit 1969 einen dritten Bauabschnitt vorgesehen; die Konstellation, dass das Land, die Stiftung Duisburger Kulturbesitz und die Stadt sich die Baukosten mit Blick auf die Expressionisten-Sammlung teilten, sei günstig gewesen“.[1004]

---

995 FAZ, 30.10.1986; RP, 1.3.1986.
996 RP, 1.3.1986.
997 RP, 8.3.1986.
998 NRZ, 26.2.1986.
999 WAZ, 27.2.1986.
1000 NRZ, 1.3.1986.
1001 Dies und das Folgende nach RP, 7.3.1986.
1002 Dies und das Folgende nach KAP, 14.4.1986.
1003 KAP, 6.3.1986.
1004 RP, 7.3.1986.

Die Partei „Die Grünen" kritisierte, dass eine Stadt mit einer Arbeitslosenquote von 16 Prozent ohne vertragliche Absicherung ein Museum für zwölf Millionen DM baute. Man habe sich von Buchheim „über den Tisch ziehen lassen". Die Fraktion beantragte die Errichtung eines neutralen Untersuchungsausschusses. Die großen Parteien lehnten dieses Ansinnen ab. Daraufhin warfen einzelne grüne Ratsmitglieder aufgrund ihrer Empörung Akten um sich.[1005]

Kritik am Verhandlungsungeschick der städtischen Vertreter hagelte es von unabhängiger Seite. Der Dekan des Fachbereichs „Kunst- und Musikpädagogik" an der Universität Duisburg, Hans Brög, wies in einem Presseartikel darauf hin, dass „Buchheim falsch behandelt wurde".[1006] Die Gewerkschaft ÖTV forderte ein Revirement an der Spitze des Kulturdezernats.[1007] Sie habe schon 1985 geraten, „die Finger von dem Projekt zu lassen", das sich zu einer „Duisburger Posse" entwickelt habe.[1008] Überregionale Zeitungen erfreuten sich am Unterhaltungswert der Auseinandersetzung und berichteten darüber schadenfroh. In der „Zeit" wurde ein Artikel unter der Überschrift „Der Querulant und die Spießer" veröffentlicht, der die Geschehnisse pointiert und treffend zusammenfasste, weshalb er ausführlich zitiert wird: „Und nun also die neueste Folge der Endlos-Serie ‚Buchheim gegen den Rest der Welt': seine Expressionismus-Sammlung, die er, nach langer Suche nach dem ‚besten Stall', 1982 der Stadt Duisburg als Dauerleihgabe zugesichert hatte, zieht er zurück. Begründung: die ‚Waschbeckenhorizontler und Indolenten' von Duisburg hätten mit ihrer Kleinkariertheit und Spießerei, mit ihrem Mißbrauch der Kunst zu lokalpolitisch dekorativen Zwecken nicht nur seine Energie über Jahre hinweg verschlissen, sondern auch die Vision, die er im Kopf hatte, kaputt gemacht. Die Duisburger sehen das natürlich anders: sie haben ihrem Lehmbruck-Museum einen (von Buchheim als ‚angebaute Tortenschachtel' qualifizierten) Neubau für die Expressionismus-Sammlung hinzugefügt, der Ende dieses Jahres eröffnet werden soll. Sie haben die von Buchheim gewünschte ‚Welt-Tournee' der Sammlung organisiert, auf der die Kunstwerke, wider besseres konservatorisches Wissen, von Israel nach Amerika und Rußland nach Griechenland gejagt wurden. Sie haben Buchheim zum Ehrendoktor gemacht und seine eigenhändigen Kunstprodukte ausgestellt und mit einem dicken Katalog geehrt. Und nun also sagt Buchheim: April, April. Oder besser: Es ist mir alles zu beschissen in diesem Sauladen. Womit er natürlich durchaus nicht so unrecht hat, wenn man an die Berufsqualifikation der Kulturpolitiker im allgemeinen und in Duisburg im beson-

1005 RP, 15.3.1986: „Grüne beantragten Sonderausschuss zu Buchheim-Affäre. Turbulente Szenen in der Ratssitzung. Gemeindeordnung flog in hohem Bogen auf den Boden".

1006 Vgl. NRZ, 28.2.1986.

1007 NRZ, 27.2.1986; WAZ, 28.2.1986.

1008 RP, 28.2.1986.

deren denkt. Der lokale Kulturdezernent, der gern durch Aggressivität und Rüpeleien auf sich aufmerksam macht, hat den Gegner/Partner Buchheim in seiner barocken Maßlosigkeit nie begriffen und sich gedacht, er funktioniere wie der gute Polit-Kumpel: einmal geschmiert, ewig solidarisch. Aber Buchheim ist nur mit sich selbst solidarisch. Und wer ihn nicht packt, den frikassiert er. Buchheims Streitsucht hier und die Unfähigkeit der Kulturbürokratie dort: das wären, wegen des Déjà-vu-Charakters, nur zwei mittelmäßige Grotesken. Zusammen aber ergibt das Ganze ein Trauerspiel. Hier eine Verwaltung, die glaubte, mit einem Brocken wie Buchheim auf dem Amtswege fertig werden zu können; dort ein Egomane, der nun schon zum zweiten Mal die Verlobung aufgekündigt hat."[1009] Buchheim verarbeitete seine Enttäuschung im Buch „Das Museum in den Wolken". Die Schrift ist eine einseitige und bittere Abrechnung mit den maßgeblichen Akteuren der Duisburger Kulturpolitik. Seine Interpretation des Scheiterns bringt er auf einen klaren Nenner, die er dem Buch voranstellt: „Man kann mit Brunnenfröschen nicht vom Ozean reden."[1010]

Andernorts hatte der Kunstsammler letztlich mehr Erfolg. Im Frühjahr 2001 wurde in der bayerischen Provinz, in Bernried am Starnberger See, das Lothar-Günther-Buchheim-Museum eröffnet. Sieben Jahre nach der Gründung hatten bereits über eine Million Gäste das Museum besucht.[1011] „Buchheim, der den Expressionismus für eine ‚proletarische Kunst' hielt, wünschte sich ausdrücklich, sein Lebenswerk ‚im Industriegebiet' anzusiedeln."[1012] Durch die Fixierung auf eine herkömmliche Museumskonzeption in engen, scheinbar akademischen Grenzen ist es ironischerweise gerade dort nicht dazu gekommen. Ein unabhängiger und wagemutiger Museumsdirektor hätte Buchheim kreative und methodische Freiheiten gewährt und seine Verrücktheiten und Provokationen toleriert. Parallel dazu hätten die neuartig präsentierten Werke wissenschaftlich erschlossen und kommentiert werden können. Die wertvolle Sammlung wäre auf diese Weise für die Stadt und das Land gesichert gewesen. In Duisburg wäre ein Haus der Kunst mit Werkstatt- und Modellcharakter entstanden, das Impulse für die Museumsforschung setzen und neue Fragestellungen in der Wissenschaft hätte aufwerfen können. Vom frisch installierten Christoph Brockhaus, der von den Vorgaben der Verwaltungsspitze abhängig war, konnte dies nicht erwartet werden.[1013]

1009 Die Zeit, 14.4.1986.

1010 Vgl. RP, 11.11.1986; RP, 18.11.1986.

1011 Segieth, Clelia, Das Buchheim Museum begrüßte am Donnerstag, dem 31. Juli 2008, den Millionsten Besucher, online verfügbar: http://www.buchheimmuseum.de/aktuell/2008/million.php

1012 Westfälische Rundschau, 27.2.1986.

1013 RP, 28.2.1986; RP, 11.11.1986; NRZ, 21.11.1986.

Eine der größten Chancen, die sich der Duisburger Kulturpolitik geboten hatte, wurde vertan. Der berühmte ZERO-Künstler Heinz Mack bezeichnete das Lehmbruck-Museum im Oktober 2015 öffentlich als „Friedhof", das sich im „Winterschlaf" befinde.[1014] Ausstellungen und Eigenpublikationen des Hauses mit ostentativen Titeln wie „Das lebendige Museum" konnten daran nichts ändern.[1015] Ein „Brücke-Museum" mit Buchheims Sammelsurium mitten im Ruhrgebiet hätte nicht nur die Bevölkerung in der Region begeistert, sondern langfristig zahlreiche auswärtige Besucher angelockt. Der zuständige Fachbereich der Universität hätte gestärkt und das Image der Stadt nachhaltig verbessert werden können. Duisburg verpasste es, eine Vorreiterrolle mit einer einzigartigen Ausstellungskonzeption in Deutschland zu übernehmen. Museale Normen und akademische Regeln wollte man nicht brechen, da man befürchtete, von konservativer oder fachlicher Seite als provinziell belächelt und kritisiert zu werden. Aber gerade in diesem Zaudern – vielleicht sogar dieser Feigheit – manifestiert sich Provinzialität.

6.2 Ende einer Odyssee: Die Gründung des Kultur- und Stadthistorischen Museums

Obwohl sich eine Stadtbevölkerung mit einem Museum über die eigene lokale Geschichte besonders leicht identifizieren kann, dauerte die Gründung einer solchen Institution in Duisburg Jahrzehnte: „Das ‚Stiefkind Heimatmuseum' hat es vielerorts gegeben, nicht überall verlief seine Entwicklung jedoch derart unglücklich wie in Duisburg."[1016] Erst 1991 konnte diese Lücke in der kulturellen Infrastruktur durch die Errichtung des Kultur- und Stadthistorischen Museums am Innenhafen geschlossen werden. Die städtische Sammlung hatte zuvor eine wahre Odyssee überstehen müssen.

Die aus vielen privaten Stiftungen zusammengetragene „Sammlung des Duisburger Altertumsvereines" war seit 1902 im Duisburger Rathaus zu sehen. Insbesondere die wertvollen Atlanten und Globen Gerhard Mercators erhöhten den Wert

1014 RP, 22.10.2015.

1015 Lauer, Britta, Das lebendige Museum. Wilhelm-Lehmbruck-Museum, Duisburg 1997. Immerhin konnte Kulturdezernent Gerd Bildau die Umwandlung des Museums in eine Stiftung vermelden. Die wirtschaftliche Situation und Attraktivität des Museums hat sich durch das Engagement der Duisburger Wirtschaft, vertreten durch den Landschaftsverband Rheinland und die Niederrheinische Industrie- und Handelskammer, verbessert. Über die Vorteile der Umwandlung vgl. GB Duisburg 2001, S. 38ff.

1016 Dunas, Peter, 100 Jahre Museum Duisburg. Von der „Commission zur Erhaltung und Sammlung von Duisburger Altertümern" zum heutigen „Kultur- und Stadthistorischen Museum", in: DJB 2003, S. 153–160, S. 154.

des Bestands beträchtlich. Dieser erhielt nach ihrem Verwalter den Namen „Averdunk-Sammlung". Der Duisburger Gymnasialprofessor und Archivar Heinrich Averdunk (1840–1927), der Autor der ersten Stadtgeschichte Duisburgs, ergänzte die Sammlung mit volkskundlichen Gegenständen aus seinem Privatbesitz. Mit der Eingemeindung Hamborns 1929 kamen die Exponate des dortigen Heimatmuseums hinzu.[1017]

In den „Jahrzehnten der zwei Weltkriege zog das Museum von einem Provisorium in das nächste, wechselte mehrfach den Namen, erhielt aber nie eine geeignete Heimstatt."[1018] Lange wurden die Objekte im Rathaus ausgestellt. 1935 bezog es eine alte Villa im Kantpark an der Ecke Düsseldorfer/Friedrich-Wilhelm-Straße.[1019] Dr. Schmitz-Veltin, der seit 1936 im Museum arbeitete und im Januar 1938 dessen Leitung übernahm, erweiterte die Sammlung durch zahlreiche Ankäufe erheblich. Er legte den Schwerpunkt auf eine „eher volkskundlich-regionalgeschichtliche statt urgeschichtliche Ausrichtung".[1020] 1939 erhielt das Haus den Namen „Niederrheinisches Museum". Das Gebäude wurde im Februar 1945 zerstört. Die Exponate waren zuvor in Sicherheit gebracht worden.

In den Jahrzehnten nach dem Zweiten Weltkrieg sei das Niederrheinische Museum nach dem Urteil der „Rheinischen Post" „von den Stadtvätern so oft herumgeschubst worden, dass man (mit leichter Übertreibung) fast an eine Dauer-Wanderausstellung denken könnte".[1021] Zwar gründeten einige Heimatpfleger und Honoratioren der Stadt im Dezember 1950 die „Mercator-Gesellschaft", die sich der Heimatkunde verschrieb. Doch eine eigene dauerhafte Ausstellungsfläche blieb jahrzehntelang Utopie. Kulturpolitisch hatte die Gründung des Wilhelm-Lehmbruck-Museums Priorität.

Fritz Tischler, der die heimatkundliche Sammlung von 1946 bis 1967 betreute, fühlte sich als „Direktor ohne Museum".[1022] Zunächst wurden die Bestände im ehemaligen Wandelgang des vierten Rangs im Stadttheater untergebracht.[1023] Nach der Gründung der „Deutschen Oper am Rhein" 1956 musste der Standort aufgegeben werden, da das Theater den Platz benötigte. Im selben Jahr wurde die „Villa Böninger" in der Düsseldorfer Straße bezogen. 1962 wurde die Villa abgerissen, da

1017 Vgl. Kultur- und Stadthistorisches Museum (Hg.), Am Anfang war ... Kostbarkeiten aus Duisburgs Vergangenheit, Duisburg 2002, S. 8–12.

1018 Krings, Josef, Eröffnung des „Kultur- und Stadthistorischen Museums Duisburg" am 22.3.1991. Begrüßungsrede von Oberbürgermeister Josef Krings, in: DJ 5/1991, S. 23–24, S. 23.

1019 NRZ, 6.7.1985.

1020 Dunas, Dokumentation, S. 206.

1021 RP, 8.7.1985.

1022 Dunas, Dokumentation, S. 215.

1023 Ebd., S. 235.

in der Nähe das Wilhelm-Lehmbruck-Museum entstand. Direktor Tischler brachte seinen Unmut darüber in einem Schreiben an den Beigeordneten Wehner zum Ausdruck: „Es dürfte allgemein bekannt sein, dass wir auch aus der Böninger Villa weichen mussten, weil Dr. Manfred Lehmbruck es für untragbar hielt, eine Villa aus dem Jahre 1864 neben dem neuen Kunstmuseum stehenzulassen, obwohl das bei einigermaßen gutem Willen leicht möglich gewesen wäre und in vielen anderen Städten auch entsprechend durchexerziert worden ist, wo man alt und neu seelenruhig nebeneinander stehenließ. Die Instandsetzung und ein kleiner Anbautrakt wären damals – verglichen mit späteren Summen – die weitaus billigste und idealste Lösung gewesen, und man hätte zusätzlich das Haus einer alten traditionsreichen Duisburger Familie erhalten können. Allen diesen Fragen gegenüber war Herr Dr. Lehmbruck bekanntlich vollkommen ablehnend, und da er alle Trümpfe in der Hand hatte, beugten sich jeweils der Kulturausschuss und die anderen Ausschüsse der Stadt seinen Wünschen."[1024] Deutlicher lässt sich die Schwerpunktsetzung in der Duisburger Museumspolitik in dieser Zeit kaum beschreiben. Eine Instandsetzung der Böninger Villa hätte 500.000 DM gekostet. Das Geld sollte zugunsten des Lehmbruck-Museums gespart werden. Trotzdem wirkt es aus heutiger Sicht befremdlich, dass man sich dem Willen Manfred Lehmbrucks beugte und das „letzte Duisburger Bürgerhaus" einfach abriss.[1025]

Das Niederrheinische Museum bezog die alten Räume des bisherigen Kunstmuseums in der Mülheimer Straße 39. Die Nutzungsfläche betrug hier lediglich 400 m² und verringerte sich damit um mehr als die Hälfte. 1966 wurde eine neue Lösung gefunden: Da auch die Stadtbibliothek ein größeres Haus benötigte und in ein ehemaliges Kaufhaus zog, konnte der frei gewordene Bibliotheksbau im Kantpark genutzt werden.[1026] Durch Instandhaltungs- und Umbaumaßnahmen zog sich der Umzug bis 1969 hin. Im neu bezogenen Haus wurden die Ausstellungen „Mercator und seine Zeit", „Vorgeschichtliche Funde vom Niederrhein" sowie „Römische Funde aus Asciburgium-‚Asberg'" präsentiert. Die räumlichen Bedingungen in dem ausgedienten Pavillon aus der Nachkriegszeit waren gleichwohl auch hier „beängstigend".[1027] Große Teile der Sammlung mussten in Magazinen gelagert werden. Schon die Eröffnung hatte am 9. Februar 1969 in der Mercatorhalle stattfinden müssen. Zur Feier des Tages überreichte August Seeling dem Museum den berühmten Corputius-Plan von Duisburg, der durch eine Privatinitiative angekauft worden war.[1028]

1024 Ebd., S. 237 und S. 228.
1025 Ebd. S. 238.
1026 RP, 8.7.1985.
1027 Krings, Begrüßungsrede „Kultur- und Stadthistorisches Museum Duisburg", S. 23.
1028 Dunas, Dokumentation, S. 247.

Tischler erlebte die Neueröffnung nicht mehr. Er verstarb 1967. Sein Nachfolger wurde Dr. Cornelius Ankel. Laut Josef Krings habe dieser seine Aufgabe darin gesehen, „in einer Arbeiterstadt [...] die kulturellen Einrichtungen einer Stadt allen Bürgern zu öffnen. Das war ihm Ernst. Da steckte seine pädagogische Leidenschaft."[1029] Ankel wollte „einen Weg [...] gehen, der vom Heimatmuseum alten Stils wegführt".[1030] Im Juni 1970 konnte er in seinem Haus eine Cafeteria einweihen, die Duisburger Künstler als Ausstellungsfläche nutzten. Ein Jahr nach der Eröffnung zählte das Museum 12.000 Besucher. 1971 waren es 18.500.[1031] Im Januar 1976 starb Ankel unerwartet. Sein Nachfolger wurde Dr. Gernot Tromnau. Er verlagerte den Schwerpunkt von der klassischen Archäologie auf stadt- und kulturhistorische Themen, um das Haus noch publikumswirksamer aufzustellen. Diese Ausrichtung lobte Josef Krings: „Die Zusammenarbeit mit Schulen und Hochschule, Kontakte zu Künstlern und Arbeiterschaft, zur Politik und Industrie führte zu einem bürgernahen Museum."[1032] Tromnau war mit der Aussicht nach Duisburg gelockt worden, ein neues Museum aufzubauen.[1033] Krings bekräftigte dieses Unterfangen 1977 in einer öffentlichen Stellungnahme: „An einer Erweiterung oder an einem Neubau kommen wir nicht mehr vorbei."[1034] Fast zehn Jahre später war der Plan noch immer nicht realisiert. 1986 platzte das Museum nach Ansicht des Direktors „aus allen Nähten".[1035] Dem Ist-Zustand der Museumsfläche von 1.572 m² (davon 800 m² Ausstellungsfläche) im Kantpark stand ein Raumbedarf von 4.150 m² gegenüber. Der Zustand wurde als „desolat" bezeichnet und erfüllte „weder baulich noch räumlich seinen Zweck".[1036]

Im Oktober 1986 kündigte Landesminister Christoph Zöpel eine Finanzspritze für den Umzug des Niederrheinischen Museums an: Die Stadt erhielt dafür zweckgebunden acht Millionen DM aus dem Etat für Stadtentwicklung des Landes NRW.[1037] Duisburg steuerte 2,2 Millionen DM bei.[1038] In der lokalen Presse wurde das Vorhaben einhellig begrüßt und die Gesamtsumme als verhältnismäßig günstig bewertet. Als neuer Standort sollte die alte Kampffmeyer-Mühle im Innenhafen dienen. Die „Einrichtung eines stadtgeschichtlichen Museums in einem ehemaligen Industriegebäude" erschien nach Ansicht der „Rheinischen Post" folgerichtig, „denn schließlich ist

1029 Ebd., S. 252.
1030 Ebd., S. 247.
1031 Ebd., S. 248.
1032 Ebd., S. 271.
1033 RP, 1.11.1986.
1034 Dunas, Dokumentation, S. 252.
1035 NRZ, 27.3.1986.
1036 Dunas, 100 Jahre, S. 159; WAZ, 17.10.1986.
1037 WAZ, 17.10.1986.
1038 RP, 15.2.1989.

Duisburg weitgehend eine von der Industrie geprägte Stadt."[1039] Das Areal war zudem ein geschichtsträchtiger Ort: In der Nähe befanden sich das Rathaus, die Salvatorkirche, das Stadtarchiv, ein kleiner archäologischer Park und der größte Teil der Stadtmauer. Diese war – einmalig im Ruhrgebiet – noch zu einem Drittel erhalten.[1040]

1988 erwarb die Stadt die „verfallene Mühle" aus dem 19. Jahrhundert.[1041] Zunächst wurde sie aufwändig entkernt. Einige Räume wurden klimatisiert, damit die empfindlichen Atlanten und Globen aus der Mercator-Sammlung den Besuchern dauerhaft präsentiert werden konnten.[1042] Auch die „Sammlung Haus Königsberg" sollte darin eine neue Heimat finden.[1043] Vor dem Museum wurden wuchtige Zeugnisse der Duisburger Industriegeschichte aus den Branchen Stahl (Bahnwaggon mit Gusspfanne), Bergbau (Seilscheibe des Schachts Walsum) und Hafen (Kran) ausgestellt.[1044]

Als langwierig und schwierig gestaltete sich die Suche nach einem Namen für das Museum. Die Bezeichnung „Niederrheinisches Museum", die 1939 erfolgte, erschien der Kulturverwaltung inzwischen als provinziell, da sie zu sehr nach „Heimatmuseum" klinge. Als Alternative schlug sie den wenig griffigen Titel „Kulturhistorisches Museum Duisburg mit Gerhard-Mercatorsammlung" vor.[1045] Nachdem auch der zwischenzeitlich kursierende Name „Kulturhistorisches Museum Duisburg" verworfen wurde, einigte man sich auf „Kultur- und Stadthistorisches Museum".[1046] Beobachter fanden diesen Titel immer noch zu „langatmig".[1047]

Das „Kultur- und Stadthistorische Museum" wurde am 23. März 1991 eröffnet. Die Mehrkosten für den Bau beliefen sich auf 642.000 DM. 90 Prozent davon übernahm das Land NRW.[1048] Oberbürgermeister Krings dankte, dass Duisburg vom Land NRW „reich beschenkt" worden sei.[1049] Er hob die Ansiedlung des Museums in seinem Grußwort besonders hervor: „Ich finde es fesselnd, dass das Kultur- und Stadthistorische Museum hier im Innenhafen seinen endgültigen Standort findet. Hier ist der erste Siedlungsplatz, die Keimzelle Duisburgs. Rathaus, Salvatorkirche, Stadtmauer – sie sind die historische Essenz unserer Stadt."[1050] Landesminis-

1039 RP, 1.11.1986.
1040 WAZ, 29.4.1987.
1041 Dunas, Dokumentation, S. 274.
1042 WAZ, 12.7.1990.
1043 RP, 12.7.1990.
1044 NRZ, 15.7.1989; NRZ, 11.8.1989.
1045 WAZ, 13.11.1989.
1046 NRZ, 31.3.1990; RP, 12.7.1990.
1047 RP, 24.3.1992.
1048 WAZ, 9.2.1990; RP, 14.2.1990; NRZ, 6.3.1990.
1049 WAZ, 23.3.1991.
1050 Krings, Begrüßungsrede „Kultur- und Stadthistorisches Museum Duisburg", S. 24. Über das Museum, seine Geschichte und Ausstellungsgegenstände vgl. Sommer, Susanne / Dunas,

ter Wolfgang Clement unterstrich in seiner Ansprache die übergeordnete Funktion des Hauses: „Moderne Kulturpolitik“ sei dem Ziel der „Kultur für alle“ verpflichtet. Möglichst viele Bürger sollten sich am „vielfältigen und vielgestaltigen Reichtum des kulturellen Lebens beteiligen“.[1051] Museumsdirektor Tromnau prophezeite, dass das Museum als Spiegel der Stadtgeschichte „niemals fertig sein“ werde: „Das darf es auch nicht, sonst würde es statisch und die Dynamik ginge verloren.“[1052] Ein Jahr nach der Eröffnung zeigte er sich mit der Publikumsresonanz überaus zufrieden: Rund 50.000 Gäste hatten die neuen Räumlichkeiten im Kultur- und Stadthistorischen Museum in den ersten zwölf Monaten besucht. Die Besucherzahlen konnten damit mehr als verdoppelt werden.[1053]

Der Kulturbegriff des Museums war weit gefasst. Im Rahmen der „Akzente“ 1993 widmete man sich in einer Ausstellung der Duisburger Jugendszene seit 1968. Susanne Sommer, die Kuratorin, wollte „durch diese Bestandsaufnahme Anregungen geben, für das, was in Duisburg fehlt“.[1054] Gemeint war die Lücke in der kulturellen Infrastruktur, die durch die Schließung des soziokulturellen Zentrums Eschhaus entstanden war. „Die freie Jugendkultur“ konnte man in der Stadt an Rhein und Ruhr lediglich „im Museum bewundern“.[1055] In Duisburg verfahre man immer noch nach dem Motto „Traue keinem unter 40“.

Das Museum wollte verstärkt Duisburger Stadtgeschichte erforschen. Die Ergebnisse sollten vor allem die Einwohner der Stadt interessieren.[1056] 1993 folgte eine Präsentation über die Kultur- und Sozialgeschichte der „Trinkhallen im Revier“. Die 1992 gewählte Kulturdezernentin Dr. Iris Magdowski (CDU) kündigte eine Schau über die türkische Kulturgeschichte an. Ziel sei es, „den in Duisburg lebenden Türken“ zu verdeutlichen, „dass sie stolz auf die großen kulturellen Leistungen ihres Landes“ sein konnten.[1057] 1995 ließ die Kulturdezernentin Leitlinien für die künftige Ausrichtung des Museums erarbeiten. Dies geschah vorausschauend im Hinblick auf das bevorstehende Jubiläum des Museums 2002. Schwerpunktthemen bildeten die „Entwicklung der mittelalterlichen Handelsstadt sowie die Industriegeschichte und der Strukturwandel“. Das Museum sollte nicht nur „ein Institut für die Vergangenheit, sondern auch für die Gegenwart und Zukunft sein“.[1058] Die Duisburger Bevölkerung solle sich

Peter (Hg.), „Kultur- und Stadthistorisches Museum der Stadt Duisburg“. Festschrift zum 100-jährigen Bestehen 1902–2002, Duisburg 2002.

1051 WAZ, 23.3.1991.

1052 Ebd.

1053 RP, 24.3.1992.

1054 NRZ, 10.2.1993.

1055 RP, 3.5.1993.

1056 WAZ, 1.7.1993.

1057 WAZ, 24.8.1993.

1058 RP, 24.10.1995.

„mit dem Bau am Innenhafen identifizieren können".[1059] Dazu zählte das Museum die gesamte Einwohnerschaft: 1997 versprach die wissenschaftliche Mitarbeiterin Susanne Sommer, die „17 Prozent ausländischer Mitbürger in Duisburg künftig mehr zu berücksichtigen".[1060] Das publikumswirksame Konzept erwies sich als erfolgreich. 1999 wurde die bislang erfolgreichste Schau „4 Millionen Jahre Mensch" mit über 62.000 Besuchern gezeigt.[1061]

Nach dem Ausscheiden Gernot Tromnaus übernahm im Dezember 2000 Susanne Sommer die Leitung des Museums. Sie sorgte für eine „stärkere Profilierung und Aktualisierung der Ausstellungsinhalte" und den „Ausbau eines lokalen Bezugs" mit Themen, deren Spektrum von der Frühgeschichte Duisburgs bis hin zur TV-Figur Horst Schimanski reichte.[1062] Trotz personeller und finanzieller Defizite wurden diese selbst gesteckten Ziele weitestgehend erreicht. Zehn Jahre nach der Eröffnung des Kultur- und Stadthistorischen Museums schrieb die „Rheinische Post": „In den zehn Jahren hat das Museum einen hohen Stellenwert für die Duisburger Bevölkerung und auswärtige Besucher gewonnen."[1063]

6.3 Das Binnenschifffahrtsmuseum und der Hafen als Teil der kulturellen Identität der Stadt

Das Binnenschifffahrtsmuseum

Obwohl Duisburg seit Jahrhunderten schicksalhaft mit dem Rhein verbunden ist und lange Zeit über den größten Binnenhafen der Welt verfügte, tat sich die Stadt „schwer mit der Schaffung eines Schifffahrtsmuseums".[1064] Pläne, in Duisburg ein Schifffahrtsmuseum zu bauen, reichen bis in das Jahr 1927 zurück. Damals wurde eine „Niederrheinische Schiffahrtsausstellung" in Duisburg-Ruhrort gezeigt, die von der Stadt und der Niederrheinischen Industrie- und Handelskammer organisiert wurde. Gezeigt wurden Schiffsmodelle und andere, zumeist technische Exponate aus der Binnenschifffahrt. Übergeordnetes Ziel war es, die Öffentlichkeit von der Notwendigkeit eines Binnenschifffahrtsmuseums zu überzeugen. 1935 wurde die Sammlung in der

1059 Ebd.
1060 NRZ, 15.7.1997.
1061 Dunas, Dokumentation, S. 276.
1062 Ebd., S. 278.
1063 RP, 22.3.2001.
1064 Tromnau, Gernot, Zur Geschichte der Deutschen Binnenschifffahrt, in: Gesellschaft zur Förderung des Museums der Deutschen Binnenschifffahrt Duisburg-Ruhrort e.V. (Hg.), Das neue Binnenschifffahrtsmuseum, Oberhausen 1998, S. 7–11, S. 7.

Böningschen Villa untergebracht, konnte dort aus Platzgründen aber nicht gezeigt werden. Am Ende des Zweiten Weltkriegs gingen die meisten Objekte nach dem Einmarsch der Alliierten verloren oder wurden zerstört.[1065]

In der Zeit des Wiederaufbaus wurde die Frage nach einem Schifffahrtsmuseum mehrfach aufgeworfen. 1956 bildete die Stadt dafür Rücklagen, die dann aber für andere Zwecke ausgegeben wurden.[1066]

Zehn Jahre später sollte der letzte Radschleppdampfer auf dem Rhein, das 1922 gebaute Schiff „Oscar Huber", verschrottet werden. Engagierte Bürger verhinderten dies durch die Gründung eines Vereins.[1067] Als diese Gemeinschaft die hohen Unterhaltskosten für den Dampfer nicht mehr alleine stemmen konnte, übernahm die Stadt 1971 das Fahrzeug mit dem Ziel, es zu einem Museumsschiff umzubauen. Am 19. Mai 1974 wurde an Bord der „Oscar Huber" auf engem Raum das erste Duisburger Schifffahrtsmuseum eröffnet.

Durch das bürgerschaftliche Engagement konnte 1979 ein Museum in einem eigenen großen Gebäude verwirklicht werden. Mehr als 40 Unterstützer hatten sich 1977 in der „Gesellschaft zur Förderung des Museums der Deutschen Binnenschiffahrt" zusammengefunden.[1068] Ihre Bemühungen waren erfolgreich: Am 13. Juni 1977 beschloss der Rat der Stadt die Gründung des „Museums der Deutschen Binnenschifffahrt Duisburg-Ruhrort", nachdem das Ruhrorter Rathaus durch die kommunale Neugliederung überflüssig geworden war.[1069] Grundlage dafür war ein ausgereiftes fachliches Konzept des Direktors des Niederrheinischen Museums, Gernot Tromnau.[1070] Die „Oscar Huber" wurde integraler Bestandteil des Museums. Ein ebenfalls begehbarer Eimerketten-Dampfbagger folgte 1984. Organisatorisch wurde das Museum in Ruhrort dem Niederrheinischen Museum angegliedert. Es vermittelte Kenntnisse zur Wirtschafts-, Technik- und Sozialgeschichte der Binnenschifffahrt. Highlight der Sammlung ist ein 2.400 Jahre alter Einbaum. Mit über 15 Metern Länge ist er der größte, der in Europa je gefunden wurde.[1071]

1065 Ebd; Ley, Anne, Museum der Deutschen Binnenschifffahrt Duisburg-Ruhrort. Führer durch die Ausstellung, Essen ²2010, S. 12.

1066 Tromnau, Gernot, Museum der Deutschen Binnenschiffahrt Duisburg-Ruhrort, Braunschweig 1989, S. 18.

1067 WAZ, 24.2.1988.

1068 Hoffmann, Kerstin, „Wo, wenn nicht in Duisburg?" – 30 Jahre Museum der Deutschen Binnenschifffahrt, in: DJB 2009, S. 158–162, S. 159.

1069 Stadt Duisburg, Die Oberbürgermeisterin (Hg.), „Museum der Deutschen Binnenschifffahrt Duisburg-Ruhrort". Führer durch die Ausstellung, Duisburg 2000.

1070 Tromnau, Museum, S. 18.

1071 WAZ, 17.11.1984; WAZ, 19.3.2008.

Das große Haushaltsdefizit der Stadt Mitte der 1980er Jahre spiegelte sich schon bald in der Museumsarbeit wider. 1987 bemängelte ein Kommentator in der „Rheinischen Post“, dass das Binnenschifffahrtsmuseum „in Nöten sei“ und die Sammlung denkbar schlecht präsentiert werde.[1072] Teile des Hauses glichen einer „Rumpelkammer“. Ohne das „Engagement zahlreicher Bürger“ müsste „das Museum wahrscheinlich seine Pforten schließen“. Die Exponate würden „unzureichend, manchmal gar nicht erläutert“ und „lieblos behandelt“.

Kritiker behaupteten, dass die „Oscar Huber“ in der Obhut der Stadt „vergammeln“ bzw. „verrotten“ würde.[1073] In der Tat hatte die Stadt seit der Übernahme 1971 keine Wartungsarbeiten mehr an der „Oscar Huber“ vornehmen lassen. Fachleute stuften es als „technisches, wirtschaftliches und sozialgeschichtliches Denkmal ersten Ranges“ ein.[1074] Das Fahrzeug sei ein „bekanntes und beliebtes Wahrzeichen für den Hafen, für Ruhrort und Duisburg“.[1075] Da die Arbeits- und Wohnbereiche der Besatzung erhalten blieben, konnte das Schiff einen Eindruck von den Lebensbedingungen der Binnenschiffer vermitteln.[1076] Wer die Pflege vernachlässige, so die „NRZ“, der „schadet auch dem Image der Stadt“.[1077] Einmal mehr konnte durch bürgerschaftliches Engagement und „nicht auf Initiative derjenigen, die im Rathaus für den Erhalt dieser Stücke die Verantwortung tragen“, der stark verrostete Raddampfer vor der Verschrottung gerettet werden.[1078] Der Direktor des Steigenberger Hotels „Duisburger Hof“, Detlev Zürn, initiierte eine Spendenaktion, an der sich seine Gäste und Mitarbeiter aktiv beteiligten. Nach drei Monaten wurden Geld- und Sachleistungen im Wert von 200.000 DM aufgetrieben, um das Schiff in einer Werft generalüberholen zu lassen.[1079] Kulturdezernent Schilling zeigte sich hocherfreut: „Das Schiff wird dann in einem Umfang renoviert, wie wir es uns nicht einmal geträumt hätten.“[1080] Im September 1988 konnte die frisch renovierte „Oscar Huber“ der Öffentlichkeit übergeben werden. Josef Krings dankte Detlev Zürn zu diesem Anlass öffentlich: Er habe „erkannt, was die Menschen in der Stadt bewegt, die Initiative ergriffen und für das schon stark verrostete Schiff gesammelt“.[1081] Es war weniger erstaunlich als vielmehr symptomatisch für die Kulturpolitik der Stadt, dass nicht die Verantwortlichen, sondern eine externe Person dieses Engagement aufbrachte.

1072 Dies und das Folgende nach RP, 7.11.1987.
1073 RP, 25.3.1987; NRZ, 11.9.1987.
1074 WAZ, 24.2.1988.
1075 NRZ, 11.9.1987.
1076 WAZ, 24.2.1988.
1077 NRZ, 11.9.1987.
1078 RP, 7.11.1987.
1079 NRZ, 15.3.1988; WAZ, 25.3.1988.
1080 NRZ, 15.3.1988.
1081 RP, 19.9.1988.

1998 zog das Binnenschifffahrtsmuseum in ein Schwimmbadgebäude aus der Gründerzeit um, das in den 1980er Jahren aus Kostengründen geschlossen worden war.[1082] Im Rahmen der Internationalen Bauausstellung (IBA) begann Anfang der 1990er Jahre in Ruhrort ein umfassendes Stadtteilerneuerungsprojekt, das eine Wiederbelebung des historischen Ortskerns und seiner spezifischen Hafenatmosphäre zum Ziel hatte. Kernstück war die Steigerung der Attraktivität des Binnenschifffahrtsmuseums, die dringend notwendig geworden war. Durch die IBA konnte das Jugendstil-Hallenbad, das von 1908 bis 1910 erbaut wurde, vor dem Abriss bewahrt werden.[1083] Das Museum verfügte nun über das Doppelte der ursprünglichen Ausstellungsfläche, sodass die in Deutschland umfangreichste Sammlung zur Binnenschifffahrt angemessen zur Schau gestellt werden konnte. Die Dauerausstellung wurde neu konzipiert und „der arbeitende Mensch" in den Vordergrund gerückt.[1084] Lücken in den Beständen konnten durch Ankäufe fehlender Exponate, insbesondere zur Sozialgeschichte, geschlossen werden. Die Geschichte Ruhrorts und des Hafens, aber auch das turbulente Treiben in den Ruhrorter Kneipen wurde fortan ausreichend berücksichtigt. Zugleich war es den Besuchern möglich, die Baugeschichte des Hauses bei einem Rundgang durch die Ausstellung zu erkunden. Seit 2004 beherbergt das Museum ein eigenes Restaurant. Die wichtigste Aufgabe des Binnenschifffahrtsmuseums formulierte Oberbürgermeister Adolf Sauerland 2010: „Das Museum stiftet Identifikation mit dem Hafen und der Stadt Duisburg."[1085]

Der Hafen

Im September 1991 wurde der 275. Hafengeburtstag in Duisburg-Ruhrort mit einem opulenten Programm gefeiert.[1086] Zehntausende nahmen an dem Fest an der Hafenpromenade in Ruhrort und in der Innenstadt teil. Der Duisburger Hafen war seit dem ersten Spatenstich 1716 stetig ausgebaut worden, um Rohstoffe wie Kohle und Erze weitertransportieren zu können.[1087] Im Zuge der industriellen Revolution wuchs die Bedeutung des verkehrsgünstig gelegenen Umschlagplatzes an Rhein und Ruhr rasant. 1867 führte Ruhrort vor Duisburg die Rangliste der rheinischen Häfen mit den höchsten Um-

1082 N. N., Hafenstadtteil wird „Schmuckstück". IBA setzt in Ruhrort Akzente, in: DJB 1995, S. 44–47, S. 44; vgl. auch GB 1998, S. 62f.

1083 Hoffmann, 30 Jahre, S. 160.

1084 Schlott, Rainer, Altes Bad in neuem Glanz. Das neue Binnenschifffahrtsmuseum, in: DJB 1999, S. 22–28, S. 23.

1085 Ley, Museum, S. 4.

1086 N. N., Ein Hafen feierte Geburtstag, in: DJB 1993, S. 35–36.

1087 Trapp, Reinhold, 275 Jahre Rhein-Ruhr Hafen Duisburg. Die Geschichte des Hafens von 1716–1991, Duisburg 1991, S. 11ff.

schlagszahlen an.[1088] 1905 schlossen sich Duisburg, Ruhrort und Meiderich zu einer Großstadt zusammen, um den Ausbau der Hafenbecken gemeinsam voranzutreiben. Kulturdezernent Schilling erinnerte in einem Geleitwort zu einem Katalog, den das Museum für Binnenschifffahrt anlässlich des Hafengeburtstags im Rahmen einer großen Jubiläumsausstellung über „Duisburg und den Rhein" publizierte, an die Gründe für das immense Wachstum des Hafens und der Städte: „Wer die modernen Hafenanlagen von heute sieht, vergisst schnell, dass es die Kohle war – ‚das schwarze Gold des Ruhrgebietes' –, das Städte wie Duisburg und Ruhrort hat groß werden lassen."[1089]

Das große Hafenfest sollte nach dem Willen der Stadtväter auf dem Höhepunkt des wirtschaftlichen Strukturwandels der Orientierung dienen und hoffnungsvolle Wege in die Zukunft weisen.[1090] Die Duisburger sollten stolz darauf sein, dass sich der größte Binnenhafen der Welt in ihrer Stadt befand. Bei einem Eröffnungsfestakt in der Mercatorhalle verbreitete Oberbürgermeister Krings angesichts des Niedergangs der Kohle- und Stahlindustrie Optimismus und Zuversicht: „Duisburg findet zu seiner Vitalität zurück, weil wir zu unseren historischen Wurzeln zurückfinden, zur Hafenstadt, zum Handelsplatz, zum Umschlagplatz für Wirtschaft und Kultur, zu einer offenen Stadt."[1091] Der Hafen stehe für „Dynamik, Prosperität und strukturellen Wandel".[1092] Auf dem Hafen ruhten große Hoffnungen für eine Verbesserung der wirtschaftlichen, finanziellen und sozialen Lage Duisburgs. Bundeskanzler Helmut Kohl hatte angesichts der drängenden wirtschaftlichen und sozialen Probleme in der Region im Februar 1988 eine Ruhrgebietskonferenz einberufen. Akteure aus der Kommunal-, Landes- und Bundespolitik sowie Vertreter der Wirtschaft beschlossen ein milliardenschweres Investitionsprogramm für das Revier. Hierbei wurde verabredet, den Duisburger Hafen zu einem zollfreien Freihafen zu erklären.[1093] Mit der Verleihung dieses für einen Binnenhafen bundesweit einmaligen Privilegs 1989 wurden die Voraussetzungen zur Wandlung des Areals vom „Montan-Umschlaghafen zu einem modernen Universalhafen und zu einem Güterverkehrszentrum mit vielfältigen Aufgaben" geschaffen.[1094]

1088 Buschmann, Jürgen / Milz, Joseph, 275 Jahre Rhein-Ruhr Hafen Duisburg, in: DJ 9/91, S. 10–12, S. 12; Ley, Museum, S. 74.

1089 Schilling, Konrad, Zum Geleit, in: Stadt Duisburg, Der Oberstadtdirektor (Hg.), Duisburg und der Rhein. Begleitband und Katalog zur Ausstellung des Museums der Deutschen Binnenschifffahrt Duisburg-Ruhrort im Kultur- und Stadthistorischen Museum Duisburg 15.9.1991–12.1.1992, Duisburg 1991, S. 7, S. 7; vgl. auch Ley, Museum, S. 68ff.

1090 Über Duisburgs Hafenstadtidentität vgl. Weber, Bernhard, Stadt – Land – Fluss. Duisburgs Identität als Hafenstadt am Rhein, in: Duisburger Forschungen 61/2016, S. 219–238.

1091 Krings, Josef, Begrüßung zum Festakt aus Anlass des 275jährigen Jubiläums des Rhein-Ruhr-Hafens Duisburg am 20.9.1991 in der Mercatorhalle, in: DJ 11/1991, S. 3–4, S. 4.

1092 Krings, Josef / Klein, Richard, Grußwort zum 275jährigen Jubiläum des Rhein-Ruhr Hafens Duisburg im Jahre 1991, in: DJ 9/1991, S. 7.

1093 Trapp, 275 Jahre, S. 55.

1094 Kohl, Helmut, Grußwort zum 275jährigen Jubiläum des Rhein-Ruhr Hafens Duisburg im Jahre 1991, in: DJ 9/1991, S. 5–6, S. 5.

Der erhoffte wirtschaftliche Aufschwung erfolgte hier schnell und blieb konstant hoch: 2010 arbeiteten dort 36.000 Menschen, die einen Umsatz von mehr als zwei Milliarden EUR erwirtschafteten.[1095]

Ein künstlerisches Symbol für diesen Strukturwandel bildet die 25 × 7 × 1 Meter große und über 80 Tonnen schwere Skulptur „Rheinorange“ von Lutz Fritsch. Sie wurde im September 1992 an der Mündung der Ruhr in den Rhein aufgestellt. Damit weist sie auf die besondere geografische Lage der Stadt zwischen Rheinland und Ruhrgebiet hin. Zugleich markiert sie die hohe Bedeutung dieses Orts für die Entwicklung des Duisburger Hafens zu einem der größten Binnenhäfen der Welt. Durch das Material und die Lage der „Rheinorange“, die nach Lutz Frisch „mit den Linien der Schornsteine im Hintergrund der Industriestadt Duisburg“ korrespondiert, vergegenwärtigt die Stahlskulptur die Geschichte der Schwerindustrie in der ehemaligen „Stadt Montan“.[1096] Ihre Form und die leuchtend-grelle Farbe, das „Reinorange“, erinnern viele Betrachter sogar an eine glühende Bramme. Die monumentale künstlerische Arbeit konnte durch die Initiative der Wirtschaftsjunioren Duisburg ausschließlich aus Privatmitteln finanziert werden. Das Projekt wurde vom langjährigen Direktor des Wilhelm-Lehmbruck-Museums, Dr. Christoph Brockhaus, fachlich betreut. Die Hoffnung der Initiatoren, dass die „Rheinorange“ als modernes Duisburger Wahrzeichen für Wandel, Aufbruch und Weltoffenheit dient und hohe identifikatorische Potenziale für die Einwohnerschaft birgt, hat sich erfüllt.[1097]

7. Kultur als Standortfaktor? Das Musicaltheater am Marientor

Nicht die Pflege des kulturellen Erbes oder eine innovative, an der Identität der Stadtbevölkerung orientierte Initiative stand im Mittelpunkt einer Anfang der 1990er Jahre getroffenen kulturpolitischen Entscheidung, sondern einmal mehr die Förderung des Wirtschaftsstandorts Duisburg. „Eine Besucherwelle wird in die Stadt schwappen“,

1095 Ley, Museum, S. 77.

1096 Fritsch, Lutz, Rheinorange. Eine Initiative der Wirtschaftsjunioren Duisburg in Zusammenarbeit mit der Duisburger Wirtschaft und dem Wilhelm-Lehmbruck-Museum. Fotografisch dokumentiert von Britta Lauer, München 1993, S. 15f.

1097 Vgl. Dinkla, Söke (Hg.), Rheinorange. Von der Möglichkeit des Unmöglichen. Eine Skulptur von Lutz Fritsch, Köln 2017.

prognostizierte die „Rheinische Post“ am 1. September 1993 – kurz nachdem die Stadt bekanntgegeben hatte, ein Musicaltheater zu bauen.[1098]

Im Deutschland der 1980er und 1990er Jahre erhielten auch Einrichtungen Subventionen der öffentlichen Hand, die die aufkommende Spaß-Kultur bedienten.[1099] Die Sehgewohnheiten hatten sich nicht zuletzt durch die Einführung des Privatfernsehens 1984 verändert. Beliebtheit erfreute sich zunehmend das kommerziell orientierte, nicht selten aus den USA importierte „Kultur-Event“, das leicht konsumierbare Erlebnis. Eine (zeit)intensive intellektuelle Auseinandersetzung mit anspruchsvollen Themen blieb einer bildungsbürgerlichen oder akademischen Elite vorbehalten.[1100] Die Freizeit- und Vergnügungsindustrie mit ihren populären Pop-, Rock- oder Technofestivals, den Musicaltheatern und Multiplexkinos boomte, während traditionelle Kultureinrichtungen wie Museen, Theater oder Bibliotheken von den Kommunen vernachlässigt wurden, nicht selten sogar um ihren Fortbestand fürchten mussten. Der Erfolg des Musicals „Cats“, das seit 1986 in Hamburg aufgeführt wurde, hatte einen regelrechten Musicalboom in der BRD ausgelöst, der nach Duisburg ausstrahlte.

Vorbild für die Förderung einer Entertainmentkultur in Duisburg war neben Hamburg die Stadt Bochum, die Mitte der 1980er Jahre eine mutige Investition getätigt hatte: Für 24,5 Millionen DM ließ sie ein – damals weltweit einmalig – eigenes Theater für ein spezielles Musical errichten.[1101] Im Juni 1988 feierte das Stück „Starlight Express“ von Andrew Lloyd Webber Premiere und avancierte schnell zu einem überwältigenden Erfolg. Die achtmal pro Woche aufgeführte Show erreichte bis weit in die 1990er Jahre hinein eine Platzauslastung von nahezu 100 Prozent. Für 220 Mitarbeiter und circa 100 Teilzeitkräfte waren neue Arbeitsplätze geschaffen worden.[1102] Das Bochumer Hotelgewerbe verzeichnete steigende Übernachtungszahlen. Die Gewerbesteuereinnahmen der Revierstadt erhöhten sich. Der enorme überregionale Imagegewinn für die Stadt ist in Zahlen nicht zu beziffern. 2013 feierte „Starlight Express“ das 25-jährige Bestehen. Weltweit läuft kein anderes Musical länger an einem Standort.[1103] Angesichts dieser positiven Effekte blickten die Stadtspitzen in Duisburg, Essen und Oberhausen neidisch auf ihre Kollegen in Bochum. Mit großer zeitlicher

1098 RP, 1.9.1993.
1099 Glaser, Kultur, S. 451.
1100 Hermand, Kulturgeschichte, S. 224f. und S. 276f.
1101 „Starlight Express“ GmbH (Hg.), 25 Jahre „Starlight Express“. Eine Erfolgsgeschichte, Essen 2013, S. 54.
1102 Vgl. Malekshahi, Aische, „Starlight Express“ – Oder ein Märchen wird wahr, in: Friedemann, Peter / Seebold, Gustav (Hg.), Struktureller Wandel und kulturelles Leben. Politische Kultur in Bochum 1860– 1990, Essen 1992, S. 459–473, S. 472.
1103 „Starlight Express“, 25 Jahre, S. 6.

Verspätung versuchten sie, das scheinbar simple Erfolgsmodell eines Musicaltheaters zu kopieren.

In der Duisburger Verwaltungsspitze kursierten besonders ehrgeizige Pläne: Das von Martin Dülfer 1912 erbaute Duisburger Stadttheater sollte an einen Musicalinvestor verkauft werden. Die seit 1992 amtierende Kulturdezernentin Iris Magdowski stoppte dieses aktionistische Vorhaben. In einem Zeitungsinterview machte die Juristin ihren Unmut publik: „Die unsägliche Idee, das traditionsreiche Stadttheater an einen Investor zu verscherbeln, wäre für mich in einer Stadt, die zu den 15 größten Städten Deutschlands gehört, die Bankrotterklärung der städtischen Kulturpolitik gewesen. Ich bin sehr froh, dass kommunalpolitisches Verantwortungsbewusstsein und Vernunft sich letztendlich durchgesetzt haben.“[1104]

Oberstadtdirektor Dr. Klein und die Fraktion der SPD forcierten indes die Gründung eines Musicaltheaters in Duisburg. Die Zielvorstellungen lassen sich in einem Interview mit Klein ablesen: „Eins der Hauptprobleme Ende der 70er/Anfang der 80er Jahre war, die Stadtfinanzen wieder ins Lot zu bekommen oder noch drastischer ausgedrückt, eine Zahlungsunfähigkeit der Stadt dauerhaft zu verhindern. [...] Es sind dabei eine ganze Reihe Einrichtungen in Duisburg geschlossen worden, etliche Schwimmbäder gibt es nicht mehr. [...] Es sind eine ganze Reihe von Bibliotheken geschlossen worden, auch von Schulbibliotheken. [...] Es hat Leistungskürzungen in allen Bereichen gegeben, und glauben Sie nicht, dass es immer Spaß gemacht hat, der für Finanzen Verantwortliche zu sein und damit sozusagen auch der Buhmann für den Rat und für die Bevölkerung in Sachen Leistungsabbau. Eine Stadt, die Strukturprobleme hat, stellt sich nach außen nicht besonders gut dar mit dem Slogan ‚Kommen Sie nach Duisburg, wir schließen Einrichtungen‘. Eigentlich ist es besser, in einer Stadt, die Strukturprobleme hat, mit sogenannten weichen Standortfaktoren zu werben, also ein gutes Schulangebot zu haben, ein ausreichendes Kindergartenangebot, ein ordentliches Orchester und [eine] Oper, am besten, wie wir es jetzt machen, noch ein Musicalhaus usw. Nur wenn diese Faktoren stimmen, dann sind Leute auch bereit, als Gäste in die Stadt zu kommen und über einen Umzug nach Duisburg nachzudenken und es sind Unternehmen bereit, sich hier anzusiedeln. Beides haben wir dringend nötig.“[1105]

In der Argumentationsführung des Oberstadtdirektors spiegelt sich eine Kontinuität der Duisburger Kulturpolitik wider. Die kulturelle Infrastruktur, darunter sogar kleinste Schulbibliotheken, wurde stark ausgedünnt. Investiert wurde stattdessen

1104 RP, 7.1.1993.
1105 Koopmann, Lothar, Das Interview: Oberstadtdirektor Dr. Richard Klein, in: DJB 1995, S. 148–152, S. 149.

in werbewirksame und kostenintensive Kultur-Großprojekte, durch deren Glanz die triste Realität überdeckt und neue Unternehmen angelockt werden sollten. Neubürger sollten nach den Worten Kleins wegen eines „ordentlichen Orchesters und einer Oper“ sowie eines schillernden Musicaltheaters „über einen Umzug nach Duisburg nachdenken“, während gleichzeitig die Grundsubstanz der vorhandenen Institutionen massiv beschnitten wurde und damit die Lebensqualität in dieser Stadt abnahm. Dass diese Strategie schon im Grundsatz falsch und unlogisch war, durchschaute die Mehrheit im Rat nicht.

Die bescheidenen kulturellen Grundbedürfnisse der ansässigen Bevölkerung blieben bei der Planung des Musicaltheaters außen vor. Duisburg wollte sich als Musicalmetropole etablieren, die nicht nur Gäste in Deutschland, sondern gleich in ganz Europa anlockt. In einer Pressekonferenz am 31. August 1993 präzisierte die Stadtspitze ihre Ambitionen: „Es sehe so aus, sagte gestern Oberstadtdirektor Richard Klein, als ob ein Duisburger Traum Wirklichkeit werde. Nach London, Wien, Hamburg, Bochum und Stuttgart werde Duisburg jetzt die sechste Musicalstadt in Europa. Noch in diesem Jahr soll am Marientor mit dem Bau eines 70 Millionen Mark Theater-Neubaus begonnen werden. Hier wird vom 1. Oktober 1995 dem europäischen Publikum bis zum Jahr 2015 oder sogar darüber hinaus der Musical-Dauerbrenner ‚Les Misérables‘ präsentiert. Das haben gestern die Hamburger Stella Musical Management GmbH und die Stadt Duisburg vertraglich vereinbart. Das kulturelle Highlight aus der Musical-Branche, so erklärten Klein und Oberbürgermeister Josef Krings, werde der Stadt neben einem angenehmen Imagegewinn dem Arbeitsmarkt wie der Wirtschaftsstruktur einen ‚beachtlichen und bitter benötigten Schub‘ geben.“[1106]

Bei der Entscheidung, ein Musicaltheater in Duisburg zu errichten, standen demnach eindeutig wirtschaftliche Interessen im Vordergrund. Die „WAZ“ bemerkte: „Die Zustimmung der Politiker gilt als sicher. [...] Widersprüche, dass die Stadt auf der einen Seite ein Sparpaket vorlegt und gleichzeitig mit zehn Millionen DM in ein Kulturprojekt einsteigt, sieht Klein nicht. Es entstehen 250 zusätzliche Arbeitsplätze, weitere 300 Teilzeit-Arbeitsplätze in Nebenbetrieben. [...] Doch von einem Flop geht keiner der Beteiligten aus. In London und New York sorgt die Erfolgsinszenierung täglich für volle Häuser. [...] Und Richard Klein ist sich sicher, dass so mancher Hotelplan wieder aus der Schublade gezogen wird.“[1107]

In den Argumenten, mit denen das Projekt großspurig gerechtfertigt wurde, war eine gewisse Hilflosigkeit deutlich erkennbar. Die Hybris, die in dem Vergleich des Potenzials in Duisburg mit den Verhältnissen in London und New York steckte, war den Verantwortlichen offensichtlich selbst bewusst.

1106 NRZ, 1.9.1993.
1107 WAZ 1.9.1993.

Die Kosten für den Theaterneubau mit 1.500 Plätzen wurden auf 70 Millionen DM geschätzt.[1108] Das Musicalunternehmen Stella brachte zehn Millionen DM ein und zeigte sich optimistisch, dass diese Summe nach zwölf Spielzeitmonaten erwirtschaftet sei.[1109] Die Stadt stellte Grundstücke und Parkplätze im selben Wert in Aussicht.[1110] Die Landesregierung versprach zehn Millionen DM als Investitionshilfe.[1111] Diese Summe musste nach Abschluss des letztendlich 83 Millionen DM teuren Baus auf 13,3 Millionen DM erhöht werden.[1112] Fast gleichzeitig subventionierte die Landesregierung die Errichtung eines Musicalgebäudes für das Stück „Joseph" in Essen mit 16 Millionen DM.[1113]

Die fehlenden rund 40 Millionen DM für „Les Misérables" mussten über Kredite auf dem freien Kapitalmarkt akquiriert werden.[1114] Das Verfahren zog sich in die Länge, da die regionalen Banken mit einem wirtschaftlichen Engagement gezögert und die Landesbank West LB komplett abgewinkt hatten.[1115] Nach monatelangen Verhandlungen war die Finanzierung des Theaterneubaus erst kurz vor der Grundsteinlegung Ende Juli 1994 gesichert. Schließlich gewährten mit der Sparkasse, der Deutschen Bank sowie der Dresdner Bank in Duisburg drei lokale Institute die hohen Kredite.[1116]

Parallel dazu diskutierte die kommunale Politik über die Verabschiedung eines Sparpakets, das den Duisburger Haushalt um 50,5 Millionen DM entlasten sollte.[1117] Darin war eine Kürzung des Kulturetats in Höhe von 6,5 Millionen DM vorgesehen.[1118] Der CDU-Kulturpolitiker Heinz Pletziger beanstandete, dass „der Kulturhaushalt immer noch als der Steinbruch zur Sanierung des städtischen Haushalts" gelte.[1119] Angesichts der Ausdünnung der kulturellen Grundversorgung sorgten die Dimensionen des geplanten Musical-Großprojekts für Verwunderung in den Kommentaren der lokalen Zeitungen. In Anlehnung an den Musicaltitel bezeichnete die Ruhrgebietszeitschrift „Coolibri" die Planungen in Duisburg als „echtes Elend".[1120] Ein Reporter der „WAZ" kritisierte die Gleichung „Investitionen auf Kosten der Steuerzahler" und „Gewinne in private Kassen" als „miserables Stück".[1121] Es müsse befürchtet werden, dass

1108 WAZ, 26.8.1993.
1109 RP, 1.9.1993.
1110 RP, 8.10.1993.
1111 RP, 1.9.1993.
1112 WAZ, 28.7.1994; RP, 5.3.1999; NRZ, 9.3.1999.
1113 RP, 5.3.1999.
1114 RP, 1.9.1993.
1115 NRZ, 7.7.1994.
1116 NRZ, 12.8.1994.
1117 NRZ, 7.12.1993.
1118 WAZ, 26.8.1993.
1119 WAZ, 27.1.1994.
1120 Coolibri 10/1993; NRZ, 7.12.1993.
1121 WAZ, 26.8.1993; vgl. auch FAZ, 1.2.1996.

durch „Prestige-Objekte traditionelle Kulturangebote ‚ausgehungert'" würden.[1122] Zudem zeigten sich große Teile der SPD-Fraktion irritiert, dass Oberstadtdirektor Klein mit dem Unternehmen Stella seit Mai 1992 im Alleingang Geheimverhandlungen geführt hatte.[1123] Der Fraktionschef der „Grünen", Udo Thelen, empörte sich darüber, dass die Stadt mit Stella Vorverträge abgeschlossen habe, „ohne dass das Vorhaben im kulturpolitischen Raum oder bei der Wirtschaftsförderung überhaupt diskutiert worden ist".[1124] „Die Grünen" lehnten „Glamour" oder einen „glitzernden Broadway in der Bronx" ab.[1125] In einer von der alternativen Partei anberaumten Diskussion mit dem Oberstadtdirektor gab dieser freimütig zu, dass bei der geplanten Investition „kulturelle oder künstlerische Erwägungen [...] keine Rolle gespielt" hätten und das Projekt eindeutig der Wirtschaftsförderung diene: „Nicht nur die 550 Arbeitsplätze sondern die positiven Effekte – Hotelbauaktivitäten, Kaufkraftsteigerung, Belebung der Innenstadt-Gastronomie – hätten das Land bewogen, grünes Licht zu geben", so Klein. Außerdem würde der „absehbare Nutzen – Arbeitsplätze, Steuereinnahmen, und Image-Gewinn" ein solches Investment rechtfertigen.[1126] Diese „Ringeltaube" müsse für Duisburg unbedingt gesichert werden.[1127] Folgekosten würden für den städtischen Haushalt nicht anfallen.[1128] Wie sich später zeigen sollte, traf diese Behauptung nicht zu.

Der in Duisburg ansässige Architekt Helmut Kohl erhielt den Zuschlag für den Bau des Theaters.[1129] In Anlehnung an den Duisburger Hafen sollte das Gebäude die Form eines Schiffes nachahmen. Am 11. August 1994 fand die Grundsteinlegung statt. Oberbürgermeister Krings führte in seiner Rede aus, dass die Städte der Region gerade in unsicheren Zeiten „Zeichen ihrer Vitalität setzen und Investoren animieren" müssten.[1130] Zugleich fühlte er sich bemüßigt, noch einmal ausdrücklich zu betonen, dass das Stadttheater nicht abgeschafft werde.[1131] Der Wirtschaftsminister des Landes NRW, Günther Einert, zeigte sich vom Erfolg des Musicals überzeugt und stellte die kühne rhetorische Frage: „Wer hätte sich vor Jahren vorstellen können, dass Theater mal wirtschaftlich betrieben werden könnten?"[1132]

1122 WAZ, 26.8.1993.
1123 RP, 8.10.1993.
1124 NRZ, 7.12.1993.
1125 Dies und das Folgende nach RP, 8.10.1993.
1126 WAZ, 26.8.1993; NRZ, 1.12.1993.
1127 NRZ, 1.12.1993.
1128 RP, 1.9.1993.
1129 WAZ, 15.4.1995. Eine werkbiografische Skizze über den Architekten findet sich in Kohl, Helmut, Erste Eindrücke eines Architekten. Duisburg in den 50er Jahren, in: DJB 2010, S. 42–46.
1130 WAZ, 12.8.1994.
1131 NRZ, 12.8.1994.
1132 WAZ, 12.8.1994.

Abb. 12 „Les Misérables" im Theater am Marientor 1996

Der Bau wurde in hohem Tempo errichtet. Die Stadtarchäologie fühlte sich übergangen, obwohl auf dem Gelände Funde aus dem Mittelalter gemacht wurden.[1133] Im April 1995 wurde Richtfest gefeiert. Im Geschäftsbericht der Stadt heißt es dazu: „Von den Festrednern [wurde] [...] nachdrücklich auf die wirtschaftspolitische Bedeutung des Musicaltheaters hingewiesen. So zeigte sich Günther Einert überzeugt, dass diese Einrichtung ein weiterer Meilenstein der notwendigen Strukturveränderungen in Duisburg sei. Kultur sei zu einem nicht zu unterschätzenden Wirtschaftsfaktor geworden."[1134]

„Les Misérables" feierte am 26. Januar 1996 im neu errichteten Theater am Marientor Premiere.[1135] Plakate mit der Aufschrift „Revolution in Duisburg!" kündigten den Start des Musicals in der ganzen Stadt an. Das Ensemble hatte in Rheinhausen geprobt, wo Jahre zuvor aufgrund der Proteste gegen die Schließung des dortigen Stahlwerks in der Realität annähernd revolutionäre Zustände geherrscht hatten.[1136] Andreas Rossmann von der „FAZ" sah mit großer Skepsis, dass die „bis heute proletarisch und schwerindustriell geprägte Stadt", die als einzige Halbmillionenmetropole in Deutschland über kein eigenes Schauspiel verfüge und die Deutsche Oper am Rhein

1133 WAZ, 21.9.1994; WAZ, 1.10.1994.
1134 GB 1996, S. 37.
1135 N. N., Duisburg wurde Musicalstadt, in: DJB 1997, S. 17–21, S. 17; WAZ, 27. und 29.1.1996.
1136 FAZ, 1.2.1996.

lediglich zu einem Drittel unterhalte, ihr kulturelles Profil ausgerechnet mit einem Musical schärfen wolle.[1137]

„Les Misérables“ sollte achtmal in der Woche pro Aufführung rund 1.500 Zuschauer anlocken.[1138] Bis zum Jahr 2011 wurde das Theater an das Unternehmen Stella fest vermietet. Kalkuliert wurden 600.000 Besucher jährlich.[1139] Für die Miete des Hauses zahlte Stella an die Duisburger GEBAG drei Millionen DM per anno.[1140] Rossmann beschrieb in der „FAZ“ die geplante Laufzeit als „deprimierende Vorstellung“: „Armes Duisburg!“ Das Musical würde sich 15 Jahre lang „Abend für Abend nur wiederholen – statisch, steif und steril.“[1141]

Dazu kam es jedoch nicht. Die ehrgeizigen Ziele wurden bei weitem verfehlt. Der Traum von einem eigenen Musical endete in Duisburg in einem Fiasko. Nach nur drei Jahren Spielzeit senkte sich der Vorhang des Stücks zum letzten Mal.[1142]

Im Gegensatz zu den Standorten in den Metropolen London (Palace-Theatre/Westend) und New York (Broadway) hatte sich „Les Misérables“ im Theater am Marientor zur Verblüffung der Verantwortlichen sehr bald zu einem wirtschaftlichen Desaster entwickelt. Trotz intensiver Marketingmaßnahmen fiel der Zuspruch des vollmundig umworbenen „europäischen Publikums“ mager aus. Die Besucherzahlen lagen schon in der ersten Spielzeit deutlich unter den vorgegebenen Zielen. Nach Angaben der Stadt sahen im Premierenjahr „rund 400.000“ Zuschauer dem Musikspektakel zu.[1143] Die Platzauslastung blieb mit 85 Prozent unter den Erwartungen. Die Gäste stammten zu einem Großteil aus der näheren Umgebung. Im Juni 1996 kamen laut Stella rund zwei Drittel aus Orten im Umkreis von 100 km, im November waren es 80 Prozent.[1144] Die Eintrittserlöse sanken stetig. Während andere Stella-Musicals zu 95 Prozent ausgelastet waren, lag der Durchschnitt im Sommer 1997 in Duisburg bei 80 Prozent.[1145] Der Vorstandsvorsitzende der Stella AG, Günter Irmler, machte dafür in einem Zeitungsinterview die mangelnde Attraktivität Duisburgs sowie die komplizierte Story des Musicals verantwortlich. Irmler brachte gar eine Auswechslung des Stücks ins Gespräch.[1146] Mit dieser öffentlichen Antiwerbung beschleunigte er den Negativtrend noch zusätzlich. Im Oktober 1997 sank die Auslastung auf „etwa 75 Prozent“.[1147] Im ersten Halb-

1137 Ebd.
1138 RP, 3.8.1995.
1139 N. N., Les Misérables. Ein starkes Stück Ruhrgebiet, in: DJB 1996, S. 44–48, S. 44.
1140 NRZ, 18.9.1999; RP, 22.9.1999.
1141 FAZ, 1.2.1996.
1142 KAP, 29.11.1999.
1143 N. N., Musicalstadt, S. 18; vgl. auch RP, 4.9.1996.
1144 NRZ, 19.6.1996; NRZ, 12.11.1996; RP, 29.10.1997.
1145 NRZ, 23.7.1997.
1146 RP, 14.11.1996.
1147 WAZ, 14.10.1997; RP, 29.10.1997.

jahr 1998 waren es nur noch 67 Prozent.[1148] Stella baute 15 Prozent der Arbeitsplätze in Deutschland ab.[1149] Angesichts dieser Kennzahlen sah die „Rheinische Post" „Les Mis" schon vor dem Aus.[1150] Doch es sollte noch schlimmer kommen: Anfang 1999 waren nur noch knapp über die Hälfte der Plätze belegt.[1151]

Das Geschäftsjahr 1998 endete für Stella mit herben Verlusten. Das Defizit soll am Ende des Jahres 95 Millionen DM betragen haben.[1152] Am 1. März 1999 gab das Unternehmen bekannt, die Musicals „Les Misérables" und „Joseph" im Ruhrgebiet aufzugeben und das Stück „Miss Saigon" in Stuttgart auszutauschen. In Duisburg fielen 200 Vollzeitarbeitsplätze weg. 200 Halbtagskräfte und Mitarbeiter mit geringfügiger Beschäftigung wurden entlassen.[1153] Das Land NRW schloss Finanzhilfen aus.[1154]

Stella leitete bundesweit einen rigiden Sparkurs ein, der negative Auswirkungen auf die Qualität der Inszenierungen und das Betriebsklima der Beschäftigten hatte.[1155] Der Sanierungsplan sah vor, 1.000 von 5.000 Beschäftigten zu entlassen.[1156] Doch die Maßnahmen kamen zu spät. Ende November 1999 meldete Stella aufgrund der Fehlinvestitionen im Ruhrgebiet Insolvenz an.[1157]

Die „FAZ" erklärte, dass der Plan, in Duisburg allein mit „Marketing und etwas Glamour Kunst und Stroh zu Geld machen" zu wollen, zwangsläufig scheitern musste.[1158] Ähnlich lautete die Kritik in der „Süddeutschen Zeitung" an der Naivität der politischen Führungsgremien in den Ruhrgebietsstädten Duisburg und Essen: „Rückblickend war es wohl eine grobe Fehleinschätzung, in der kulturellen Pampa von Deutschlands Westen zwei Musikhäuser hinzuklotzen, deren alleiniger Zweck der kommerzielle Gewinn ist. [...] Ebenso billig sind die Krokodilstränen jener Landes- und Stadtpolitiker, die gern das Risiko eingingen, sich schnelles Geld und ein hübsches Image erhofften, auf Sand gebaut. Wer draufzahlt sind die vorerst tausend Arbeitslosen."[1159] Die „Welt" schrieb, dass Musicals nur in Metropolen erfolgreich betrieben werden könnten: „Die benötigten Touristenströme lassen sich eben selbst im vergleichsweise nahe beieinanderliegenden Deutschland nicht nach Duisburg oder Essen umleiten."[1160]

1148 RP, 12.8.1998.
1149 NRZ, 12.3.1999.
1150 RP, 12.8.1998.
1151 RP, 5.3.1999.
1152 NRZ, 3.2.1999; RP, 5.3.1999.
1153 RP, 5.3.1999; WAZ, 6.3.1999.
1154 NRZ, 1.3.1999.
1155 RP, 11.11.1998.
1156 RP, 5.3.1999.
1157 RP, 27.11.1999.
1158 FAZ, 6.3.1999.
1159 Zit. nach NRZ, 9.3.1999.
1160 Ebd.

Was sind die Ursachen und Gründe für das Scheitern des Duisburger Musicals? Warum wurde „Starlight Express“ in Bochum hingegen ein solcher Erfolg?

Hemjö Kleian, ehemals Chef des Aufsichtsrats von Stella, inzwischen Nachfolger von Günter Irmler, erklärte die tiefroten Zahlen damit, dass eine falsche Standortentscheidung gefällt worden sei: „Die Stadt ist von der Lage, vom Umfeld, vom Einzugsgebiet und der erforderlichen Attraktivität für Besucher nicht ausreichend begehrlich.“[1161] Sicherlich war Duisburg als bundesweites, geschweige denn europäisches Reiseziel für einen Musicalbesuch nicht reizvoll genug. Ein Gutachten, das die Stadt und Stella 1996 beim Ernest Dichter Institut für Marktforschung in Auftrag gegeben hatten, förderte ernüchternde Ergebnisse zutage: „Das schwierige Image der Stadt Duisburg und die gedrückte, unspektakuläre Anmutung von ‚Les Misérables‘ ergeben Synergie im negativen Sinn.“[1162] Duisburg sei zudem nur zahlenmäßig eine Großstadt, eine Entsprechung im Bewusstsein der Stadtbevölkerung fehle. Dass diese keine Anziehungskraft als Touristenmetropole hatte, dürfte bei der Planung des Großprojekts bekannt gewesen sein. Auch hätten die zuständigen Kommunalpolitiker und Verwaltungsfachleute voraussehen müssen, dass der Musicalboom der 1990er Jahre in Deutschland nicht ewig andauern würde. Zu allem Unglück wurde das architektonisch gelungene „Theater am Marientor“ städtebaulich denkbar schlecht positioniert, obwohl sechs Standorte in der Planungsphase diskutiert worden waren. Die Umgebung der Musicalstätte am Rande der Innenstadt inmitten eines heruntergekommenen Rotlichtviertels mit Bordellen und Nachtbars strahlte wenig Charme aus. Das Bauwerk lag auf einer Betoninsel und wurde von zwei Hauptstraßen, einem großem Parkplatz und einem Autobahnzubringer umrahmt. Stella und die Stadt befürchteten zu Recht, dass auswärtige Besucher aufgrund fehlender attraktiver Gastronomie- und Hotelkapazitäten unmittelbar nach Vorstellungsende in die Landeshauptstadt flohen.[1163] Daher wollten der Musicaleigentümer und die Duisburger Wohnungsbaugesellschaft GEBAG ein Hotel auf dem Parkplatz zwischen Plessingstraße und Steinscher Gasse bauen.[1164] Zu einer Ausführung kam es jedoch nicht.

Die Duisburger CDU attackierte die Stadtspitze für ihre Versäumnisse. Das nicht gerade einladende Umfeld des Theaters sei trotz mehrfacher Ankündigungen der Verwaltung nicht verbessert worden. Die „touristisch-werbemäßige Begleitung sei katastrophal“ gewesen.[1165] Die Kritik war berechtigt. Planungsdezernent Jürgen Dressler räumte freimütig ein, dass es rund um das Marientor aussehe wie „in einer leergehau-

1161 RP, 5.3.1999.
1162 NRZ, 15.8.1996.
1163 RP, 6.7.1994.
1164 RP, 4.9.1993; NRZ, 16.9.1995.
1165 RP, 5.3.1999; NRZ, 6.3.1999.

enen Kneipe".[1166] Es gebe nicht genügend Parkplätze und den Weg in die Innenstadt würden die Musicaltouristen nicht finden. Obwohl Dressler diese blamablen Zustände nicht nur wortreich beklagen, sondern qua Amt hätte beseitigen müssen, änderte sich nichts daran. Stella-Chef Irmler monierte im Januar 1999, dass in den letzten drei Jahren nicht viel passiert sei, um die „nicht unbedingt einladend[e]" Umgebung des Theaters städtebaulich aufzuwerten.[1167] Selbst an einfachsten Infrastruktureinrichtungen mangelte es. So kritisierten Reisebusunternehmen, dass es keine ausreichenden Stellplätze gebe.[1168]

Daher überrascht es nicht, dass die Duisburger Hoteliers nach dem Start des Musicals allenfalls eine leichte Belebung ihrer Umsätze bemerkten.[1169] Die Zahl der auswärtigen Gäste in Duisburg stieg 1996 zwar um knapp 20 Prozent im Vergleich zum Vorjahr an, aber der erhoffte Hotelboom blieb aus. Der Hotel- und Gaststättenverband resümierte Anfang 1997, dass man sich nach einem Jahr Laufzeit mehr „von dem Musical versprochen" habe.[1170] Die Befürchtung, dass das externe Publikum größtenteils nach der Vorstellung schnell wieder wegfahre und lieber in Düsseldorf übernachte, bewahrheitete sich. Stella kritisierte weiterhin die Zusammenarbeit mit der Stadt. Die neue Showattraktion werde in der Außenwerbung Duisburgs nur unzureichend beworben.[1171] Darüber hinaus fehle es an einer lebendigen und ansprechenden Kneipen- und Restaurantlandschaft.[1172] Gegenmaßnahmen kamen zu spät. Unter dem Vorsitz von Oberbürgermeisterin Bärbel Zieling wurde im Herbst 1998 ein Krisenstab gegründet, um die negative Entwicklung des Duisburger Musicals zu stoppen.[1173] Zieling, die verantwortlichen Dezernenten und Marketingexperten der Stadt debattierten mit Vertretern von Stella sowie Hotel- und Tourismusvertretern über neue Vermarktungsstrategien. Vorschläge wie die Verbesserung der Zusammenarbeit mit Schulen blieben vage und wirkungslos. Erst Anfang 1999 gab die städtische Duisburg Agentur einen Gastronomie-Führer für jeden Musicalbesucher heraus.[1174] Ferner wurde angedacht, beim Lizenzgeber Änderungen im Bühnenbild und in der Handlung genehmigen zu lassen, um das Stück „leichter verdaulich zu machen".[1175] Auch die Premiere der Hollywoodverfilmung von Victor Hugos Roman brachte nicht den erhofften Aufschwung. Die Deutschlandpremiere im Dezember

1166 NRZ, 18.6.1996.
1167 RP, 16.1.1999.
1168 RP, 20.4.1996.
1169 RP, 27.3.1996.
1170 NRZ, 25.1.1997.
1171 RP, 14.11.1996; RP, 12.8.1998.
1172 RP, 20.4.1996; RP, 14.11.1996.
1173 NRZ, 10.9.1998.
1174 NRZ, 3.2.1999.
1175 NRZ, 19.8.1998.

1998 wurde zu allem Überfluss nicht in einem Duisburger, sondern in einem Essener Großraumkino gefeiert.[1176]

Schon bei der Auswahl des Musicals hatten die Verantwortlichen in Bochum deutlich mehr Fingerspitzengefühl als in Duisburg bewiesen. „Starlight Express“ ist auf den Geschmack und die Interessen eines breiten Publikums im Ruhrgebiet zugeschnitten. Mit der Story von der alten ausrangierten Dampflok „Rusty“, die sich in einem Rennen gegen eine Diesellok und einen High-Tech-Zug behaupten muss, konnten sich viele Einwohner aus der Region in der Zeit des Strukturwandels gut identifizieren. Der sympathische „Rusty“ gewinnt am Ende das ungleiche Rennen, nachdem er gelernt hat, an sich zu glauben.[1177] Bochums Oberbürgermeisterin Dr. Ottilie Scholz erklärte das Erfolgsgeheimnis des Bühnenwerks anlässlich des 25-jährigen Bestehens in der Revierstadt: „Natürlich ist der ‚Starlight Express‘ für Bochum eine ganz tolle Werbung. Das Musical passt aber auch inhaltlich zu unserer Stadt. Und zwar nicht nur, weil wir hier etwas von Zügen verstehen und ein wirklich sehenswertes Eisenbahnmuseum haben. Auch die Geschichte vom ‚Zug der Sterne‘ passt zu uns. Da geht es um Mut und Zusammenhalt, um Engagement und Selbstvertrauen – alles Attribute, welche die Menschen in unserer Stadt und Region auszeichnen.“[1178]

Die rasanten Rollschuhfahrten der Akteure mit Höchstgeschwindigkeiten bis zu 60 km/h, die aufwendige, knallbunte und grelle Lichtshow, die seichte und dröhnende Musik bieten vor allem eines: Unterhaltung und Zerstreuung. Die simpel gestrickte Geschichte vermittelt den Zuschauern eine positive, optimistische Grundstimmung.

Die Planungen in Duisburg sahen dagegen völlig anders aus. Obwohl man hier schon eine Oper mit einem ambitionierten Spielplan besaß, setzte man mit „Les Misérables“ nicht auf die leichte Muse. Im Geschäftsbericht der Stadt warb man dafür sogar mit dem Etikett „thematisch anspruchsvolle und monumentale dreistündige Aufführung“.[1179]

„Les Misérables“ war im Vergleich zu anderen damals in Deutschland gezeigten Musicals wie „Starlight Express“, „Phantom der Oper“ oder „Cats“ von „erheblich sperrigerem Sujet“, da es eine Vielzahl von Charakteren und Handlungssträngen beinhaltet.[1180] Das Stück spielte in ärmlichen Stadtvierteln in Paris im frühen 19. Jahrhundert. In den Worten des Ernest Dichter Instituts war der Plot „schwierig“, „anstrengend“ und „düster“.[1181] An dessen Ende starben die meisten Helden:

1176 NRZ, 11.9.1998; NRZ, 7.12.1998; WAZ, 12.4.1999.
1177 Malekshahi, „Starlight Express“, S. 460.
1178 „Starlight Express“, 25 Jahre, S. 6.
1179 GB 1996, S. 37.
1180 RP, 30.11.1993.
1181 NRZ, 15.8.1996.

der Sympathieträger Jean Valjean, die junge Arbeiterin Fantine (das uneheliche Kind einer Mutter, die sich aufgrund ihrer wirtschaftlichen Lage prostituieren musste), die unglücklich verliebte Kneipierstochter Éponine, der aufgeweckte Gassenjunge Gavroche, der vitale Studentenführer Enjolras. Dass eine melancholisch-zartfühlende Liebesgeschichte nicht unbedingt in eine Arbeiterstadt passte, hätte im Vorfeld gesehen werden müssen. Nicht zufällig hatten geschickte Fernsehmacher Duisburg als Schauplatz der ARD-Krimireihe „Tatort" für die Figur des raubeinigen Kommissars Horst Schimanski ausgewählt. Für Kinder bzw. Familien, die in Bochum eine außerordentlich wichtige Zielgruppe bildeten, war „Les Misérables" kaum geeignet.[1182] Zu guter Letzt übernahmen hier keine Arbeiter den Part der Revolutionäre, sondern hehre Studenten, die im Kulturleben Duisburgs eher selten anzutreffen waren. Identifikationsangebote gab es für die lokalen und regionalen Zielgruppen also kaum, geschweige denn leichte Unterhaltung. Stattdessen wurde ein recht bedrückend wirkendes Musical in einer Stadt aufgeführt, deren Bevölkerung durch Arbeitslosigkeit bzw. Arbeitsplatzgefährdung, Pessimismus und Zukunftsangst geplagt war. Ohne Ironie bemerkte ein Darsteller: „Irgendwie hat mich die Umgebung an das Elend auf der Bühne erinnert."[1183]

Die Karten für „Les Misérables" waren darüber hinaus aufgrund der aufwändigeren Inszenierung mit 65 bis 140 DM gegenüber 45 bis 100 DM deutlich teurer als für das Bochumer Musical.[1184] Leider fehlte Stella auch in dieser Frage die Sensibilität für die Struktur- und Einkommensschwäche in Duisburg.

„Les Misérables" entwickelte sich zur Subventionsruine par excellence. Die Rückforderungen der Sparkasse, der Deutschen und der Dresdner Bank beliefen sich auf 42,1 Millionen DM.[1185] Stella konnte aufgrund der Insolvenz nicht mehr dafür aufkommen. Vielmehr mussten Stadt und Land als Bürgen haften. Duisburg zahlte eine Ausfallbürgschaft in Höhe von 17,8 Millionen DM, das Land NRW 16 Millionen.[1186] Weitere zehn Millionen DM sollten über den Verkauf des Theaters am Marientor erzielt werden. Nach knapp 1.600 Vorstellungen senkte sich der Vorhang des Revolutionsstücks am 28. November 1999 zum letzten Mal in Duisburg. Laut Stella sahen 1,5 Millionen Menschen die Produktion.[1187] Die Ideen einiger Mitarbeiter, „Les Misérables" in Eigenregie weiterzuspielen oder das Musical „Cyrano de Bergerac" aufzuführen, wurden verworfen.[1188]

1182 „Starlight Express", 25 Jahre, S. 159ff.
1183 RP, 24.11.1999.
1184 Vgl. Malekshahi, „Starlight Express", S. 472; WAZ, 1.3.1993.
1185 RP, 5.2.2000.
1186 Ebd.; NRZ, 25.5.2000.
1187 NRZ, 20.8.1999; RP, 24.11.1999.
1188 NRZ, 20.8.1999; WAZ, 26.11.1999; RP, 9.12.1999; RP, 3.2.2000.

Stattdessen erarbeiteten Teile der Belegschaft einen Rettungsplan, um die Zukunft des Theaters durch neue Gastronomie- und Vermietungsangebote sowie Kleinkunstdarbietungen langfristig zu sichern. Die Finanzierung eines „ShowTheaters am Rhein" sollte über die Gründung einer Aktiengesellschaft gelingen, in die zehn ehemalige Angestellte Eigenmittel in Höhe von 25.000 DM als Startkapital investierten.[1189] Rund 2,5 Millionen DM wollte die Mitarbeiterinitiative als Startkapital über Aktien aufbringen, die Firmen und Privatpersonen mit einer Mindestabnahme von zehn Stück im Wert von je fünf DM zeichnen sollten.[1190] Zwischen Ende Dezember 1999 und Anfang Februar 2000 zeichneten jedoch nur knapp 300 Aktionäre Papiere im Wert von insgesamt 250.000 DM. Unterdessen blieben parallel betriebene Verhandlungen der GEBAG mit anderen potenziellen Mietern, unter anderem mit den Betreibern des Wiener Musicals „Elisabeth", ohne Erfolg.[1191]

Zunächst wurde das Theater von der GEBAG für kleinere Gastspiele und Events vermietet, zum Beispiel an den Chinesischen Staatscircus.[1192] Getreu dem Motto „The show must go on" brachte die Mitarbeiterinitiative schließlich die US-Musicalkomödie „Der kleine Horrorladen" Anfang Juni 2000 auf die Bühne.[1193] Die Produktion sollte zwei Millionen DM kosten. Der Start verlief schleppend, die Besucherzahlen enttäuschten und die Einnahmen waren weitaus geringer als kalkuliert. Die Eintrittspreise, die mit 30 bis 75 DM schon wesentlich niedriger als bei „Les Misérables" angesetzt waren, wurden angesichts der schwachen Publikumsresonanz noch einmal um die Hälfte reduziert.[1194] Lieferantenrechnungen und Monatsmieten an die GEBAG konnten nicht bezahlt werden. Bankdarlehen wurden nicht bewilligt. Die dreißig Angestellten stundeten sogar ihre Gehälter. Die „NRZ" brachte die Entwicklung auf einen passenden Nenner: „Horror ohne Ende".[1195]

Eine weitere „verpasste Chance für das Musical-Theater" bedauerte die „WAZ" Ende des Jahres 2000.[1196] Als Nachfolgemusical kam „Die schöne Marguerite" auf die Bühne, das von der Journalistin Hildegard Holtschneider produziert wurde. Nach den großspurigen Ankündigungen der Macher sollte es seinen Siegeszug von Duisburg aus durch Europa und die USA antreten. Bei der Uraufführung am 2. Dezember 2000 fiel es beim Publikum komplett durch.[1197] Hunderte enttäuschte Besucher verließen das Theater schon in der Pause.

1189 NRZ, 18.9.1999; WAZ, 19.10.1999.
1190 WAZ, 19.10.1999; RP, 9.11.1999; RP, 9.12.1999; RP, 31.12.1999.
1191 WAZ, 12.4.1999; RP, 22.9.1999; WAZ, 26.11.1999.
1192 NRZ, 18.12.1999; WAZ, 11.1.2000; NRZ, 2.3.2000.
1193 NRZ, 5.5.2000; RP, 5.6.2000.
1194 WAZ, 8.4.2000; RP, 5.7.2000.
1195 NRZ, 14.7.2000.
1196 WAZ, 4.12.2000.
1197 RP, 18.11.2000; WAZ, 4.12.2000; NRZ, 5.12.2000; WAZ, 8.12.2000.

Nach dem Aus für „Les Misérables“ hat das Theater am Marientor keinen würdigen Ersatz für eine Nutzung finden können. Es dient seither als Bühne für zahlreiche Show- und Fernsehproduktionen und als Ausweichstätte für die Duisburger Philharmoniker.

Das Musical „Starlight Express“ in Bochum, das nach der Eröffnung in den Feuilletons zahlreicher überregionaler Zeitungen mit Hohn und Spott überzogen wurde, konnte seit 1988 über 16,5 Millionen Besucher (Stand 2018) begrüßen.[1198]

8. Primat der Hochkultur – und die Folgen

Wie bereits in der Zwischenbetrachtung erwähnt wurde, setzte in den 1970er Jahren vielerorts in Deutschland ein Umdenkprozess in der städtischen Kulturarbeit ein. Wie sah die Entwicklung der freien Kulturarbeit, der Künstlerszene und der Soziokultur[1199] in der Industriestadt Duisburg in dieser Zeit aus?

In einigen Städten des Ruhrgebiets, „in dem die Nähe von Wirtschaft und Kultur Tradition hat“[1200], wurden seit Mitte der 1970er Jahre Kulturentwicklungspläne verfasst, um unübersehbare Defizite in der freien Kulturarbeit zu beheben.[1201]

„Neben der repräsentativen Hochkultur, auf deren imageträchtige Wirkung besonders die Ruhrgebietsstädte lange fast ausschließlich gesetzt hatten, sollte eine Kulturszene mit Eigenleben wachsen. [...] Urbane Lebendigkeit, so die Erkenntnis, braucht die Unkonventionalität, die Kreativität, die Unberechenbarkeit und auch die Unbequemlichkeit einer freien Kulturszene.“[1202]

Alfons Spielhoff setzte als Kulturdezernent in Dortmund und Geschäftsführer der „Kulturpolitischen Gesellschaft“ hohe Erwartungen in die Kulturentwicklungspläne: „Eine Stadt ohne einen detaillierten Kulturentwicklungsplan, der in festgelegten Ab-

1198 WAZ, 12.6.2018.

1199 „Soziokulturelle Initiativen sind Zusammenschlüsse von Personen, Gruppen und Vereinen, die ein öffentliches Kulturangebot unter Einbezug von Alltagseinflüssen realisieren wollen“, zit. nach Benkert, Wolfgang, Arbeitsgemeinschaft Kulturwirtschaftsbericht NRW. Dynamik der Kulturwirtschaft Nordrhein-Westfalen im Vergleich, Bonn 1992, S. 147; vgl. auch Sievers, Norbert / Wagner, Bernd (Hg.), Bestandsaufnahme Soziokultur: Beiträge, Analysen, Konzepte, Stuttgart 1992.

1200 Rühl, Wolfgang, Die Kulturförderung des Initiativkreises Ruhrgebiet, in: Strüder / Bigge, Neue Kulturpolitik, S. 6.

1201 Vgl. Wagner, Bernd, Kulturentwicklungsplanung – Kulturelle Planung, in: Klein, Armin (Hg.), Kompendium Kulturmanagement, München 2004, S. 127.

1202 Strüder / Bigge, Neue Kulturpolitik, S. 11.

ständen fortgeschrieben wird, ist in Zukunft nicht denkbar. Gerade für die Realisierung wichtiger Erfordernisse im Kulturbereich ist Planung die Grundvoraussetzung, a) für mehr Chancengleichheit, b) für mehr Lebensqualität für alle Bürger und c) so oft der Begriff auch schon verwandt sein mag, wir sagen es dennoch, für ein Mehr an Demokratie."[1203] In der Aufgabendefinition solcher Pläne waren vor allem zwei Fragestellungen relevant: Welche sozialen und kulturellen Barrieren verhindern die Inanspruchnahme des vorhandenen kulturellen Angebots und welche Bedürfnisse der Adressaten sind einzubeziehen?[1204] Darin wurden programmatische Aussagen und Zielvorstellungen für die Kulturarbeit formuliert. Dazu sollte empirisches Material gesammelt und ausgewertet werden, um Bestandsaufnahmen und Bedarfsfeststellungen vornehmen zu können.

In Duisburg sah man für derart langfristige und koordinierte Konzepte keine Notwendigkeit. Trotz jahrelanger virulenter Forderungen, beispielsweise von der Fraktion „Die Grünen", wurden Kulturentwicklungspläne hier nie verfasst, da sie laut Konrad Schilling „keinen effektiven Gewinn brächten".[1205] Einwände und Appelle, dass „die Stadt Duisburg in der Vergangenheit die falschen Schwerpunkte in der Kulturarbeit gesetzt habe und zu einseitig auf die Highlights ausgerichtet war", verhallten.[1206]

Auch die in anderen Städten im Vergleichszeitraum erheblich forcierte Künstlerförderung blieb in Duisburg auf niedrigem Niveau. Kulturdezernent Schilling eilte der Ruf voraus, in den 1980er und 1990er Jahren „Jugendkultur und Kleinkunst" zu vernachlässigen.[1207] Zahlen und Statistiken verifizieren dieses Defizit. Eine Analyse aus dem Jahr 1988 über die Anzahl der steuerpflichtigen Künstler in 44 Städten und Kreisen Nordrhein-Westfalens ergab, dass die „Lehmbruck-Stadt"[1208] (Helmut Schmidt) mit lediglich sieben ansässigen bildenden Künstlern auf dem vorletzten Platz lag.[1209] Der erste Kulturwirtschaftsbericht des Landes Nordrhein-Westfalen über die „Schwerpunkte der Beschäftigung sozialversicherungspflichtiger Kunst- und Kulturschaffender in Kreisen und Städten in NRW" kam zu ähnlich ernüchternden Ergebnissen: Unter 33 Städten waren Duisburg und Iserlohn die einzigen Kommunen, in denen die ohnehin schwachen Ausgangsdaten im Zeitraum von 1980 bis 1989 nicht gesteigert werden konnten, sondern sich verringerten. In Duisburg lag

1203 Zit. nach Wagner, Kulturentwicklungsplanung, S. 127.
1204 Strüder, Beispiele, S. 17.
1205 KAP, 6.12.1990.
1206 KAP, 12.6.1992.
1207 N. N., Das Interview: Dr. Konrad Schilling, in: DJB 1993, S. 66–69, S. 69.
1208 WAZ, 2.5.1981.
1209 Dies und das Folgende nach Benkert, Dynamik, S. 201 und S. 218.

das Minus bei sieben Prozent. Alle anderen Städte erzielten in derselben Zeitspanne einen durchschnittlichen Zuwachs von 16 Prozent. Eine Rangliste vergleichbarer Städte sieht wie folgt aus:

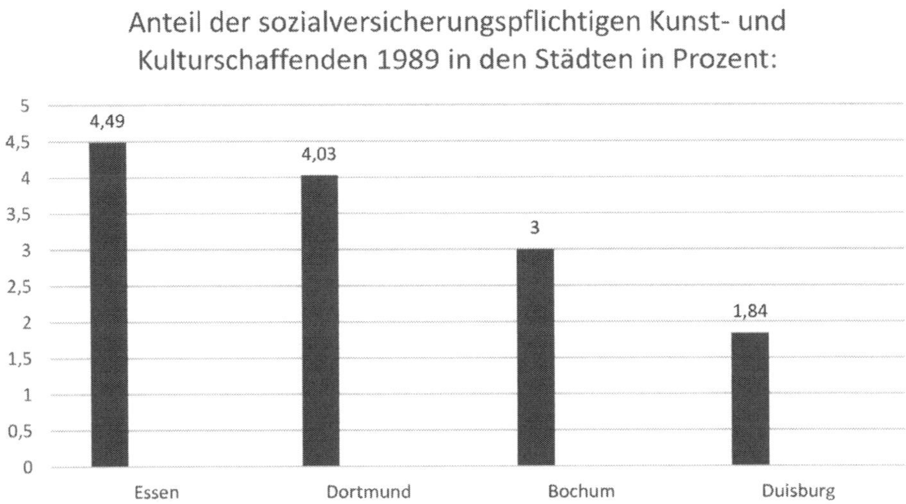

Selbst Gelsenkirchen konnte mit 1,88 Prozent aufwarten.

Ein Vergleich der selbsternannten „Kulturstadt im Herzen Europas", die so gerne unter der Werbeformel „Die 4 am Rhein" firmierte, mit den Rheinstädten zeigt die Defizite in aller Klarheit:

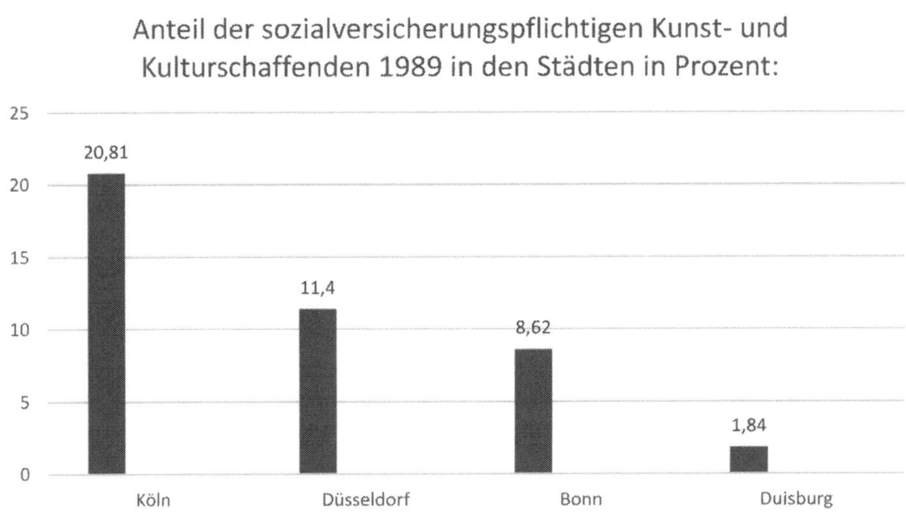

Die Kulturszene in Duisburg wurde nicht nur kaum gefördert, sondern im Gegenteil noch behindert. 1995 vertrat die Kultusministerkonferenz der Länder in einem Bericht die Auffassung, „dass die soziokulturelle Bewegung ohne Zweifel Anstöße für Theorie und Praxis der Kulturarbeit gegeben und – vor allem in den Städten – Bewegung in den traditionellen institutionalisierten Kulturbetrieb gebracht hat“.[1210] Das einzige soziokulturelle Zentrum in Duisburg wurde zunächst der Verwahrlosung anheim gegeben und musste wie geschildert am 1. Mai 1987 schließen.[1211] Einen Ersatz gab es nicht: „Tatsächlich begannen für die heimatlos gewordene freie Duisburger Kulturszene zehn magere Jahre. Manche haben in dieser Zeit resigniert die Stadt verlassen.“[1212] Duisburg hielt zwölf Jahre lang den traurigen Rekord, die einzige Großstadt in Deutschland ohne soziokulturelles Zentrum zu sein.[1213] In der nur halb so großen Nachbarstadt Oberhausen gab es sechs solcher Einrichtungen. Die Einschätzung der „NRZ“, dass „die freie Szene lange das Stiefkind der Stadt gewesen sei“, traf zweifelsohne zu.[1214]

Auf die Frage, wann in Duisburg ein neues Jugendkulturzentrum errichtet werde, antwortete der Beigeordnete Konrad Schilling: „Vielleicht dann, wenn der Vatikan Frauen in das Priesteramt beruft.“[1215] Die zitierte Aussage dokumentiert den mangelnden politischen Willen gegenüber kulturellen Ausprägungen, die nichts mit der favorisierten „Hochkulturpolitik“ zu tun hatten. Eine solche Prioritätenfestlegung ist für das Kulturleben einer Stadt generell fatal: „Wo die freien Gruppen und Vereinigungen in der offiziellen Kulturpolitik kein Gehör finden [...] und wo ihnen die Gelegenheit zur allmählichen Entwicklung und Konsolidierung nicht gegeben wird, [...] wird sich kein kulturell fruchtbares Klima und keine aktive Kulturszene entwickeln.“[1216] Trotz guter Ansätze in den 1970er Jahren erhielt in der sich anschließenden Dekade wieder die anachronistische Hoch- und Repräsentationskultur das Vorrecht in Duisburg. Man tat sich nicht nur mit dem wirtschaftlichen Strukturwandel schwer, sondern verpasste überdies den Anschluss an eine progressive Kulturförderung. Diese wurde im Sinne der „Neuen Kulturpolitik“ in den Nachbarstädten mit größerem Nachdruck und Mut verfolgt. Dies lag keineswegs ausschließlich an den engen finanziellen Spielräumen, sondern auch an den Hauptverantwortlichen für den Bereich Kultur in Duisburg. Die in rascher Folge initiierten „Leuchtturm-Großprojekte“ er-

1210 Zit. nach Drucksache der Verwaltung 1497/1, Mitteilungsvorlage der Kulturdezernentin Dr. Magdowski, in: STA DU, Bestand 401/36/71.

1211 Vgl. Esch, Eschhaus, S. 100.

1212 Verein „Feuerwache 1 e.V.“, „Wie alles anfing“, o.S., o.D.

1213 Ebd.; KAP, 23.10.1995.

1214 NRZ, 10.12.1994.

1215 WAZ, 13.8.1990.

1216 Gau, Doris, Kultur als Politik. Analyse der Entscheidungsprämissen und des Entscheidungsverhaltens in der kommunalen Kulturpolitik, München 1990, S. 167.

hielten bis weit in die 1990er Jahre Priorität. Das Verdikt des Kulturwirtschaftsberichts über die Region Duisburg/Niederrhein fällt entsprechend aus: „Als strukturelle Schwächen der Region gelten: die schlechte Wirtschaftsstruktur (Branchen mit schlechten Wachstumserwartungen dominieren den Produzierenden Sektor, gravierende Defizite im Dienstleistungsbereich), das Defizit an Erwerbsmöglichkeiten [...], das deutliche Bildungs- und Qualifikationsdefizit. [...] Der Umsatz der Kultur- und Medienwirtschaft der Region wuchs im Zeitraum 1980 bis 1992 um +77 % (regionale Gesamtwirtschaft +46 %). Damit kann die Region ein beachtliches Binnenwachstum der Kultur- und Medienwirtschaft verzeichnen, das allerdings im NRW-Vergleich weit unterdurchschnittlich ausfällt. Auch die Anzahl der Unternehmen der Kultur- und Medienwirtschaft wuchs in der Region im Zeitraum 1980 bis 1992 mit +22 % im Vergleich zum Landesdurchschnitt (+36 %) unterdurchschnittlich."[1217]

Das einseitige Schielen auf Großunternehmen, die Ausdünnung der kulturellen Infrastruktur und die zu geringe Förderung der Soziokultur hatten in Duisburg nicht nur negative Folgen für die Wirtschaft. Diese Form der Kulturpolitik beeinträchtigte die Lebensqualität der Stadtbevölkerung, was auswärtigen Beobachtern nicht verborgen blieb: Das Nachrichtenmagazin „Focus" testete 1995 alle deutschen Großstädte nach ihrem Freizeitwert.[1218] Duisburg „belegt in einem Vergleichstest mit Deutschlands 84 Großstädten nur Platz 70 [...]. Bewertungskategorien der Städte-Untersuchung sind die Freizeitangebote bei Kultur, Sport, naturnahe Umgebung und die Kategorie ‚Treffen und Erleben'. Die meisten Wertungspunkte erzielte Duisburg beim Sport. Einen besonders niedrigen Freizeitwert wollen die Tester in Duisburg in den Bereichen ‚Kultur' und ‚Natur' festgestellt haben."[1219]

Die City verwaiste nach Geschäftsschluss und erinnerte am Abend mitunter an eine Geisterstadt. Diese Einschätzung beglaubigte die städtische Tochterfirma „City-Marketing Duisburg" in einer 1998 veröffentlichten Analyse über die Schwächen des Stadtzentrums: „Kein anspruchsvolles Szene-Angebot, zu wenig Kleinkunst, zu wenige Kulturangebote für Kinder und Jugendliche, zu wenig Livemusik, Fehlen von Straßenmusik/Straßentheater, zu wenig Unterhaltungsprogramme, fehlende Treffpunkte (auch für Jugendliche), zu wenig Abwechslung bei Veranstaltungen, fehlende Biergärten, keine gemütliche Gastronomie nach 20:00 Uhr, ausgestorbene Innenstadt, wenig für junge und mittelalte Menschen, in Düsseldorf gehen die Menschen nach

1217 Benkert, Wolfgang, Kulturwirtschaft in der Regionalentwicklung. Zweiter Kulturwirtschaftsbericht Nordrhein-Westfalen 1994/95, Düsseldorf 1995, S. 146.

1218 WAZ, 29.5.1995.

1219 NRZ, 29.5.1995.

der Arbeit flanieren – in Duisburg in den Schrebergarten."[1220] Die Bürger der Stadt sahen es ähnlich und klagten in einer Umfrage über „das fehlende Angebot an interessanter Gastronomie sowie die Verödung der City nach 20 Uhr".[1221]

Die Liste offenbart in der Zeit des Strukturwandels die Mängel in einer Stadt, deren teilweise schlecht ausgebildete Bevölkerung mit massiven Arbeitsplatzverlusten zu kämpfen hatte und der Begriff „Dienstleistung" zum neuen Zauberwort in der gesamten Region wurde.[1222] Ein urbanes, geschweige denn großstädtisches, für Bürger und kleinere Unternehmen freundliches Klima hat sich in Duisburg nie entfalten können. Die Stadt hätte hier nicht zuletzt aus ökonomischen Gründen kulturpolitisch gegensteuern müssen. Bochum etwa unterstützte die örtliche Künstler- und Musikszene mit Hilfe des durch eine Privatinitiative 1986 gegründeten Festivals „Bochum Total". Es entwickelte sich mit circa 500.000 Besuchern zu einem der größten Musikfestivals Europas.[1223] Zwar verschönerten in Duisburg berühmte Künstler die U-Bahn-Stationen oder gestalteten Brunnenplastiken für die Fußgängerzone. Die „Unwirtlichkeit unserer Städte" ließ sich durch diese Maßnahmen allein aber nicht bekämpfen.[1224] Intellektuelle Impulse und eine dauerhafte Belebung durch eine soziokulturelle Szene blieben aus.

In Oberhausen, Essen oder Mülheim wurden frühzeitig Anstrengungen unternommen, um die unattraktiven Zentren der Industriestädte kulturell zu durchdringen.[1225] Kulturpolitik wurde hier als Instrument der Investition und nicht mehr der pauschalen Subvention verstanden. Dort „stiegen die Umsätze der Kultur- und Medienwirtschaft im Zeitraum 1980 bis 1992 um +163 %; diese Steigerungsrate lag mehr als doppelt so hoch wie die Wachstumsrate der regionalen Wirtschaft, +77 %. In der

1220 Citymarketing Duisburg (Hg.), Stärken-Schwächen-Analyse. Ergebnisse und Auswertung der Workshops Kultur, Märkte, Städtetourismus, Image und Werbung vom 24.8.1998, Duisburg 1998, S. 3ff.

1221 N. N., Neue Wege im Marketing, in: DJB 1999, S. 174–176, S. 176.

1222 Dazu exemplarisch Drescher, Burkhard / Dellwig, Magnus, „CentrO" in Oberhausen. Projektmanagement für den Strukturwandel. Mit neuem Dienstleistungs- und Freizeitzentrum aus der Krise, in: Standorte. Jahrbuch Ruhrgebiet 1996/97, S. 175–179.

1223 Conrad, Mythen, S. 82.

1224 Mitscherlich, Alexander, Die Unwirtlichkeit unserer Städte. Anstiftung zum Unfrieden, Frankfurt/M. 1965.

1225 In Oberhausen hat die Förderung freier Gruppen eine lange Tradition. Ein Verdienst von Hilmar Hoffmann: „Ebenso selbstverständlich gehören die Alternativkultur und die freien Gruppen, die Künstler und die Schriftsteller als kritisches Ferment zur Konstituierung eines lebendigen urbanen Milieus dazu wie der Pfeffer zum Potthast. Wenn heute die Alternativ-Zentren, die Kultur-Fabriken und Kulturläden in anderen Großstädten, gut subventioniert, gegen die Musealisierung unseres kulturellen Erbes opponieren, so war Oberhausen hier schon Trendsetter zu einer Zeit, als die 68er Studentenbewegung mit Hilfe einer alternativen Gesellschaft eine alternative Republik noch auszurufen hoffte", zit. nach Hoffmann, Oberhausen, S. 38.

Region ‚Mülheim a. d. Ruhr/Essen/Oberhausen' wurde damit das zweithöchste Umsatzwachstum in der Kultur- und Medienwirtschaft im Vergleich zu den Regionen des Landes erzielt."[1226]

Der NRW-Kulturwirtschaftsbericht lobte besonders das „auf die Bedürfnisse der Stadtteilbevölkerung zugeschnittene" Konzept der „Zeche Carl" in Essen. Das „Stadtteil- und Veranstaltungszentrum" habe sich „mit der Zeit auch zu einem professionellen Kulturwirtschaftsbetrieb im Segment ‚Veranstaltungswesen' (Musik, Theater etc.) entwickelt". Zugleich reifte es zu einem „informellen kulturwirtschaftlichen Gründerzentrum" heran, „aus dem [...] eine Reihe von Betrieben hervorgegangen sind".[1227] Der Essener Kulturdezernent Oliver Scheytt, der das Potenzial brachliegender Industrieflächen frühzeitig erkannt und ausgeschöpft hatte, schrieb rückblickend: „Das Ruhrgebiet hat internationale Exempel im Strukturwandel und der Umwandlung von Industriebrachen aufzuweisen. Leerstehende Infrastruktur wurde durch kulturelle Inhalte und Angebote wieder in Wert gesetzt. Hervorragende Beispiele sind etwa ‚Zeche Carl' und ‚Zeche Zollverein' in Essen. Ihre kulturelle Nutzung hat nicht nur erhebliche wirtschaftliche Effekte, sondern ist ein elementarer Beitrag zur Lebensqualität im Ruhrgebiet."[1228] Die Zeche Carl wurde zu einem „Kristallisationskern" für kreative Köpfe, „indem zum Beispiel von ehemaligen Beschäftigten auf Basis der in der Zeche erworbenen Erfahrungen eigene Existenzen gegründet wurden. Zu diesen Betrieben gehörten u. a. das ‚Medienhaus Essen', ein Musiktechnik- und Lichtverleih, ein Tourneebegleitungsservice, mehrere Gaststätten mit Kulturangeboten, Künstler und auch eine Autowerkstatt. Gemeinsam ist allen, dass ihnen in der Zeche ein geschützter Raum zur Qualifizierung, zum Entwickeln von Ideen sowie für Experimente zur Verfügung stand."[1229] Vergleichsweise wenig Geld wurde mit großer Wirkung sinnvoll und effizient angelegt.

In Duisburg konnte sich ein solches Geflecht nicht entwickeln und entfalten. 1992 gründeten freie Künstler aus unterschiedlichen Disziplinen wie Theater, Tanz, Kabarett, Comedy, Literatur und Musik den „Freien Arbeitskreis Theater" (FAKT).[1230] Mit diesem Lobbyverein wollten sie ihre Interessen gegenüber der Kulturverwaltung und der Politik künftig besser vertreten.[1231] Die 27 Gruppen seien einzeln von offizieller Seite „bislang stiefmütterlich behandelt" worden, schrieb die „WAZ".[1232] Man hoffte

1226 Benkert, Zweiter Kulturwirtschaftsbericht, S. 137.
1227 Ebd., S. 213.
1228 Scheytt, Oliver, Kultur für alle heißt nicht: Geld für alles und für jeden, in: Standorte. Jahrbuch Ruhrgebiet 1994/95, S. 201–208, S. 201.
1229 Benkert, Zweiter Kulturwirtschaftsbericht, S. 216.
1230 Drucksache der Verwaltung vom 15.2.1996, in: STA DU, Bestand 401/36/71.
1231 NRZ, 21.11.1992; WAZ, 19.8.1997.
1232 WAZ, 9.1.1993.

auf die neue Kulturdezernentin Iris Magdowski, Jahrgang 1952, die einer jüngeren Generation als Konrad Schilling angehörte. Vielleicht würde sie es den Duisburger Künstlern ermöglichen, jährlich ein eigenes Programm zu etablieren – wie es in Dortmund seit Jahren geschah. FAKT musste aber weiterhin in Eigenregie und ohne Hilfe von außen agieren. Wenige Monate nach der Gründung stellte der Verbund sein Potenzial bei einem „Hafen-Basar" unter Beweis. 600 begeisterte Besucher verfolgten die dreistündige Abendveranstaltung.[1233] Bestärkt durch diesen Erfolg richtete FAKT in den Folgejahren ein eigenes Festival aus, um neue Programme und Workshops vorzustellen.[1234] 1993 beteiligte sich die Interessengemeinschaft mit 13 Gruppen, 15 Produktionen und sechs Premieren an den „Duisburger Akzenten".[1235] Um die „dahindümpelnde Szene" („WAZ") zu unterstützen, wurde das FAKT-Büro von einer ABM-Kraft betreut. Zwei Jahre nach der Gründung hatten sich FAKT 25 Künstlergruppen angeschlossen.[1236] Nicht zuletzt durch die Teilnahme an den „Akzenten" – unter anderem mit Auftritten im Landschaftspark Nord – hatte sich die Interessengemeinschaft „zu einer festen Größe im Duisburger Kulturleben entwickelt".[1237]

Die Anhänger der Wiedereröffnung eines soziokulturellen Zentrums übten weiter Druck auf die Stadtverwaltung aus, damit es „nicht beim Hochofenabstich als einzigem Nachtprogramm in Duisburg bleibt".[1238] Frischen Rückenwind erhielten sie im Frühling 1994 bezeichnenderweise nicht aus dem Kultur-, sondern aus dem Jugenddezernat: „‚Duisburgs freie Szene braucht einen Organisator!' Mit diesen Worten stellte Jugenddezernent Gerd Bildau in der vergangenen Woche Frank Jebavy, den Geschäftsführer des neu gegründeten Jugendkulturbüros, vor. [...] Tatsächlich ist aber die verwaltungsinterne Debatte um das Jugendkulturbüro ein Streit um die Zuständigkeit: Im Jugenddezernat will man die Federführung in Sachen Jugendkultur nicht länger den Kollegen aus dem Kulturbereich überlassen. Möglich geworden war die Schaffung des Büros an der Goldstraße erst durch ein massives Engagement des Jugenddezernenten [...]. Gefragt nach dem Verhältnis zu den Kollegen im Kulturdezernat unternimmt Bildau einen Ausflug in die Biologie: ‚Wir leben in symbiotischer Beziehung, man lebt in gegenseitigem Nutzen.'"[1239]

Frank Jebavy, der Geschäftsführer des 1994 gegründeten Jugendkulturbüros, vermittelte geschickt zwischen der aufgebrachten Szene und der paralysierten Kulturver-

1233 RP, 26.4.1993.
1234 NRZ, 22.10.1998.
1235 WAZ, 7.6.1993.
1236 RP, 10.6.1994.
1237 Ebd.; NRZ, 9.4.1996.
1238 Esch, Eschhaus, S. 100.
1239 Duisburger Wochen-Anzeiger, 16.5.1994; vgl. auch RP, 2.1.1998.

waltung: „Jebavy [...] schaut etwas neidisch nach Oberhausen. Ein gefüllter Terminkalender für Jazz, Rock und Kabarett lasse erkennen, dass dort die Szene kulturpolitisch gefördert worden sei. In Oberhausen sei die Soziokultur als Wirtschaftsfaktor erkannt worden. Der Strukturwandel muss bei den Planern erst einmal im Kopf stattfinden.“[1240]

Überregional bekannt gewordene Künstler hätten ihre Karriere in Duisburg aufgrund fehlender Auftrittsmöglichkeiten nicht so schnell aufbauen können: „Die Duisburger Veranstalter leiden darunter, dass in dieser Stadt jahrelang kein zentraler Ort für Bands oder Theatergruppen zur Verfügung stand. Da Duisburg in dieser Beziehung über kein Image und keine Werbewirksamkeit verfüge, bestehe für viele Künstler überhaupt kein Interesse, hier aufzutreten.“[1241]

Der Musiker, Komiker, Regisseur und Autor Helge Schneider lebte trotz seines Studiums an der Folkwang-Universität der Künste am Standort Duisburg in seiner Heimatstadt Mülheim an der Ruhr. Dort gab es eine lebendige Jazzszene. Hagen brachte als „Wiege der Neuen Deutschen Welle“ in den 1970er und 1980er Jahren Musiker wie Nena, Annette und Inga Humpe und die Bands Extrabreit und Grobschnitt hervor, die international bekannt wurden. Der Soziologe Frank Hillebrandt erforschte die Voraussetzungen für diese ungewöhnliche Erfolgsgeschichte, die er in einem Zeitungsinterview zusammenfasste: „In Hagen gab es schon sehr früh einen Treffpunkt, wo sich junge Menschen treffen konnten, um ihre eigene Musik zu machen.“[1242] Im Jugendzentrum „Kultopia“ „konnte sich eine richtige Musikszene bilden – das braucht zehn Jahre [...]. Im Rückblick kann man sagen, dass es gut war, dass die Stadt Hagen damals Räumlichkeiten wie dieses Jugendheim und Gelder für diese Arbeit mit Jugendlichen bereitstellte.“[1243] Das Kabarettduo „Die Missfits“, das sich 1985 gründete, sammelte im Zentrum Altenberg in Oberhausen erste Bühnenerfahrungen.[1244] In der „Zeche Carl“ trat 1988 die Musik- und Comedy-Gruppe „Herbert Knebels Affentheater“ zum ersten Mal auf, die heute Kultstatus im Ruhrgebiet und darüber hinaus genießt.[1245] Das kulturelle Fluidum in Bochum ermöglichte einem der bekanntesten deutschen Sänger den Aufstieg: „Doch dass aus Herbert Grönemeyer der Herbert Grönemeyer wurde, das konnte nur in Bochum passieren. Denn Bochum war in den 70er und frühen 80er Jahren, als Grönemeyer den Grundstein für seine Karriere legte, der kulturelle Nabel des Reviers. Nur in Bochum konnte Herbert Grönemeyer von einem

1240 WAZ, 28.7.1994.

1241 WAZ, 27.1.1994 (Jebavy).

1242 Westfalenpost, 2.1.2014.

1243 Ebd.

1244 Über den Beginn der „Missfits“ in „ihrer Spielstätte“, dem „damals florierenden Kulturzentrum Altenberg“, vgl. Giesche, Bert, „Nicht gesellschaftsfähig? Die Missfits. Vom Putzgeschwader zum besten Frauenkabarett der Republik, in: Stadt Oberhausen (Hg.), Oberhausen 1992. Ein Jahrbuch, Oberhausen 1992, S. 52–55.

1245 WAZ, 16.9.2013.

Theatermann wie Peter Zadek als musikalisches und schauspielerisches Talent entdeckt werden, und nur in dieser Universitätsstadt im Revier brodelte die Szene so, dass ein Star hervorgebracht werden konnte."[1246]

Um ein Kulturzentrum in Duisburg durchzusetzen, ging aus dem Jugendkulturbüro der Verein „Feuerwache 1 e.V." hervor.[1247] Die Mitglieder erstellten für die alte Feuerwache in Hochfeld ein Nutzungskonzept. Das Kulturamt sah die „Freien" aber immer noch als „Störfaktoren" bei der Verfolgung eigener kulturpolitischer Pläne an.[1248] Anlässlich eines geplanten Sommerfestivals der freien Duisburger Künstler auf dem Gelände der Feuerwache eskalierte der jahrzehntelange Konflikt. Die Verwaltung und das Ordnungsamt erteilten für die Veranstaltung keine Genehmigung. Es folgte der demonstrative und symbolische Auszug einer Vielzahl der freien Künstler aus Duisburg. Für die offizielle Kulturpolitik war dies ein Armutszeugnis. Für die Außenwirkung der selbsternannten „Kulturstadt im Herzen Europas" bedeutete es eine Blamage. Oberbürgermeister Krings brachte gegenüber der Presse sein „Unverständnis" für die Aktion der Künstler zum Ausdruck.[1249]

Die freien Künstler und der Verein „Feuerwache 1 e.V." gingen gewissermaßen ins Exil und feierten in den Städten Mülheim und Oberhausen, die der freien Szene wohlgesonnen waren, ein dreitägiges Solidaritätsfestival. FAKT konnte daraufhin aus Spielort-Angeboten in den Städten Moers, Gelsenkirchen, Bochum, Oberhausen und Mülheim wählen.[1250]

Wieder einmal war für die Stadt auf kulturellem Gebiet ein großer Imageschaden entstanden. Angesichts der Ignoranz der Kulturverwaltung starteten die lokalen Zeitungen eine folgenreiche Pressekampagne für die Belange der Künstler. Erst danach konnte ein Redakteur der „NRZ" einen Meinungsumschwung innerhalb der Politik wahrnehmen: „Die nun abgelehnte Alternative ‚Feuerwache', die immer heftiger drängende Szene und zuletzt auch die schallende Wahl-Ohrfeige für die SPD durch die jugendlichen Urnengänger haben einen Umdenkungsprozess bewirkt."[1251] Kleinlaut, aber einsichtig schilderte der Fraktionsvorsitzende der SPD,

---

1246 Vgl. Standorte. Jahrbuch Ruhrgebiet 1996/97, S. 544. Nicht vergessen werden sollen aber die Opern- bzw. Musikstars Rudolf Schock, Karl Ridderbusch und Frank Peter Zimmermann, die Duisburg hervorbrachte; vgl. Krings, Begegnungen, S. 147–155.

1247 Dieser Verein wurde zum Dachverband der freien Szene. Das Jugendkulturbüro, dessen Geschäftsführer und die städtischen Zuschüsse gingen auf den Verein über; vgl. Verein „Feuerwache 1 e.V.", „Wie alles anfing", o.S., o.D.

1248 Matern, Reinhard, Die kulturelle Produktionsstätte „Factory" in Duisburg, in: Heinc, Sabine / Horstmann, Elke / Krause, Antje (Hg.), Freie Kultur Ruhrgebiet. Ökonomische und politische Perspektiven im Strukturwandel, Gelsenkirchen 1999, S. 93–97, S. 94.

1249 WAZ, 8.7.1995.

1250 NRZ, 12.5.1995.

1251 NRZ, 27.5.1995.

Dirk Lachmann, in einer Kulturausschusssitzung im Oktober 1995 die Situation: „Der zweite Bereich der Kulturpolitik in Duisburg beziehe sich sicherlich auf die Szene, und da gebe er zu, dass Duisburg hier Versäumnisse gemacht hätte. Man hätte damals nicht schnell genug reagiert, als das Eschhaus geschlossen hat. Es wurden keine Alternativen geschaffen, um dies in neuer, zeitgemäßer Form an anderer Stelle wieder einzurichten. Seine Fraktion hätte diesbezüglich immer wieder Vorstöße unternommen, aber dies Ganze sei auch ein Problem der Räumlichkeiten und der Finanzierung."[1252] Ein Jahr später schilderte Lachmann die trostlose Situation der alternativen Szene in ähnlichen Worten und fügte an: „Dieses Vakuum hätte ausgefüllt werden können, da die SPD-Fraktion 0,5 Mio. DM in den Haushalt eingebracht habe, um ein entsprechendes Haus aufzubauen und damit einen Grundstein für die Kulturszeneentwicklung zu legen. Zwar hätten sich Akteure der Szene bereiterklärt, einen Verein zu gründen, seien aber letztendlich nicht in der Lage gewesen, die Verantwortung für ein solches Unternehmen zu tragen. Bis heute würde auf Initiativkräfte gewartet, um das Loch in der Szenepolitik auszufüllen."[1253]

Es war der Jugendbeigeordnete Gerd Bildau, der das Zuschieben des Schwarzen Peters beendete und vorschlug, ein Kulturzentrum in der Stadtmitte zu errichten: „Die Verwirklichung dieses Zentrums am Dellplatz ist jetzt zu einem Symbol unserer Glaubwürdigkeit gegenüber der Jugend geworden."[1254] Dem Kulturdezernat unterliefen indes weitere peinliche Pannen. So hatte Iris Magdowski zur Besänftigung der Szene ein „Hearing" angekündigt, dann aber nur auswärtige Experten eingeladen. Der Geschäftsführer der „Landesarbeitsgemeinschaft soziokulturelle Zentren", Rainer Bode, kritisierte die Stadt bei dieser Gelegenheit öffentlich: „Diskussionen über solche Treffs haben wir in allen NRW-Städten schon vor über zehn Jahren geführt. Überall ist etwas passiert, nur nicht in Duisburg."[1255]

Nach dem unverständlichen Vorgehen der Beigeordneten wandten sich die Vertreter aller freien Kulturorganisationen in einem offenen Brief an Oberbürgermeister Josef Krings: „Sehr geehrter Herr Krings, der Kulturausschuss wird ein Expertenhearing über die freie Duisburger Kulturszene durchführen. Uns erstaunt, dass nach einer Mitteilungsvorlage von Frau Dr. Magdowski nur auswärtige Personen eingeladen worden sind. Die konkreten Vorschläge für die Einladungen auswärtiger Experten stammen zum größten Teil von der freien Szene selbst. Frau Dr. Magdowski waren relevante Personen kaum bekannt. Da über Duisburger Angelegenheiten beraten werden soll, macht es Sinn, zumindest einen Vertreter der freien Duisburger Kulturszene

1252 KAP, 23.10.1995.
1253 KAP, 29.4.1996.
1254 NRZ, 27.5.1995.
1255 NRZ, 12.5.1995.

hinzuziehen. [...] In dem Vorhaben, ein Hearing zum Thema Soziokultur ohne Vertreter der freien Duisburger Kulturszene durchzuführen, sehen wir erneut eine Ausgrenzung bzw. Missachtung der Kulturszene in Duisburg."[1256]

Iris Magdowski wechselte 1997 nach Stuttgart, um dort als Bürgermeisterin das Amt für Kultur, Bildung, Medien und Sport zu leiten. Ihr Nachfolger wurde Gerd Bildau. Ein Sprecher der FAKT-Gruppe stellte daraufhin eine Verbesserung der „Kommunikation und Kooperation" mit der Kulturverwaltung fest.[1257] So konnte der Verein „Feuerwache 1 e.V." 1997 in einem ehemaligen Verlagshaus unter Mithilfe großzügiger Spender aus der Wirtschaft (Brohler GmbH) und der städtischen Baugesellschaft GEBAG das Künstlerhaus „Factory" mit Proberäumen, Ateliers, Studios, Theaterbüros, Kleinkunsträumen, Grafik/Design-Werkstätten und Musikwerkstätten beziehen.[1258] Der Verein entwickelte zusätzlich ein Kulturprojekt für den sozialen Brennpunkt Duisburg-Bruckhausen. Dort wurde ein ehemaliger Bunker zum „Kulturbunker" umfunktioniert: Film- und Diskussionsabende, Lesungen, Konzerte, Kabarett, Tanz- und Bewegungsworkshops für Kinder, musikalische Früherziehung, Hausaufgabenhilfe, Sprachförderung, deutsch-türkische Literaturkreise, Jugendtheater, Rentnerberatung, Erzählkreise, Weiterbildungsangebote, Selbsthilfegruppen, Suchthilfe etc. bestimmten das Programm.[1259] Trotzdem befand sich Duisburg, „was soziokulturelle Einrichtungen betrifft", nach wie vor „bundesweit auf einem der hintersten Plätze".[1260]

Zwölf Jahre nach der Schließung des Eschhauses konnte im April 1999 das neue „Kulturzentrum Hundertmeister" am Dellplatz eröffnen.[1261] Der Rat der Stadt hatte 1996 einen jährlichen Betriebskostenzuschuss für den Verein „Feuerwache 1" beschlossen, der im Gegenzug die Trägerschaft des soziokulturellen Zentrums übernahm.[1262] Die ersten Besucher waren begeistert: „Wie viel die freie Szene zu bieten hat, zeigten bestens die verschiedenen Aktionen, die vor dem gar nicht so feierlichen Festakt im ganzen Haus liefen. Derart geriet der Start so kreativ, humorvoll, fröhlich und leben-

1256 Offener Brief an Oberbürgermeister Krings und die Mitglieder des Kulturausschusses vom 27.11.1995, in: STA DU, Bestand 401/36/71.

1257 WAZ, 9.7.1997.

1258 Vgl. Matern, „Factory", S. 96f: „Das Haus war schnell belegt. Die Wartelisten waren und sind lang."

1259 Verein „Feuerwache 1 e.V.", Kulturbunker Bruckhausen. Bildungs- und Begegnungsstätte, o. S., o. D.

1260 RP, 26.11.1997.

1261 WAZ, 19.4.1999.

1262 WAZ, 2.7.1996.

dig, wie die ‚Akzente'-Eröffnung einen Tag zuvor eigentlich hätte sein sollen."[1263] Oberbürgermeisterin Bärbel Zieling nahm an der Eröffnung teil und räumte ein, „dass in den letzten Jahren wohl zu wenig für die soziokulturelle Szene getan worden sei".[1264] Sie wünschte „den Künstlern, den Betreibern und dem Publikum, dass sich die freie Kulturszene hier die Freiheiten nimmt, ohne die ich mir Kultur weder im Stadttheater, im Museum noch im Hundertmeister denken kann".[1265] Im Hundertmeister fanden von 1999 bis 2011 unter anderem Lesungen, Konzerte, Theater-, Kabarett- und Tanzveranstaltungen statt. Sowohl Duisburger Nachwuchskünstler als auch regionale und zum Teil bundesweit bekannte Kulturschaffende nutzten die neue Auftrittsmöglichkeit. Der Hundertmeister organisierte zahlreiche große Sommerfeste. Im Jahr 2000 wurden 100 Veranstaltungen mit insgesamt 15.000 Besuchern registriert.[1266] An jedem Wochenende fanden Partys mit circa 200 überwiegend jugendlichen Gästen und Studenten statt. Der Dellplatz entwickelte sich zu einem großen Anziehungspunkt in der Duisburger Innenstadt für ein heterogenes Publikum jeden Alters. Viele Duisburger kamen zum ersten Mal mit kleineren Künstlergruppen in Berührung. Der Verein „Feuerwache 1 e.V." bot Dutzende Arbeits- und Aushilfsplätze. Die ortsansässige Gastronomie registrierte einen deutlichen Zuwachs. Oberbürgermeisterin Bärbel Zieling lobte die „nachhaltige Aufwertung und Belebung der Innenstadt durch das Hundertmeister".[1267] Mit Beharrlichkeit gelang es dem Verein „Feuerwache", die freie Szene zum Nutzen der Stadt zu reanimieren und das kulturelle Profil Duisburgs deutlich mitzuprägen. Die genannten Fakten ließen auf ein versöhnliches Ende schließen.

Nicht so in Duisburg. Die freie Szene erhielt im Jahr 1999 für die „Akzente" nach der Planung und Organisation des allseits gelobten „Kulturbahnhofs", der im Vorjahr mit 70.000 DM aus dem Stadtetat gefördert wurde, keinen Cent mehr vom Kulturdezernat.[1268] Im Rahmen dieses Projekts waren sozialkritische Theaterstücke, etwa über das Schicksal von obdachlosen Jugendlichen, mit großem Erfolg inszeniert worden.[1269] Im Jahr 2003 beschloss die Stadt eine Kürzung des Zuschusses für die Kulturzentrale Hundertmeister um 20 Prozent.[1270] Nur durch die Unterstützung aus der Bevölkerung und die Gründung eines Fördervereins, des „Freundeskreises HundertMeister e.V.", konnte die Existenz der Kulturzentrale gerettet und notdürftig über Wasser gehalten werden. Doch die Bemühungen halfen nicht: Der Hundertmeister meldete Insolvenz an, nachdem ihm die städtische Baugesellschaft GEBAG

1263 NRZ, 19.4.1999.
1264 WAZ, 19.4.1999.
1265 NRZ, 19.4.1999.
1266 Verein „Feuerwache 1 e.V.", „Wie alles anfing", o. S., o. D.
1267 WAZ, 19.4.1999.
1268 NRZ, 28.11.1998.
1269 RP, 22.2.1999.
1270 WAZ, 26.7.2003.

aufgrund hoher Zahlungsrückstände im März 2011 den Mietvertrag gekündigt hatte.[1271]

Anlässlich des 80. Geburtstags von Hilmar Hoffmann war in der „NRZ" zu lesen, dass er „‚kulturelle Leuchttürme' für einen fatalen Mode-Begriff hält: ‚Das kulturelle Flair einer Stadt machen doch nicht allein die Oper oder das große Theater aus, sondern auch die kleinen Tanz- oder Theatergruppen der nicht institutionalisierten Kultur.'"[1272] In Duisburg blieb Hoffmanns Aussage ein Kassandra-Ruf.

9. Reformbemühungen und Rückschläge: Kulturpolitik in den Jahren 1993 bis 2005

Die in den vorherigen Kapiteln skizzierte Schwerpunktbildung der Duisburger Kulturpolitik in der Zeit des Strukturwandels lässt sich anhand nüchterner Zahlen belegen.[1273] Eine Übersicht zeigt die Kostenentwicklung in den einzelnen Sparten an:

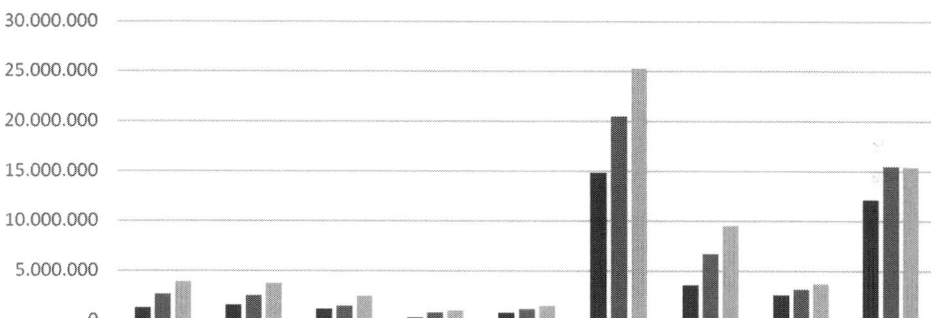

	Ver-waltung/ Festivals	Wilhelm-Lehm-bruck-Museum	Nieder-rhein-isches Museum	Schiff-fahrts-museum	Stadt-archiv	Theater	Opern (Orchester)	Volks-hoch-schule	Stadtbi-bliothek
1976	1.289.000	1.573.000	1.176.000	307.000	815.000	14.842.000	3.573.000	2.583.000	12.104.000
1986	2.653.000	2.535.000	1.466.000	832.000	1.180.000	20.489.000	6.701.000	3.157.000	15.481.000
1996	3.913.000	3.758.000	2.469.000	1.063.000	1.497.000	25.260.000	9.524.000	3.701.000	15.409.000

■ 1976 ■ 1986 ■ 1996

1271 WAZ, 24.3.2011.
1272 NRZ, 25.8.2005.
1273 Dank gilt Herrn Bansemer, Stadtkämmerei Duisburg, der dem Verfasser die Zahlen zur Verfügung gestellt hat.

Augenfällig sind die Ausgaben für das Theater, die Oper und das Orchester. Obwohl der Etat der Deutschen Oper am Rhein von 1992/93 bis 1996/97 um 20 Prozent gekürzt wurde, stiegen die Ausgaben dennoch vergleichsweise stark an.[1274] Die Zuschüsse für die Stadtbibliothek und die Volkshochschule koppelten sich von der Entwicklung der übrigen Etatposten in den Jahren 1986 bis 1996 ab. Die Stagnierung bzw. Senkung in diesem Bereich konnte fiskalisch nur durch massive Einsparungen und das Schließen zahlreicher Einrichtungen erreicht werden. Im Vergleich mit elf anderen Großstädten lag Duisburg mit 163 DM Kulturausgaben pro Einwohner auf dem letzten Platz.[1275] Die Defizite in der kulturellen Grundversorgung lagen an der Finanzlage der Stadt. Zum Teil waren sie aber hausgemacht, denn sie entstanden auch durch eine prestigeorientierte Kulturpolitik. Diese Ausrichtung wurde erst sehr spät und nur zum Teil korrigiert.

Nachdem die Wiedereröffnung eines soziokulturellen Zentrums beschrieben wurde, sollen nun die Reformbemühungen im Bildungsbereich, bei der „Deutschen Oper am Rhein“ in den Bereichen Schauspiel und bei den „Duisburger Akzenten“ Thema dieses Kapitels sein. In der Summe haben die eingeleiteten Maßnahmen einen vorübergehenden Paradigmenwechsel in der Duisburger Kulturpolitik im Sinne einer stärkeren Bürgerorientierung bewirkt.

9.1 Kulturpolitik und Bildung

Dass eine sozialdemokratische Partei in einer Stadt wie Duisburg nicht nur die reihenweise Schließung öffentlicher Bibliotheken sanktionierte, sondern auch kleinste Schulbibliotheken aufgab, verwundert. Selbst die Duisburger Volkshochschule, einst Garant für eine effektive Weiterbildung bildungsferner Schichten, wurde in den späten 1980er Jahren „finanziell ausgetrocknet“. Im Gegenzug sind die Hörerentgelte erhöht worden.[1276]

Der Rat der Stadt verabschiedete 1991 eine umfassende Bildungsoffensive unter dem Titel „Duisburg 2000 – Zukunftsinitiative Bildung“.[1277] Erarbeitet hatte sie Gerd Bildau (1946–2005). Er stammte aus Gießen und hatte nach einer Verwaltungsausbildung das Abitur auf dem zweiten Bildungsweg absolviert. Nach einem Studium der

1274 Stadt Duisburg, Die neue Stadt, S. 32.

1275 Farys, Simone / Misoch, Sabina, Städte und Gemeinden in der Kultur- und Sozialstatistik, in: Schäfers, Bernhard / Wewer, Göttrik (Hg.), Die Stadt in Deutschland. Soziale, politische und kulturelle Lebenswelt, Opladen 1996, S. 273–290, S. 288. 1993 lagen die Kulturausgaben in Essen bei 236 DM und in Dortmund bei 184 DM pro Einwohner.

1276 Vgl. Barbian, Neubeginn, S. 33 und RP, 16.5.1995.

1277 Vgl. Stadt Duisburg, Dezernat für Jugend und Bildung (Hg.), „Zukunftsinitiative Bildung 1990–1994“. Zwischenbericht, Duisburg 1994.

Politikwissenschaften, Volkswirtschaftslehre und Neueren Geschichte arbeitete er als Volkshochschulleiter, persönlicher Referent des hessischen Bildungsministers und als Beigeordneter in Düren. 1989 wurde er vom Rat der Stadt Duisburg zum Beigeordneten für Jugend und Schule ernannt. Bildau wollte die Versäumnisse, die in der Vergangenheit im Kulturdezernat entstanden waren, beseitigen. „Die Einstandsarbeit dieses Beigeordneten, der erst vor einem Jahr nach Duisburg kam, enthält auf 253 Seiten viele Paukenschläge. Dieser erste Bildungsplan [...] legt erstmals schonungslos Duisburger Bildungsdefizite offen."[1278] Unter den NRW-Städten nahm Duisburg einen „blamablen Platz" ein.[1279] Im Jahr 1989 wechselten hier 34,6 Prozent der Grundschüler auf die Hauptschule. In Gelsenkirchen waren dies lediglich 16,4 Prozent und in Oberhausen 21,8 Prozent. „Wenn mehr Duisburger mit geringer qualifizierten Abschlüssen ihre Schullaufbahn beenden als in vergleichbaren Städten, dann stimmt etwas nicht in dieser Stadt."[1280] Weiter heißt es: „Die unbefriedigenden Zahlen der Duisburger Schulpolitik drängen die Frage auf, ob diese Bildungsinitiative nicht eher hätte angestoßen werden müssen. Bildau, der erst im vergangenen Jahr den Bereich Bildung vom Kulturverwalter Dr. Schilling übernommen hat und nun innerhalb eines Jahres diese vielseitige Arbeit vorlegte: ‚Es ist eine zeitgemäße Entscheidung. Ob sie zu spät kommt, will ich nicht bewerten. [...] Es geht um die Anzettelung einer aktiven Bildungspolitik und -praxis zur Durchbrechung geronnener Bindungen und Beschränkungen."[1281]

Bildau hatte eine Vielzahl konkreter Handlungsempfehlungen erarbeitet, die unter dem Stichwort „Chancengleichheit" zusammengefasst werden können. Er wollte mit seinem Konzeptpapier „nicht das Schulsystem, sondern die Rahmenbedingungen [...] verändern". Bildau war der Überzeugung, „dass der Strukturwandel nur gelingen könne, wenn das Bildungsniveau steigt". Schon ein paar Jahre später gehörte Duisburg in der Bildungspolitik nicht mehr zum Schlusslicht der Städte in NRW. Die „Wende in der Duisburger Bildungspolitik" („WAZ") wurde unter anderem durch eine intensive Schülerbetreuung in sozial schwierigen Wohnbezirken ermöglicht.[1282] 1989 gab die Stadt für jeden Schüler 203,42 DM aus. Trotz einer weitaus schlechteren Haushaltslage erhöhte sich der Betrag bis ins Jahr 1994 auf 748,66 DM.[1283] 1990 hatte jeder neunte Schulabgänger keinen Hauptschulabschluss, 1998 war dies nur noch bei jedem 14. der Fall. Das beachtliche Maßnahmenpaket hat die „Bildungslandschaft Duisburgs nachhaltig belebt und positiv geprägt".[1284]

1278 WAZ, 17.8.1990.
1279 NRZ, 17.8.1990.
1280 WAZ, 17.8.1990.
1281 Dies und das Folgende nach NRZ, 17.8.1990.
1282 WAZ, 2.7.1994.
1283 Ebd.
1284 Stadt Duisburg, Rat und Verwaltung, Nachruf Gerd Bildau, 21.3.2005.

9.2 Die Deutsche Oper am Rhein

Die Ausgaben für die „repräsentative Kultur“[1285], also für Theater, Oper und Orchester, belasteten den Kulturetat 1986, 1991 und 1996 mit rund 50 Prozent überproportional.[1286] Dies ist umso erstaunlicher, da Duisburg nie ein eigenes Schauspielensemble besessen hat und eine im Vergleich zu anderen Großstädten verhältnismäßig kostengünstige Operngemeinschaft mit Düsseldorf bildete. Die ganze Tragweite dieser ungleichen Verteilung wird am Umstand deutlich, dass die Subventionen für die öffentliche Kultur in Duisburg insgesamt beispielsweise im Jahr 1991 niedriger lagen als in Bochum, Hagen, Essen, Gelsenkirchen und Dortmund.[1287]

In einer grundsätzlichen Diskussion über dieses Missverhältnis bedauerte der CDU-Fraktionsvorsitzende Heinz Pletziger im Kulturausschuss, dass „Duisburg mit seinen Kulturausgaben bereits an der unteren Skala vergleichbarer Städte in NRW sei. Durch Kürzungen im Kulturhaushalt sei kein Haushalt zu sanieren, und wer dies trotzdem versuche, der verursache Einbußen in der Lebensqualität und der Ausstrahlung der Stadt.“[1288] Ratsfrau Altenbeck von den „Grünen“ ergänzte, „dass der Kulturhaushalt ein Stiefkind des Gesamtetats geblieben sei. Durch den Haushaltsentwurf werden wieder einmal falsche Schwerpunkte gesetzt. Der Bereich der institutionalisierten Hoch- und Repräsentativkultur sei überproportioniert, und man vernachlässige die Basis- und Breitenkultur. Dies werde besonders im Bereich der Jugend- und Kinderkultur deutlich.“[1289]

Die Theatergemeinschaft Düsseldorf-Duisburg bildete im gesamten Betrachtungszeitraum den mit Abstand höchsten Etatposten des Duisburger Kulturhaushalts. Die Imagewirkung für die Stadt war dabei eher gering. Duisburg bezuschusste eine Deutsche Oper am Rhein, die bundesweit oft nur unter Düsseldorf verbucht wurde. Häufig wurde sie von auswärtigen Beobachtern und Medien als „Düsseldorfer Oper“ bezeichnet.[1290]

Da fast alle Proben- und Verwaltungsgebäude bis ins Jahr 2003 ausschließlich in Düsseldorf angesiedelt waren, entgingen Duisburg Arbeitsplätze und Steuereinnahmen. Die Deutsche Oper am Rhein war in der Duisburger Stadtstruktur nicht verankert. Die Intendanz, das Ensemble, die künstlerischen und technischen Vorstände,

---

1285 Ketelsen, Angebotskultur, S. 474.

1286 Lensing, Peter / Kerkemeyer, Sabine, Kulturausgaben im Ruhrgebiet 1976–1991, in: Strüder / Bigge, Neue Kulturpolitik, S. 69–85, S. 79.

1287 Ebd.

1288 KAP, 2.5.1991.

1289 Ebd.

1290 RP, 29.4.1987.

die Dramaturgie, das künstlerische Betriebsbüro, die Verwaltung und der überwiegende Teil der Infrastruktur einschließlich des dazu gehörenden Personals befanden sich über Jahrzehnte fast ausschließlich in Düsseldorf.[1291] 1963 hatte August Seeling gehofft, durch die Bereitstellung von Wohnungen Sänger und Schauspieler der Rheinoper enger an Duisburg zu binden.[1292] Dies gelang jedoch nicht. Ebenfalls scheiterte der Versuch, das Ballett, das unter Grischa Barfuss seinen guten Ruf erwarb, in Duisburg anzusiedeln.[1293] Ein lebendiges urbanes Flair mit Künstlercafés, Restaurants, Musikläden, Szenetreffs, Lesungen oder Straßenkunst konnte sich in der Duisburger Innenstadt auch aufgrund des Fehlens zahlreicher Theatermitarbeiter nicht entfalten. Die Hoffnung auf ein eigenes Ensemble, das sich an den Bedürfnissen der Stadtbevölkerung orientiert und dadurch wie zum Beispiel in Bochum künstlerisch produktive Innovationen hätte hervorbringen können, hat sich bis heute nicht erfüllt.[1294]

Trotz aller Defizite wurde an der für Duisburg offenkundigen Kalamität jahrzehntelang nichts geändert. Oberbürgermeister August Seeling bekleidete von 1956 bis 1969 das Amt des Verwaltungsratsvorsitzenden der Deutschen Oper am Rhein, jährlich alternierend mit dem Düsseldorfer Oberbürgermeister. Sein direkter Nachfolger wurde der damalige Kulturausschussvorsitzende Josef Krings. Er übte das Amt noch lange nach seinem Ausscheiden als Oberbürgermeister 1997 aus. Krings garantierte die Kontinuität der Deutschen Oper am Rhein. In einer Festschrift für die Oper gab er an, dass er sich an die von August Seeling vorgegebene „Tradition gebunden fühle".[1295] Krings hatte eine Büste von Seeling in sein Amtszimmer stellen lassen. Er sah ihn als Vorbild an. In der Festschrift heißt es weiter: „Das langjährige und freundschaftliche Einverständnis mit Altoberbürgermeister August Seeling [...] ist nicht zu überhören. Josef Krings, gebürtiger Düsseldorfer, verdankt seine außergewöhnliche Kennerschaft des Theaters dem Düsseldorfer Schauspiel, der Düsseldorfer Oper. Unauslöschbar ist der Eindruck seiner ersten Oper, des ‚Fliegenden Holländer', und die Heimfahrten nach den Vorstellungen mit der Straßenbahn nach Oberbilk. Josef Krings sinnt diesen Impressionen nach." [1296]

Kein Wunder, dass der 1926 in Düsseldorf geborene Josef Krings aufgrund seiner persönlichen Erfahrungen und Vorlieben einer der größten Verfechter der Rheinoper war.

1291 Stadt Duisburg, Die neue Stadt, S. 31f. Am 17.12.2001 wurde in Duisburg der Grundstein für den Bau neuer Theaterwerkstätten und Probebühnen gelegt. Die Kosten betrugen 20,5 Mill. DM, siehe WAZ, 18.12.2001; WAZ, 4.12.2002.

1292 WAZ, 8.5.1963.

1293 DGA, 12.9.1963; WAZ, 7.7.1986.

1294 Vgl. Ketelsen, Angebotskultur, S. 470ff.

1295 Deutsche Oper am Rhein Düsseldorf-Duisburg, Interviews, S. 7.

1296 WAZ, 30.7.1997.

Abb. 13 August Seeling und Josef Krings im Oktober 1977

Viel gravierender als die weiter oben angeführten wirtschaftlichen Nachteile dürfte die fehlende Identifikation und die mangelnde Verbundenheit der Duisburger Einwohner mit „ihrem Theater" sein, die schon in den 1950er Jahren von Dezernent Paul Dittrich angemahnt wurde. Die Duisburger nutzten ihr Theater- und Opernhaus nicht übermäßig. Eine vom Amt für Statistik und Stadtforschung durchgeführte Bürgerbefragung ergab 1985, dass 80 Prozent der Duisburger das Stadttheater (sowie die Konzerte in der Mercatorhalle und die Duisburger Museen) „selten oder nie" besuchten.[1297] In den 1990er Jahren stammten 50 Prozent der Besucher des Stadttheaters aus auswärtigen Gemeinden.[1298] Deshalb forderte der CDU-Fraktionsvorsitzende Heinz Pletziger Oberbürgermeister Krings mehrfach auf, über den Deutschen Städtetag ein Kulturraumgesetz nach sächsischem Vorbild in Nordrhein-Westfalen einzubringen.[1299] Somit hätten die hohen Ausgaben, die Duisburg allein leistete, von den partizipierenden Kommunen insbesondere am Niederrhein mitgetragen werden können.

1297 Stadt Duisburg, Amt für Statistik und Stadtforschung (Hg.), Daten und Information. Duisburger Handbuch gesellschaftlicher Daten 1975–1985. Leben und Lebensbedingungen aus der Sicht der Bürger, Duisburg 1985, S. 83; vgl. auch RP, 20.12.1985.

1298 KAP, 22.2.1998.

1299 KAP, 23.1.1995; KAP, 27.2.1998.

Insgesamt verlief die Entwicklung der Deutschen Oper am Rhein nach dem Amtsantritt von Grischa Barfuss 1964 bis zu seinem Ausscheiden 1986 in „verlässlichen Bahnen“.[1300] Über 200 Stücke wurden unter seiner Ägide inszeniert. Der langjährige Intendant führte sein Institut mit einem betont „grundsoliden“[1301] Spielangebot an die Spitze der deutschen Opernhäuser. Er hielt der Deutschen Oper am Rhein die Treue und schlug Angebote aus Hamburg, Köln, Frankfurt, München und Berlin aus.[1302] Barfuss wollte bewusst keine Skandale und Sensationen provozieren, denn dies sei das Gegenteil dessen, was Theater seiner Meinung nach sein sollte.[1303] Zwar sorgte er für einen tadellosen überregionalen Ruf seines Instituts. Ratschläge, die unter künstlerischen Gesichtspunkten eher herkömmlich ausgerichteten Spielpläne in Duisburg zu überdenken und mehr zeitgenössische Opern und Schauspiele zu zeigen, befolgte er selten.[1304] Gegen Ende seiner Amtszeit mehrten sich kritische Stimmen, die von „Hausmannskost“ oder „belanglosen Aufführungen“ sprachen.[1305] Diese Hinweise kulminierten in dem bissigen Kommentar eines Musikkritikers, dass es unter seiner Intendanz zuletzt „stinklangweilig“ gewesen sei.[1306] In Düsseldorf-Duisburg sei ein Publikum entstanden, das allein „die Bestätigung der Tradition“ suche.[1307]

Ausgerechnet im Jahr des 25-jährigen Bestehens der Oper wurden Barfuss spürbare Sparvorgaben verordnet. Opern sind im Vergleich zu Schauspielaufführungen wesentlich personalintensiver und damit deutlich teurer. Die Deutsche Oper am Rhein war ein Vorbild für wirtschaftliches Arbeiten in dieser Kunstsparte. Delegationen aus Europa, den USA und sogar Australien machten sich davon vor Ort ein Bild.[1308] So gaben Stuttgart im Jahr 1981 59 Millionen, Berlin 54,6, Hamburg 50,8, Frankfurt 40,4 und Köln 34 Millionen DM für ihre Opernhäuser aus.[1309] Der Opernzuschuss der Stadt Düsseldorf betrug 1981 40 Millionen, der Anteil aus Duisburg lag bei 15

1300 NRZ, 13.7.1985.
1301 WAZ, 17.7.1986.
1302 WAZ, 10.4.1967; RP, 28.6.1974; RP, 10.10.1981.
1303 WAZ, 21.6.1986; WAZ, 7.7.1986: „Er habe sich alle Mühe gegeben, kein Theater um das Theater zu machen.“
1304 Diese Kritik taucht in den 1970er und 1980er Jahren immer wieder auf; vgl. RP 15.1.1977; NRZ, 13.7.1985; FAZ 26.7.1986 („Konservatismus“).
1305 WAZ, 25.8.1984.
1306 RP, 1.7.1987; vgl. Stadt Duisburg, 100 Jahre Theater, S. 86.
1307 WAZ, 17.7.1986.
1308 RP, 11.12.1981.
1309 WAZ, 31.12.1981; vgl. die Daten im Jahr 1990, zit. nach RP, 19.12.1990: München 93,8 Mill., Hamburg 90,7 Mill., Berlin 88 Mill., Frankfurt 63,4 Mill., Köln 57,6 Mill., Düsseldorf-Duisburg, 53,5 Mill. DM.

Millionen.[1310] In den Jahren 1982/83 musste der Etat um eine Million DM sinken.[1311] Das künstlerische Niveau konnte zunächst gehalten werden und die Sparmaßnahmen waren nur „gelinde" spürbar.[1312] Ab Mitte der 1980er Jahre musste die Deutsche Oper am Rhein drastischere Etatkürzungen hinnehmen. Von insgesamt vier Millionen DM, die im Duisburger Kulturhaushalt 1983 eingespart werden sollten, hatte die Rheinoper 800.000 DM zu übernehmen. Zugleich wurde der Vertrag zwischen beiden Städten durch einen einstimmigen Beschluss des Verwaltungsrats bis 1994 verlängert.[1313]

Infolge der desolaten Haushaltslage verhandelte die Duisburger Seite mit den Partnern in Düsseldorf über einen neuen Finanzierungsschlüssel. Duisburg wollte statt 38,5 Prozent (17,88 Millionen) nur noch ein Drittel der Kosten für das gemeinsame Institut übernehmen.[1314] Der Anteil würde sich um 1,6 Millionen DM verringern. Hohen Druck übte hierbei die SPD aus: Die damalige Fraktionsvorsitzende Bärbel Zieling äußerte, dass die Kosten für die Oper nachhaltig gesenkt werden müssten. Der Bereich Hochkultur sei für die Sozialdemokraten nicht länger eine Tabuzone. Die Politiker erreichten, dass Duisburg ab 1987 einen Anteil in Höhe von 37 Prozent übernehmen musste und sich dieser bis 1990 noch einmal auf 35 Prozent verringerte.[1315] Der neue Intendant Kurt Horres sprach von „katastrophalen Konsequenzen", sollte bei der Oper weiter gekürzt werden.[1316] 1990 hatte die Deutsche Oper am Rhein insgesamt 1.100 Mitarbeiter. Der Gesamtetat lag bei 51 Millionen DM.[1317]

Aufgrund des unausgeglichenen Haushalts verschlechterte sich die Lage des Instituts weiter. Im Düsseldorfer Kulturausschuss wurden Stimmen laut, die ein Ende der Operngemeinschaft aus Kostengründen ins Gespräch brachten.[1318] Im Herbst 1987 und im Dezember 1992 kursierten Gerüchte, dass Düsseldorf lieber mit der Kölner Oper kooperieren wolle.[1319] Die Verantwortlichen in Duisburg befürchteten, dass ihre Einrichtung dann an Einfluss und Attraktivität verlieren würde. Sämtliche Parteien im Duisburger Rat befürworteten eine dauerhafte Fortsetzung der „Vernunftehe".[1320] Ansonsten drohe eine „kulturelle Wüste", befand Heinz Pletziger von der CDU.

1310 RP, 11.12.1981.
1311 WAZ, 31.12.1981.
1312 NRZ, 30.7.1982.
1313 RP, 22.2.1985.
1314 RP, 15.3.1986.
1315 RP, 25.7.1987.
1316 NRZ, 12.4.1988.
1317 WAZ, 10.9.1990.
1318 NRZ, 12.6.1992; NRZ, 13.6.1992; WAZ, 16.9.1992.
1319 NRZ, 3.9.1987; NRZ, 17.12.1992.
1320 WAZ, 16.9.1992.

Am 13. Juli 1993 wurde der Theatergemeinschaftsvertrag um fünf Jahre verlängert. Duisburg musste in den nächsten beiden Spielzeiten den Anteil an der Finanzierung auf 37 Prozent erhöhen.[1321] Oberbürgermeister Krings, der dem Aufsichtsrat der Oper seit 1963 angehörte, beschrieb die Verhandlungen als die schwierigsten, die er je mitgemacht habe.[1322] Ab 1995 musste die Oper fünf Prozent ihres Budgets, etwa drei Millionen DM, kürzen.[1323] Ein externer Gutachter wurde beauftragt, weitere Einsparmöglichkeiten zu prüfen. Die Wahl fiel auf das Kienbaum-Institut. Die Unternehmensberater schlugen für das Duisburger Haus ähnlich hohe Eintrittspreise wie in Düsseldorf vor. Josef Krings fand diese Idee „abwegig“ und stufte das Gutachten als in großen Teilen „theaterfern“ ein.[1324] Kulturdezernentin Magdowski hielt eine Eintrittspreiserhöhung aus „bevölkerungspolitischen Gründen“ ebenfalls für nicht zumutbar.[1325] Sie wollte das stattliche Honorar von 500.000 DM an Kienbaum nicht in voller Höhe zahlen, da die Empfehlungen „theaterfremd und nicht umsetzbar“ seien.[1326]

Von 1994 bis 2002 wurden in der Deutschen Oper am Rhein 63 Stellen abgebaut.[1327] Das Ballett wurde von 68 auf 50 und der Chor von 82 auf 69 Stellen reduziert.[1328] Trotz der Sparmaßnahmen lag die Platzauslastung im Duisburger Haus in den 1990er Jahren fast konstant bei 90 Prozent.[1329] Dies lag auch am frischen Wind, den Kurt Horres als neuer Intendant ab 1986 brachte. Theater dürfe nicht unpolitisch sein, war sein Credo. In seiner zehnjährigen Amtszeit stammte mehr als die Hälfte der aufgeführten Stücke aus dem 20. Jahrhundert.[1330] Gleich zu Beginn seiner Intendanz hatte er im Duisburger Kulturausschuss versichert, „die besondere Struktur der Stahlstadt“ zu berücksichtigen.[1331] Horres wollte verstärkt „den Arbeiter aus Wanheimerort“ für die Oper gewinnen: „Sie darf nicht nur für den Smoking oder Frack geschaffen sein.“ Er setzte in Duisburg neben der klassischen Oper auf die Operette und Musicals. „Das Publikum, das tagsüber hart arbeitet, verdient im Theater auch Unterhaltung.“[1332] Zudem stellte Horres 1991 den Schweizer Ballett-Choreographen Heinz Spoerli ein, der internationales Renommee genoss und die Tanztruppe der Rheinoper an die europäische Spitze führte. Die Anzahl

1321 RP, 12.6.1993.
1322 RP, 14.7.1993.
1323 RP, 12.6.1993.
1324 RP, 15.2.1995; NRZ, 29.3.1995.
1325 RP, 15.2.1995; NRZ, 17.2.1995.
1326 NRZ, 24.1.1996.
1327 RP, 11.4.2002.
1328 WAZ, 16.3.1999.
1329 RP, 23.3.1993; NRZ, 18.3.1998; Stadt Duisburg, 100 Jahre Theater, S. 88.
1330 Stadt Duisburg, 100 Jahre Theater, S. 88.
1331 NRZ, 18.2.1986.
1332 Ebd.

der Abonnenten konnte trotz des verringerten Budgets und Personals einigermaßen stabil gehalten werden[1333]:

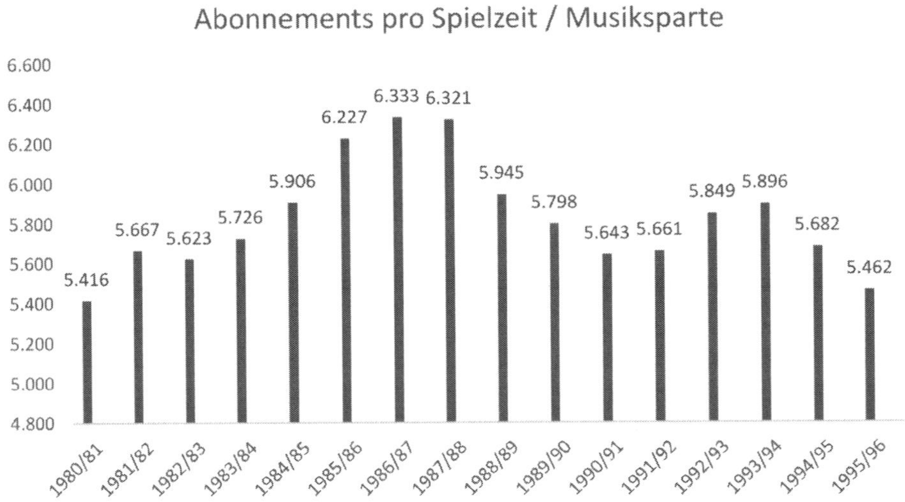

Trotz künstlerisch hervorragender Arbeit gelang es weder Horres noch seinen Nachfolgern, das Institut in den Rang einer Staatsoper, also einer hauptsächlich vom Land geförderten Institution zu überführen.[1334]

2002 war die Deutsche Oper am Rhein in den Worten des kulturpolitischen Sprechers der CDU „bis auf das Skelett heruntergespart".[1335] Trotzdem wollten die Duisburger „Grünen" den Vertrag aufkündigen, um ein eigenständiges Dreispartentheater zu gründen. Ab 2003 sollten dadurch drei Millionen EUR eingespart werden. Ein Teil davon sollte in die freie Kulturarbeit gesteckt werden.[1336] Erwartungsgemäß konnte sich die Partei mit diesen Vorschlägen nicht durchsetzen. In einem Kommentar der „Rheinischen Post" wurden sie als „billiger Populismus" abqualifiziert.[1337] Die langjährige Gemeinschaft wurde fortgesetzt. Die Vorstellungen in der Spielzeit 2003/04 mussten von 360 auf 280 deutlich reduziert werden. Die Platzauslastung lag in beiden Städten weiter bei über 90 Prozent. In Duisburg war der Altersdurchschnitt höher als in der Landeshauptstadt.[1338]

1333 KAP, 22.2.1996.
1334 NRZ, 9.9.2000; RP, 9.9.2000; NRZ, 16.2.2000.
1335 RP, 28.6.2002.
1336 NRZ, 20.2.2002; RP, 14.2.2002.
1337 RP, 14.2.2002.
1338 RP, 14.1.2004; WAZ, 16.11.2005.

2012 stand die Operngemeinschaft ernsthaft zur Disposition. Die Duisburger Verwaltungsspitze wollte 7,5 Millionen EUR durch eine Kündigung der Opernehe sparen. Große Teile der Öffentlichkeit, die von Kürzungen im Kulturbereich ihrer Stadt endgültig genug hatten, liefen gegen diese Pläne Sturm. Innerhalb weniger Wochen wurden über 60.000 Unterschriften gesammelt.[1339] Die Prophezeiung von Grischa Barfuss, die Deutsche Oper am Rhein habe „in alle Ewigkeit" Bestand, scheint sich zu bewahrheiten.[1340]

9.3 Duisburger Schauspiele: Neue Ansätze von Ulrich Greb

Der kulturpolitische Sprecher der CDU, Peter Cinka, forderte im November 1980 ein eigenes Sprechtheaterensemble für Duisburg, damit sich „die Bürger mehr mit ihrer Stadt identifizieren".[1341] Cinka drückte seinen Unmut über das Angebot des Düsseldorfer Schauspielhauses aus und wies auf die rückläufigen Besucherzahlen hin. Es sei enttäuschend, dass sich Studenten vom Theaterangebot der Stadt wenig angesprochen fühlten.

Die Kulturverwaltung schlug 1982 die Loslösung vom Düsseldorfer Schauspielhaus vor, da es „buchstäblich am Duisburger Publikum vorbei spielte".[1342] Stattdessen sollten Gastspiele anderer Bühnen eingekauft werden.

Es blieb bei der traditionellen Bindung an Düsseldorf. Lediglich die Zahl der Aufführungen wurde reduziert: In der Spielzeit 1985/86 standen 160 musikalische Aufführungen 37 Sprechtheaterabenden gegenüber. Diese Diskrepanz, die sich in den Besucherzahlen widerspiegelte, wurde in der „NRZ" als das „betrüblichste Kapitel im hiesigen Kulturleben" bezeichnet.[1343] Duisburg habe keinen Einfluss auf die Stückauswahl für das heimische Publikum. Die 1986 von Kulturdezernent Schilling geäußerte Idee, angesichts der „negativen Entwicklung in Sachen Schauspiel" nach dem Umzug des Niederrheinischen Museums ein Kammerspiel-Theater im Kant-Park zu gründen, wurde nie Realität.[1344]

In den späten 1980er und frühen 1990er Jahren fielen für die Stadt an der Ruhr nur noch B-Stücke vorwiegend klassischer Inszenierungen aus Düsseldorf ab. Konrad

1339 Stadt Duisburg, 100 Jahre Theater, S. 104; Becker, Thomas, Szenen einer Ehe. Die Deutsche Oper am Rhein, in: DJB 2014, S. 102–105, S. 102.
1340 WAZ, 22.9.1970.
1341 RP, 25.11.1980.
1342 WAZ, 25.9.1982.
1343 NRZ, 23.8.1986.
1344 RP, 27.10.1986.

Schilling erklärte 1990 im Kulturausschuss, es gebe „leider [...] viele Inszenierungen, die aus vielfältigen Gründen nicht in Duisburg zur Aufführung kämen; z. B. aufgrund von Dispositionsfragen in Düsseldorf, von Ausfallzeiten der Schauspieler und anderer technischer Probleme. Nicht alle Aufführungen sind z. B. wegen der Bühnenbilder transportabel.“[1345]

Anfragen der Fraktion „Die Grünen“[1346] und der CDU[1347] blieben ebenso folgenlos wie ein interfraktioneller Antrag aller Parteien an die Verwaltung, „der den Unwillen der Duisburger Theaterbesucher über die mangelnde Versorgung mit attraktiven Stücken durch die Schauspiel GmbH Düsseldorf zum Ausdruck bringt“.[1348] „Die Grünen“ beklagten, dass „kein Konzept bei der Auswahl der Stücke vom Düsseldorfer Schauspielhaus erkennbar sei“.[1349] Der Forderung aus dem „Theaterpolitischen Thesenpapier des Deutschen Bühnenvereins 1993“, dass „jedes Theater [...] mit eigenem künstlerischem Profil sein eigenes Publikum finden [müsse]“, fühlte man sich in Duisburg nicht verpflichtet. Das Dezernat wählte vorwiegend „klassische Stücke“ aus, „die eine optimale Resonanz versprechen“.[1350] 1998 wurde das Theater in einem Workshop der „Duisburg Marketing AG“ als „hausbacken“ bezeichnet.[1351]

Drei kleinere Nachbarstädte konnten das in Duisburg entstandene dramaturgische Vakuum nutzen und Zuschauer absorbieren. Die fortschrittlichen Theater von Moers und Oberhausen sowie Roberto Ciullis Bühne in Mülheim wuchsen zu landes- bzw. bundesweit anerkannten Instituten heran. Sie sind in der Stadtstruktur fester verankert und boten höhere Identifikationsangebote für die Einwohner. Die Bühnenprogramme waren auf die Gegebenheiten der Städte und ihr spezifisches Publikum

---

1345 KAP 8.11.1990; WAZ, 30.9.1982.

1346 „Wie aus der statistischen Übersicht über die Theaterspielzeit 1989/90 deutlich hervorgeht, war auch in dieser Spielzeit die Besucherzahl bei Schauspielaufführungen weiterhin rückläufig. Allein der Verkauf von Jugendkarten ging um über 30 % gegenüber dem Vorjahr zurück. [...] Welche Überlegungen hat die Verwaltung angestellt, um dieser äußerst unbefriedigenden Entwicklung entgegenzuwirken?“, Antrag der Fraktion „Die Grünen“, in: KAP, 11.9.1990.

1347 „Die CDU-Fraktion stellt eine zunehmende Verunsicherung unter den Premieren-Abonnenten fest. Der Eindruck, Duisburg sei in der Theater-Ehe nicht gleichberechtigt, sondern bestenfalls Juniorpartner, verfestigt sich. Während die Spielzeit in Düsseldorf, wie stets, werbeträchtig mit einer großen Choroper begann, musste Duisburg sich mit einer konzertanten Aufführung begnügen, die dann auch noch unwiderruflich abgesagt wurde. [...] Der unüberhörbare Unmut im Publikum ist nur zu verständlich, zumal dann, wenn Recherchen ergeben haben, dass die amtlich verkündeten Gründe für die Absage offensichtlich nicht den Tatsachen entsprachen.“, Anfrage der CDU-Fraktion vom 18.2.1992 an den Vorsitzenden des Kulturausschusses, in: STA DU, Bestand 401/36/62.

1348 Antrag der Fraktionen SPD, CDU, Grüne, Drucksache der Verwaltung vom 12.2.1992, in: STA DU, Bestand 401/36/69.

1349 KAP, 6.11.1990.

1350 KAP, 16.10.1990 (Schilling).

1351 Citymarketing Duisburg, Stärken-Schwächen-Analyse, S. 9.

stärker zugeschnitten. Die mit den Belangen der jeweiligen Kommune vertrauten Künstler, Regisseure und Intendanten reagierten häufig seismografisch auf Missstände und Fehlentwicklung in der Stadtgesellschaft und trugen so zu einer die Politik befruchtenden kritischen Öffentlichkeit bei. Eine solche Atmosphäre war in Duisburg ebenso zu vermissen wie ein gegenüber kulturellen Neuerungen aufgeschlossenes gesellschaftliches Klima. Das Schauspieltheater in Duisburg war eine Bespiel-Kulisse. Die Zuschauerzahlen im Bereich Schauspiel gingen stetig zurück. In der Spielzeit 1980/81 wurden 714 Abonnements verkauft, 1996/97 waren es gerade einmal 176[1352]:

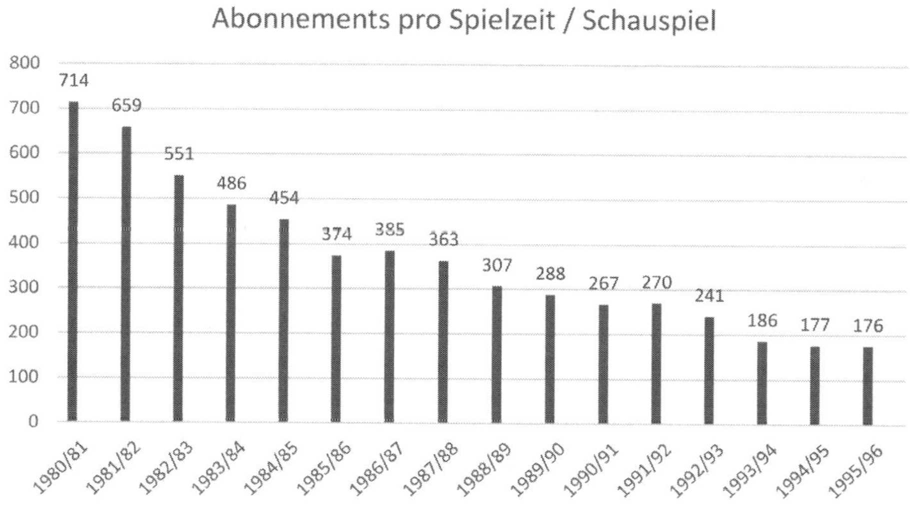

Die Platzauslastung lag 1996/97 bei nur noch 45 Prozent.[1353] Die Duisburger Kulturpolitik hatte der negativen Entwicklung fatalistisch zugesehen. Die Verlängerung der Verträge mit dem Düsseldorfer Schauspielhaus blieb über 40 Jahre lang ein Automatismus, obwohl sich die soziale Struktur der Stadtbevölkerung diametral unterschied und sich die Theaterlandschaft in der Umgebung grundlegend gewandelt hatte.[1354] Für das Schauspielhaus war Duisburg lediglich ein „Abstecherort“ neben vielen anderen.[1355] Angesichts der genannten Zahlen und Fakten kann man von einer „Düsseldorf-Fixierung“ sprechen.

1352 Der Oberstadtdirektor, Mitteilungsvorlage 1963 vom 18.1.1996, in: STA DU, Bestand 401/36/69.

1353 KAP, 27.2.1998.

1354 Vgl. Geiger, Heinz / Ketelsen, Uwe-K. / Plett, Heinrich F. / Ahrends, Günter / Ingenschay, Dieter (Hg.), Theater im Revier. Kritische Dokumentation, Trier 1989.

1355 NRZ, 23.8.1996.

Der stellvertretende Leiter des Konzert- und Theateramtes Duisburg, Olaf Reifegerste, kritisierte 1995 die Verhältnisse in einem Interview: „Seit Jahrzehnten ist das Theater der Stadt Duisburg ohne eigenes Schauspielensemble. Für eine Halbmillionenstadt ist das bundesweit ohnegleichen. Im Bereich des Sprechtheaters sind wir nur ein Bespieltheater. In der anderen mit Düsseldorf/Duisburg vergleichbaren Theatergemeinschaft, nämlich Krefeld/Mönchengladbach, hat jede Stadt ihr eigenes Ensemble: Krefeld das Sprechtheater, Mönchengladbach das Musiktheater. Weil es also keine Verwurzelung des Schauspiels, besser gesagt, eines nicht vorhandenen Schauspielensembles in dieser Stadt gibt, ist es hier schwieriger als in anderen Städten, ja fast sogar unmöglich, ein eigenes Profil in Sachen Sprechtheater zu entwickeln."[1356]

Jahrzehntelang musste das Duisburger Theater das Schauspielprogramm an den Vorgaben des Düsseldorfer Schauspielhauses ausrichten, die „kurzfristig mitgeteilt wurden".[1357] Eine eigenständige Planung mit einem langfristigen inhaltlichen Konzept für diese Sparte konnte daher nicht erfolgen. Manche Theaterbesucher in Duisburg mussten die sakrosankte Kooperation mit dem Düsseldorfer Schauspielhaus als eine Art „Zwangsehe" betrachten. Jenseits der Importe aus der Landeshauptstadt gab es in den regulären Spielzeiten außer bei den „Akzenten" keine Abwechslung durch Gastspiele anderer Bühnen.

Die unbefriedigende Situation im Theaterbereich änderte sich erst mit einem Wechsel des zuständigen Personals. Die Sprecher der Duisburger Ratsfraktionen hatten gemeinsam mit der neuen Kulturdezernentin Iris Magdowski den Wunsch nach einer „publikumsfreundlicheren Mischung" an das Schauspielhaus herangetragen.[1358] Trotz der „schlechten Resonanz im Duisburger Theater" verhallten diese Wünsche. Der Düsseldorfer Schauspielchef Joachim Lux antwortete in der „WAZ", dass man „Boulevard-Erwartungen" weder erfüllen könne noch wolle. „In Duisburg herrsche offenbar kein gutes Klima für das moderne Schauspiel."[1359] Sein zutreffender Befund, dass dies in Städten ähnlicher Struktur wie Bochum oder Mülheim anders sei, zeigte die Versäumnisse in einer Stadt, die sich lediglich ein austauschbares Filialtheater leistete.

Kulturdezernentin Iris Magdowski, der Theater- und Konzertamtsleiter Rolf-Rüdiger Arnold und dessen Stellvertreter Olaf Reifegerste legten 1994 neue Maßstäbe für die Theaterpolitik an. Die Stärkung des Schauspiels wurde von den drei Verantwortlichen als geeignetes Instrument angesehen, um dem Stadttheater endlich ein eigenes Profil zu verleihen. Von nun an wurden Stücke vorab gesichtet, bevor sie auf die Duis-

---

1356 RP, 13.5.1995.
1357 NRZ, 8.12.1994.
1358 WAZ, 19.9.1992.
1359 Ebd.

burger Bühne gelangten.[1360] Dass dies in der Vergangenheit nicht selbstverständlich war, sondern offenbar eine Ausnahme bildete, überrascht. Reifegerste, der für das Schauspiel auf der operativen Ebene verantwortlich zeichnete, verdichtete das Angebot durch eine gezielte inhaltliche Programmabstimmung. Die Kulturdezernentin fällte eine selbstbewusste, wenn auch überfällige Entscheidung: Nach der jahrzehntelangen Bindung an das Düsseldorfer Schauspielhaus ermöglichte sie fortan Inszenierungen mit anderen Kooperationspartnern.[1361]

Dieser Schritt schien auch vor dem Hintergrund der Überalterung des Duisburger Publikums notwendig: Mehr als jeder zweite Besucher (56 Prozent) war 1995 älter als 50 Jahre. Davon hatten 26 Prozent das 59. Lebensjahr überschritten.[1362] Die Zahl der jüngeren Besucher betrug 1998 im Schauspiel elf Prozent, wobei Besucher der Leistungskurse Deutsch mitgerechnet wurden. Iris Magdowski wollte diesem Trend entgegenwirken: „Das durchschnittliche Publikumsalter hat sich binnen einer Dekade erhöht. Dies ergibt sich aus einer vergleichbaren Studie, die Mitte der 80er Jahre in Essen durchgeführt wurde. [...] Iris Magdowski sieht darin einen Trend, dem es entgegenzusteuern gelte: ‚Sonst machen wir hier in 20 Jahren nur noch Seniorenveranstaltungen.'"[1363]

Das Stadttheater wagte das Experiment einer Koproduktion, um den „schauspielentwöhnten Duisburgern" wieder etwas Eigenes zu bieten.[1364] Die Dezernentin betraute den Regisseur Ulrich Greb mit dieser Aufgabe. Dieser kannte die Region und ihre Eigenheiten gut. Von 1983 bis 1990 hatte er zunächst als Regieassistent und dann als Regiemitarbeiter an der Seite Roberto Ciullis im Theater an der Ruhr in Mülheim gearbeitet. Die künstlerischen Möglichkeiten in der einmaligen Kulisse des Landschaftsparks Nord erkannte er frühzeitig. Anfang der 1990er Jahre inszenierte er dort mit großem Erfolg die Produktionen „Vogelkleist", „Alkestis" und „Hyperion". Greb leistete Pionierarbeit, da er seine Stücke an ungewöhnlichen Orten wie einer Abraumhalde oder Kläranlage aufführen ließ. Die besonderen Begebenheiten der Umgebung bezog er in den Darbietungen seiner freien Theatergruppe dramaturgisch mit ein.[1365] Die „Verfremdung des Ortes durch die Kunst" und die „Verfremdung der Kunst durch den ursprünglich nicht dafür geschaffenen Ort" erzeugte eine besondere Spannung und bescherte dem Publikum einen neuen Theatereindruck.[1366] Greb erhielt vom Stadttheater

1360 NRZ, 8.12.1994.
1361 WAZ, 3.8.1994.
1362 NRZ, 10.5.1995; RP, 10.5.1995.
1363 NRZ, 10.5.1995.
1364 NRZ, 16.9.1994.
1365 WAZ, 6.9.2002.
1366 Sack, Manfred, Siebzig Kilometer Hoffnung. Die IBA Emscher-Park – Erneuerung eines Industriegebiets, Stuttgart 1999, S. 264.

den Auftrag, Shakespeares „Sturm“ 1995 in der „Kraftzentrale“ des Landschaftsparks Nord zu inszenieren und damit für „frischen Wind“ in der Duisburger Theaterlandschaft zu sorgen.[1367] Nach zehn gefeierten Vorstellungen im Meidericher Hüttenwerk wurde das Stück ins altehrwürdige Stadttheater verlagert.[1368] Hier erreichte die zweite Aufführung mit 1.026 Besuchern eine Platzauslastung von 91 Prozent. Ein solcher Wert war in den drei Spielzeiten zuvor nicht erreicht worden.[1369] Aufgrund der positiven Resonanz setzte die Stadt die Zusammenarbeit mit Greb fort. Bei den „Duisburger Akzenten“ zum Thema „Die Kraft des Alters“ (1996) erarbeitete der Regisseur in Kooperation mit dem Theater an der Ruhr in Mülheim und dem Düsseldorfer Schauspielhaus eine Eigenproduktion für das Duisburger Schauspiel. Bei der öffentlichen Vorstellung des ausgewählten Stücks „Das Schloss“ von Franz Kafka fand Kulturdezernentin Magdowski deutliche Worte für die kulturpolitischen Defizite der Vergangenheit: „Wir haben immer darunter gelitten, dass wir nur eine Abspielstätte waren.“[1370] Die bloße Abnahme von Schauspielen aus Düsseldorf und anderen Städten sei auf die Dauer eine „ziemlich langweilige Sache“ gewesen. „Das Schloss“ in der Bearbeitung von Ulrich Greb wurde zu einem großen Publikumserfolg bei den „Akzenten“. Später wurde es in Mülheim und als Austauschgastspiel in Düsseldorf präsentiert. Olaf Reifegerste zeigte sich hocherfreut: „Die ‚Akzente‘ hätten gezeigt, dass es in Duisburg ein Schauspielpublikum gäbe. Es komme eben auf die Auswahl der Stücke an.“[1371] Die „NRZ“ kommentierte die Entwicklung positiv: „Es geht voran.“[1372] Die Profilierung des Schauspiels und die Gewinnung neuer Besucherschichten wurden nach dem Willen Magdowskis schrittweise forciert. Im August 1997 brachte Greb „Blunt oder der Gast“ von Karl Philipp Moritz im Landschaftspark Nord auf die Bühne.[1373] Da es in jenem Stück um den sozialen Abstieg einer Familie und die Angst vor dem Fremden ging, konnte der Aufführungsort im Duisburger Norden kaum besser gewählt werden. Duisburger Schulen zeigten sich an der Eigenproduktion von Ulrich Greb höchst interessiert.[1374]

In der Spielzeit 1997/98 beschloss der Kulturausschuss, weiteren Bühnen aus Nordrhein-Westfalen Gastspielauftritte zu ermöglichen. Dadurch konnten sogar Kosten in der Schauspielsparte gesenkt werden.[1375] Die Zeiten, in denen man gezwungen war, „wahllos zeigen zu müssen, was Düsseldorf letztlich doch diktiert“, sollten endgültig

1367 NRZ, 16.9.1994.
1368 RP, 16.9.1994.
1369 NRZ, 23.11.1994.
1370 NRZ, 14.3.1996.
1371 RP, 28.5.1997.
1372 NRZ, 29.5.1997.
1373 WAZ, 23.8.1997.
1374 RP, 16.7.1997; WAZ, 21.8.1997.
1375 Dies und das Folgende nach NRZ, 29.4.1997.

der Vergangenheit angehören. Die „NRZ“ deutete dies als längst überfälligen Schritt: „Nun hat man, gestärkt durch den Druck sinkender Besucher- und Abonnentenzahlen, endlich den Mut aufgebracht, diese straffe Bindung, die sich in der Vergangenheit als wahre Fessel entpuppt hatte, zu lockern.“ Den Erfolg durch die Änderungen in der Sprechtheaterkonzeption legte Olaf Reifegerste im Kulturausschuss dar: „Es sei erstmals möglich gewesen, nicht nur mit dem Düsseldorfer Schauspielhaus, sondern mit fünf Bühnen aus NRW zu kooperieren. [...] Der Spielplan habe Duisburg-orientierter und themenbezogener als in den Vorjahren gestaltet werden können. Zudem sei es gelungen, eine Verbindung zwischen klassischem und modernem Repertoire herzustellen. [...] Diese Neuerungen hätten bereits zu ersten Erfolgen geführt: eine Erhöhung der Anzahl der Aufführungen; die Steigerung der Besucher- und Abonnentenzahlen; eine höhere Platzauslastung; die Gewinnung einer großen Anzahl junger Leute.“[1376]

Das Aufbrechen des Theatervertrags mit dem Düsseldorfer Schauspielhaus haben nicht in erster Linie die Kulturpolitiker, sondern die Zuschauer und Abonnenten erreicht, die ihren Unmut durch eine Abstimmung mit den Füßen zum Ausdruck brachten. Die Gründung eines eigenen Theaterensembles blieb Utopie. Olaf Reifegerste schaffte es durch die Zusammenarbeit mit Ulrich Greb immerhin, parallel zu der Kooperation mit den NRW-Bühnen eine „Duisburger Dramaturgie“ zu entwickeln. Das Theater Duisburg führte Produktionen in Eigenregie oder in Zusammenarbeit mit anderen Theaterhäusern durch, die überregional auf sich aufmerksam machten: „Somit ergab sich erstmals nach über 40 Jahren für Duisburg die Chance, sich ein eigenes Profil im Bereich Schauspiel zuzulegen.“[1377]

In einer Umfrage unter 13 Feuilletonredakteuren über die Spielzeit 1997/98 wurden die eingeleiteten Maßnahmen positiv bewertet. Die Gastspiele sorgten für eine Qualitätsverbesserung, denn die meisten der fünf auswärtigen Theater aus NRW, die in Duisburg spielten, wurden zu den besten im Rheinland gewählt. Ein Redakteur der „FAZ“ lobte „die noch nicht sehr weit gediehenen, doch mit langem Atem verfolgten Bemühungen von Ulrich Greb und Olaf Reifegerste, in Duisburg ein Schauspiel aufzubauen“, und sah das Theater insgesamt „im Aufwärtstrend“.[1378] Dies spiegelte sich in der erfreulichen Entwicklung der Abonnements wider, die von 189 im Jahr 1997 auf 350 im Jahr darauf anstiegen. Parallel dazu erhöhten sich die Besucherzahlen um zehn Prozent.[1379]

1998 erzielte Ulrich Greb mit einer Inszenierung im Rahmen der „Duisburger Akzente“ „Kultur der Toleranz – Toleranz der Kulturen“ ein bundesweites Echo. Sein Stück „Linie 901“ spielte in einer echten Straßenbahn und führte die Zuschauer

1376 KAP, 27.11.1998.
1377 Ebd.
1378 NRZ, 27.8.1998.
1379 RP, 20.11.1998.

auf eine Reise vom Duisburger Süden in den von Arbeitslosigkeit und einem hohen Migrantenanteil geprägten Norden. Zwei deutsche und vier türkischstämmige Schauspieler begleiteten das Publikum in der orientalisch dekorierten Bahn. Die Fahrt sollte symbolisch zwischen „Vergangenheit und Strukturwandel“ und „Okzident und Orient“ verlaufen, um schließlich ins „gelobte Land“ zu gelangen.[1380] Ziel war es, den vornehmlich deutschen Besuchern das „Kulturswitching“, das „Hin und Her zwischen alter und neuer Identität“ eines großen Teils der Duisburger Stadtbevölkerung zu veranschaulichen.[1381] Die Tour wurde als „dramaturgischer Höhepunkt“ der „Akzente“ 1998 gefeiert und sorgte für Aufsehen in vielen Feuilletons großer deutscher Zeitungen.[1382] Für Greb sollte ein Sprechtheater ein Thema haben und Randgruppen sowie Jugendliche ansprechen.

Angesichts der positiven Entwicklung erstaunt es, dass die Duisburger Kulturverwaltung nicht in der Lage war, Ulrich Greb langfristig an das Theater zu binden. Sie brachte es sogar fertig, sich mit ihm zu überwerfen. Im Oktober 1998 berichtete die „NRZ“, dass der allseits geschätzte Regisseur Duisburg verlassen werde. Er sehe hier „keine Perspektive mehr für eine kontinuierliche Theaterarbeit“.[1383] Durch die Erweiterung des Angebots durch Bühnengastspiele aus ganz NRW und die auf das ansässige Publikum zugeschnittenen Eigenproduktionen seien neue Besucherschichten hinzugewonnen worden. Auch hatte es sich allen Unkenrufen zum Trotz gezeigt, dass es in „Duisburg ein Schauspiel-Publikum gibt“.[1384] Greb stellte der Verwaltung ein eigenhändig verfasstes Konzept zur Verfügung, wie trotz des maroden Haushalts ein Duisburger Theater mit einer eigenen „künstlerischen Handschrift“ zu realisieren sei, das verstärkt auf eigene Inszenierungen setze. Denn nur auf diese Weise könne „ein Theater von sich reden machen“.[1385] Offenbar sei man an einem Modell neuer und eigener Inszenierungen aber nicht interessiert. Kulturdezernentin Magdowski, die in jungen Jahren im Gelsenkirchener Musiktheater Balletttanz übte, galt als theateraffin. Sie konnte die Pläne Grebs nicht mehr protegieren, da sie 1997 nach Stuttgart wechselte. Ihr Nachfolger Gerd Bildau legte das Modell auf Eis. Stattdessen wurde der Theater- und Konzertamtsleiter Rolf-Rüdiger Arnold zum Intendanten auf Lebenszeit ernannt. Greb bewertete die Entscheidung als „extrem hierarchisches“ und „reines Verwaltungsmodell“ ohne jede „inhaltliche Perspektive“.[1386] Kulturdezernent Bildau

1380 RP, 13.2.1998; WAZ, 9.5.1998.
1381 WAZ, 9.5.1998.
1382 RP, 23.5.1998; VB 1998, S. 64; NRZ, 19.10.1998.
1383 NRZ, 19.10.1998.
1384 Ebd.
1385 WAZ, 24.10.1998.
1386 NRZ, 19.10.1998.

hielt trotz öffentlicher Kritik an dem Intendantenmodell fest und erteilte den Vorstellungen Grebs eine Absage. Die Gründung eines Schauspielensembles werde „auch nicht durch die Hintertüre" betrieben.[1387] Auf dieser Linie verkündete der designierte Intendant Rolf-Rüdiger Arnold seine vagen Ideen über die Zukunft der dramatischen Sparte in Duisburg. Er setze zwar weiter auf „Theatervielfalt" durch Gastspiele aus NRW, wolle sich aber „verstärkt" um die Sinfoniker kümmern. Mit Greb werde man „je nach Bedarf" zusammenarbeiten.[1388] Der freie Regisseur zog die Konsequenzen und ging nach Berlin. In den folgenden Jahren wurde Greb für einzelne Auftragsarbeiten für das Duisburger Theater engagiert.

2002 inszenierte er für das Theater Oberhausen in Kooperation mit dem Theater Duisburg die Produktion „Ultimo – Wege des Glücks". Die Aufführung fand in einem ehemaligen Möbelhaus in der Beekstraße statt.[1389] Diese galt in den 1970er Jahren als *die* Möbeleinkaufstraße in der Duisburger Innenstadt. Inzwischen war sie durch einen hohen Leerstand verödet. Greb zeigte mit seinem Stück die veränderte wirtschaftliche Lage und die Folgen der Umstrukturierungsprozesse im Einzelhandel deutlich auf. Städtische Vertreter hingegen fürchteten sich um das Image Duisburgs.[1390] 2003 kehrte der Regisseur als Intendant des Moerser Schlosstheaters in die Region zurück. Seine langjährige Arbeit dort feierte die Theaterzeitschrift „Die deutsche Bühne" als „Märchen" bzw. „Wunder von Moers".[1391]

Wieder einmal wurde eine große Chance leichtsinnig verspielt. Hätten die Duisburger Kulturpolitiker in dieser Phase mutiger agiert und Greb dauerhaft verpflichtet, wäre es ihm sicherlich gelungen, dem Theater ein eigenes identitätsstiftendes Schauspielprofil von Dauer und mit einem hohen Ansehen über die Stadtgrenzen hinweg zu verleihen. Greb hätte hier Ähnliches leisten können wie Peter Zadek am Bochumer Schauspielhaus, auch wenn dieser einen weitaus höher subventionierten Apparat lenkte.[1392]

1387 RP, 20.11.1998.

1388 WAZ, 24.10.1998.

1389 WAZ, 14.8.2002; RP, 3.9.2002; WAZ, 6.9.2002.

1390 WAZ, 6.9.2002.

1391 Die deutsche Bühne 2/2019, S. 18 und S. 21.

1392 Siehe FAZ, 5.6.2013: „Und was bedeutet die Ära Zadek für Bochum, für das Schauspielhaus und die Stadt? Peter Zadek hat das Schauspielhaus im Sturm erobert: Er hat es rundumerneuert, entkalkt, revitalisiert und nicht nur zum Mittelpunkt der Stadt, das war es sicher schon vorher, gemacht, sondern so weit geöffnet, dass es von allen Bochumern besucht wurde und heller denn je über die Stadt hinaus strahlte. Das Schauspielhaus wurde zu einem zentralen Identitätspunkt für das Gemeinwesen und das zu einer Zeit, als das Selbstbewusstsein der Stadt durch die wegbrechende Schwerindustrie und den schwierigen Strukturwandel angekratzt, wenn nicht angeschlagen war. Zadek hat den Strukturwandel im Theater, wo er nicht ganz so mühsam und widrig vonstatten ging, gleichsam symbolisch vorgenommen, auch vorweggenommen"; vgl. auch Wölk, Ingrid, Zadek und Bochum. Zwischen Abenteuer und Provokation, Essen 2014.

9.4 Die „Duisburger Akzente"

Auch bei den „Duisburger Akzenten" wollte Iris Magdowski die Bedürfnisse der Einwohnerschaft stärker berücksichtigen. In einem Artikel der „WAZ" unter der Überschrift „Verjüngungskur für die ‚Duisburger Akzente'" hieß es im März 1993: „Kulturdezernentin Dr. Magdowski kündigte gestern im Rathaus einen Kurswechsel an. Das bisherige Festival für ‚etablierte Kreise' soll in diesem Jahr zur Veranstaltung für Jugendliche werden. So macht es Sinn, wenn zum Thema ‚Jugend und Aufbruch' erstmals die freie Szene der Stadt einen eigenen Programmblock erhält."[1393]

Zur Eröffnung der „Akzente" 1993 traten Musikbands aus Duisburg in der ehrwürdigen Mercatorhalle auf.[1394] Im Gesamtprogramm des Festivals war die freie Szene inklusive „Rocktheaterspektakel" und „Hip-Hop-Fete" erstmals „geballt vertreten". Die „WAZ" sah darin einen „‚Akzent', der noch vor wenigen Jahren für unmöglich gehalten wurde".[1395] Dieser neue Ansatz machte großen Sinn, da das Kulturamt allein 240 Bands in Duisburg zählte. Die Kulturdezernentin habe eine „grundsätzliche Veränderung" eingeleitet: „Glänzte das Programm früher mit Höhepunkten und großen Namen, so wird jetzt die künstlerische Dynamik verstärkt in den eigenen Reihen gesucht. Vielleicht ein kulturpolitisches Signal, das vor dem Hintergrund leerer öffentlicher Kassen zukunftsträchtig sein könnte."[1396]

Es ist beachtenswert, dass Schüler im Rahmen dieser „Akzente" die damalige Schwerpunktsetzung in der städtischen Bildungs- und Kulturpolitik kritisierten. In einer öffentlichen Diskussion in Marxloh über das Thema „Jugend" beklagten sie sich: „Es wird zu viel Geld verpulvert, was wirklich wichtig ist, geschieht nicht. Wir wünschen uns die Schule als gemütlichen Ort, an dem man sich wohlfühlen kann. Wer davon redet, Freizeit und Schule zu verbinden, sollte merken, dass dies in dieser Atmosphäre nicht möglich ist."[1397]

Mitte der 1990er Jahre musste die Finanzierung der „Akzente" neu geregelt werden. Das Land hatte den Zuschuss 1994 von 80.000 DM auf 40.000 DM halbiert.[1398] Die Kulturdezernentin musste mit dem Kultusministerium in Düsseldorf über eine Fortsetzung der vollen Fördersumme verhandeln. 1995 unterstützte das Land die Finanzierung der „Akzente" „Afrika. Wurzeln und Visionen" wieder mit 80.000 DM. Mi-

1393 WAZ, 18.3.1993.
1394 NRZ, 18.3.1993; RP, 26.4.1993.
1395 WAZ, 18.3.1993.
1396 Ebd.
1397 WAZ, 8.5.1993.
1398 NRZ, 10.2.1995.

nisterpräsident Rau lobte Iris Magdowski dafür, dass diese Festwochen „schlanker und profilierter" gewesen seien. Er stellte 20.000 DM aus einem Landeskulturfond zur Verfügung, über dessen Verwendung er frei entscheiden konnte.[1399] Die Reduzierung des Angebots durch die Streichung vieler kleinerer Veranstaltungen war nicht unumstritten. SPD-Politiker warnten im Kulturausschuss, „dass das Programm sich nicht allein auf die sogenannte Hochkultur beschränken dürfe".[1400] Magdowski entgegnete, dass es ihr Ziel sei, den Schwerpunkt des Festivals wieder auf das Schauspiel zu legen. Ein Jahr später kündigte sie an, die Zahl „bürgernaher" Veranstaltungen in den Stadtteilen durch eine engere Kooperation zwischen Kultur- und Sozialdezernat zu erhöhen.[1401]

Eine Besucherbefragung bestätigte 1995 zumindest den Erfolg der angestrebten „Verjüngungskur" für das Publikum: Die meisten „Akzente"-Teilnehmer waren nicht älter als 40 Jahre.

Im November 1995 sicherte das Land zu, das Festival bis zum Jahr 2000 mit 50.000 DM per anno zu unterstützen.[1402] Diese Finanzhilfe war vergleichsweise gering: Die Mülheimer Theatertage zum Beispiel erhielten eine Landesförderung in Höhe von 350.000 DM. Die Stadt Duisburg bezuschusste die „Akzente" mit 200.000 DM.[1403] Ein Drittel des Gesamtetats musste über private Sponsoren finanziert werden.

Für die 20. „Akzente" mit dem Thema „Die Kraft des Alters" 1996 stellte die NRW-Stiftung Kunst und Kultur „Landesmittel in sechsstelliger Höhe" zur Verfügung.[1404] Zu diesem Jubiläum erhielten die „Akzente" den Status eines Landesfestivals. Damit war eine Dauerfinanzierung durch die Regierung in Düsseldorf gesichert.

1997 wurde der Landschaftspark Nord Hauptspielort des Kulturfestivals. Oberbürgermeister Krings feierte die neue Spielstätte als „die Entdeckung".[1405] Vor allem die als Veranstaltungssaal umgebaute „Kraftzentrale" habe sich nach der beeindruckenden Eröffnung und den anschließenden Konzerten mit jeweils tausenden Besuchern etabliert. Angesichts dieses Erfolgs baute Kulturdezernent Bildau diesen Standort weiter aus.

1998 griffen die „Akzente" ein Thema auf, das mit der Lebenswirklichkeit der Einwohner Duisburgs unmittelbar zusammenhing und somit ein breiteres Interesse hervorrufen sollte. Gerd Bildau hatte das von seiner Vorgängerin Iris Magdowski favorisierte Thema „Ernstmacher und Spaßmacher" verworfen.[1406] Sein Themenvor-

1399 NRZ, 25./26.5.1995.
1400 WAZ, 24.1.1995.
1401 WAZ, 10.2.1996.
1402 NRZ, 22.11.1995; NRZ, 22.4.1997.
1403 NRZ, 10.2.1995; WAZ, 14.3.1995; WAZ, 22.11.1995.
1404 WAZ, 10.2.1996.
1405 NRZ, 26.5.1997.
1406 WAZ, 3.5.1997.

schlag „Kultur der Toleranz – Toleranz der Kulturen" wurde von allen Parteien im Kulturausschuss begrüßt. „Die Grünen" lobten die Idee, „da diesem Thema gerade für Duisburg im Hinblick auf die Diskussionen um den Muezzin-Ruf besondere Bedeutung beigemessen sei. Die Vorlage beinhalte diesbezüglich viel versprechende Ansätze."[1407] In Laar, aufgrund zahlreicher sozialer Probleme einer der problematischsten Stadtteile Duisburgs, sollte eine Lautsprecheranlage installiert werden, um den Muezzin-Ruf einer Moschee zu verstärken. Dieses Ansinnen führte zu massiven Protesten der Anwohner, wodurch Duisburg in die bundesweiten Schlagzeilen geriet.[1408] Der SPD-Ratsherr Lachmann hielt es deshalb „für richtig, sich in Anbetracht der ernsten Lage Duisburgs mit Themen zu befassen, die städtische Realitäten aufgreifen und gesellschaftliche Brennpunkte thematisieren".[1409]

In den Quellen ist erstmals eine ausführliche Begründung für die Themenauswahl des Festivals zu finden. Gerd Bildau erläuterte die Konzeption der nächsten „Akzente" im Kulturausschuss: „Nach seiner Auffassung sollte der Anspruch zukünftiger Kulturpolitik sein, breitere Bevölkerungskreise als es in der Vergangenheit der Fall war mit einzubeziehen. Mittelpunkt der ‚Akzente' und aller anderen Veranstaltungen sollte nicht ausdrücklich die Rezeption von Kulturangeboten sein, sondern vielmehr das eigene kulturelle Mittun durch eine ganz besondere Zielgruppenansprache, wie z. B. den Bereich der Kinder. Kulturpolitik habe auch ihren Anspruch darin, sich voneinander entfernende Bevölkerungsgruppen durch kulturelles Miteinander wieder zusammenzuführen. In diesem Zusammenhang stehe auch die Veranstaltungs- und Festivalpolitik, die einer konzeptionellen Grundlage bedürfe und nicht dem Kriterium der Beliebigkeit zu dienen habe."[1410]

Bildau hatte in der Einladung zur Pressekonferenz auf die Zukunft der Stadt verwiesen, in der in „etwa zehn Jahren nahezu jeder dritte Einwohner einen nichtdeutschen Pass haben bzw. nichtdeutscher Herkunft sein" werde.[1411] Die Anzeichen für „die Entwicklung einer Parallelgesellschaft am Rande der Mehrheitsgesellschaft" würden sich mehren: „Es gibt von daher keine humane Alternative: den Gedanken, den Gefühlen des anderen verstehend zu folgen, die Anerkennung des anderen und die Achtung des Andersartigen, das ist die Kultur der Toleranz."[1412]

Diese Philosophie schlug sich auf die Programmgestaltung nieder. Bundespräsident Roman Herzog eröffnete die „Akzente" mit einer aufrüttelnden Rede. Er wies

1407 KAP, 5.6.1997; RP, 24.1.1997; WAZ 24.1.1997. Duisburg geriet mit diesem Thema in die bundesweiten Schlagzeilen; vgl. Stern, 3/1997; Der Spiegel 46/1997.
1408 Vgl. Stern, 3/1997; Der Spiegel, 46/1997.
1409 KAP, 5.6.1997.
1410 KAP, 21.11.1997.
1411 RP, 13.2.1998.
1412 Ebd.

darauf hin, dass der interkulturelle Dialog „eine der wichtigsten Aufgaben der Gegenwart" sei.[1413] In den Städten entscheide es sich, „ob unsere Zukunft von einem Zusammenprall der Kulturen oder von einem friedlichen Miteinander" geprägt werde.[1414] Der Ausländerbeirat, die Niederrheinische Musikschule und die Duisburg Agentur organisierten in Kooperation mit dem WDR einen „Basar der Nationen" im Landschaftspark Nord. Dort präsentierten Vertreter unterschiedlichster Kulturen Kleinkunst, Literatur, Theater, Musik, Tanz, kulinarische Spezialitäten aus dem Orient und exotische Waren.[1415] Die enge und fruchtbare Zusammenarbeit mit dem Ausländerbeirat, die Intensivierung des christlich-islamischen Dialogs durch die Kirchen und muslimischen Gemeinden wurden vom Dezernenten nach Abschluss der Festwochen ausdrücklich gelobt.[1416] Ziel sei es gewesen, mit Hilfe der kulturpolitischen Instrumente das politische und soziale Klima innerhalb der Stadt zu verbessern.

Die Vertreterorganisationen der freien Szene erhielten aus dem „Akzente"-Etat 100.000 DM, um damit in Eigenregie ein dreiwöchiges Programm zu erarbeiten.[1417] Sie verwandelten einen Teil des Duisburger Hauptbahnhofs in einen „Kulturbahnhof" und präsentierten sich dort mit vielfältigen Angeboten.[1418] Duisburg zeigte hier also nicht, was es sich an auswärtiger Kultur leisten konnte, sondern was die Künstler der Stadt zu leisten imstande waren.

Als „Akzente-Festival für die Kleinen" wurde 1998 das erste „Duisburger Kinderkulturfestival" ausgerichtet. Bildau wollte damit Kindern das Thema Toleranz in einer Stadt mit 140 Nationalitäten zielgruppenorientiert näherbringen, ihre Kreativität fördern und sie an kulturelle Ausdrucksformen und Techniken heranführen.[1419] Zwei Wochen lang nahmen Kinder unterschiedlicher Herkunft das Angebot mit über 100 Veranstaltungen in Kindertagesstätten, Kindergärten, Schulen sowie Jugend- und Kultureinrichtungen wahr.[1420] „Kultur und Bildung" bildeten für den Dezernenten den „Unterschied zu anderen Städten". Die Symbiose dieser beiden Faktoren sei nur die logische Erfüllung des Anspruchs, die Zukunftschancen für die Menschen in Duisburg zu erfüllen.[1421] Insgesamt 146.800 Menschen besuchten die „Akzente" des Jahres 1998.[1422]

1413 NRZ, 4.5.1998.
1414 Ebd.; WAZ, 4.5.1998.
1415 KAP, 21.11.1997; RP, 13.2.1998; RP, 2.5.1998; KAP, 15.5.1998.
1416 KAP, 15.5.1998.
1417 RP, 26.11.1997; WAZ, 9.1.1998.
1418 KAP, 21.11.1997; RP, 13.2.1998; WAZ, 9.1.1998, siehe auch NRZ, 9.5.2000: „Zum dritten Mal beteiligen sich freie Künstler aus Duisburg auf Einladung der Stadt an den ‚Akzenten'."
1419 KAP, 21.11.1997; WAZ, 4.4.1998.
1420 GB 1998, S. 65; NRZ, 18.6.1998.
1421 NRZ, 19.6.1997.
1422 GB 1998, S. 64.

Im Jahr darauf blieben die „Akzente“ Bildaus Leitgedanken treu, gesellschaftliche Themen aufzugreifen, die in der Stadtgesellschaft gerade diskutiert wurden. Diese sollten mit Hilfe des Festivals nach außen transportiert werden. Das Motto 1999 lautete: „Die neue Stadt – Stadtentwicklung als Stadtkultur“. Dabei sollten architektonisch ambitionierte Projekte wie der „Micro-Electronic-Park“ von Norman Foster im Stadtteil Neudorf ins öffentliche Bewusstsein gerückt werden.[1423] Foster hatte die Bemühungen der Stadt unterstützt, neue innovative Unternehmen in Duisburg anzusiedeln.[1424]

Die Sonderausstellung „Stadtbild Duisburg. Identität, Wandel und Vision“ im Lehmbruck-Museum zeigte aber auch die baulichen Sünden der Vergangenheit. Der Kurator Christoph Brockhaus wollte unter anderem vermitteln, wie es die Stadtplaner nach 1945 geschafft hätten, „auch noch die ‚Reste der Altstadt‘ abzutragen“.[1425] Vor allem aber sollte „die Aufbruchstimmung innerhalb der Stadt“ durch die Abschlusspräsentation der Internationalen Bauausstellung mit den Standorten Duisburger Innenhafen und Landschaftspark Nord angefacht werden.[1426] Bildau wollte den Stolz der Duisburger auf ihre Stadt erhöhen: „Dabei soll es zum einen darum gehen, die Stadtarchitektur in ihrer historisch gewachsenen Vielfalt darzustellen und aktuelle Entwicklungen auf diesem Gebiet der Bevölkerung nahezubringen. Zum anderen sollen gerade die neu entstandenen [...] Stadträume als Spielstätten im Rahmen der ‚Akzente‘ genutzt werden.“[1427] Als Gastredner für die Eröffnungsveranstaltung 1999 wurde Lord Norman Foster eingeladen, der den Masterplan für den Duisburger Innenhafen konzipiert hatte. Der Stararchitekt stammt aus einer Arbeiterfamilie und wuchs in der Nähe der Industriestadt Manchester auf. Wohl deshalb empfand er zu Duisburg seit langem eine „große Zuneigung“.[1428]

Die sich anschließenden „Akzente“ „Einander Nachbarn: Niederlande, Flandern, Duisburg“ (2000), „‚www.wer-weiß-wohin‘ – Kultur im Wandel“[1429] (2001) und „Das Eigene und das Fremde – Globalisierung der Kulturen“[1430] (2002) waren von breitem gesellschaftlichen Interesse und inhaltlich auf das Duisburger Publikum zugeschnitten. Die „Rheinische Post“ stellte den Wandel des Konzepts fest: „Shakespeare, Go-

1423 NRZ, 23.1.1999; RP, 4.3.1999.

1424 Jodidio, Philip, Sir Norman Foster, Köln 1997, S. 103.

1425 WAZ, 17.4.1999.

1426 KAP, 15.5.2001.

1427 KAP, 15.5.2001.

1428 So Foster in seinem Grußwort im Programmheft der 34. Akzente 2012: Stadt Duisburg, Duisburg Marketing GmbH (Hg.), 500 Jahre Gerhard Mercator – „Vom Suchen und Finden“, Duisburg 2012, S. 5.

1429 „Ein so junges Publikum wie in ihrem Jubiläumsjahr hatten die ‚Duisburger Akzente‘ schon lange nicht mehr. Dies haben Veranstalter und Presse übereinstimmend festgestellt. Grund für diese Entwicklung war das überaus aktuelle Thema.“ Podiumsdiskussionen griffen Fragen der aktuellen Kulturpolitik auf; vgl. GB 2001, S. 42.

1430 Dieses Thema wurde wegen des Terroranschlags am 11. September 2001 ausgewählt.

ethe oder Russlands Realisten. Die Zeiten der klassischen ,Duisburger Akzente' sind vorbei. [...] Heute gehört es zu den Markenzeichen der Duisburger Kulturwochen, dass sie sich ,aktuellen, gesellschaftlichen oder kulturellen Entwicklungen stellen'. So jedenfalls sehen es Kulturdezernent und Dr. Söke Dinkla, seit einigen Monaten Leiterin des Festivalbüros der Stadt Duisburg."[1431]

Eine Reform der Kulturverwaltung im Jahre 1999 sollte die Attraktivität der „Akzente" zusätzlich steigern: Durch die Einrichtung eines eigenständigen Festivalbüros wurden die Mitarbeiter von administrativer Arbeit entlastet. Sie konnten sich künftig stärker inhaltlich auf das kulturelle Aushängeschild Duisburgs konzentrieren. Bildau wollte, dass die „Akzente" „organisatorisch auf aktuelle Entwicklungen gesellschaftlicher Bedürfnisse reagieren".[1432] Zuvor musste das Theatertreffen äußerst langwierig vier Jahre im Voraus geplant werden.[1433] Das Thema „Das Eigene und das Fremde – Globalisierung der Kulturen" 2002 konnte durch die verwaltungsinterne Neugliederung auf die Terroranschläge vom 11. September 2001 direkt Bezug nehmen.

9.5 Verwaltungsreform und Strategiepapier

In der Duisburger Kulturverwaltung hatten sich moderne Strukturen durch eine Dezentralisierung von Arbeits- und Entscheidungsabläufen lange nicht durchsetzen können. Die Stadt Oberhausen etwa organisierte ihr Kulturangebot gänzlich anders. Dort wurden die einzelnen Einrichtungen in selbstverantwortliche Abteilungen umgewandelt. Die Institute sollten dadurch Bürokratie abbauen und ihre Ressourcen kundenorientierter und effizienter verwalten.

Das Kulturdezernat in Duisburg wurde erst 1999 in ähnlicher Weise umstrukturiert. Autonomie und Wirkung der Kultureinrichtungen haben sich dadurch erhöht. Durch die Neuorganisation waren nach den Worten Bildaus „Synergieeffekte inhaltlicher, organisatorischer und ökonomischer Art verbunden. [...] Dies geschehe durch die Entlastung der kreativen Arbeit von administrativer. [...] Das neue Organisationsmodell führe organisatorisch und im kreativen Sinne zur Professionalisierung der Kulturarbeit in Duisburg."[1434]

1431 RP, 20.4.2001.

1432 KAP, 8.2.1999.

1433 Siehe KAP, 6.6.1991: „Beigeordneter Dr. Schilling stellte die geplanten Vorschläge für die ,Akzente' 1993, 1994 und 1995 vor. Umfangreiche Vorbereitungen bei der Universität und bei den Theatern machen eine langfristige Festlegung der Themen notwendig."

1434 KAP, 8.2.1999 (Bildau).

Im Jahr 2000 entwickelte das Kulturdezernat erstmals einen Kulturentwicklungsplan. Bildau maß der Kultur eine nicht zu überschätzende Rolle beim „Umbau der Stadt" zu.[1435] Die Rede von der „Kulturstadt Duisburg" müsse „inhaltlich gefüllt" werden.[1436] Nach außen sollte ein eigenes und unverwechselbares Profil geschaffen werden. Kultur sei kein weicher Standortfaktor mehr, sondern ein „knallharter".[1437] Um die Ziele langfristig zu erreichen, müsse das vorhandene Angebot optimiert werden. Im Kulturfachplan wurden ausführlich konkrete Zielvorstellungen und Entwicklungsperspektiven formuliert. Die Verbesserungen sollten in erster Linie nicht durch finanziellen Mehraufwand, sondern durch Umstrukturierungen und eine Fülle von pragmatischen Einzelmaßnahmen geschehen. Detailliert und systematisch wurden mehrere 100 „Handlungsempfehlungen" für die Kulturinstitutionen erarbeitet.[1438] Der Integration des Landschaftsparks Nord und des Innenhafens in das städtische Kulturleben kam dabei eine besondere Rolle zu. Duisburg sollte sich als Zentrum der Industriekultur profilieren.[1439] Geplant waren außerdem eine deutliche Attraktivitätssteigerung der Duisburger Museumslandschaft[1440] und eine grundlegende Reform der Deutschen Oper am Rhein.

Der Kulturfachplan wurde nach der Veröffentlichung in einer Kulturausschusssitzung zerredet.[1441] Den Titel „Die neue Stadt – Auf dem Weg zur Kulturstadt" verstanden manche der Anwesenden nicht als Chance und Diskussionsgrundlage, sondern als Desavouierung der Stadt und ihrer seit Jahrzehnten für die Kulturpolitik verantwortlichen Personen. Bis auf wenige Ausnahmen, die eine sachbezogene Diskussion vorschlugen, kritisierten die gekränkt wirkenden Ausschussmitglieder den Dezernenten ungewöhnlich scharf. Dieser geriet angesichts der Anfeindungen laut Protokoll in Rechtfertigungsdruck: „Herr Beigeordneter Bildau betonte, dass in der Vergangenheit hervorragende Kulturarbeit geleistet worden sei. Er mahnte jedoch bei der Frage, ob Duisburg bereits eine Kulturstadt sei, ein wenig mehr Bescheidenheit an." CDU-Ratsherr Pletziger, der das Ehrenamt eines Bürgermeisters bekleidete und dem Kulturausschuss vorsaß, beleidigte den Beigeordneten: „Herr Bildau sei nicht als der große Redner, eher als der Schweiger bekannt. Es gäbe Leute, die ihm autistische Züge nachsagen würden."

In der Öffentlichkeit verriss der CDU-Bürgermeister das Strategiepapier: „Das ist ein an Arroganz nicht mehr zu überbietender Titel. Dies ist eine Beleidigung aller, die

1435 RP, 27.2.2001.
1436 RP, 17.12.1999.
1437 RP, 27.2.2001.
1438 Stadt Duisburg, Die neue Stadt, S. 42.
1439 WAZ, 17.12.1999; RP, 27.2.2001.
1440 Im Jahr 2000 gaben 7 % der Bevölkerung an, im letzten Jahr ein Museum besucht zu haben, siehe Stadt Duisburg, Amt für Statistik, Stadtforschung und Europaangelegenheiten (Hg.), Duisburger Bürgerumfrage 2000, Duisburg 2000, o. S.
1441 Dies und das Folgende nach KAP, 6.2.2001.

seit Jahren in Duisburg Kultur schaffen."[1442] Der Titel habe „nicht nur dem ehemaligen Kulturdezernenten Dr. Konrad Schilling ‚Herzbeschwerden' verursacht."[1443] „Die Kultur habe in Duisburg schließlich eine lange Tradition. Duisburg habe sich stets als Kulturstadt verstanden, schon bevor der Schuldezernent aus der Voreifel kam. [...] Mit Unverständnis reagierte Pletziger auf die Ausführungen des Kulturdezernenten, ein Medienzentrum im Innenhafen zu eröffnen. Über ein solches Zentrum könne man reden, doch nicht an diesem Standort. [...] In den Innenhafen würde sich wohl kaum noch jemand verirren."[1444] Insbesondere diese Aussage zeugte von einer gewissen Realitätsferne. Der Innenhafen war im Jahr 2001 schon längst die neue Lebensader der Stadt (vgl. Kapitel IV/10.2). Der empörte CDU-Ratsherr veröffentlichte einen Artikel im „Duisburger Jahrbuch", der auf fünf Seiten die Vergangenheit und den Status Quo der Kultur in Duisburg positiv beschrieb und die Überflüssigkeit des Kulturfachplans betonte.

Gerd Bildau, der 2001 von einer unabhängigen Fachzeitschrift zu einem der besten Kulturdezernenten in Deutschland gewählt wurde, wechselte schließlich in eine andere Spitzenposition.[1445] 2004 wurde ihm die stagnierende Gesamtplanung der Duisburger „World Games 2005" übertragen. Die Vorbereitungen dieser Wettkampfveranstaltung für nicht-olympische Sportarten waren zuvor nur schleppend und zum Teil chaotisch verlaufen. Zwei Geschäftsführer mussten ausgewechselt werden. Die Landesregierung überlegte sogar, der Stadt Düsseldorf die Spiele zu übertragen.[1446] Erst unter seiner Ägide konnte das große Sportevent professionell organisiert werden.[1447] Kurz vor der Eröffnung erlag Bildau einem Herzinfarkt. Seine vom Soziologen Gerhard Schulze inspirierte und zeitgemäße Definition der Duisburger Kulturarbeit ist deshalb als eine Art Vermächtnis zu lesen: „Kulturarbeit in Duisburg muss von einem wertvollen, ästhetischen Pluralismus geprägt sein [...] Sie muss verschiedenen Motiven gerecht werden: das Hochkulturmotiv beschreibt die Bestandssicherung und Pflege des kulturellen Erbes. Das Demokratisierungsmotiv will Zugangsbarrieren zum kulturellen Geschehen abbauen. Das Soziokulturmotiv will heterogene Lebensstilgruppen zur Geltung kommen lassen und das Ökonomiemotiv meint die Imagekomponente, den Standortfaktor, den ökonomischen Nebennutzen. Die vorhandene Heterogenität dieser Stadtgesellschaft muss sich in

1442 NRZ, 18.1.2001.
1443 WAZ, 18.1.2001.
1444 RP, 18.1.2001.
1445 WAZ, 7.3.2001.
1446 RP, 6.1.2004.
1447 Vgl. World Games Duisburg GmbH, Das waren die World Games 2005, Duisburg 2005 und RP, 6.1.2004: „Bildau soll World Games retten."

der Vielfalt der öffentlich geförderten Kulturarbeit widerspiegeln. Der vorliegende Fachplan will in seinem Hauptzweck konkrete Entwicklungsperspektiven der städtischen Kulturarbeit aufzeigen. [...] Insgesamt will er das Terrain für eine Dynamik der Kulturpolitik bereiten und der Kulturarbeit in Duisburg eine kreative Schubkraft verleihen. [...] Der Fachplan will schließlich verdeutlichen, dass Duisburg zu einer Kulturstadt heranwachsen kann – mit einem eigenen und unverwechselbaren Profil.“[1448]

In der Summe hätte die Verwirklichung der Maßnahmen für die Duisburger Kulturlandschaft einen Quantensprung bedeutet. Die konzeptionslose Kulturpolitik der Stadt ohne langfristige Ziele wäre beendet worden. Politische Ränkespiele verhinderten dies. Der Kulturfachplan landete in den Schubladen der Verwaltung. Historisch Interessierte finden ihn in den Regalen der Stadtbibliothek Duisburg.

10. Kulissen aus der Vergangenheit: Orte der Industriekultur

Die „Internationale Bauausstellung Emscher Park“ (IBA) schuf im letzten Jahrzehnt des 20. Jahrhunderts Veränderungen von großer Tragweite im nördlichen Ruhrgebiet. In zehn Jahren wurden unter ihrer Schirmherrschaft 118 Projekte mit einem Fördervolumen von circa fünf Milliarden DM realisiert.[1449] Mit dem Erhalt und der Umnutzung denkmalwürdiger Industriearchitektur im heutigen Landschaftspark Nord und im Innenhafen Duisburg sind der Stadt hervorragende Entfaltungsmöglichkeiten für ihre zukünftige Kulturpolitik gegeben worden. Beide Standorte zählen zu den wichtigsten Stätten der bis 1999 zusammengestellten „Route der Industriekultur“, die die Industriedenkmäler des Ruhrgebiets für touristische Zwecke verbindet und vermarktet.[1450] In diesem Abschnitt sollen die Philosophie der IBA und das Verhältnis der Stadt zu den Orten der industriellen Vergangenheit beleuchtet werden.

1448 Stadt Duisburg, Die neue Stadt (Einleitung), o. S.
1449 Sack, Hoffnung, S. 276.
1450 Vgl. WAZ, 12.2.1998.

10.1 Der Landschaftspark Duisburg-Nord

Auf einer 200 ha großen Fläche entstand zwischen den Stadtteilen Hamborn, Neumühl, Meiderich und Beeck der „Landschaftspark Duisburg-Nord". Er umfasst die brachliegenden Flächen der ehemaligen Zeche und Kokerei Thyssen 4/8 und des Meidericher Hüttenwerks.[1451] Das Hochofenwerk wurde 1901 erbaut, der Gründer war August Thyssen. Der Betrieb wurde am 4. April 1985 komplett eingestellt.

Die Planungen der Verwaltung für das stillgelegte Hüttenwerksgelände schwankten zwischen einer völligen Umgestaltung in eine Freizeit- und Erholungsstätte und der gewerblichen Nutzung in Form eines „Businessparks".[1452]

Unter dem Eindruck einer neuen Entlassungswelle in der Stahlbranche, die 1987 in Duisburg-Rheinhausen ihren Höhepunkt fand, wollte der Rat der Stadt eine umfassende Erschließung neuer Gewerbe- und Industriegebiete im Stadtgebiet durchsetzen. Die nordrhein-westfälische Landesregierung ließ zusätzlichen Flächenverbrauch aber nur noch dann zu, wenn für die neu versiegelten Gebiete ein ökologischer Ausgleich nachgewiesen werden konnte. Nach dem städtischen Beschluss, neue Gewerbegebiete in Duisburg-Hochemmerich (Asterlagen) anzusiedeln, sollte das Areal rund um das Meidericher Hüttenwerk zu einem Erholungsgebiet werden.

Die Mehrheit im Rat plädierte zunächst für einen vollständigen Abriss des Hochofenwerks. Es waren engagierte Bürger und ehemalige Beschäftigte, die vehement für den Erhalt der Anlage kämpften. Sie gründeten 1987 die „Gesellschaft für Industriegeschichte e.V." und gaben ein Gutachten in Auftrag, das die Denkmalwürdigkeit der Industrieanlage unterstrich.[1453] Ihre Bemühungen, „die denkmalwerten Anlagen des ehemaligen Hüttenbetriebes zu erhalten und als Erinnerung an die Geschichte der Menschen in Duisburg zu bewahren", stießen zunächst auf Desinteresse seitens der Politik.[1454] Die Diskrepanz zwischen den Vorstellungen der Gesellschaft und der Zielsetzung der Stadtverwaltung, die offensiv gegen die Bezeichnung „Stadt Montan" vorging, konnte kaum größer sein. In einem Bürgerantrag forderte der Vorsitzende Dr. Wolfgang Ebert das Kulturdezernat auf, sich für den

---

1451 Vgl. Keil, Andreas, Industriebrachen. Innerstädtische Freiräume für die Bevölkerung. Mikrogeographische Studien zur Ermittlung der Nutzung und Wahrnehmung der neuen Industrienatur in der Emscherregion, Dortmund 2002, S. 109.

1452 Vgl. Schwarz, Angela, „Die Pyramiden Meiderichs". Ehemalige Beschäftigte, Anwohner, auswärtige Besucher und der Landschaftspark Nord, in: dies. (Hg.), Vom Industriebetrieb zum Landschaftspark. Arbeiter und das Hüttenwerk Duisburg-Meiderich zwischen Alltäglichkeit und Attraktion, Essen 2001, S. 157–190, S. 160.

1453 Sack, Hoffnung, S. 66.

1454 Ebert, Wolfgang, Landschaftspark Duisburg-Nord. Die Natur baut schon den Park, in: DJB 1993, S. 114–119, S. 116.

Erhalt des Hüttenwerks einzusetzen: „Für die Stadt Duisburg, die ‚Stadt Montan‘, ist die Geschichte der Stahlindustrie und der Menschen, die in ihr arbeiteten und arbeiten, von besonderer Bedeutung. Kultur- und industriegeschichtlich betrachtet stellt die Entwicklung der Stahlindustrie einen besonders gewichtigen Faktor in der Geschichte der Bundesrepublik und unserer Stadt dar. Angesichts der besonderen Arbeits- und Lebensbedingungen der Menschen, ihrer Leistungen, z. B. beim Wiederaufbau, wird es hohe Zeit, deren äußere Zeugen zu erhalten und zu dokumentieren, ehe sie durch Abriss vernichtet werden, wie in vielen anderen Bereichen geschehen. [...] Gerade im jetzigen kritischen Zeitpunkt der wirtschaftlichen Entwicklung unserer Stadt könnte ein solches Museum, welches auch überregional ausstrahlen würde, man denke an das Bergbau-Museum in Bochum, eine Zukunftsinvestition darstellen.“[1455]

Diese visionären Ideen überforderten die „traditionell ausgerichtete“ Duisburger Politik.[1456] Auch die Begeisterung und das Engagement der Kulturverwaltung hielten sich in engen Grenzen: „Beigeordneter Dr. Schilling erklärte, dass es nicht Angelegenheit der Stadt sei, auf dem Gelände des Meidericher Hüttenwerkes ein Stahl-Museum zu errichten. Die Landesentwicklungsgesellschaft NW habe das Werksgelände erworben. Es sei Bestandteil des IBA-Projektes ‚Duisburg-Nord‘ und über ein Gestaltungskonzept werden zur Zeit Vorstellungen entwickelt. Es sei jedoch nicht absolut undenkbar, dass das Hüttenwerk als Industriedenkmal genutzt werden könnte.“[1457] Die doppelte Verneinung signalisiert die geringe Motivation des Kulturdezernenten deutlich.

Zwei Faktoren gaben den Ausschlag, dass das Werk schließlich doch nicht abgerissen wurde:

1. Die Kosten für einen Gesamtabriss hätten deutlich höher gelegen als die für den Erhalt und die Sicherung des Hochofens.[1458]
2. Die Stadt Duisburg meldete das Gelände 1989 als Projekt der „Internationalen Bauausstellung Emscher Park“ (IBA) an.

Die Regierung des Landes Nordrhein-Westfalen hatte die IBA als Strukturprogramm für die Emscher-Region ausgeschrieben.[1459] Die Internationale Bauausstellung nahm 1989 als „Werkstatt für die Zukunft alter Industriegebiete“ ihre zehnjäh-

1455 Bürgerantrag vom 27.4.1988 an die Verwaltung, Anlage zum KAP, 27.9.1990.

1456 Becker, Thomas, Die Kraftzentrale, in: DJB 1998, S. 175–176, S. 175.

1457 KAP, 27.9.1990.

1458 Sack, Hoffnung, S. 66f.: „Thyssen hatte die Abrisskosten schon errechnet: siebzig Millionen Mark nur für die Bauten über der Erde, ohne die Fundamente.“

1459 Vgl. Kilper, Heiderose, Die Internationale Bauausstellung Emscher Park. Eine Studie zur Steuerungsproblematik komplexer Erneuerungsprozesse in einer alten Industrieregion, Opladen 1999 und Sieverts, Thomas, Die Internationale Bauausstellung Emscher Park. Werkstatt zur Erneuerung alter Industriegebiete. Eine strukturpolitische Initiative des Landes Nord-

rige Arbeit auf, um das nördliche Ruhrgebiet ökologisch, wirtschaftlich, sozial und kulturell zu erneuern.[1460]

Landesbauminister Dr. Christoph Zöpel, laut Josef Krings „einer der kreativsten und eigenwilligsten Minister im Kabinett Rau“, berief Professor Karl Ganser in die Position des Geschäftsführers der Gesellschaft der IBA.[1461] Ganser stammte nicht aus der Region. Er wurde 1937 als Sohn eines Landwirts im schwäbischen Mindelheim geboren. In München hatte er Biologie, Chemie, Geografie und Geologie studiert. In seiner Promotion befasste er sich mit einem stadtsoziologischen Thema. Ende der 1960er Jahre war er am Aufbau der Abteilung für Stadtentwicklung in München maßgeblich beteiligt. Hier wirkte Ganser an den Planungen für die Olympischen Sommerspiele mit, die 1972 in der bayerischen Landeshauptstadt stattfanden. Nach seiner Habilitation 1970 übernahm er ein Jahr später die Leitung der Bundesforschungsanstalt für Landeskunst und Raumordnung in Bonn. Seit 1980 arbeitete er im Städtebauministerium des Landes NRW als Abteilungsleiter unter anderem für die Bereiche Stadterneuerung und Denkmalschutz. Für seine Aufgabe als Chef der IBA schien er in fachlicher Hinsicht prädestiniert. In dieser Funktion entwickelte Karl Ganser neue Visionen für Duisburg und das Ruhrgebiet insgesamt. Die „FAZ“ bezeichnete ihn als „Reformator des Reviers“, „Vor- und Neudenker der Raumplanung und Stadtentwicklung“ sowie als „Umbaumeister und Visionär“.[1462] Einer seiner Grundgedanken bei der Ausrichtung der IBA war, dass die Städte im nördlichen Ruhrgebiet keine natürlich gewachsenen Städte im europäischen Sinne, sondern lediglich Industriedörfer seien. Ab Mitte des 19. Jahrhunderts wurden diese „ohne urbanes Temperament“ immer größer.[1463] Hier habe es keine Stadtentwicklung im eigentlichen Sinne, sondern nur Landschaftszerstörung gegeben. Deshalb schwebte ihm nun eine behutsame Stadt- und Raumerneuerung vor.[1464]

Die IBA stoppte „die Vernichtung des industriebaukulturellen Erbes wie die platte Wiederverwertung jedweder Brache für neue gewerbliche Gerümpelbebauung“.[1465]

---

rhein-Westfalen, in: Internationale Bauausstellung Emscher Park (Hg.), IBA-Emscher-Park. Zukunftswerkstatt für Industrieregionen, Köln 1991, S. 4–12.

1460 Internationale Bauausstellung Emscher Park (Hg.), IBA ’99. Finale. 10 Jahre ökologische und kulturelle Erneuerung einer großen Industrieregion, Gelsenkirchen 1999, S. 7; Sack, Hoffnung, S. 26f.

1461 Krings, Josef, Kontrollierter Verfall und neue Lebensräume. Der Innenhafen als IBA-Projekt, in: Große-Oetringhaus, Hans-Martin (Hg.), Das Blaue vom Hafen. Geschichten und Geschichte rund um den Duisburger Innenhafen, Essen 2003, S. 30–32, S. 31.

1462 FAZ, 15.9.2017.

1463 Sack, Hoffnung, S. 21.

1464 Ebd., S. 18ff.; vgl. Monheim, Heiner / Zöpel, Christoph (Hg.), Raum für Zukunft. Zur Innovationsfähigkeit von Stadtentwicklungs- und Verkehrspolitik. Festschrift für Karl Ganser, Essen 1997.

1465 Collinet, Hans-Dieter, Eine unverwechselbare Landschaft für die Zukunft einer Metropolregion. Im Emscher Landschaftspark schafft sich das Ruhrgebiet eine neue Identität, in: Standorte. Jahrbuch Ruhrgebiet 2003/04, S. 325–330, S. 325.

Stattdessen konzipierte sie im nördlichen Ruhrgebiet einen 60 km langen „Ost-West-Grünzug“, um die regionalen Grünflächen durch Rad- und Wanderwege miteinander zu verbinden.[1466] Neben dem Erhalt bestehender Freiflächen sollten vorhandene Industriedenkmäler bewahrt, umgestaltet und dadurch aufgewertet werden. Eines der Vorzeigeprojekte der IBA bildete der Landschaftspark Duisburg-Nord.

Dieser war in Duisburg lange ein „äußerst ungeliebtes Kind“.[1467] Die Stadt hielt sich bei den Planungen für die zukünftige Nutzung des Hüttenwerkareals auffallend zurück.[1468] Mit dem Landschaftspark wollte sie laut Karl Ganser zunächst „ungern etwas zu tun haben“.[1469] Im Anfangsstadium forderten Repräsentanten der Landesregierung, der Landesentwicklungs- und der IBA-Planungsgesellschaft über Monate hinweg ein stärkeres Engagement der „desinteressierten“ Kommune.[1470] Die Stadtverwaltung schickte in die oberste Planungsgruppe lange Zeit nur Vertreter, die keine ausreichenden Entscheidungskompetenzen besaßen. Die Koordinierung der an der Projektgruppe beteiligten Fachämter ließ ebenfalls zu wünschen übrig: „Nicht selten hätten die städtischen Vertreter den Eindruck eines ‚uninformierten, zerstrittenen Haufens‘ gemacht.“[1471]

Um die divergierenden Vorstellungen zu bündeln, stellte die Stadt 1991 einen Beauftragten für die Internationale Bauausstellung ein, der dem Planungsdezernenten unmittelbar zugeordnet wurde. Die Kompetenzstreitigkeiten der verschiedenen Ämter wurden dadurch beendet. Von diesem Zeitpunkt an konnten die Mitarbeiter der Internationalen Bauausstellung ihre Arbeit unabhängiger und schneller ausüben.

Der IBA-Direktor begriff die Städte des Ruhrgebiets als Schicksalsgemeinschaft. Das Ruhrgebietsimage, das jeder Stadt der Region ohnehin dauerhaft anhafte, dürfe nicht mehr länger versteckt, sondern müsse positiv umgewertet werden.[1472] Ein wirtschaftlich erfolgreicher Strukturwandel sei nur möglich, „wenn die kulturelle Identität der Region gewahrt wird“.[1473] Karl Ganser: „Und das ist meine Motivation, weswegen ich mich hier [...] mit tiefstem Engagement für die Industriegeschichte und deren bauliche Zeugnisse einsetze. Weil das im Grunde das einzige ist, was hier eine Chance hat, Identität zu stiften. Weil ich nicht daran glaube, dass wir das in kurzen Zeiträu-

1466 Vgl. dazu Kommunalverband Ruhrgebiet (Hg.), Parkbericht Emscher Landschaftspark, Essen 1996.

1467 Jung, Michael, Das Interview: Professor Karl Ganser, in: DJB 1999, S. 16–21, S. 17.

1468 Sack, Hoffnung, S. 68.

1469 Latz, Peter, Rostrot. Der Landschaftspark Duisburg-Nord, München 2016, S. 271.

1470 Kilper, Bauausstellung, S. 252.

1471 Ebd., S. 253.

1472 Vgl. das Eingeständnis der Stadt im Entwicklungskonzept „Duisburg 2000“: „Es hat sich in den vergangenen Jahren als unmöglich erwiesen, sich durch die Hervorhebung von Duisburger Besonderheiten vom Ruhrgebietsimage abzukoppeln“, siehe Kapitel IV/4.2.

1473 Schwarz, „Pyramiden“, S. 161; Sack, Hoffnung, S. 38.

men hinkriegen und es in Zukunft vielleicht immer schwieriger wird, je weiter man sich von der Geschichte entfernt, werbe ich sehr für eine historische Identität."[1474]

Zum anderen erschien die Bewahrung des industriellen Erbes als ein Mittel, das Ruhrgebiet in seiner Unverwechselbarkeit und Gesamtheit gegenüber anderen Städten und Regionen positiv abzugrenzen. Investoren sollten gerade durch die gezielte Pflege und den Erhalt der Industriekultur angelockt werden: „Die Region soll sich auf das besinnen, was sie einzigartig macht."[1475]

Ausgerechnet die zersiedelte und von der Montanindustrie zerstörte Ruhrgebietslandschaft sollte nach den Plänen der IBA-Gremien in eine „Kulturlandschaft" verwandelt werden. Dieser Begriff wird allgemein mit einer idyllischen, wohlgeordneten Landschaft im Stile der Malerei des frühen 19. Jahrhunderts assoziiert. Im Landschaftspark in Duisburg-Nord entstand aber keine harmonische Ideallandschaft nach dem Vorbild englischer oder französischer Gärten. Seine Prägung sollte nicht verleugnet, sondern bewusst als Erbe der Industriekultur aufgegriffen werden: „Dieses ehrgeizige Konzept verlangt von der Ruhrgebietsbevölkerung nichts weniger, als die Landschaft des Reviers neu sehen zu lernen."[1476]

Nach einem einstimmig erfolgten Beschluss des Stadtrats 1991 gestaltete der bayerische Landschaftsarchitekt Professor Peter Latz das brachliegende Hüttengelände unter ökologischen Gesichtspunkten mit Bedacht um.[1477] Man verzichtete auf die Anlage eines perfekt angelegten Grüns und schuf stattdessen lediglich die Voraussetzungen für ein Biotop, das sich ohne äußere Eingriffe langsam und von selbst bilden sollte. Die Revitalisierung des Flusses Emscher, der bis dato eine der giftigsten Kloaken in Europa war, ist das wohl bedeutendste Verdienst des Planungsteams. Es entstand das mit Abstand größte Ökosystem im Ruhrgebiet, das als „die grüne Lunge Meiderichs" bezeichnet wurde.[1478] Die soziale und kulturelle Lebensqualität im Duisburger Norden hat sich durch den Landschaftspark erheblich erhöht.[1479]

Neben den wieder gewonnenen Naturflächen bietet der Park seinen Besuchern zahlreiche Möglichkeiten für Sport, Freizeit und Kultur. Mit der ehemaligen „Kraftzen-

1474 Priamus, Heinz-Jürgen, Megapolis Ruhrgebiet? Podiumsdiskussion, in: ders. / Himmelmann, Stadt und Region, S. 161–186, S. 179f.

1475 Ganser, Karl, Reisen der Phantasie auf der „Route Industriekultur". Industriedenkmäler sollen als touristisches Potential erschlossen werden, in: Standorte. Jahrbuch Ruhrgebiet 1995/96, S. 168–170; vgl. auch Ganser, Karl, Liebe auf den zweiten Blick. Internationale Bauausstellung Emscher Park, Dortmund 1999.

1476 Vgl. Blotevogel, Hans Heinrich, Industrielle Kulturlandschaft im Ruhrgebiet. Die Geschichte einer schwierigen Annäherung, Duisburg 2001, S. 16.

1477 Hoppe, Wilfried / Kronsbein, Stefan (Hg.), Landschaftspark Duisburg Duisburg-Nord. Ökologische und landeskundliche Beiträge, Duisburg 1999; Sack, Hoffnung, S. 71.

1478 FAZ, 8.1.1998.

1479 Büsching, Dirk, Der Park und sein Geist. Zum 20-jährigen Jubiläum des Landschaftsparks Duisburg-Nord, in: DJB 2014, S. 96–101, S. 97.

trale", der „Gebläsehalle" und der „Gießhalle" verfügte der Landschaftspark über drei riesige, dem Verfall preisgegebene Industriehallen. Die IBA-Leitung empfahl dem Rat der Stadt mit Erfolg, diese „Kulissen aus der Vergangenheit" nicht abzureißen, sondern in Veranstaltungsforen umzubauen.[1480] Bis heute verleihen sie den Kulturveranstaltungen im Rahmen der „Duisburger Akzente", der Deutschen Oper am Rhein und des NRW-Kulturfestivals „Ruhrtriennale" eine einzigartige Atmosphäre.[1481] Von der neuartigen Theatersituation profitieren Regisseure, Künstler und das Publikum. Der Theaterregisseur Jürgen Flimm, Intendant der zweiten „Ruhrtriennale", erklärte dazu: „Die Räume ermutigen zu einem ganz anderen Denken. Allein schon dadurch, dass man hier der typischen Guckkasten-Perspektive entkommt. [...] Die Räume machen das Programm. Jeder Regisseur oder Künstler, der sich das anschaut, kommt auf völlig andere Ideen, als wenn er ins Stuttgarter Opernhaus kommt. Sie haben andere Möglichkeiten in den Hallen. Ich empfinde das als enorme Erweiterung, denn ich kann das Publikum anders mitnehmen und bewegen als in der klassischen Theatersituation."[1482]

Auf dem Gelände des Landschaftsparks wurden in ehemaligen Erzbunkern Klettergärten hergerichtet und Spielanlagen für Kinder geschaffen.[1483] Ein alter Gasometer konnte zu einem Tauch-Trainingszentrum mit einer eigens gestalteten Wasserlandschaft umfunktioniert werden.[1484] Ein Lehr- und Lernbauernhof, eine Jugendherberge und Gastronomiebetriebe gehörten ebenfalls zum Areal.[1485] Das Parkgelände wurde für Hüttenfeiern, Konzerte oder Diskotheken genutzt. Das „filmforum" und die Landesentwicklungsgesellschaft (LEG) veranstalteten vor der beeindruckenden Industriekulisse seit 1996 ein „Open Air Kino". 1997 verfolgten in zwei Wochen 9.341 Zuschauer das Geschehen auf der Kinoleinwand. Seitdem stiegen die Zahlen rasant: 2005 lagen sie bei 23.233, 2013 bei 41.431.[1486] Bei den Besucherzahlen belegte das Duisburger Sommerkino im Vergleich mit anderen deutschen Freiluftkinos einen Spitzenplatz.[1487]

1998 präsentierten die Deutsche Oper am Rhein und das Theater Duisburg den „Ring des Nibelungen" in der „Kraftzentrale".[1488] Weltstars wie die Alternative-Band

1480 GB 1996, S. 77; GB 1998, S. 53.
1481 Über Entstehung und Konzept der „Ruhrtriennale" vgl. Schmitt, Julia (Hg.), Ruhrtriennale 2002–2004. Intendant Gerard Mortier, Essen 2004.
1482 RP, 10.8.2005.
1483 Leuchter, Reiner, Ein neuer Park für Duisburg. Landschaftspark Duisburg-Nord, in DJB 1995, S. 50–55, S. 53
1484 Bischoff, Andreas, Es werde Licht ... Landschaftspark Duisburg-Nord, in: DJB 1997, S. 174–177, S. 174.
1485 GB 2001, S. 58.
1486 Winkels, Ralf, „Gibt's noch Karten?" – Das Stadtwerke Sommerkino im Landschaftspark Duisburg-Nord, in: DJB 2015, S. 18–25, S. 20f.
1487 Winkels, Karten, S. 18.
1488 Stadt Duisburg, 100 Jahre Theater, S. 92.

„Red Hot Chili Peppers“ erhielten durch den Landschaftspark erstmals eine Auftrittsmöglichkeit in Duisburg. Unzählige Fernseh- und Filmaufnahmen entstanden auf dem Gelände.[1489]

Die „Deutsche Gesellschaft für Industriekultur e.V.“ legte einen industriegeschichtlichen Lehrpfad an, der die Besucher über Arbeit und Technik im Hüttenwesen informiert. Schautafeln berichten über die technische Funktionsweise des jetzt begehbaren Hochofens.[1490] Ehemalige Beschäftigte bieten auf dem Hüttengelände Führungen an, um den Parkbesuchern Einblicke in den so gar nicht romantischen Arbeitsalltag im Stahlwerk zu gewähren: „Wir erzählen auch [...], dass das direkte Pionierarbeit war, dass die Leute auf dem engsten Raum ohne große Schutzkleidung gearbeitet haben. Dass sie also Staub schlucken mussten bis geht nicht mehr. Dass also die Schwermetalle im Körper waren und so weiter. Das versuchen wir den Leuten beizubringen. Und [...] das wollen auch die Leute wissen, [...] denn es soll den Leuten auch ein, sagen wir mal so, ein Rieseln über den Rücken gehen [...], sollen die also miterleben, wie schwer die Arbeit war.“[1491]

Für die meisten Bewohner in der Industrie- und Arbeiterstadt Duisburg ist der Landschaftspark ein selbstverständlicher Teil ihrer kulturellen Identität, wie ein Zeitzeuge bestätigte: „Das ist ein Stück Arbeiterkultur, [...] für unsere Nachwelt ist das erhaltenswert.“[1492] Die Kokerei sei ein „Symbol für Unternehmungslust, Erfindungskraft, für Fleiß und Schweiß“, das von der Nachwelt gepflegt und geachtet werden sollte.[1493]

Viele Duisburger sind stolz, auswärtigen Gästen die „Pyramiden Meiderichs“ als Sehenswürdigkeit der Stadt zu zeigen: „Und wo man daraus jetzt noch eine Attraktion gemacht hat, also eine überregionale, vielleicht sogar internationale, [...] bin ich natürlich als Meidericher da auch so ein bisschen stolz, und sehe das gerne, wenn da viele von wer weiß woher kommen, um das zu sehen. Ich freue mich also, wenn da viele unterwegs sind und staunen und gucken. [...] Und dass damit das Image umgekehrt wird: Alte schmutzige Industriestadt Duisburg, wo alte, verrottete Anlagen und Gelände stehen, wo man nichts mehr damit machen kann, und dass die dann doch aber für alle repräsentativ wirklich in eine tolle Freizeitmöglichkeit umgewandelt worden ist.“[1494]

Die Aussage trifft exakt die Zielsetzung Karl Gansers, die Identifikation und die Verbundenheit der Bewohner zu ihrer Region mithilfe der Orte der Industriekultur zu

1489 NRZ, 18.11.2003.
1490 Ebert, Landschaftspark, S. 116f.
1491 Zit. nach Schwarz, „Pyramiden“, S. 181f.
1492 Zit. nach ebd., S. 182.
1493 Sack, Hoffnung, S. 9.
1494 Zit. nach Schwarz, „Pyramiden“, S. 172.

stärken: „Wenn die Leute erzählen, wie totfroh sie sind, endlich aus dem Ruhrgebiet heraus zu sein, dann verbreiten sie natürlich das denkbar schlechteste Bild. Und deshalb sind alle Imagekampagnen rausgeworfenes Geld, die darauf ausgerichtet sind, die Außenwirkung des Ruhrgebietes zu verändern. Man muss das Bild der ‚Ruhris' von sich selbst ändern, weil sie die Träger der schlechten Nachrichten sind. Wenn die Region nicht endlich lernt, stolz auf sich zu sein, dann kann man noch 1000 Spiegel-Anzeigen schalten, das bringt nichts."[1495]

Der Landschaftspark passte den Duisburger Kulturpolitikern anfangs nicht ins Konzept. Der IBA-Direktor musste sie erst überzeugen, dass dieser ein Werbeträger für die Stadt sein könnte: „Wenn wir die mediale Wirkung betrachten: Der größte Außenminister des Ruhrgebietes ist der Landschaftspark Nord. Wo der überall auftauchte: in allen Beilagen der Wochenzeitschriften etwa, mit den Tauchern und den Bergsteigern und all der Faszination, die von diesem Gelände ausgeht. Es wird über das Ruhrgebiet gesprochen wie noch nie zuvor. Ich glaube nicht, dass man sich vor fünf Jahren hätte vorstellen können, dass auf der bedeutendsten Architekturausstellung der Welt, der Architekturbiennale in Venedig, die Bundesrepublik durch das Ruhrgebiet vertreten wird – mittels IBA. Das wäre vielleicht Berlin gewesen oder Hamburg oder irgendein Star-Architekt, aber mit Sicherheit nicht das Ruhrgebiet mit seinem Schmuddelkind Emscherregion. Auf dem Flug nach Venedig habe ich im Bordheft der Lufthansa eine Titelgeschichte über das Ruhrgebiet und die IBA gelesen – in einem Heft mit 800.000 Exemplaren Auflage, das sechs Wochen lang in allen Maschinen der Lufthansa liegt. Das ist eine Reklame, die man gar nicht bezahlen kann. Das wiegt mehr als die ganze Imagekampagne des Kommunalverbandes Ruhrgebiet. Wenn ich mir dagegen den Geschäftsbericht der Stadt Duisburg ansehe, da kam der Landschaftspark nie vor. Ich habe der Stadt gesagt: Das ist Eure größte Werbenummer, so viel Öffentlichkeitsarbeit könnt Ihr überhaupt nicht machen, wie Ihr hier gratis bekommt [...] Ich glaube nicht, dass es in Duisburg viele Ratsleute gibt, die jemals gucken, was z. B. in Essen los ist. Dann muss ich mich auch nicht wundern, dass die kein Verständnis haben, über ihren Kirchturm hinaus zu denken."[1496]

Nicht das Verstecken des industriekulturellen Erbes, sondern dessen gezielte Pflege erzielte den von den Kulturpolitikern jahrzehntelang erhofften positiven Imagegewinn für Duisburg und die Region insgesamt. Die mehrfach verlängerte Ausstellung „‚Feuer und Flamme' – 200 Jahre Ruhrgebiet", die 1994 in Oberhausen stattfand, zog 600.000 Besucher aus der ganzen Bundesrepublik an.[1497] Der Reiseführer „Im Tal der

1495 Jung, Interview Ganser, S. 17; vgl. auch Büsching, Der Park, S. 99f.

1496 Jung, Interview Ganser, S. 19.

1497 Borsdorf, Ulrich (Hg.), „Feuer & Flamme" – 200 Jahre Ruhrgebiet. Eine Ausstellung im Gasometer Oberhausen. 22.7. bis 1.11.1994 veranstaltet im Rahmen der Internationalen Bauausstellung Emscher Park, Essen 1994; Ganser, Phantasie, S. 169.

Könige“ von Roland Günter über die Ruhrregion „war noch im Jahr seines Erscheinens der meistverkaufte Reiseführer auf dem deutschen Buchmarkt“.[1498] Seit 2012 erzielen Führungen für Einheimische und Touristen auf den Spuren des Fernsehkommissars Horst Schimanski eine große Nachfrage.[1499]

Spätestens seit 1996 ist das Hüttenwerk im Duisburger Norden international bekannt geworden. Der britische Lichtdesigner Jonathan Park hat mit Hilfe von 400 Lampen, 126 Schaltkreisen und Kabeln mit einer Länge von insgesamt 40 km aus der kruden Hochofenanlage eine künstlerische Landmarke geschaffen. Aufgrund der Lichtinszenierung wurde sie zu einem neuen Wahrzeichen Duisburgs und des Ruhrgebiets.[1500]

Bundespräsident Rau skizzierte zum Abschluss der IBA den Wandel in der öffentlichen Wahrnehmung des Ruhrgebiets: „Was wir nun erleben, ist das eigentliche Wunder, das mit der IBA zusammenhängt: Die Menschen schauen wieder hin. Sie entdecken ihre Heimat, sie entdecken das Ruhrgebiet als Landschaft, ja, als Kulturlandschaft. Sie entdecken vor allem ihren Stolz und sie entwickeln so etwas wie ein neues Heimatgefühl. Strukturwandel bedeutet auch, dass sich die Einstellung der Bürgerinnen und Bürger verändert, ihr Bewusstsein und ihre Mentalität. Es ändert sich das Selbstgefühl.“[1501] Der Landschaftspark sei dafür das „IBA-Projekt mit der größten Symbolkraft“.[1502]

Im Gegensatz zu Hilmar Hoffmann, der seine Kurzfilmtage 1954 in einer Oberhausener Schachtanlage „unter Tage“ eröffnete und damit weltweit für Aufsehen sorgte, entdeckte die Stadt Duisburg die kulturellen Nutzungsmöglichkeiten und das symbolische Potenzial ihrer Industriedenkmäler relativ spät und nur zögerlich.[1503] 20 Jahre nach der Eröffnung verzeichnet der Landschaftspark pro Jahr rund eine Million Besucher.[1504] In bundesweiten Umfragen, die 2010 und 2011 im Auftrag der Duisburg Marketing Gesellschaft stattfanden, wurde der Landschaftspark als einer der wichtigsten positiven Imagefaktoren Duisburgs angesehen.[1505] Auch in Zukunft bildet der Landschaftspark im Sinne des Psychoanalytikers Donald W. Winnicot einen „Möglichkeitsraum“ in der Stadt. Seine Funktion im Spannungsfeld historischer

1498 Günter, Roland, Im Tal der Könige. Ein Reisebuch zu Emscher, Rhein und Ruhr, Essen 1997.

1499 Kohn, Martin, Mit Schimanski durchs Revier. Ein kriminalistischer Reiseführer zu den Drehorten im Ruhrpott, Welver 2013; WAZ, 8.7.2015.

1500 GB 1996, S. 77. Die Anlage wurde 2010 für 600.000 EUR erneuert, siehe Hofmann, DU, S. 101; Sack, Hoffnung, S. 270.

1501 Rau, Johannes, Rede zum Finale der Internationalen Bauausstellung Emscher Park, in: Standorte. Jahrbuch Ruhrgebiet 1999/2000, S. 189; vgl. auch Büsching, Der Park, S. 99.

1502 Sack, Hoffnung, S. 69.

1503 Vgl. Hoffmann, Oberhausen, S. 35.

1504 Büsching, Der Park, S. 100; Latz, Rostrot, S. 7.

1505 Gerste, Tourismus, S. 180f.

Bedeutung einerseits und zeitgemäßer Nutzung andererseits kann die Duisburger Kulturpolitik phantasievoll definieren und den Zeitläuften immer wieder neu anpassen.[1506]

10.2 Kultur als Element der Stadtentwicklung: Der Duisburger Innenhafen

Mit Hilfe der Internationalen Bauausstellung Emscher Park hat der Duisburger Innenhafen eine Metamorphose vom einstigen „Brotkorb des Ruhrgebiets" zu einem Kultur-, Freizeit- und Dienstleistungsstandort durchlebt.[1507] Hier entstand ein „hochwertiges Stadtviertel mit viel urbaner Qualität".[1508]

Bis in die 1950er Jahre hinein war der Innenhafen der größte Getreideumschlagplatz in Westeuropa.[1509] Aufgrund veränderter wirtschaftlicher Rahmenbedingungen war er in den 1960er Jahren nicht mehr konkurrenzfähig. Die Getreidemühlen und Silos wurden stillgelegt. „Der Innenhafen, lange die Hauptschlagader der Stadt, verkam zu ihrem Hinterhof."[1510] Erste Vorstöße zur Umstrukturierung des Geländes gab es ab Mitte der 1980er Jahre. Im Zuge der Restaurierung der alten Duisburger Stadtmauer entstanden in Hafennähe neue Wohnquartiere. Das Kultur- und Stadthistorische Museum und das Stadtarchiv bezogen ehemalige Hafenspeichergebäude. Einen Entwicklungsplan für das gesamte Areal gab es aber nicht. 1988 klagte der Bund Deutscher Architekten, „Duisburg tue im Gegensatz zu Köln und Düsseldorf mit ihren illuster wiederbelebten Uferpromenaden nichts dergleichen".[1511] Ursprünglich hatte man im Rat und in der Verwaltung sogar angedacht, sämtliche Mühlen- und Speichergebäude abzureißen.

1989 wurde der Innenhafen ein Bestandteil der Internationalen Bauausstellung Emscher Park. Karl Ganser hatte den Anstoß gegeben, aus der Industriebrache ein „zukunftsweisendes Projekt einer gelungenen Innenstadtentwicklung zu machen".[1512] Der industriell genutzte Innenhafen sollte in einen „Kultur- und Dienstleistungsstandort" umfunktioniert werden.[1513] Die Verwirklichung dieser Vision wurde in Duisburg lang-

---

1506 Siebel, Walter (Hg.), Die europäische Stadt, Frankfurt/M. 2004, S. 49f.

1507 Fehr, Rolf, Die Umgestaltung des Innenhafens Duisburg, in: Brockhaus, Stadtbild, S. 111–114, S. 111.

1508 Laufer, Ulrike, Der Duisburger Innenhafen. Drei Meilen Kunst und Kultur, Köln 2006, S. 21.

1509 Ganser, Karl, 3652 Tage Innenhafen Duisburg, Duisburg 2003, S. 18.

1510 FAZ, 17.4.1999.

1511 Sack, Hoffnung, S. 184.

1512 GB 2003, 52.

1513 Jung, Interview Ganser, S. 17.

Abb. 14 Blick von der Schwanentorbrücke auf den Innenhafen um 1980

sam und erst nach langwierigen Debatten in Politik, Medien und Gesellschaft akzeptiert. Der Abschied von der Schwerindustrie fiel schwer. Der IBA-Direktor hat die harten Auseinandersetzungen in den politischen Gremien einmal Revue passieren lassen: „Duisburg hat jetzt verstanden [1998, d. Verf.], dass die Zukunft der Stadt im Dienstleistungsbereich liegt – wie in jeder anderen Stadt auf der Welt auch. [...] Mental wiegt in Duisburg der industrielle Arbeitsplatz noch zehnmal so viel wie ein Dienstleistungsarbeitsplatz. Für eine Gewerbeansiedlung mit zehn Stellen würde sich ganz Duisburg in Bewegung setzen, für eine Gastronomie mit zehn Arbeitsplätzen kein Mensch. Beispiel Innenhafen: Da gab es zum Schluss nur noch eine Handvoll gewerblicher Arbeitsplätze, aber das Argument war: Wenn man diese Betriebe verlagert, werden Arbeitsplätze höchster Qualität vernichtet! Und die Zukunftschance, dass dort drei- oder vierhundert Büroarbeitsplätze entstehen könnten [...] – die wurde nicht gesehen."[1514] Bis ins Jahr 2005 wurden am Innenhafen über 4.000 neue Arbeitsplätze geschaffen.[1515]

Für die Umwandlung des Innenhafengeländes in einen „postindustriellen multifunktionalen Dienstleistungspark"[1516] wurde ein internationaler Städtebauwettbe-

1514 Jung, Interview Ganser, S. 17.
1515 RP, 15.10.2005.
1516 FAZ, 17.4.1999.

werb ausgeschrieben. Als Preisträger ging der Architekt Norman Foster aus London hervor. Seinen Masterplan segnete der Rat der Stadt im September 1992 ab. Josef Krings: „Foster kannten wir gut. Nach seinen Plänen entstanden das Haus der Wirtschaftsförderung und das Technologiezentrum. Aus einer Besprechung über diese Bauten verschwand Norman Foster plötzlich und kehrte erst nach langer Zeit zurück. Er war durch den Innenhafen gelaufen, stundenlang, sprach mit Bewohnern, zeichnete, fotografierte und gewann den Wettbewerb. Nach seinen Plänen wird noch heute geplant und gebaut.“[1517]

Die ersten Entwürfe folgten noch ganz der Maxime des „Großinvestments“ bei Büroflächen.[1518] Unter dem Einfluss der Internationalen Bauausstellung entwickelte sich das Projekt zunehmend zu einem Labor „ganzheitlicher Stadtkultur“.[1519] Nach Gansers Vorstellungen sollte das Areal nicht zu einem bloßen Gewerbegebiet mit unansehnlichen Gebäuden degradiert werden: „Das Ruhrgebiet hat gerade in der Nachkriegszeit überhaupt keinen Wert auf ästhetische Qualität gelegt. Zur Jahrhundertwende war das noch ganz anders. In der Nachkriegszeit ist ungeheuer viel gebaut worden, aber ungeheuer viel Normales, Mittelmäßiges, Schlechtes.“[1520] Die Neubauten auf dem Hafengelände sollten durch das Gegenteil bestechen.

Die Zusammenarbeit der IBA mit dem britischen Star-Architekten erwies sich für Duisburg als Glücksfall. Schnell einigte man sich auf die Maxime: „Arbeiten, Wohnen, Kultur und Freizeit am Wasser“.[1521] Die rasche und konsequente Umsetzung dieser zentralen Konzeption übernahm 1993 die „Innenhafen Duisburg Entwicklungsgesellschaft m.b.H.“. Gesellschafter waren zu gleichen Teilen die Stadt Duisburg und das Land Nordrhein-Westfalen.[1522] Zunächst stellte das Land 42 Millionen DM für den Innenhafen zur Verfügung. Damit wurde die „Grundlage für ein Engagement internationaler privater Investoren“ geschaffen, so der NRW-Minister für Stadtentwicklung und Verkehr, Franz-Josef Kniola.[1523]

Laut Fosters Masterplan sollte das 89 Hektar große verödete Hafengebiet aus der isolierten Marginallage wieder an die Innenstadt herangeführt und revitalisiert werden. Für die Ausflugsschiffe der 1972 gegründeten Duisburger Hafengesellschaft entwarf der Architekt die neue Anlegestelle „Steiger Schwanentor“.[1524] Diese Anlage

1517 Krings, Verfall, S. 31.
1518 Ganser, Karl, Vermächtnis der Emscher Park Ausstellung, in: Brockhaus, Stadtbild, S. 101–104, S. 104.
1519 Ebd.
1520 Jung, Interview Ganser, S. 18.
1521 FAZ, 17.4.1999; Stadt Duisburg, Strukturwandel, S. 72.
1522 Fehr, Umgestaltung, S. 113.
1523 NRZ, 14.9.1993.
1524 Vgl. dazu Schulten, Susanne, Die Duisburger Hafenrundfahrtgesellschaft, in: DJB 2004, S. 152–160.

sollte einen adäquaten Abschluss der im Nirgendwo endenden Fußgängerzone bilden und diese zum Wasser hin verlängern.

Das Innenhafenbecken reicht durch Fosters Konstruktion einer künstlichen Grachtenlandschaft ebenfalls in die City hinein. An den Ufern dieser Grachten entstanden attraktive Wohnungen, Kindertagesstätten, ein Altenheim, großzügige Gärten und Büros. Zahlreiche Kleinbetriebe, vor allem aus der Gastronomiebranche, siedelten sich in dieser neourbanen Umgebung in Wasserlage an. Zu Recht ist das neu entstandene Quartier am Duisburger Innenhafen als eine „aus vergangenen Epochen wieder auferstandene Stadt" bezeichnet worden.[1525]

Rund um das Hafenbecken wurden Uferpromenaden angelegt. Die imposante historische Zeile alter Mühlen, Speicher- und Kontorhäuser wurde nicht abgerissen, sondern aufwendig restauriert. Heute dienen sie als Informations- und Veranstaltungszentren, Lofts, Restaurant- oder Bürogebäude. Hafentypische Anlagen aus der industriellen Vergangenheit wie Kräne, Schienenstränge, Verladestationen blieben als sichtbares Zeichen des alten Hafenbetriebes erhalten. Zusammen mit den historischen Gebäuden verleihen sie dem gesamten Areal ein besonderes Ambiente der Industriekultur. Diese Atmosphäre unterscheidet den Duisburger Innenhafen positiv vom Düsseldorfer Medienhafen oder der Hamburger Hafencity und macht ihn unverwechselbar.

In kultureller Hinsicht ist das „Museum Küppersmühle – Sammlung Grothe" die Hauptattraktion des Innenhafens. Die 1908 erbaute Küppersmühle[1526] sollte nach den Vorstellungen Norman Fosters eigentlich in eine „Kreativmühle" umgewandelt werden. Angedacht war eine Ansiedlung junger Unternehmen aus der Kultur-, Medien- und Werbebranche. „Interessenten zeigten sich aber nicht."[1527] Foster hatte seine Rechnung ohne die kulturpolitischen Sünden aus der Vergangenheit gemacht. Die umworbenen Firmen hatten Anfang der 1990er Jahre kein Interesse, sich in Duisburg anzusiedeln. „Zahlreiche Betriebe der Kultur- und Medienwirtschaft sind unmittelbar auf ein breites und intensives Kunst- und Kulturleben und ein entsprechendes kulturelles Milieu angewiesen, da sie in unmittelbaren Austauschbeziehungen stehen."[1528] Dieser Humus war in Duisburg nicht vorhanden, wie in den Kapiteln IV/5.1 und IV/8 deutlich gemacht wurde. Firmen aus der Kultur- und Medienbranche siedelten sich lieber in Oberhausen, Mülheim oder Essen an. Aus der Not heraus entstand also die Idee, das Baudenkmal einer musealen Nutzung zuzuführen. Die „Sammlung Grothe" fand Einzug in die ehemalige Getreidemühle.[1529]

1525 FAZ, 21.1.2004.
1526 Vgl. Becker, Thomas, Eine Mühle wird Museum, in: DJB 1999, S. 117–120.
1527 Ganser, 3652 Tage, S. 48; RP, 21.1.1993.
1528 Benkert, Zweiter Kulturwirtschaftsbericht, S. 221.
1529 Vgl. Lehmkuhl, Duisburg, S. 291ff; Franke, Tina, Wie Kunst einen Stadtteil verändert. Zu Besuch im Museum Küppersmühle, in: DJB 2009, S. 164–171.

Hans Grothe, gelernter Maurer, studierter Ingenieur, Architekt und Immobilienkaufmann, ist gebürtiger Duisburger. Seine Mutter war Näherin, sein Vater Hilfsarbeiter auf der Zeche Rheinpreußen in Duisburg. In seinem Elternhaus war Kunst ein Fremdwort, „es gab nicht mal 'n Hirsch an der Wand".[1530] Seine Sammelleidenschaft begann der erfolgreiche Geschäftsmann mit dem Ankauf einiger Expressionisten in den 1950er Jahren: „Ich glaubte, wenn ich die sammelte, wäre ich schon ein fortschrittlicher Architekt. Die Masse verstand ja gerade erst die Impressionisten." In den frühen 1970er Jahren traf Grothe auf Vertreter der neuen Avantgarde. Ihr Vorbild war Joseph Beuys, ihre „Akademie" der „Ratinger Hof". Dieser Szenetreff wider das „Establishment" in der Düsseldorfer Altstadt war ein Zentrum der Bohème. Hier trafen sich Künstler, Alternative, Studenten und Intellektuelle. Grothe, der sich zu einem sprichwörtlichen „Baulöwen" entwickelte, entdeckte instinktiv den Esprit der neuen, erst 20 Jahre später etablierten Kunstrichtung. Er verkaufte seine Expressionisten und beschränkte seine höchst spekulativen Käufe auf einige wenige ausgewählte Künstler. Sigmar Polke und Gerhard Richter, die es später zu Weltruhm brachten, gehörten von Anfang an dazu. „Was Ende der 70er Jahre in Deutschland passierte, war Weltkunst, das kriegen Sie nicht mehr wieder! [...] Da ich zwei Räume hatte, Polke und Richter, habe ich in dieser Art weitergemacht." Baselitz, Lüpertz, Kiefer, Beuys, Rückriem, Immendorf, Penck und viele mehr folgten.[1531] Es ist eine Ironie der Geschichte, dass Werke der Düsseldorfer „jungen Wilden" Jahrzehnte später in einem Museum im kulturell beschaulichen Duisburg hängen sollten.

Die Sammlung von Hans Grothe betreute über Jahre hinweg hauptsächlich das Bonner Kunstmuseum. Dort konnte sie wegen der begrenzten Raumkapazität zum Missvergnügen des Sammlers jedoch nie vollständig gezeigt werden. Grothe suchte deshalb eine dauerhafte Unterkunft für seine Kollektion. Expansionspläne- bzw. Museumsneubauten in den Städten Bremerhaven und Bonn zerschlugen sich. Viele andere Städte, darunter Berlin, Düsseldorf und Mönchengladbach, bemühten sich um die Sammlung.[1532]

In Duisburg glückten die Verhandlungen. Die Stadt wiederholte nicht die Fehler, die im Fall Buchheim begangen wurden. Oberstadtdirektor Norbert Giersch agierte geschickt im Hintergrund und ging erst an die Öffentlichkeit, nachdem ein für beide Seiten befriedigender und rechtsgültiger Vertrag abgeschlossen war. Oberbürgermeister Krings würdigte ausdrücklich Gierschs „diskrete Behandlung" der Angelegenheit und beglückwünschte ihn im Kulturausschuss zu seinem positiven Ergebnis.[1533] Auch Grothe selbst fand anerkennende Worte: „Ich habe mich lange bemüht, einen guten

1530 Dies und das Folgende nach Sager, Begegnungen, S. 107 und S. 111f.
1531 Smerling, Walter (Hg.), Museum Küppersmühle. Sammlung Grothe, Köln 1999.
1532 KAP 17.1.1997.
1533 Ebd.

Standort zu finden. Dabei hatte ich immer wieder Verhandlungspartner – auch bei den Städten –, die sich nie mit Kunst beschäftigt haben, sondern nur einige Namen kannten. Sie hatten lediglich gehört, dass da eine Sammlung ist, und fragten immer wieder, wie viel Geld sie denn wert sei. Das zeigte mir, dass sie den Wert der Kunst selbst gar nicht einschätzen konnten. Bei den Vertretern des Innenhafens habe ich bemerkt, dass sie in die Materie viel tiefer involviert waren. Sie haben mir einen Standort und ein Gebäude gezeigt, das nicht protzig ist. Ich habe mit Künstlern gesprochen, die in meiner Sammlung vertreten sind, mit Baselitz, Polke, Immendorf, Lüpertz. Sie hatten den Weg in Kauf genommen, um sich die Küppersmühle anzusehen, und waren begeistert."[1534]

Grothe durfte das Stararchitektengespann Herzog & de Meuron aus Basel selbst auswählen. Pierre de Meuron und Jacques Herzog kannten seine Exponate und „gingen in ihrem Konzept von der Sammlung aus".[1535] Um die Kunsterzeugnisse in ihren überdimensionalen Großformaten voll zur Geltung kommen zu lassen, ließ das Architektengespann das gesamte Gebäude entkernen und die Anzahl der Stockwerke von sechs auf drei reduzieren. Es entstanden weitflächige Räume mit einer Deckenhöhe von über sechs Metern. „Herzog & de Meuron huldigen der Schönheit der Askese und erweisen sich als Meister des Minimalismus."[1536]

Die Vertragspartner einigten sich darauf, dass die Hälfte der Küppersmühle, etwa 5.000 qm², dem Kunstmuseum zur Verfügung stehen sollte. Die andere Hälfte war für eine gewerbliche Nutzung vorgesehen. Über einen Zeitraum von dreißig Jahren überließ Grothe dem Museum unentgeltlich etwa 120 Werke aus seiner Sammlung, die der Direktor des Wilhelm-Lehmbruck-Museums auswählte. Den Umbau der verfallenen Getreidemühle finanzierte die städtische Baugesellschaft GEBAG unter tatkräftiger Mithilfe des Landes NRW. Hans Grothe kam im Gegenzug für die Betriebskosten des Museums auf.

Die Eheleute Ströher, die nach einem milliardenschweren Erbe durch die Firma Wella über ausreichende Geldmittel verfügte, kaufte Grothe die Sammlung im Juli 2005 ab. Das Paar trat „in alle vertraglichen Rechte und Pflichten ein"[1537], die zwischen Hans Grothe und dem Duisburger Museum bestanden.[1538] Eine spektakuläre Erweiterung des Museums durch einen „schwebenden" Kubus, der auf das Museumsdach gesetzt werden sollte, scheiterte aufgrund mangelhafter Schweißarbeiten

1534 Zit. nach Ganser, 3652 Tage, S. 129.
1535 Krings, Verfall, S. 122.
1536 FAZ, 17.4.1999. Über die Architektur vgl. Pannenbecker, Max, Küppersmühle, Duisburg Innenhafen. Ein Denkmal wird Museum und mehr, in: Thema Wirtschaft 4/1999, S. 20–25.
1537 Die Welt, 28.7.2005.
1538 Vgl. NRZ, 28.7.2005.

kläglich.[1539] Fast 40 Millionen EUR wurden dafür vergeblich investiert. Dieser skandalöse Schaden führte die städtische Gesellschaft GEBAG in gewaltige Turbulenzen.[1540]

Eine weitere Sehenswürdigkeit auf dem Hafengelände ist das jüdische Gemeindezentrum, das 1999 eingeweiht wurde und auch als Kulturzentrum genutzt wird.[1541] Die Synagoge errichtete der israelische Architekt Zvi Hecker. Das Land NRW, die Stadt Duisburg und die jüdische Gemeinde teilten sich die Kosten paritätisch.[1542] Die bizarre Architektur präsentierte sich als aufgeschlagenes Buch. Fünf seitlich angeordnete Grundmauern sollen an die fünf Bücher Mose erinnern.

Umgeben ist das jüdische Gemeindezentrum von einer außergewöhnlichen Parkanlage. Diese wurde nach den Plänen des israelischen Bildhauers und „urban art"-Künstlers Dani Karavan entwickelt.[1543] Sein „Garten der Erinnerungen" fügt sich zwischen Hafenbecken und Synagoge ein. Karavan durfte ein dicht bebautes großes Feld von 300 x 150 Metern Ausdehnung zu einem offenen, durchlichteten Park umgestalten. Auf diesem Gelände standen zuvor unansehnliche Büro- und Hallengebäude aus der Nachkriegszeit. Karavan erläuterte sein Konzept des „Wandels ohne Wachstum": „Es ist richtig, dass die Gebäude im Großen und Ganzen keinen besonderen architektonischen Wert haben, aber sie sind von einer gewissen Schönheit und enthalten architektonische Elemente wie Säulen, Wände, Eingänge, Türen und Treppen, die, wenn freigelegt und von dem Komplex getrennt und so von dem praktischen Zweck abgegrenzt, eine neue Bedeutung und emotionsgeladene, plastische und ästhetische Werte gewinnen. Einige der Gebäude werden mit der Zeit in die Vegetation miteinbezogen werden. Auf und in anderen Gebäuden werden Bäume gepflanzt. [...] Sollte es uns wirklich gelingen, die Gebäudeteile zu erhalten [...], würde hier ein Beispiel von potentiellen Möglichkeiten eines nichtfunktionellen Industriegebietes, welches in eine öffentliche Anlage für kulturelle Geschehnisse verwandelt wurde, entstehen."[1544]

Durch den Erhalt skelettartiger Teile der verfallenen Bauwerke entstanden begehbare Skulpturen. Das Gesteinsmaterial der abgerissenen Gebäude wurde für die Mosaike in den Wegen des Gartens wiederverwertet. Ästhetisch ansprechende Betonpfeiler oder Dachkonstruktionen blieben erhalten, der Rest wurde entfernt. An Stelle

1539 Herzog & De Meuron, Erweiterung MKM. Museum Küppersmühle Duisburg. Machbarkeitsstudie, o. O, o. S. 2006; WAZ, 14.9.2011.

1540 WAZ, 28.6.2013.

1541 Ganser, 3652 Tage, S. 42.

1542 GB 1998, S. 55.

1543 Ganser, 3652 Tage, S. 40.

1544 Brockhaus, Christoph, Dani Karavans „Garten der Erinnerungen", in: ders., Stadtbild, S. 122–128, S. 122.

der ehemaligen Gebäudegrundrisse zog Karavan weiße Betonlinien, die den Garten in Parzellen einteilen. Der Künstler pflanzte in diese Parzellen unterschiedlichste Baum- und Pflanzensorten, um an die alte Funktion des Hafens als Getreideumschlagplatz zu erinnern. Eine Industriewaage aus einer abgerissenen Fabrikhalle wurde an Ort und Stelle belassen. Sie soll den Bürgern und Politikern das „Abwägen" zwischen der industriellen Vergangenheit und der Zukunft der Stadt ermöglichen bzw. versinnbildlichen. Der „Garten der Erinnerung" wurde treffend als „soziale Umweltskulptur" bezeichnet.[1545] Durch eine Illumination des Lichtkünstlers Uwe Belzner kommt die Anlage bei Dunkelheit besonders wirkungsvoll zur Geltung.

Karavan schuf aus den verfallenen Bauten ein neuartiges Gesamtkunstwerk. Bei den „Duisburger Akzenten" wurde es häufig als Veranstaltungsforum genutzt, so wie es sich Karl Ganser gewünscht hatte: „Für die kulturellen Spielstätten in Duisburg ist der Park eine Bühne, besser gesagt eine Bühnenlandschaft, mit völlig anderen Möglichkeiten als in den etablierten Häusern. [...] So wurde der Park zu Archiv und Bühne der Stadt. Schauspieler, Tänzer und Musiker können mit immer wieder anderen Räumen und Bühnen inszenieren."[1546]

Das kulturelle Profil im „Garten der Erinnerungen" konnte durch eine „Schaufenster-Galerie" zusätzlich gestärkt werden.[1547] In dieser ehemaligen Lkw-Halle durften zeitgenössische Künstler ihre Arbeiten jeweils drei Monate der Öffentlichkeit vorstellen. Diese Galerie, die auch für Konzerte und andere Kulturveranstaltungen zur Verfügung gestellt wurde, betrieben von 1999 bis 2011 die Mäzene Dirk Krämer und Klaus Maas. Sie eröffneten mit ihrer Stiftung 2009 das private Kunstmuseum DKM in der Nähe des Hauptbahnhofs. Es verfügt über mehr als 50 Ausstellungsräume. Auf 2.700 m² können die Besucher erkunden, welche Schätze das Paar in über 40 Jahren aus unterschiedlichen Epochen und Regionen zusammengetragen hat.[1548]

Nur ein paar Meter neben Dani Karavans Gesamtkunstwerk steht der ehemalige „Wehrhahnspeicher", der 1896 erbaut wurde. Hier fand auf drei Ebenen das „Kindermuseum Atlantis" sein großzügiges Domizil. Es war das größte seiner Art in Deutschland. Die Initiative für das Kindermuseum ging aus einem Modellversuch der „Zeche Carl" in Essen hervor.[1549] Die Stadt stellte das Gebäude zur Verfügung. Die Renovierung konnte durch Landes- und EU-Mittel aus Städtebauförderungsprogrammen finanziert werden. Das Konzept des Museums lautete „Learning by doing". Die jungen Besucher sollten auf einem Lernparcours den Erlebnisraum „Stadt" und verschiedene techni-

1545 Brockhaus, Christoph, Garten der Erinnerung 1997–1999, in: Leinz, StadtKunstFührer, S. 125–133, S. 125.
1546 Ganser, 3652 Tage, S. 41.
1547 Baare, Heike, Auszeichnung für Museum DKM, in: DJB 2014, S. 168–175, S. 170.
1548 Die Zeit, 11.2.2010.
1549 FAZ, 21.1.2004.

sche Zusammenhänge selbständig und mit ihren visuellen, auditiven und haptischen Sinnen entdecken.[1550] Die Besucherzahlen blieben indessen unter den Erwartungen, sodass „Atlantis“ 2006 Insolvenz anmelden musste.

Die gemeinnützige Stiftung „Lebendige Stadt“ verlieh Duisburg für die Umgestaltung und Umnutzung des Innenhafens 2002 den Hauptpreis. Insgesamt hatten sich 136 internationale Teilnehmer an dem ausgeschriebenen Wettbewerb „Weiterentwicklung von industriell geprägten Stadtquartieren und Brachen“ beteiligt. Der Innenhafen überzeugte die Jury als „Lebendige Stadt am Wasser“: „Das ehemals industriell geprägte Areal mit seiner Größe von ca. 60 Hektar ist beispielgebend zu einem vitalen Stadtquartier mit Wohnen, Dienstleistung, Freizeit und Kultur weiterentwickelt worden. Der neue Innenhafen ist damit eine Erweiterung der Duisburger Innenstadt in den Hafen hinein und sorgt für eine neue Positionierung der stark von der Montanindustrie geprägten Stadt.“[1551]

Im Geschäftsbericht des Jahres 2001 warb die Stadt mit den Worten: „Joggen, Flanieren, auf einen Sprung ins Museum gehen oder auf einen Happen ins Restaurant, ein kühles Getränk am Ufer genießen oder die grüne Ruhe eines Parks, den Schiffen zusehen oder die imposante Kulisse alter Industrie-Architektur erkunden – das ermöglicht der Duisburger Innenhafen, und zwar mitten im Herz der Stadt.“[1552] Diese Werbezeilen konnten die meisten Duisburger unterschreiben. In einer Umfrage, welche Einrichtungen im Freizeit-, Bildungs- und Kulturbereich die Bürger im Jahr 2004 häufiger als ein- oder zweimal besucht haben, rangierte der Innenhafen Duisburg auf dem ersten Platz.[1553]

Alexander Mitscherlichs Mahnung aus seinem berühmten Buch „Die Unwirtlichkeit unserer Städte“ wurde von den Gestaltern des Duisburger Innenhafens weitestgehend beachtet: „Die gestaltete Stadt kann ‚Heimat werden‘. Die bloß agglomerierte nicht, denn Heimat verlangt Markierungen der Identität eines Ortes.“[1554]

1550 Vgl. Godau, Sigrid, Im Duisburger Kindermuseum ist spielerisches Lernen Trumpf, in: Standorte. Jahrbuch Ruhrgebiet 2003/04, S. 434–439.

1551 GB 2002, S. 53.

1552 GB 2001, S. 46.

1553 Stadt Duisburg, Amt für Statistik, Stadtforschung und Europaangelegenheiten (Hg.), Ergebnisse der Duisburger Bürgerumfrage 2004, S. 18.

1554 Mitscherlich, Unwirtlichkeit, S. 15.

Fazit

Der Schriftsteller und Publizist Erik Reger (1893–1954) mahnte die Fehlentwicklungen im Bereich der öffentlichen Kultur im Ruhrgebiet schon in den letzten Jahren der Weimarer Republik an. Seine scharfzüngigen und treffsicheren Analysen haben kaum etwas von ihrer Bedeutung verloren. Kulturpolitik im Ruhrgebiet werde Reger zufolge von einer kleinen Gruppe „schöngeistiger Herren und Damen" betrieben, die „aus persönlichem Geltungsbedürfnis" im fieberhaften Bemühen um Großstadtqualitäten den längst verblichenen Moden der Metropolen nachjagen – immer zu spät kommend und immer von den wahren Bedürfnissen und Möglichkeiten des Ruhrgebiets abgewandt.[1555] Seine damaligen Beobachtungen werden in dieses Fazit miteinbezogen. Darüber hinaus wird das in der Forschung anerkannte Modell von Gerhard Schulze zur Kategorisierung und Periodisierung unterschiedlicher kulturpolitischer Phasen in der BRD herangezogen.[1556]

Die Duisburger Kulturpolitik unterscheidet sich im Großen und Ganzen nicht von der in anderen deutschen Städten. Nach 1945 dominierte in Deutschland laut Schulze das „Hochkulturmotiv". In den Kommunen wurde das „kulturelle Erbe des Abendlandes" gepflegt. Um dies zu gewährleisten, erfolgte der Aufbau von Theater-, Konzerthäusern und Museen relativ rasch. Nach dem Zweiten Weltkrieg und der Schreckensherrschaft der Nationalsozialisten lautete in Duisburg wie in fast jeder westdeutschen Stadt die kulturpolitische Devise: „Keine Experimente!" Es wäre vermessen, von einer „Stunde Null" im Kulturbereich zu sprechen, da einige belastete Personen ihre Führungsfunktionen weiter ausüben konnten und sich die Duisburger Kulturpolitik im Wesentlichen auf die Wiederherstellung der einzelnen Institutionen beschränkte. Die Kulturpolitik wurde allen öffentlichen Bekundungen zum Trotz weiterhin vor allem für die Bürger der Stadt, nicht für die Arbeiter gestaltet. Die gezielte Förderung der Bibliotheken und der Volkshochschule, die Wiedererrichtung des Theaters und der Museen trifft exakt die Zielvorgaben und Maßstäbe, die der Deutsche Städtetag in seinem kulturpolitischen Richtlinienpapier 1952 vorgegeben

1555 Reger, Erik, Kulturpolitik an der Ruhr, in: Revier-Kultur 1/1986, S. 84–91, S. 86.
1556 Vgl. Schulze, Gerhard, Die Erlebnisgesellschaft. Kultursoziologie der Gegenwart, Frankfurt/M. ²2005, S. 531ff. Er hat die kulturpolitischen Phasen in Deutschland in „Hochkulturmotiv", „Demokratisierungsmotiv", „Soziokulturmotiv" und „Ökonomiemotiv" schematisch periodisiert und typologisiert, siehe dazu Fuchs, Kulturpolitik, S. 35.

hatte. Garant für die penible Umsetzung dieser Positionen in Duisburg war August Seeling, der das Kulturleben der Stadt bis 1969 maßgeblich bestimmte. Kraft seiner Autorität als langjähriger „Kulturoberbürgermeister" (Heinz Kühn) und Vorsitzender des Kulturausschusses des Deutschen Städtetags übte er wie im Fall der Deutschen Oper am Rhein eine nicht immer glückliche Dominanz aus. Bei aller Würdigung der idealistischen Motive drückt sich in seinen zitierten Reden häufig ein engmaschiges bildungsbürgerliches Kulturverständnis aus. Damit lag Seeling auf der Höhe der Zeit. Laut Gerhard Schulze ging es den Förderern des „Hochkulturmotivs" darum, die ästhetische Kompetenz in der Bevölkerung auszubilden. Die besondere soziale Struktur der Bevölkerung mit einem außergewöhnlich hohen Arbeiteranteil wurde in der Duisburger Kulturpolitik mit Ausnahme der zunächst stark geförderten Bibliotheken kaum beachtet. Nach dem Krieg ging es den führenden Kulturpolitikern vornehmlich darum, die Arbeiterschaft an die klassische Kultur und ihre Werte heranzuführen. Sinnfällig kam dies in der Theaterfrage zum Ausdruck. So wurde nicht Erwin Piscator für das Theater engagiert, sondern das seit 1887 traditionell mit Duisburg verbundene und für seinen Konservatismus berühmte, bürgerlich orientierte Düsseldorfer Schauspielhaus.[1557] Die Entscheidungen zum Bau des Lehmbruck-Museums und der Mercatorhalle gründeten ebenfalls in der Beschwörung der kulturellen Vergangenheit. Diese Bauten sollten überwiegend repräsentative Zwecke erfüllen und beweisen, dass Duisburg mehr sei als eine kultur-, geschichts- und gesichtslose „Stadt Montan". Wie gezeigt wurde, stand die Duisburger Kulturpolitik der Nachkriegszeit im Einklang mit der bundesdeutschen Entwicklung auf diesem Gebiet.

Ab Mitte der 1960er Jahre veränderten sich die Rahmenbedingen der Kulturpolitik in Duisburg, ihre Ausrichtung hingegen kaum. Auf das Hochkulturmotiv war nach Schulze das „Demokratisierungsmotiv" in Deutschland gefolgt. Kultur sollte nicht mehr nur für das klassische Bildungsbürgertum, sondern auch für andere gesellschaftliche Gruppen wie Migranten, Kinder und Jugendliche, Senioren oder Menschen mit Handicap relevant sein. „Kultur für alle!" oder „Bürgerrecht Kultur"[1558] lauteten die neuen Credos. In der proletarisch geprägten Industriestadt Duisburg wurden nach den gesellschaftlichen Veränderungen in den 1960er und 1970er Jahren weiterhin mehr als in anderen Kommunen vor allem bürgerliche Kulturtraditionen gefördert. Zwar gab es mit den „Duisburger Akzenten" und der „IKiBu" vielversprechende Ansätze, aber eine „Neue Kulturpolitik" wurde nicht eingeleitet. Der vermeintlich elitäre Kulturbegriff, dessen Unantastbarkeit eine jüngere Generation von SPD-Kulturdezernenten gerade im Ruhrgebiet Anfang der 1970er Jahre in Frage stellte, blieb in Duisburg bestimmend. Unangefochten fand er seine politische Bestä-

1557 Vgl. Schwab-Felisch, Schauspielhaus, S. 21ff.
1558 Glaser, Hermann, Bürgerrecht Kultur, Frankfurt/M. und Wien 1983.

tigung und Fortsetzung in der „Hochkulturpolitik“ unter Konrad Schilling. Diese im Vergleich zu anderen deutschen Städten (zu) lange Phase kann als eine Duisburger Besonderheit angesehen werden. Sie behinderte die Ausprägung des „Soziokulturmotivs“, das im Bereich der Kultur der BRD seit den 1960er Jahren große Verbreitung fand. Laut Schulze hatte es sich in bewusster Abgrenzung zur „Hochkulturpolitik“ herausgebildet. Hierbei stand nicht mehr die ästhetische Bildung des Menschen, der sich passiv der Rezeption hoher Kunst widmen sollte, im Vordergrund. Beim „Soziokulturmotiv“ rückte vielmehr die Förderung von Kommunikationsräumen, in dem sich das kulturkritische Individuum künstlerisch möglichst selbst verwirklichen sollte, in den Fokus. Diese Bestrebungen konnten sich in Duisburg langfristig nicht entfalten. Stattdessen kam das von Schulze beschriebene „Ökonomiemotiv“ früh zur Geltung, das Kultur als wirtschaftlichen Standortfaktor sieht, mit dem zahlungskräftige Bürger und Unternehmen angelockt werden sollen.

Nach der kommunalen Neugliederung 1975 und dem verschärften Konkurrenzdruck in der Ballungsregion Ruhr versuchte Duisburg, das eigene kulturelle Profil durch Festivals zu stärken. Die Kulturpolitik wollte den notwendig gewordenen wirtschaftlichen Strukturwandel mittels Imageverbesserung vorantreiben. Der Niedergang der Montanindustrie und die negative Entwicklung des städtischen Haushalts leiteten eine Intensivierung dieser Bemühungen ein.

Seit der grundsätzlichen Richtungsentscheidung in der Opern- oder Schauspielfrage 1958 hatte sich der Rat der Stadt, der im Betrachtungszeitraum durchgehend von der Sozialdemokratie dominiert wurde, in der Kulturpolitik auffallend zurückgehalten. Dies deutet auf Unkenntnis, Desinteresse und eine völlige Unterschätzung der Bedeutung des Kultursektors für eine Stadt hin. Neben den Oberbürgermeistern bestimmte die Kulturverwaltung die Richtlinien. Der Kulturausschuss fungierte lediglich als beratendes Organ und griff nur selten in das Geschehen ein. Konstruktiv-kritische Stimmen, etwa seitens der „Grünen“ oder einzelner Medien, wurden meist ignoriert.

Der kulturelle Ehrgeiz der Industrie- und Arbeiterstadt, die nach dem Zerfall der Montanindustrie latent vorhandene Unterlegenheitsgefühle durch eine repräsentative „Hochkulturpolitik“ kompensieren wollte, erwies sich im Falle Lothar-Günther Buchheims als Bumerang. Für große kulturelle Neuerungen oder künstlerische Wagnisse fehlte die nötige Souveränität, die in echten Metropolen häufiger zu finden ist. Nonkonformistische Künstler wurden nicht oder in nur geringem Umfang direkt gefördert. Erst nachdem sie allgemein etabliert waren, traute man sich wie im Fall der Sammlung Grothe, ihre Werke in Museen zu präsentieren. Um dies zu ändern, fehlte es teilweise auch an publizistischer Energie in den örtlichen Zeitungen. Die „Hofberichterstattung“, die noch im Fall des Buchheim-Skandals zu erkennen war, wurde erst Ende der 1980er Jahre von der Lokalpresse aufgegeben. Dazu Erik Reger im Jahr 1929: „All diese Gemütlichkeit, all dieser Traum vom fröhlichen Marsch des ewig Gestrigen findet einen erschreckenden Niederschlag in der lokalen Presse. Der Durchschnitt dieser Zeitungen steht unter dem Niveau, das sonst [...] üblich ist. [...] Niemand formuliert einen Standpunkt, niemand scheint überhaupt einen Standpunkt zu haben. Dieser völlige Mangel an publizistischen Energien bestimmt natürlich wesentlich das Maß der geistigen Sterilität, die jeden Wagemut zu unterdrücken trachtet, die sich ständig über Benachteiligung und Verkennung durch das übrige Reich beschwert, zugleich aber mit einem durch nichts motivierten Hochmut auftritt und doch nichts eigenes hervorbringt, sondern Muster kopiert."[1559]

„Die Stadt Duisburg leidet an einem merkwürdigen Trauma, an dem Trauma ‚Ruhrpott'", dieser Satz von Lothar-Günther Buchheim ist als Schlüsselsatz dieser Arbeit zu verstehen.[1560] Vertreter des Kommunalverbands Ruhrgebiet betrachteten schon 1969 Abgrenzungsversuche der Städte, die sich „vom Ruhrgebiet freikaufen wollen", als sinnlos.[1561] Der Oberstadtdirektor hat dieses vergebliche Unterfangen in dem programmatischen Entwicklungskonzept „Duisburg 2000" selbst eingestanden.[1562] Der Versuch, die kulturelle Zugehörigkeit zu den Städten der Rheinschiene zu betonen und das Ruhrgebiet zu negieren, wirkte unglaubwürdig und hatte im Bereich des Theaters besonders negative Folgen. Neue Entwicklungen im Theaterwesen in der jüngeren Vergangenheit wurden durch eine regelrechte Düsseldorf-Fixierung wenig beachtet. Viel zu lange behielt es seine überkommene Funktion als „moralische Anstalt". Erik Reger: „Das Theater kann an der Ruhr nicht als selbständiges Moment, nicht als ästhetisches Ereignis gewertet werden. Aufführungen, die wie Kostümbälle wirken [...], sind Kennzeichen des toten Gesellschaftstheaters. Es gibt an der Ruhr keine elegante Gesellschaft, die bloß darauf brennt, in lichtüberströmten Sälen unterhalten zu werden. Es gibt Arbeiter an der Ruhr. Es gibt die Sachlichkeit der industriellen Welt. Es gibt Tempo und Rhythmus ihrer motorischen Energie."[1563]

Die gesellschaftliche Wirklichkeit und die nachweislich vorhandenen kulturellen Bedürfnisse der Stadtbevölkerung wurden im Duisburger Filialtheater jahrzehntelang ausgeklammert. Das Experiment der Gründung des „Studio M" blieb die Ausnahme und scheiterte an einem überambitionierten Programm. Das weitaus höhere Potenzi-

1559 Reger, Kulturpolitik, S. 86; vgl. die Einschätzung des langjährigen Direktors des Lehmbruck-Museums, Christoph Brockhaus: „Und die lokale Presse hat, eher wohlwollend als kritisch und über alle Jahrzehnte hinweg, stets ausführlich über das genuine Duisburger Kunstleben der Moderne berichtet.", zit. nach ders., Seit Lehmbruck, S. 4.

1560 Buchheim, Museum, S. 67.

1561 Vgl. Springorum, Dietrich, „Lasst uns den Kohlenpott umfunktionieren", in: Revier-Kultur 2/1986, S. 85–96.

1562 Siehe Kapitel IV/4.2.

1563 Zit. nach Uecker, Matthias, Zwischen Industrieprovinz und Großstadthoffnung. Kulturpolitik im Ruhrgebiet der zwanziger Jahre, Wiesbaden 1994, S. 231.

al, das in einer Zusammenarbeit mit den Regisseuren Erwin Piscator und Ulrich Greb lag, wurde nicht ausgeschöpft. Gerard Mortier, der erste Intendant der Ruhrtriennale, stellte fest: „Dieses Publikum im Ruhrgebiet [...] ist ein aufgeschlossenes Publikum, das sich nicht [...] dem Unbekannten verschließt, das Emotionsstärke hat, natürliche Wahrnehmungsfähigkeit und eine große Engagiertheit [...] Was die sonstigen Akteure betrifft: Ich habe leider erkennen müssen, dass dieses blühende, trotz seiner Probleme reiche Land von einer gewissen wirtschaftlichen Elite [...] moralisch heruntergewirtschaftet ist. Diese Leute erscheinen mir in ihrer Haltung wie Louis XVI., der am Tag der Erstürmung der Bastille in sein Tagebuch eingetragen hat: ‚Rien'. Das meint: ein Nichtwahrnehmen der Tatsache, dass auch diese Region sich in einer Phase von wirtschaftlicher, sozialer und kultureller Neu-Strukturierung befindet. Möglichkeiten für die Region werden ignoriert und Änderungen geistig nicht verarbeitet. [...] Die Kapazitäten des Ruhrgebiets sind überhaupt nicht ausgeschöpft. Gerade aus seiner Zerrissenheit und seinem Unorganischen – mit Städten, die um Industriemoloche gewachsen sind –, kann die allergrößte Kreativität entstehen."[1564]

Der Erfolg der „Hochkulturpolitik" blieb langfristig aufgrund fehlender Glaubwürdigkeit und Nachhaltigkeit, etwa beim Orchester, aus. Da sich die Haushaltslage der Stadt weiter verschlechterte, musste der Etat im Kultur- und Bildungsbereich beschnitten werden. Zur gleichen Zeit sollten Imagekampagnen mit Stardirigenten, Großveranstaltungen oder das Prestigevorhaben „Les Misérables" die massive Abwanderung der Bevölkerung bzw. den „Exodus der Stadt" stoppen.[1565] Neue Bewohner und Unternehmen sollten durch diese Leuchtturmprojekte angelockt werden, während die Infrastruktur mit einer Kahlschlagpolitik bei den Bibliotheken, der Volkshochschule und im Bereich der Soziokultur ausgedünnt wurde. Die Kürzungen und Einschnitte im Kulturhaushalt mussten häufig durch strenge Vorgaben der Finanzaufsicht, der Bezirksregierung in Düsseldorf, vorgenommen werden. Die unbeirrte Durchsetzung der „Hochkulturpolitik", die zunehmend dem „Ökonomiemotiv" folgte, lag jedoch im Verantwortungsbereich der Stadt. Das einseitige Schielen auf Großunternehmen wirkte sich auf das Kulturleben, die wirtschaftliche Entwicklung und die Lebensqualität in Duisburg negativ aus. Dieter Sauberzweig, von 1981 bis 1991 Leiter des Instituts für Urbanistik, sah als Gradmesser für die Urbanität einer Stadt, inwieweit die Kultur im städtischen Leben allgegenwärtig sei.[1566] Wie unter anderem am Beispiel der am Abend verwaisten Innenstadt gezeigt wurde, litt Duisburg unter mangelnder Urbanität. Die Kulturpolitik mit ihren gesetzten Ausgaben und Einsparungen konnte weder die Verschuldung der Stadt, die seit 1985 dramatisch hohe Arbeitslosigkeit

1564 Schmitt, Ruhrtriennale, S. 96.
1565 RP, 5.7.2001; NRZ, 5.7.2001.
1566 Zit. nach Schildt / Siegfried, Kulturgeschichte, S. 343.

noch die extreme Abwanderung oder Überalterung der einkommensstarken Schichten aufhalten.[1567] Zuschüsse an die freien Kulturschaffenden blieben minimal und wurden je nach Haushaltslage vergeben oder gekürzt. Ein langfristiges Konzept war nicht erkennbar. Vor dem Hintergrund der geschilderten Entwicklungslinien klingen die Worte Erik Regers beinahe prophetisch: „[...] die Kultur wird, wie ehedem die Fabriken, Häuser und Menschen, wahllos hineingestopft. Die Städte strengen sich an, geben für Kultur und Kultur-Reklame mehr Geld aus, als sie angesichts der sozialen Lage verantworten können, und es kommt nichts dabei heraus. [...] Ein groß aufgezogener artistischer Apparat läuft leer. Er ist unrentabel, weil er unproduktiv ist. [...] Die offiziellen Stellen sehen in der Industriebevölkerung die kulturlose Masse, nicht aber die ungeheuren Möglichkeiten, die ihre Unbelastetheit mit irgendwelchen Vorurteilen bietet. Sie machen sich daran, sie mit dem überlieferten Bildungspensum zu überfüllen. Sie bringen ihr Respekt bei, also eine passive Leidenschaft. Sie schläfern sie mit erhobenem Zeigefinger vollends ein, statt sie durch aktuelle Auseinandersetzungen aus der Teilnahmslosigkeit aufzuschrecken."[1568]

So wurden Arbeiter in Kneipen mit Texten von Goethe und Schiller aus der Weimarer Klassik konfrontiert, die mit ihrer Lebenswelt wenig zu tun hatten. Festivals, Förderprogramme oder neuartige Veranstaltungsformate, die Personen aus dem Arbeitermilieu ermuntert hätten, selbst künstlerisch tätig zu sein, wurden nicht initiiert.

Die Folgen einer kulturpolitischen Vernachlässigung der Jugend und der freien Szene beschrieb Reger ebenfalls sehr treffend: „Dieses Beharren auf dem romantischen Bildungsideal zeitigt nur das Ergebnis, dass die Massen renitent und zugleich ganz unzugänglich werden. [...] Es ist nicht damit getan, wenn man zu den vielen Konzertsälen, Theatern und Museen, die es in Deutschland gibt, neue hinzufügt. Meist ist die Zeit schon über die Vorbilder hinweggegangen, wenn man an der Ruhr die Nachahmungen begründet. Alle diese Institutionen stehen auf einer Insel, fern vom Leben; sie fungieren als ‚Sehenswürdigkeiten' in den Werbeprospekten der Verkehrsvereine, aber die Menschen, deren man sich versichern müsste [...], klar sehende, entschlossene Jugend, Angestellte, Arbeiter gehen daran vorbei und fragen sich, was das alles zu bedeuten habe. Es ist unmöglich, dass es in ihr Bewusstsein dringt, es gehört nicht zu ihnen, es widerspricht ihrem Lebensgefühl. Nur ein begrenzter, in sich abgeschlossener Kreis identifiziert sich mit diesem Kulturmarsch der Stadtverwaltungen, der also ein Auf-der-Stelle-Treten ist." Das Grundproblem der Duisburger Kulturpolitik, das Beobachter wie Buchheim oder Ganser benannten, hatte schon Erik Reger Jahrzehnte zuvor schlüssig analysiert: „Man sieht nicht besser aus, wenn man sein wahres Wesen

1567 GB 2000, S. 62f.; NRZ, 5.7.2001.
1568 Dies und das Folgende nach Reger, Kulturpolitik, S. 87.

hinter den verbindlichen Allüren einer gesellschaftlichen Repräsentation versteckt, von denen jeder weiß, dass sie anderswo hergeholt sind –: weil es an der Ruhr diese Gesellschaft einfach nicht gibt."[1569]

Wie die „schallende Wahl-Ohrfeige für die SPD durch die jugendlichen Urnengänger"[1570] und der Auszug der freien Künstler aus Duisburg gezeigt haben, wurden bestimmte gesellschaftliche Gruppen tatsächlich „renitent" und „ganz unzugänglich". Die Akzeptanz für eine unabhängige und kritische Jugendkultur fehlte, dies war einmalig in Deutschland. Es gab zu lange keine Förderung, keine Spielräume, keine Entfaltungsmöglichkeiten für die freien Künstler. Wie produktiv solch eine Förderung sein kann, zeigen die erwähnten Beispiele in den Nachbarstädten Oberhausen oder Essen. Es ging in Duisburg weniger um die Förderung einer freien, umfassenden und lebendigen Stadtkultur als um eine unter städtischer Regie geführte Kultur.

Ohne die „Internationale Bauausstellung Emscher Park" würde das Gesamturteil über die Kulturpolitik in der Industrie- und Arbeiterstadt Duisburg wenig schmeichelhaft ausfallen. Dass Kulturpolitik sich an repräsentativen Zwecken orientieren muss, ist verständlich. Aber dass über einen Zeitraum von 60 Jahren die Interessen und Bedürfnisse der Einwohner Duisburgs, beispielsweise beim Theater, der Stadtbibliothek mit ihren Zweigstellen, den Musikfesten, in der Museumspolitik, der Soziokultur oder in der Auswahl des Musicals „Les Misérables" eklatant missachtet wurden, verwundert.

„Die IBA hat die Eigenart des Reviers als eine Qualität und nicht als Standortnachteil herausgestellt."[1571] Genau hierin liegt das Dilemma der Duisburger Kulturpolitik. Durch die bloße Kopie der als Vorbild angesehenen Großstädte wie Düsseldorf hat sie kein eigenes Profil gewonnen. Pathetisch formuliert ließe sich sagen, dass die führenden Duisburger Kulturpolitiker die „Seele der Stadt" nie begriffen haben und ihre Vorstellungen nicht mit denen der Bevölkerungsmehrheit harmonierten. Die Stadtväter versuchten von Duisburg ein Bild zu zeichnen, das neutralen Beobachtern unglaubwürdig erschien. Duisburg schaffte es mehr schlecht als recht, die eigenen Kulturinstitutionen, die in jeder Großstadt vorhanden sind, personell und finanziell auszustatten. Eine Bezeichnung wie „Kulturstadt im Herzen Europas" wirkte deshalb stark aufgesetzt. Der von 2001 bis 2014 amtierende Regierende Bürgermeister von Berlin, Klaus Wowereit, bewies ab 2004 mit seinem Slogan „Arm, aber sexy!" mehr Fingerspitzengefühl. Eine ganze Imagekampagne baute auf diesem Satz auf, der sich als passend und deshalb äußerst werbewirksam erwies. Damit konnten sich viele neue und alte Einwohner Berlins identifizieren, die dieses Bewusstsein nach außen tragen

1569 Ebd., S. 86f.
1570 NRZ, 27.5.1995.
1571 Rau, Finale, S. 193.

sollten. Auch Duisburg hätte eher mit Selbstbeschreibungen wie „Zuweilen rau, aber immer mit Herz“ punkten können, die in der Berliner Kampagne zum Einsatz gekommen waren und die Eigensinnigkeit der deutschen Hauptstadt betonten.[1572]

Bei der Begutachtung aller vorhandenen Quellen stößt man auf ein Grundmotiv in der Kulturpolitik in Duisburg. Ihre Ausrichtung passte zu einer Aussage Konrad Schillings: „Wir können mit weniger Geld, aber mit Enthusiasmus das, was andere Städte mit sehr viel Geld leisten.“[1573] Der Direktor der IBA, Karl Ganser, gab den Verantwortlichen in den Ruhrgebietsstädten hingegen den Rat, nicht mehr zu sagen: „Das haben wir auch, so schlecht sind wir doch gar nicht“, sondern „Das haben nur wir!“[1574] Die Stadt, die ihre Identität als ehemalige „Stadt Montan“ tilgen wollte, musste sich erst an den Gedanken gewöhnen, dass der Landschaftspark Nord ein positiver Imagefaktor sowohl für die Bevölkerung als auch in der Außenwirkung sein könnte. Die identitätsstiftenden und symbolischen Potenziale wurden trotz des Engagements einer Bürgerinitiative, die für den Erhalt des Hochofenwerks als Teil der lokalen Arbeiterkultur kämpfte, von der offiziellen Duisburger Kulturpolitik lange verkannt. Das Deutsche Bergbau-Museum in Bochum, das mit mehreren 100.000 Gästen pro Jahr eines der meistbesuchten Museen in Deutschland ist, bildete für Duisburg kein Vorbild. Was aus dem Innenhafen ohne den Einfluss der IBA geworden wäre, bleibt Spekulation.

In der einschlägigen Forschung ist längst unbestritten, dass sich die Einwohner der Ruhrgebietsstädte zur Region „Ruhrgebiet“ bekennen und sich damit identifizieren, auch in Zeiten wirtschaftlicher Rezession.[1575] So feuern die Schlachtenbummler des MSV Duisburg ihren Verein nicht mit „Rheinschiene“ an, sondern häufig mit „Ruhrpott“. Dieses Phänomen ist in jeder Stadt des Ruhrgebiets zu beobachten, wie Johannes Rau bemerkte.[1576] Funktionalisierte Kultur zur Aufpolierung des Images allein schafft noch keine Identität und keine Verbundenheit zu einer Stadt. Die maßgeblichen Kulturpolitiker in Duisburg mussten diesen Prozess erst durch den Einfluss der IBA verstehen lernen.

Die Internationale Bauausstellung hat Duisburg Entfaltungsmöglichkeiten für neue Wege in der Kulturpolitik gegeben. Die Vorstellungen, die der Vordenker Erik Reger vom Ruhrgebiet als „kultureller Einheit in der Vielfalt“ entwickelte, verwirklichte die IBA. Sie hat in den Worten Erik Regers „die industrielle Welt mit künstlerischer

1572 Löw, Soziologie, S. 191ff.
1573 Siehe S. 139.
1574 Ganser, Liebe, S. 12.
1575 Wissenschaftlich erforscht ist dieses Phänomen seit 1946, siehe Rohe, Vom Revier zum Ruhrgebiet. Wahlen, Parteien, Politische Kultur, Essen 1986, S. 67 und Kruck, Peter / Stuke, Franz (Hg.), Die große Ruhrgebiet-Umfrage, Bochum 2002.
1576 Rau, Finale, S. 190.

Gestaltung durchdrungen und damit als selbstverständlich hingenommen“ und dem „dämmernden Kollektivgefühl“ einen „konkreten Inhalt“ gegeben.[1577] Dies bedeutet keine verstaubte Heimatpflege oder kulturelle Gleichmacherei[1578], sondern „Einheit in der Vielheit“. Die erfolgreiche Bewerbung des Ruhrgebiets zur „Kulturhauptstadt Europas 2010“ hat den Schritt in diese Richtung vollzogen.

Die mit großer zeitlicher Verspätung, dafür umso ehrgeizigere Nachahmung kultureller Großstadttrends führte zu einer der schlimmsten Katastrophen in der Geschichte der Stadt: Am 24. Juni 2010 starben 21 Menschen bei der Loveparade in Duisburg. Bochum hatte die Durchführung der Massenveranstaltung, die 1989 erstmals in Berlin stattgefunden hatte, nicht verantworten wollen.

Welchen Weg die Kulturpolitik in Duisburg in der Zukunft einschlagen wird, bleibt offen.

1577 Reger, Kulturpolitik, S. 87.
1578 Vgl. FAZ, 21.12.2018.

Abkürzungsverzeichnis

BuB	Buch und Bibliothek
DGA	Duisburger Generalanzeiger
Diss.	Dissertation
DJ	Duisburger Journal
DJB	Duisburger Jahrbuch
DS	Drucksache
DSA	Duisburger Stadtanzeiger
FAZ	Frankfurter Allgemeine Zeitung
GB	Geschäftsbericht der Stadt Duisburg
Hg.	Herausgeber
KAP	Kulturausschussprotokoll
N. N.	nomen nescio
NRZ	Neue Rhein Zeitung
RP	Rheinische Post
SZ	Süddeutsche Zeitung
VB	Verwaltungsbericht der Stadt Duisburg
WamS	Welt am Sonntag
WAZ	Westdeutsche Allgemeine Zeitung

Quellen- und Literaturverzeichnis

A. Quellen

1. Akten des Stadtarchivs Duisburg

Bestand Kulturamt: 401, 483, 906, 911, 5473; Biografische Sammlung Grischa Barfuss
Bestand Kulturausschussprotokolle: 1945 bis 2005
Geschäftsberichte der Stadt Duisburg: 1996 bis 2005
Verwaltungsberichte der Stadt Duisburg: 1945 bis 1995

2. Tages-, Wochen- und Monatspresse

Allgemeine Zeitung
Allgemeine Zeitung Mainz
Börsenblatt für den deutschen Buchhandel
Bonner Generalanzeiger
Coolibri
Die deutsche Bühne
Duisburger General-Anzeiger
Duisburger Stadtanzeiger
Duisburger Wochen-Anzeiger
Hannoversche Allgemeine
Kölner Stadt-Anzeiger
Neue Rhein Zeitung
Niederrheinische Blätter
Nordwest-Zeitung
Rheinische Post
Rhein-Zeitung Koblenz
Schwäbische Zeitung
Der Spiegel
Süddeutsche Zeitung
Vorwärts
Welt am Sonntag
Westdeutsche Allgemeine Zeitung
Westdeutsches Volksecho
Westfalenpost
Westfälische Rundschau
Die Zeit

B. Literatur

Amlung, Ullrich, „Leben – ist immer ein Anfang!“ Erwin Piscator 1893–1966, der Regisseur des politischen Theaters, Wien 2004

Baare, Heike, Auszeichnung für Museum DKM, in: DJB 2014, S. 168–175

Barbian, Jan-Pieter, Volkshochschule als Herzenssache. Die Gründung der Volkshochschule und ihre Entwicklung in der Weimarer Republik, in: Stadt Duisburg, Der Oberstadtdirektor (Hg.), 75 Jahre Volkshochschule der Stadt Duisburg, Duisburg 1994, S. 13–17

Ders., Der Neubeginn nach dem Zweiten Weltkrieg und die Entwicklung bis zur Gegenwart, in: Stadt Duisburg, Der Oberstadtdirektor (Hg.), 75 Jahre Volkshochschule der Stadt Duisburg, Duisburg 1994, S. 18–34

Ders., Volkshochschule als Herzenssache. Teil II: Der Neubeginn nach dem Zweiten Weltkrieg und die Entwicklung bis zur Gegenwart, in: DJB 1995, S. 86–96

Ders., 100 Jahre Stadtbibliothek Duisburg. Auf dem Weg zum multimedialen Informations- und Bildungszentrum, in: DJB 2001, S. 105–114

Ders., Modernisierung in Zeiten knapper Kassen. Stand und Entwicklungsperspektiven der Stadtbibliothek Duisburg, in: BuB 53/2001, S. 302–305

Ders., Fantastische Welten. 30 Jahre Internationale Kinder- und Jugendbuchausstellung, in: DJB 2002, S. 121–130

Ders., Literatur als Herzenssache. 90 Jahre Verein für Literatur und Kunst Duisburg, in: DJB 2003, S. 38–45

Ders. / Holthoff, Jens, Die Schieflage von Pisa geraderücken. Das Programm der Stadtbibliothek Duisburg zur Förderung der Lese- und Medienkompetenz von Kindern und Jugendlichen, in: BuB 56/2004, S. 594–598

Ders. / Demir, Tayfun, Geschichte mit Zukunft. 30 Jahre Türkische Bibliothek in der Stadtbibliothek Duisburg, in: BuB 57 2/2005, S. 134–137

Ders. / Fühles-Ubach, Simone / Seidler-de Alwis, Ragna, Was erwarte ich von einer guten Bibliothek? Ergebnisse einer Kundenbefragung in der Stadtbibliothek Duisburg, in: BuB 58/2006, S. 278–280

Ders., Literatur als Herzenssache – 100 Jahre Verein für Literatur und Kunst in Duisburg, in: ders. (Hg.), Literatur als Herzenssache. Der Verein für Literatur und Kunst und die Welt der Bücher in Duisburg 1912–2012, Essen 2012, S. 15–61

Ders., Ein Haus der Bücher und Menschen. Die Zentralbibliothek verlässt nach fast 50 Jahren ihr Domizil an der Düsseldorfer Straße, in: DJB 2014, S. 154–158

Ders., / Holtz-Ersahin, Yilmaz, Eine Geschichte mit Zukunft. Die interkulturellen Angebote, in: ders. (Hg.), Vom „Sachsenspiegel“ bis zum eBook. Die Stadtbibliothek Duisburg als kommunales Medien-, Bildungs- und Kulturzentrum, Duisburg 2017, S. 171–187

Barg, Rhea Rebecca, Ein Leben für die Kunst. Der Architekt Manfred Lehmbruck, in: Dinkla, Söke (Hg.), Eine große Idee. 50 Jahre Lehmbruck Museum, Duisburg und Köln 2014, S. 120–124

Baykurt, Fakir, Türkische Literatur an deutschen Schulen, in: DJB 8/1981, S. 5

Becker, Thomas, Die Kraftzentrale, in: DJB 1998, S. 175–176

Ders., Eine Mühle wird Museum, in: DJB 1999, S. 117–120

Ders., Szenen einer Ehe. Die Deutsche Oper am Rhein, in: DJB 2014, S. 102–105

Benkert, Wolfgang, Arbeitsgemeinschaft Kulturwirtschaftsbericht NRW. Dynamik der Kulturwirtschaft Nordrhein-Westfalen im Vergleich, Bonn 1992

Ders., Kulturwirtschaft in der Regionalentwicklung. Zweiter Kulturwirtschaftsbericht Nordrhein-Westfalen 1994/95, Düsseldorf 1995

Berking, Helmuth / Löw, Martina (Hg.), Die Eigenlogik der Städte. Neue Wege für die Stadtforschung, Frankfurt/M. und New York 2008

Beyme, Klaus von, Kulturpolitik in Deutschland. Von der Staatsförderung zur Kreativwirtschaft, Wiesbaden 2012

Bigge, Mathias / Strüder, Günter (Hg.), Neue Kulturpolitik im Ruhrgebiet, Essen 1994

Ders., Kulturpolitik im Ruhrgebiet, in: Bovermann, Rainer (Hg.), Das Ruhrgebiet. Ein starkes Stück Nordrhein-Westfalen. Politik in der Region 1946–1996, Essen 1996, S. 499–532

Bildau, Gerd, Die „Duisburger Akzente" im Zeitenwandel, in: DJB 2004, S. 20–26

Bischoff, Andreas, Es werde Licht ... Landschaftspark Duisburg-Nord, in: DJB 1997, S. 174–177

Blaschke, Florian, „Schütze diese Flamme!" – Die Geschichte des Wilhelm-Lehmbruck-Preises, in: DJB 2013, S. 54–56

Blase, Dieter, Stadtentwicklung im Ruhrgebiet. Von den 60er Jahren bis zur IBA Emscher Park, in: Barbian, Jan-Pieter / Heid, Ludger (Hg.), Die Entdeckung des Ruhrgebiets. Das Ruhrgebiet in Nordrhein-Westfalen 1946–1996, Essen 1997, S. 221–245

Blotevogel, Hans Heinrich, Industrielle Kulturlandschaft im Ruhrgebiet. Die Geschichte einer schwierigen Annäherung, Duisburg 2001

Bogumil, Jörg / Heinze, Rolf G. / Lehner, Franz / Strohmeier, Klaus Peter (Hg.), Viel erreicht, wenig gewonnen. Ein realistischer Blick auf das Ruhrgebiet, Essen 2012

Born, Gernot, Ehrendoktorwürde für Konrad Schilling, in: DJB 1995, S. 32–33

Bornscheuer, Marion, „Es handelt sich um eine große Idee, die wir gemeinsam haben." Die Lehmbruck-Sammlung in Duisburg, in: Dinkla, Söke (Hg.), Eine große Idee. 50 Jahre Lehmbruck Museum, Duisburg und Köln 2014, S. 44–62

Borsdorf, Ulrich (Hg.), „Feuer & Flamme" – 200 Jahre Ruhrgebiet. Eine Ausstellung im Gasometer Oberhausen. 22.7.–1.11.1994 veranstaltet im Rahmen der Internationalen Bauausstellung Emscher Park, Essen 1994

Brenneisen, Irene, Die Auswirkungen der kommunalen Neugliederung auf das öffentliche Bibliothekswesen. Dargestellt am Beispiel der Stadtbibliothek Duisburg, Köln 1976

Brockhaus, Christoph, Wilhelm-Lehmbruck-Museum Duisburg, Braunschweig 1987

Ders., Kunstsammlungen im Ruhrgebiet – Entstehung, Schwerpunkte, Perspektiven, in: Franz, Otmar (Hg.), Das Ruhrgebiet – Kulturlandschaft in Europa, Duisburg 1990, S. 59–65

Ders. (Hg.), Wilhelm-Lehmbruck-Preis 1966–1996. Laudationes und Dankreden, Ausstellungen und Werke im Wilhelm-Lehmbruck-Museum Duisburg, Ostfildern-Ruit 1997

Ders., Brunnenmeile Königstraße, in: ders. (Hg.), Stadtbild Duisburg. Identität, Wandel und Vision, Oberhausen 1999, S. 79–86

Ders., Dani Karavans „Garten der Erinnerungen", in: ders. (Hg.), Stadtbild Duisburg. Identität, Wandel und Vision, Oberhausen 1999, S. 122–128

Ders., 100 Jahre bürgerschaftliches Engagement für das Lehmbruck-Museum, in: DJB 2006, S. 65–71

Ders., Duisburger Künstler der Moderne, in: ders. (Hg.), Seit Lehmbruck. Duisburger Künstlerporträts, Duisburg 2008, S. 1–4

Ders., Seit Lehmbruck und Hoff. Kleine Chronik der Duisburger Kunst seit 1925, in: ders. (Hg.), Seit Lehmbruck. Duisburger Künstlerporträts, Duisburg 2008, S. 45–49

Ders., Garten der Erinnerung 1997–1999, in: Leinz, Gottlieb (Hg.), StadtKunstFührer. Skulpturen im Duisburger Stadtraum, Oberhausen 2012, S. 125–133

Ders., Rückblick mit Zukunft. Zur Bedeutung der Sammlung, in: Dinkla, Söke (Hg.), Eine große Idee. 50 Jahre Lehmbruck-Museum, Duisburg 2014, S. 100–106

Buchheim, Lothar-Günther, Die Künstlergemeinschaft „Brücke". Erich Heckel, Ernst Ludwig Kirchner, Otto Mueller, Emil Nolde, Max Pechstein, Karl Schmidt-Rottluff. Gemälde, Zeichnungen, Graphik, Plastik, Dokumente, Feldafing 1956

Ders., Das Museum in den Wolken. Zum Fall Duisburg, München 1986

Buchheim, Yves, Buchheim. Künstler. Sammler. Despot: Das Leben meines Vaters, München 2018

Burandt, Karlheinz, „Studio M". Die vergessenen Jahre, in: DJB 1996, S. 111–115

Büsching, Dirk, Der Park und sein Geist. Zum 20-jährigen Jubiläum des Landschaftsparks Duisburg-Nord, in: DJB 2014, S. 96–101

Buschmann, Jürgen / Milz, Joseph, 275 Jahre Rhein-Ruhr Hafen Duisburg, in: DJ 9/91, S. 10–12

Citymarketing Duisburg (Hg.), Stärken-Schwächen-Analyse. Ergebnisse und Auswertung der Workshops Kultur, Märkte, Städtetourismus, Image und Werbung vom 24.8.1998, Duisburg 1998

Claßen, Ludger, „... uns selbst eine kulturelle, politische Heimat zu schaffen ..." Das Eschhaus Duisburg, in: ders. / Krüger, Heinz-Hermann / Thole, Werner (Hg.), In Zechen, Bahnhöfen und Lagerhallen. Zwischen Politik und Kommerz – soziokulturelle Zentren in Nordrhein-Westfalen, Essen 1989, S. 39–59

Collinet, Hans-Dieter, Eine unverwechselbare Landschaft für die Zukunft einer Metropolregion. Im Emscher Landschaftspark schafft sich das Ruhrgebiet eine neue Identität, in: Standorte. Jahrbuch Ruhrgebiet 2003/04, S. 325–330

Conrad, Vera, Mythen und Menschenmassen. Rock- und Pop-Festivals, in: Grütter, Heinrich Theodor (Hg.), Rock&Pop im Pott. 60 Jahre Musik im Ruhrgebiet, Katalogbuch zur Ausstellung des Ruhr Museums auf Zollverein Essen 5.5.–28.2.2017, Essen 2016, S. 72–85

Dahrendorf, Ralf, Gesellschaft und Demokratie in Deutschland, München 1965

Deutsche Oper am Rhein Düsseldorf-Duisburg (Hg.), Interviews und Gespräche 1986–1996, Darmstadt 1996

Deutscher Städtetag (Hg.), Leitsätze zur kommunalen Kulturarbeit (Stuttgarter Richtlinien), Stuttgart 1952

Ders. (Hg.), 25 Jahre für die Kultur. August Seeling im Kulturausschuss des Deutschen Städtetags, Köln 1976

Dinkla, Söke (Hg.), Rheinorange. Von der Möglichkeit des Unmöglichen. Eine Skulptur von Lutz Fritsch, Köln 2017

Drescher, Burkhard / Dellwig, Magnus, „CentrO" in Oberhausen. Projektmanagement für den Strukturwandel. Mit neuem Dienstleistungs- und Freizeitzentrum aus der Krise, in: Standorte. Jahrbuch Ruhrgebiet 1996/97, S. 175–179

Duisburger Künstlerbund – ein historischer Abriß. Anläßlich des 60-jährigen Bestehens des DKB 1983, online verfügbar: http://duisburger-kuenstlerbund.de/DKB_60-Jahre-Geschichte_1923-83.pdf

Dunas, Peter, Von der „Commission zur Erhaltung und Sammlung von Duisburger Alterthümern" zum „Kultur- und Stadthistorischen Museum Duisburg". Eine Dokumentation, in: ders. / Sommer, Susanne (Hg.), „Kultur- und Stadthistorisches Museum der Stadt Duisburg". Festschrift zum 100-jährigen Bestehen 1902–2002, Duisburg 2002, S. 181–279

Ders., 100 Jahre Museum Duisburg. Von der „Commission zur Erhaltung und Sammlung von Duisburger Altertümern" zum heutigen „Kultur- und Stadthistorischen Museum", in: DJB 2003, S. 153–160

Ebert, Wolfgang, Landschaftspark Nord. Die Natur baut schon den Park, in: DJB 1993, S. 116–119

Esch, Wolfgang, Das Eschhaus oder Jugend in den siebziger Jahren, in: Stadt Duisburg, Der Oberstadtdirektor (Hg.), „Traue keinem über 30". Ein Streifzug durch die Duisburger Jugendszene seit 1968. Begleitband zur Ausstellung im Kultur- und Stadthistorischen Museum der Stadt Duisburg 2.5.–1.8.1993, Duisburg 1993

Ders., Seit 30 Jahren Spiegel der Einwanderung. Das Internationale Zentrum, in: DJB 2011, S. 92–97

Esper, Matthias, Baugeschichte des Lehmbruck Museums, in: Dinkla, Söke (Hg.), Eine große Idee. 50 Jahre Lehmbruck-Museum, Duisburg und Köln 2014, S. 116–119

Ders., 50 Jahre Lehmbruck Museum, in: DJB 2014, S. 74–78

Farys, Simone / Misoch, Sabina, Städte und Gemeinden in der Kultur- und Sozialstatistik, in: Schäfers, Bernhard / Wewer, Göttrik (Hg.), Die Stadt in Deutschland. Soziale, politische und kulturelle Lebenswelt, Opladen 1996, S. 273–290

Fehr, Rolf, Die Umgestaltung des Innenhafens Duisburg, in: Brockhaus, Christoph (Hg.), Stadtbild Duisburg. Identität, Wandel und Vision, Oberhausen 1999, S. 111–114

Fest, Johannes (Hg.), Mobile Bibliotheksversorgung ausländischer Arbeitnehmer. Das Duisburger Modell 1974–1977, Bonn und München 1978

Fest, Waltraud, Phantasie verbindet sich mit Formgefühl bei der U-Bahn-Gestaltung der U-Bahnhöfe, in: DJ 9/1992, S. 49–50

Franke, Tina, Wie Kunst einen Stadtteil verändert. Zu Besuch im Museum Küppersmühle, in: DJB 2009, S. 164–171

Freundeskreis Wilhelm Lehmbruck Museum e.V. (Hg.), Freundeskreis und Lehmbruck-Museum 2000–2010, Duisburg 2010

Friedrich, Jörg, Der Brand, München 2003

Fries, Ursula, „Für die schwerarbeitende Bevölkerung". Kulturpolitik in Bochum 1945–1960, Bonn 1992

Fritsch, Lutz, Rheinorange. Eine Initiative der Wirtschaftsjunioren Duisburg in Zusammenarbeit mit der Duisburger Wirtschaft und dem Wilhelm-Lehmbruck-Museum. Fotografisch dokumentiert von Britta Lauer, München 1993

Fuchs, Max, Kulturpolitik als gesellschaftliche Aufgabe. Eine Einführung in Theorie, Geschichte, Praxis, Opladen und Wiesbaden 1998

Ders., Kulturpolitik, Wiesbaden 2007

Ganser, Karl, Reisen der Phantasie auf der „Route Industriekultur". Industriedenkmäler sollen als touristisches Potential erschlossen werden, in: Standorte. Jahrbuch Ruhrgebiet 1995/96, S. 168–170

Ders., Liebe auf den zweiten Blick. Internationale Bauausstellung Emscher Park, Dortmund 1999

Ders., Vermächtnis der Emscher Park Ausstellung, in: Brockhaus, Christoph (Hg.), Stadtbild Duisburg. Identität, Wandel und Vision, Oberhausen 1999, S. 101–104

Ders., 3652 Tage Innenhafen Duisburg, Duisburg 2003

Gau, Doris, Kultur als Politik. Analyse der Entscheidungsprämissen und des Entscheidungsverhaltens in der kommunalen Kulturpolitik, München 1990

Geiger, Heinz / Ketelsen, Uwe-K. / Plett, Heinrich F. / Ahrends, Günter / Ingenschay, Dieter (Hg.), Theater im Revier. Kritische Dokumentation, Trier 1989

Gerste, Uwe, Tourismus in Duisburg. Fata Morgana oder wichtiger Wirtschaftsfaktor?, in: DJB 2013, S. 178–183

Gesellschaft zur Förderung des Museums der Deutschen Binnenschifffahrt Duisburg-Ruhrort e.V. (Hg.), Das neue Binnenschifffahrtsmuseum, Schriftenreihe zur Eröffnung 1998, Oberhausen 1998

Giesche, Bert, „Nicht gesellschaftsfähig?" Die Missfits. Vom Putzgeschwader zum besten Frauenkabarett der Republik, in: Stadt Oberhausen (Hg.), Oberhausen 1992. Ein Jahrbuch, Oberhausen 1992, S. 52–55

Glaser, Hermann / Stahl, Karl Heinz, Bürgerrecht Kultur, Frankfurt/M. und Wien 1983

Glaser, Hermann, Deutsche Kultur 1945–2000, München und Wien 1997

Ders., Kommunale Kulturpolitik, in: Wollmann, Helmut / Roth, Roland (Hg.), Kommunalpolitik. Politisches Handeln in den Gemeinden, Opladen 1999, S. 676–687

Glock, Birgit, Stadtpolitik in schrumpfenden Städten. Duisburg und Leipzig im Vergleich, Wiesbaden 2006

Gludowacz, Irene / Hagen, Susanne van / Chancel, Philippe (Hg.), Kunstsammler und ihre Häuser, München 2005

Godau, Sigrid, Im Duisburger Kindermuseum ist spielerisches Lernen Trumpf, in: Standorte. Jahrbuch Ruhrgebiet 2003/04, S. 434–439

Gottlob, Kai / Hausmann, Dirk, Ein Haus mit Seele. Geschichten zur Geschichte eines Theaters, Duisburg 2010

Grütter, Heinrich Theodor (Hg.), Museumshandbuch Ruhrgebiet. Kunst, Kultur und Geschichte, Essen 2003

Ders. (Hg.), Rock&Pop im Pott. 60 Jahre Musik im Ruhrgebiet, Katalogbuch zur Ausstellung des Ruhr Museums auf Zollverein Essen 5.5.–28.2.2017, Essen 2016, S. 72–85

Günter, Roland, Im Tal der Könige. Ein Handbuch für Reisen zu Emscher, Rhein und Ruhr, Essen 1997

Hannemann, Christine, Die Herausbildung räumlicher Differenzierungen – Kleinstädte in der Stadtforschung, in: Löw, Martina (Hg.), Differenzierungen des Städtischen, Opladen 2002, S. 265–278

Heid, Ludger, Gespräch mit August Seeling am 24.8.1984, in: ders. / Vinschen, Klaus Dieter / Krings, Josef (Hg.), Ein Leben für Demokratie und sozialen Frieden. Zum 80. Geburtstag von August Seeling, Duisburg 1986, S. 50–55

Ders. / Kraume, Hans-Georg / Lerch, Karl / Milz, Joseph / Pietsch, Hartmut / Tromnau, Gernot / Vinschen, Klaus Dieter (Hg.), Kleine Geschichte der Stadt Duisburg. Von den Anfängen bis zu den 80er Jahren, Duisburg ^{4}1996

Hermand, Jost, Deutsche Kulturgeschichte des 20. Jahrhunderts, Darmstadt 2006

Herzog & De Meuron, Erweiterung MKM. Museum Küppersmühle Duisburg. Machbarkeitsstudie, o. O., o. S. 2006

Höper, Susanne, Sechs Kapitel aus der Geschichte des Wilhelm-Lehmbruck-Museums Duisburg 1924–1994. IV. Kapitel. Ära Dr. Händler, Museumsdirektor 1954–1970, in: DJ 12/1994, S. 31–33

Dies., Die Geschichte des Wilhelm-Lehmbruck-Museums 1924–1994, in: DJB 1995, S. 194–202

Hoffmann, Hilmar, Kultur für alle, Frankfurt/M. 1979

Ders., Geschichten aus Oberhausen, Freiburg i. Br. 1991

Ders., „Ihr naht euch wieder, schwankende Gestalten". Erinnerungen, Hamburg 1999

Ders., Generation Hitlerjugend. Reflexionen über eine Verführung, Frankfurt/M. 2018

Hoffmann, Kerstin, „Wo, wenn nicht in Duisburg?" – 30 Jahre Museum der Deutschen Binnenschifffahrt, in: DJB 2009, S. 158–162

Holländer, Georg, Lehmbruck in Duisburg. Eine rezeptionsgeschichtliche Studie, Diss. Bonn 1995

Ders., Regression in die europäische Zukunft. Kulturpolitik und politische Kultur in Duisburg

1945–1964, in: Barbian, Jan-Pieter / Heid, Ludger (Hg.), Die Entdeckung des Ruhrgebiets. Das Ruhrgebiet in Nordrhein-Westfalen 1946–1996, Essen 1997, S. 419–432

Hoppe, Wilfried / Kronsbein, Stefan (Hg.), Landschaftspark Duisburg-Nord. Ökologische und landeskundliche Beiträge, Duisburg 1999

Horn, Wolfgang, Kulturpolitik in Düsseldorf. Situation und Neubeginn nach 1945, Opladen 1981

Institut für angewandte Sozialwissenschaft Bonn (Hg.), Duisburg und seine Bürger. Eine gemeindesoziologische Strukturuntersuchung 1961/62, Bad Godesberg 1962

Internationale Bauausstellung Emscher-Park (Hg.), IBA '99. Finale. 10 Jahre ökologische und kulturelle Erneuerung einer großen Industrieregion, Gelsenkirchen 1999

Jodidio, Philip, Sir Norman Foster, Köln 1997

Joester, Ingrid, Verstehen und Kennenlernen für den Weltfrieden – „Die Brücke“, in: Reinicke, Christian / Romeyk, Horst (Hg.), Nordrhein-Westfalen. Ein Land in seiner Geschichte. Aspekte und Konturen 1946–1996, Münster 1996, S. 97–103

Jung, Michael, Interview mit Prof. Karl Ganser, in: DJB 1999, S. 16–21.

Kaes, Bernhard, Volkshochschule Duisburg. Entstehung und Werdegang, in: Beilage der Volkshochschule im Westen 9/1957/1958, o. S.

Käufer, Birgit, Besucherbefragung im Wilhelm-Lehmbruck-Museum, in: DJ 8/1995, S. 22–23

Kanther, Michael, Heinrich Weitz (1890–1962). Das Porträt, in: Geschichte im Westen 2/1989, S. 198–215

Ders., Bomben auf Duisburg. Der Luftkrieg und die Stadt 1940–1960, Duisburg 2004

Keil, Andreas, Industriebrachen. Innerstädtische Freiräume für die Bevölkerung. Mikrogeographische Studien zur Ermittlung der Nutzung und Wahrnehmung der neuen Industrienatur in der Emscherregion, Dortmund 2002

Ketelsen, Uwe-K., Von einer Angebots- zu einer Nachfragekultur. Das Bochumer Schauspielhaus während der 70er und 80er Jahre als Beispiel, in: Barbian, Jan-Pieter / Heid, Ludger (Hg.), Die Entdeckung des Ruhrgebiets. Das Ruhrgebiet in Nordrhein-Westfalen 1946–1996, Essen 1997, S. 470–485

Kewitz, Hermann, „Fliegender Wal“ überm Hof. Das neue Kino fürs „filmforum“ am Dellplatz, in: DJB 2003, S. 148–152

Ders., Blockbuster am Dellplatz. Das „filmforum“ wird 40 Jahre alt, in: DJB 2010, S. 168–172

Kilper, Heiderose, Die Internationale Bauausstellung Emscher Park. Eine Studie zur Steuerungsproblematik komplexer Erneuerungsprozesse in einer alten Industrieregion, Opladen 1999

Klein, Armin, Kulturpolitik. Eine Einführung, Wiesbaden ^{3}2009

Klein, Dieter, Martin Dülfer. Erbauer des Duisburger Stadttheaters, in: Duisburger Forschungen 35/1987, S. 198–211

Kleinwächter, Martin, Das Kriegsende in Duisburg, in: DJB 1996, S. 49–62

Kleßmann, Christoph / Friedemann, Peter (Hg.), Streiks und Hungermärsche im Ruhrgebiet 1946–1948, Frankfurt/M. 1977

Klucken, Peter, 25 Jahre „filmforum". Spagat zwischen Masse und Klasse, in: DJB 1997, S. 8–11

Ders., Das Künstlerhaus an der Goldstraße, in: DJB 1998, S. 150–154

Knoblich, Tobias J., Kunst- und Kulturförderung im föderativen System. Hintergründe und Probleme, in: Aus Politik und Zeitgeschichte 49/2004, S. 5–12

Körper, Kurt, Die neuere Geschichte des Dreigiebelhauses. Ein Beispiel für die Verwirklichung eines kulturpolitischen Konzeptes in der Stadt Duisburg, in: Stadt Duisburg (Hg.), Das Duisburger Dreigiebelhaus. Dokumentation seiner Geschichte, seiner Wiederherstellung und künftigen Nutzung, Duisburg 1976, S. 25–37

Kohl, Helmut, Grußwort zum 275jährigen Jubiläum des Rhein-Ruhr-Hafens Duisburg im Jahre 1991, in: DJ 9/1991, S. 5–6

Kohl, Helmut, Erste Eindrücke eines Architekten. Duisburg in den 50er Jahren, in: DJB 2010, S. 42–46

Kohn, Martin, Mit Schimanski durchs Revier. Ein kriminalistischer Reiseführer zu den Drehorten im Ruhrpott, Welver 2013

Kommunalverband Ruhrgebiet (Hg.), Parkbericht Emscher Landschaftspark, Essen 1996

Koopmann, Lothar, Das Interview: Oberstadtdirektor Dr. Richard Klein, in: DJB 1995, S. 148–152

Kopatschek, Frank, Eine stolze Kolonie der Künste. 15 Jahre Künstlerhaus Goldstraße, in: DJ 9/1995, S. 30–31

Ders., Der Duisburger Künstlerbund. 90 Jahre jung und attraktiv, in: Duisburger Künstlerbund e.V. (Hg.), 90 Jahre Duisburger Künstlerbund, Duisburg 2014, S. 6–17

Krämer, Herbert, Verabschiedung von Christoph Brockhaus. Rede vom 16.1.2010, in: Freundeskreis Wilhelm Lehmbruck Museum (Hg), Freundeskreis und Lehmbruck Museum 2000–2010, Duisburg 2010, S. 145–148

Kraume, Hans Georg, Vor Hoff. Zur Bildenden Kunst und Museumspolitik in Duisburg seit 1925, in: Brockhaus, Christoph (Hg.), Seit Lehmbruck. Duisburger Künstlerporträts, Duisburg 2008, S. 5–44

Krings, Josef, Begrüßung aus Anlass des Festaktes zum 100. Geburtstag von Wilhelm Lehmbruck am 4.1.1981, in: DJ 2/1981, S. 17–19

Ders., Eröffnungsansprache des Schostakowitsch-Festivals am 16.4.1984, in: DJ 11/1984, S. 4–5

Ders., Begrüßungsrede anlässlich der Erweiterung des Wilhelm-Lehmbruck-Museums, in: DJ 4/1987, S. 5–7

Ders., 75 Jahre Duisburger Stadttheater, in: DJ 1/1988, S. 28–31

Ders., Begrüßungsrede zur Eröffnung des „Kultur- und Stadthistorischen Museums Duisburg" am 22.3.1991, in: DJ 5/1991, S. 23–24

Ders. / Klein, Richard, Grußwort zum 275jährigen Jubiläum des Rhein-Ruhr-Hafens Duisburg im Jahre 1991, in: DJ 9/1991, S. 7

Ders., Begrüßung zum Festakt aus Anlass des 275jährigen Jubiläums des Rhein-Ruhr-Hafens Duisburg am 20.9.1991 in der Mercatorhalle, in: DJ 11/1991, S. 3–4

Ders., Begrüßungsansprache anlässlich der Wiedereröffnung des Wilhelm-Lehmbruck-Museums am 16.11.1991, in: DJ 1/1992, S. 3–5

Ders., Begegnungen, Duisburg 2000

Ders., Kontrollierter Verfall und neue Lebensräume. Der Innenhafen als IBA-Projekt, in: Große-Oetringhaus, Hans-Martin (Hg.), Das Blaue vom Hafen. Geschichten und Geschichte rund um den Duisburger Innenhafen, Essen 2003, S. 30–32

Ders., Gedenken an August Seeling zum 100. Geburtstag. Vortrag des Freundeskreises vom 23.5.2006 [gekürzt], in: Freundeskreis Wilhelm Lehmbruck Museum e.V. (Hg.), Freundeskreis und Lehmbruck-Museum 2000–2010, Duisburg 2010, S. 38–43

Ders., Glückwunsch zum Jubiläum!, in: Barbian, Jan-Pieter (Hg.), Literatur als Herzenssache. Der Verein für Literatur und Kunst und die Welt der Bücher in Duisburg 1912–2012, Essen 2012, S. 10–13

Kruck, Peter / Stuke, Franz (Hg.), Die große Ruhrgebiet-Umfrage, Bochum 2002

Kruse, Sigrid, Ornamente. Goldstraße 15. Künstler- und Atelierhaus, in: dies. / Große-Oetringhaus, Hans-Martin (Hg.), Duisburg auf den zweiten Blick: Texte und Bilder über die eigene Stadt, Duisburg 1994, S. 38–43

Küntzel, Astrid, Heimatbewusstsein und Planspiele. Kommunale Neugliederung im Raum Duisburg im 20. Jahrhundert, in: Duisburger Forschungen 61/2016, S. 157–182

Latz, Peter, Rostrot. Der Landschaftspark Duisburg-Nord, München 2016

Lauer, Britta, Das lebendige Museum. Wilhelm-Lehmbruck-Museum, Duisburg 1997

Laufer, Ulrike, Der Duisburger Innenhafen. Drei Meilen Kunst und Kultur, Köln 2006

Lehmkuhl, Josef, Das andere Duisburg. Wie Straßennamen Glanz in eine Stadt bringen und Industrie- und Kulturgeschichte erzählen. Ein Stadtporträt der besonderen Art, Würzburg 2013

Leinz, Gottlieb, U-Bahn-Kunst unter der Königstraße, in: Brockhaus, Christoph (Hg.), Stadtbild Duisburg. Identität, Wandel und Vision, Oberhausen 1999, S. 87–98

Ders., U-Bahn-Kunst, in: ders. (Hg.), StadtKunstFührer. Skulpturen im Duisburger Stadtraum, Oberhausen 2012, S. 101–115

Lensing, Peter / Kerkemeyer, Sabine, Kulturausgaben im Ruhrgebiet 1976–1991, in: Bigge, Mathias / Strüder, Günter (Hg.), Neue Kulturpolitik im Ruhrgebiet, Essen 1994, S. 69–85

Leuchter, Reiner, Ein neuer Park für Duisburg. Landschaftspark Duisburg-Nord, in: DJB 1995, S. 50–55

Ley, Anne, Museum der Deutschen Binnenschifffahrt Duisburg-Ruhrort. Führer durch die Ausstellung, Essen ²2010

Löw, Martina, Soziologie der Städte, Frankfurt/M. 2010

Lufen, Peter, Wir sehen uns in der Stadtbibliothek. Bibliotheksarbeit für Ausländer in Duisburg, in: DJ 8/1981, S. 8

Magdowski, Iris, Deutsche Oper am Rhein. Zwei Städte – ein künstlerischer Wille, in: DJB 1994, S. 23–27

Malekshahi, Aische, „Starlight Express" – Oder ein Märchen wird wahr, in: Friedemann, Peter /

Seebold, Gustav (Hg.), Struktureller Wandel und kulturelles Leben. Politische Kultur in Bochum 1860–1990, Essen 1992, S. 459–473
Mann, Thomas, Die Betrogene, in: ders., Die Erzählungen, Frankfurt/M. 2005
Matern, Reinhard, Die kulturelle Produktionsstätte „Factory" in Duisburg, in: Heinc, Sabine / Horstmann, Elke / Krause, Antje (Hg.), Freie Kultur Ruhrgebiet. Ökonomische und politische Perspektiven im Strukturwandel, Gelsenkirchen 1999, S. 93–97
Meyer, Hans-Joachim, Kriegsbriefe aus Prag. Duisburger Oper 1943–1944, Duisburg 2013
Meyer-Tödten, Friedrich, Das Wiedererwachen des Duisburger Theaterlebens im Rahmen des kulturellen Neubeginns der Jahre 1945–1950, in: Duisburger Forschungen 10/1966, S. 85–156
Milz, Joseph / von Roden, Günter (Hg.), Duisburg im Jahre 1566: der Stadtplan des Johannes Corputius (= Duisburger Forschungen 40/1993), Duisburg 1993
Ministerium für Schule und Weiterbildung Nordrhein-Westfalen (Hg.), Mit gutem Recht. Grundlagen für das politische Handeln, Düsseldorf 1997
Mitscherlich, Alexander, Die Unwirtlichkeit unserer Städte. Anstiftung zum Unfrieden, Frankfurt/M. 1965
Molder, Harald, Gäste auf Dauer. Man hat Arbeitskräfte gerufen und es kamen Menschen, in: DJB 2011, S. 156–163
Ders., Operation Hurricane. Stationen eines Großangriffs vor 70 Jahren, in: DJB 2015, S. 72–78
Monheim, Heiner / Zöpel, Christoph (Hg.), Raum für Zukunft. Zur Innovationsfähigkeit von Stadtentwicklungs- und Verkehrspolitik. Festschrift für Karl Ganser, Essen 1997
Mooser, Josef, Abschied von der „Proletarität". Sozialstruktur und Lage der Arbeiterschaft in der Bundesrepublik in historischer Perspektive, in: Conze, Werner / Lepsius, Rainer M. (Hg.), Sozialgeschichte der Bundesrepublik Deutschland. Beiträge zum Kontinuitätsproblem, Stuttgart 1983, S. 143–186
Nickel, Monika, Das Duisburger Stadttheater. Errichtung, Zerstörung, Wiederaufbau, in: DJ 11/1977, S. 13–17
N. N., „IKiBu". 6. Internationale Kinder- und Jugendbuchausstellung 1977, in: DJ 11/1977, S. 8
N. N., Sammlung Lothar-Günther Buchheim eröffnet, in: DJ 5/1982, S. 34–35
N. N., Sammlung Buchheim im Wilhelm-Lehmbruck-Museum, in: DJ 6/1982, S. 8–9
N. N., Buchheims Expressionisten-Sammlung kommt nach Duisburg, in: DJ 3/1983, S. 6
N. N., Internationales Dmitri-Schostakowitsch-Festival 1984/85, in DJ 9/1984, S. 4
N. N., Kunst und Bauen in Duisburg 1950–1986. Zu einer Dokumentation von Emmi Pannenbecker, in: DJ 8/1987, S. 10–13
N. N., Besucherrekorde in der Konzertsaison 1988/89, in: DJ 8/1989, S. 8
N. N., Buchheim, Lothar-Günther, in: Killy, Walther (Hg.), Literaturlexikon, Band 2, München 1989, S. 280–281
N. N., Wir feiern: 20 Jahre „filmforum", in: DJ 9/1990, S. 48–49
N. N., Bücherbus versorgt wöchentlich 3.000 Bücherfreunde, in: DJ 8/1991, S. 34
N. N., Stadtbahn verändert City-Gesicht, in: DJ 7/1992, S. 2–3

N. N., Ein Hafen feierte Geburtstag, in: DJB 1993, S. 35–36

N. N., Das Interview: Dr. Konrad Schilling, in: DJB 1993, S. 66–69

N. N., Wie war das mit dem Eschhaus ...? Erinnerungen und Erlebnisse, in: Stadt Duisburg, Der Oberstadtdirektor (Hg.), „Traue keinem über 30“. Ein Streifzug durch die Duisburger Jugendszene seit 1968. Begleitband zur Ausstellung im Kultur- und Stadthistorischen Museum der Stadt Duisburg 2.5.–1.8.1993, Duisburg 1993, S. 103–105

N. N., Hafenstadtteil wird „Schmuckstück“. IBA setzt in Ruhrort Akzente, in: DJB 1995, S. 44–47

N. N., Les Misérables. Ein starkes Stück Ruhrgebiet, in: DJB 1996, S. 44–48

N. N., Duisburg wurde Musicalstadt, in: DJB 1997, S. 17–21

N. N., Neue Wege im Marketing, in: DJB 1999, S. 174–176

N. N., Es war einmal ... Abriss der Mercatorhalle, in: DJB 2006, S. 153–158

Nowald, Karlheinz, Wilhelm Lehmbruck in Duisburg. Alle Kunst ist Maß, Essen 2004

Obiera, Pedro, Rückkehr in die Mercatorhalle. Zur Wiedereröffnung von Duisburgs „guter Stube“, in: DJB 2017, S. 156–161.

Pankoke, Eckart, Kriterien und Kategorien kulturpolitischer Orientierung, in: Ermert, Karl (Hg.), Kultur für alle – von allen? Zwischenbilanz der Alternativ-Kultur, Loccumer Protokolle 6/1980, Rehburg-Loccum 1980, S. 20–26

Ders., Das Industrierevier als Kulturlandschaft. Zur kulturellen Dynamik des Ruhrgebiets nach 1945, in: Priamus, Heinz-Jürgen / Himmelmann, Ralf (Hg.), Stadt und Region – Region und Stadt. Stadtgeschichte, Urbanisierungsgeschichte, Regionalgeschichte, Essen 1993, S. 107–143

Ders., Das Industrierevier als Kulturlandschaft. Politische Kulturen aktiver Öffentlichkeit im Ruhrgebiet, in: Borsdorf, Ulrich / Grütter, Theodor / Nellen, Dieter (Hg.), Zukunft war immer. Zur Geschichte der Metropole Ruhr, Essen 2007, S. 188–215

Pannenbecker, Max, Küppersmühle, Duisburg Innenhafen. Ein Denkmal wird Museum und mehr, in: Thema Wirtschaft 4/1999, S. 20–25

Ders., Botschafter Duisburgs. Lehmbrucks Skulpturen, in: DJB 2011, S. 66–73

Pelikan, A. S. H., „Heimatplanet“. Erinnerungen an das Eschhaus, in: Große-Oetringhaus, Hans-Martin / Kruse, Sigrid (Hg.), Duisburg auf den zweiten Blick. Texte und Bilder über die eigene Stadt, Duisburg 1994, S. 26–30

Piscator, Erwin, Der Kampf um das Duisburger Theater. Vortrag gehalten auf dem Diskussionsabend in Duisburg am 26.6.1953, in: Duisburger Gesellschaft der Theaterfreunde (Hg.), Die Duisburger Theaterfrage 1953. Drei Vorträge, Duisburg 1953, S. 59–89

Pletziger, Heinz, Duisburg am Rhein. Kulturstadt im Herzen Europas, in: DJB 2003, S. 8–13

Ders., „Schön war die Zeit“. Duisburger nahmen Abschied von der Mercatorhalle, in: DJB 2003, S. 139–147

Priamus, Heinz-Jürgen, Megapolis Ruhrgebiet? Podiumsdiskussion, in: ders. / Himmelmann, Ralf (Hg.), Stadt und Region – Region und Stadt. Stadtgeschichte, Urbanisierungsgeschichte, Regionalgeschichte, Essen 1993, S. 161–186

Rakowski, Franz (Hg.), Stadtbibliothek Duisburg 1901–1976, Duisburg 1976

Ramthun, Gudrun, Kulturpolitik in Krefeld nach dem Zweiten Weltkrieg, Frankfurt/M. 1982

Rat der Stadt Duisburg, Entwicklungs- und Strukturplanung für die Stadtbibliothek 1977–1985, Duisburg 1976

Rau, Johannes, Rede zum Finale der Internationalen Bauausstellung Emscher Park, in: Standorte. Jahrbuch Ruhrgebiet 1999/2000, S. 187–192

Rauhe, Hermann, Kulturmanagement. Theorie und Praxis einer professionellen Kunst, Berlin 1994

Reger, Erik, Kulturpolitik an der Ruhr, in: Revier-Kultur 1/1986, S. 84–91

Regionalstelle zur Förderung Ausländischer Kinder und Jugendlicher in Duisburg, Familie, Schule, Ausbildung, in: DJ 8/1981, S. 4

Roden, Günter von, Geschichte der Stadt Duisburg, Band 2: Die Ortsteile von den Anfängen. Die Gesamtstadt seit 1905, Duisburg 1974

Rohe, Karl, Vom alten Revier zum heutigen Ruhrgebiet. Die Entwicklung einer regionalen politischen Gesellschaft im Spiegel der Wahlen, in: ders., Politik und Gesellschaft im Ruhrgebiet. Beiträge zur regionalen Politikforschung, Königstein 1979, S. 21–73

Ders., Vom Revier zum Ruhrgebiet. Wahlen, Parteien, Politische Kultur, Essen 1986

Ders., Die Kultur des Ruhrgebietes und die Zukunft der Region, in: Borsdorf, Ulrich / Grütter, Theodor / Nellen, Dieter (Hg.), Zukunft war immer. Zur Geschichte der Metropole Ruhr, Essen 2007, S. 182–187

Rothe, Carl, Die Stadt Montan, Duisburg 1954

Rotthauwe, Helmut, Tonhalle gestern, Mercatorhalle heute, Duisburg 1962

Rüdiger, Hartmut, Boulevard Königstraße, in: Brockhaus, Christoph (Hg.), Stadtbild Duisburg. Identität, Wandel und Vision, Oberhausen 1999, S. 73–78

Rühl, Wolfgang, Die Kulturförderung des Initiativkreises Ruhrgebiet, in: Strüder, Günter / Bigge, Mathias (Hg.), Neue Kulturpolitik im Ruhrgebiet, Essen 1994, S. 6–7

Ruzicka, Werner, Ernte '84. Dokumente deutscher Wirklichkeit. Die 8. „Duisburger Filmwoche", in: DJ 12/1984, S. 42

Ders., 10. „Duisburger Filmwoche" 1986, in: DJ 11/1986, S. 15

Ders. / Warnecke, Thomas, Die „Duisburger Filmwoche", in: DJB 2014, S. 112–119

Sack, Manfred, Siebzig Kilometer Hoffnung. Die IBA Emscher-Park – Erneuerung eines Industriegebiets, Stuttgart 1999

Sager, Peter, Begegnungen mit Kunstsammlern zwischen Aachen und Tokio, Köln 1992

Salzmann, Siegfried, „Hinweg mit der Knieenden". Ein Beitrag zur Geschichte des Kunstskandals, Duisburg 1967

Ders., Das Wilhelm-Lehmbruck-Museum Duisburg, Recklinghausen 1981

Schelsky, Helmut, Wandlungen der deutschen Familie in der Gegenwart. Darstellung und Deutung einer empirisch-soziologischen Tatbestandsaufnahme, Stuttgart [3]1955

Ders., Die Bedeutung des Schichtenbegriffs für die Analyse der gegenwärtigen Gesellschaft

1953, in: ders., Auf der Suche nach Wirklichkeit. Gesammelte Aufsätze zur Soziologie der Bundesrepublik, München 1979

Scheytt, Oliver, Kultur für alle heißt nicht: Geld für alles und für jeden, in: Standorte. Jahrbuch Ruhrgebiet 1994/95, S. 201–208

Schildt, Axel / Siegfried, Detlef, Deutsche Kulturgeschichte. Die Bundesrepublik von 1945 bis zur Gegenwart, München 2009

Schilling, Konrad, Zur Lage der bildenden Künstler in Duisburg, in: DJ 8/1980, S. 10–12

Ders., Zum Geleit, in: Stadt Duisburg, Der Oberstadtdirektor (Hg.), Duisburg und der Rhein. Begleitband und Katalog zur Ausstellung des Museums der Deutschen Binnenschifffahrt Duisburg-Ruhrort im Kultur- und Stadthistorischen Museum Duisburg 15.9.1991–12.1.1992, Duisburg 1991, S. 7

Ders., Duisburger Akzente. Konzeption mit Erfolg, in: DJB 1993, S. 46–49

Ders., Hellwacher Partner, in: Hoffmann, Gertraude / Klaus Höpcke (Hg.), „Das Sicherste ist die Veränderung." Hans-Joachim Hoffmann – Kulturminister der DDR und häufig verdächtigter Demokrat, Berlin 2003, S. 183–200

Ders., Demokratisierung von Kunst und Kultur. Dem Andenken von August Seeling (1906–1998) gewidmet, in: Barbian, Jan-Pieter (Hg.), Literatur als Herzenssache. Der Verein für Literatur und Kunst und die Welt der Bücher in Duisburg 1912–2012, Essen 2012, S. 62–89

Schlott, Rainer, Altes Bad in neuem Glanz. Das neue Binnenschifffahrtsmuseum, in: DJB 1999, S. 22–28

Schmitt, Julia (Hg.), Ruhrtriennale 2002–2004. Intendant Gerard Mortier, Essen 2004

Schophaus, Walter, Studentenbewegung in Duisburg?, in: Stadt Duisburg, Der Oberstadtdirektor (Hg.), „Traue keinem über 30". Ein Streifzug durch die Duisburger Jugendszene seit 1968. Begleitband zur Ausstellung im Kultur- und Stadthistorischen Museum der Stadt Duisburg 2.5.–1.8.1993, Duisburg 1993, S. 53–55

Schörken, Gerd, Wiederaufbauplanung in Duisburg nach dem Zweiten Weltkrieg 1945–1960, Diss. Duisburg 1993

Schreiber, Mathias, Zurück zum Maß – einer anderen Moderne. Laudatio zur Verleihung der Mercator-Plakette an Manfred Lehmbruck am 10.6.1988, in: Freundeskreis Wilhelm Lehmbruck Museum e.V. (Hg.), Freundeskreis und Lehmbruck-Museum 2000–2010, Duisburg 2010, S. 100–106

Schubert, Dietrich-Wilhelm, Zum 80. Todestag des Bildhauers Wilhelm Lehmbruck. „Vieles im Werk des expressionistischen Künstlers harrt noch der Aufklärung", in: Standorte. Jahrbuch Ruhrgebiet 1999/2000, S. 516–521

Ders., Wilhelm Lehmbruck. Catalogue raisonné der Skulpturen 1898–1919, Worms 2001

Schulten, Susanne, Die Duisburger Hafenrundfahrtgesellschaft, in: DJB 2004, S. 152–160

Dies., Ach Duisburg, wo sind deine Künstler?, in: DJB 2010, S. 198–202

Dies., Die Kinder- und Jugendbuchausstellung „IKiBu". Literatur für junge Leute, in: DJB 2013, S. 104–109

Schultz, Reinhard, Interview mit Dr. Konrad Schilling, in: Ortszeit Ruhr 9/85

Schulze, Gerhard, Die Erlebnisgesellschaft. Kultursoziologie der Gegenwart, Frankfurt/M. 22005

Schwab-Felisch, Hans, 75 Jahre Düsseldorfer Schauspielhaus 1905–1980, Düsseldorf 1980

Schwarz, Angela, „Die Pyramiden Meiderichs": Ehemalige Beschäftigte, Anwohner, auswärtige Besucher und der Landschaftspark Nord, in: dies. (Hg.), Vom Industriebetrieb zum Landschaftspark. Arbeiter und das Hüttenwerk Duisburg-Meiderich zwischen Alltäglichkeit und Attraktion, Essen 2001, S. 157–190

Schwencke, Olaf / Revermann, Klaus Heinrich / Spielhoff, Alfons (Hg.), Plädoyers für eine neue Kulturpolitik, München 1974

Seeling, August, Städtische Kulturpflege als Volksbildungsarbeit, in: Der Städtetag, Neue Folge 6/1953, S. 571–575

Ders., Die Volkshochschule in Öffentlichkeit und Verwaltung, in: Das Tor zum Nachbarn, Ratingen 1957, S. 55–62

Ders., Eröffnungsansprache zur Einweihung des Hauses der Volkshochschule Duisburg, in: Beer, Rüdiger Robert (Hg.), Von der Volksbildung zur Erwachsenenbildung, Duisburg 1963, S. 5–11

Ders., Über die Deutsche Oper am Rhein, in: Der Bürger 15/1963, S. 1–7

Ders., Eröffnungsrede zur Einweihung des Wilhelm-Lehmbruck-Museums am 5.6.1964, in: Stadt und Hafen 15, 11/1964, S. 479–492

Ders., Öffentliche Bibliotheken und kommunale Kulturpolitik in der modernen Großstadt, in: Rakowski, Franz (Hg.), Die Öffentliche Bibliothek. Auftrag und Verwirklichung, Berlin 1968, S. 9–21

Ders., Die Duisburger Kulturszene in der frühen Nachkriegszeit. Vortrag von Altoberbürgermeister August Seeling gehalten am 14.1.1985 im Rahmen des Vereins für Literatur und Kunst in der Stadtbibliothek Duisburg, Duisburg 1985

Ders., Jugend und städtische Kultureinrichtungen (1950), in: Heid, Ludger / Vinschen, Klaus-Dieter / Krings, Josef (Hg.), Ein Leben für Demokratie und sozialen Frieden. Zum 80. Geburtstag von August Seeling, Duisburg 1986, S. 112–121

Ders., 25 Jahre Deutsche Oper am Rhein, in: Heid, Ludger / Vinschen, Klaus Dieter / Krings, Josef (Hg.), Ein Leben für Demokratie und sozialen Frieden. Zum 80. Geburtstag von August Seeling, Duisburg 1986, S. 145–151

Segieth, Clelia, Das Buchheim Museum begrüßte am Donnerstag, dem 31. Juli 2008, den Millionsten Besucher, online verfügbar: http://www.buchheimmuseum.de/aktuell/2008/million.php

Sensen, Stephan, Die Duisburg-Ruhrorter Häfen in der Fotografie 1920 bis 1960. Eine Fallstudie zum Einfluss der Fotografie auf das Image des Ruhrgebiets, in: Edition Haniel (Hg.), HafenZeit. Der Lebensraum Rhein-Ruhr-Hafen Duisburg im Focus von Wirtschaft, Geschichte und Kultur, S. 199–246

Siebel, Walter (Hg.), Die europäische Stadt, Frankfurt/M. 2004

Sievers, Norbert / Wagner, Bernd (Hg.), Bestandsaufnahme Soziokultur. Beiträge, Analysen, Konzepte, Stuttgart 1992

Sieverts, Thomas, Die Internationale Bauausstellung Emscher Park. Werkstatt zur Erneuerung alter Industriegebiete. Eine strukturpolitische Initiative des Landes Nordrhein-Westfalen, in: Internationale Bauausstellung Emscher Park (Hg.), IBA-Emscher-Park. Zukunftswerkstatt für Industrieregionen, Köln 1991, S. 4–12

Smerling, Walter (Hg.), Museum Küppersmühle. Sammlung Grothe, Köln 1999

Smolnik, Sabine, In rauer See oder: Wie die Duisburger Philharmoniker um ihre Existenz kämpften, in: DJB 2013, S. 24–26

Sommer, Susanne, Passing by – Gedanken zur Geschichte der Duisburger Rockszene, in: Stadt Duisburg, Der Oberstadtdirektor (Hg.), „Traue keinem über 30". Ein Streifzug durch die Duisburger Jugendszene seit 1968. Begleitband zur Ausstellung im Kultur- und Stadthistorischen Museum der Stadt Duisburg 2.5.–1.8.1993, Duisburg 1993, S. 161–169

Dies. / Dunas, Peter (Hg.), „Kultur- und Stadthistorisches Museum der Stadt Duisburg". Festschrift zum 100-jährigen Bestehen 1902–2002, Duisburg 2002

Sonntag, Brunhilde, Gespräch mit dem Kulturdezernenten der Stadt Duisburg Dr. Konrad Schilling, in: DJ 7/1989, S. 26–30

Dies., Musikalische Aktivitäten am Beispiel der Stadt Duisburg, in: Franz, Otmar (Hg.), Das Ruhrgebiet – Kulturlandschaft in Europa, Duisburg 1990, S. 96–100

Spielhoff, Alfons, Bilanz der Alternativ-Kultur, in: Kultur für alle – von allen? Zwischenbilanz der Alternativ-Kultur, Loccumer Protokolle 6/1980, Rehburg-Loccum 1980, S. 35–41

Ders., Kulturpolitik ist Gesellschaftspolitik. Festschrift für Alfons Spielhoff, Hagen 1982

Springorum, Dietrich, „Lasst uns den Kohlenpott umfunktionieren", in: Revier-Kultur 2/1986, S. 85–96

Stachelhaus, Heiner, Joseph Beuys, Düsseldorf 1987

Stadt Duisburg, Amt für Statistik und Stadtforschung (Hg.), Daten und Information. Duisburger Handbuch gesellschaftlicher Daten 1975–1985. Leben und Lebensbedingungen aus der Sicht der Bürger, Duisburg 1985

Stadt Duisburg, Amt für Statistik, Stadtforschung und Europaangelegenheiten (Hg.), Duisburger Bürgerumfrage 2000, Duisburg 2000

Stadt Duisburg, Amt für Statistik, Stadtforschung und Europaangelegenheiten (Hg.), Ergebnisse der Duisburger Bürgerumfrage 2004, Duisburg 2004

Stadt Duisburg, Der Oberbürgermeister (Hg), Integration zwischen Distanz und Annäherung. Die Ergebnisse der ersten Duisburger Integrationsbefragung, Duisburg 2009

Stadt Duisburg, Der Oberbürgermeister, Dezernat für Familie, Bildung und Kultur (Hg.), Kulturbetriebe – Kulturbüro, Goldstraße 15. Die Künstler, Duisburg 2012

Stadt Duisburg, Der Oberbürgermeister, Kulturdezernat (Hg.), Festschrift 100 Jahre Theater Duisburg 1912–2012, Duisburg 2012

Stadt Duisburg, Der Oberstadtdirektor (Hg.), Ausländergesamtplan der Stadt Duisburg. Konzeption und Maßnahmen zur Integration ausländischer Arbeitnehmer, Flüchtlinge, Zuwanderer und ihrer Familien, Duisburg 1980

Stadt Duisburg. Der Oberstadtdirektor, Medienalltag von Kindern und Jugendlichen. Dokumentation eines Projektes der Stadtbibliothek Duisburg im Rahmen der 10. „IKiBu“ 1985 in der Stadtbibliothek, Duisburg 1986

Stadt Duisburg, Der Oberstadtdirektor (Hg.), Theater der Stadt Duisburg 1912–1987, Duisburg 1987

Stadt Duisburg, Der Oberstadtdirektor (Hg.), Kunst und Bauen in Duisburg 1950–1986, Duisburg 1987

Stadt Duisburg, Der Oberstadtdirektor (Hg.), „Duisburg 2000“. Perspektiven für eine neue wirtschaftliche Entwicklung, Duisburg 1988

Stadt Duisburg, Der Oberstadtdirektor, Niederrheinisches Museum der Stadt Duisburg (Hg.), Trotz alledem! Arbeiterkultur in Duisburg. Begleitheft zur Ausstellung im Niederrheinischen Museum der Stadt Duisburg, 1.9.–22.10.1989, Duisburg 1989

Stadt Duisburg, Der Oberstadtdirektor (Hg.), „Duisburg 2000“. Mitten im Strukturwandel, Duisburg 1991

Stadt Duisburg, Dezernat für Jugend und Bildung (Hg.), Zukunftsinitiative Bildung 1990–1994. Zwischenbericht, Duisburg 1994

Stadt Duisburg, Dezernat für Kultur und Bildung (Hg.), 100 Jahre Duisburger Sinfoniker 1877–1977. Versuch einer Chronik, Duisburg 1977

Stadt Duisburg, Dezernat für Organisation und Personal, Bildung und Kultur (Hg.), Die neue Stadt. Auf dem Weg zur Kulturstadt Duisburg, Duisburg 2000

Stadt Duisburg, Die Oberbürgermeisterin (Hg.), „Museum der Deutschen Binnenschifffahrt Duisburg-Ruhrort“. Führer durch die Ausstellung, Duisburg 2000

Stadt Duisburg, Die Oberbürgermeisterin (Hg.), 100 Jahre Stadtbibliothek Duisburg. Festschrift 1901–2001, Duisburg 2001

Stadt Duisburg, Die Oberbürgermeisterin (Hg.), 125 Jahre Philharmoniker 1877–2002. Von der Brandtschen Kapelle zur Philharmonie, Duisburg 2002

Stadt Duisburg, Die Oberbürgermeisterin (Hg.), 30 Jahre Internationale Kinder- und Jugendbuchausstellung 1971–2001, Duisburg 2002

Stadt Duisburg, „IKiBu ’77“. Dokumentation. Presse, Rundfunk, Fernsehen, Duisburg 1977

Stadt Duisburg, Kultur- und Stadthistorisches Museum (Hg.), Am Anfang war ... Kostbarkeiten aus Duisburgs Vergangenheit, Duisburg 2002

Stadt Duisburg, Duisburg Marketing GmbH (Hg.), 500 Jahre Gerhard Mercator – „Vom Suchen und Finden“, Duisburg 2012

Stadt Duisburg, Presse- und Informationsamt (Hg.), Pressespiegel „Duisburger Akzente“ 1977, Duisburg 1977

Stadt Duisburg, Presse- und Informationsamt (Hg.), Pressespiegel „Duisburger Akzente“, „Goethe & Co. Traum und Wirklichkeit der deutschen Klassik“, Duisburg 1978

Stadt Duisburg, Rat und Verwaltung, Nachruf Gerd Bildau, 21.3.2005

Stadt Duisburg, Stadtbibliothek Duisburg (Hg.), Verein für Literatur und Kunst Duisburg 1912–1977. Eine Dokumentation partnerschaftlicher Förderung der Literatur, Duisburg 1977

„Starlight Express“ GmbH (Hg.), 25 Jahre „Starlight Express“. Eine Erfolgsgeschichte, Essen 2013
Stercken, Martina / Schneider, Ute (Hg.), Urbanität. Formen der Inszenierung in Texten, Karten, Bildern, Köln u. a. 2016
Strüder, Günter, Neue Kulturpolitik im Ruhrgebiet. Die Beispiele Dortmund und Unna, in: ders. / Bigge, Mathias (Hg.), Neue Kulturpolitik im Ruhrgebiet, Essen 1994, S. 15–67
Tappe, Rudolf / Tietz, Manfred (Hg.), Tatort Duisburg 1933–1945. Widerstand und Verfolgung im Nationalsozialismus, Essen 1987
Theens, Ria, Erwachsenenbildung als Herzenssache. 75 Jahre Volkshochschule der Stadt Duisburg, in: DJB 11/1994, S. 36–37
Trapp, Reinhold, 275 Jahre Rhein-Ruhr Hafen Duisburg. Die Geschichte des Hafens von 1716–1991, Duisburg 1991
Tromnau, Gernot, Museum der Deutschen Binnenschiffahrt Duisburg-Ruhrort, Braunschweig 1989
Ders., Zur Geschichte der Deutschen Binnenschifffahrt, in: Gesellschaft zur Förderung des Museums der Deutschen Binnenschifffahrt Duisburg-Ruhrort e.V. (Hg.), Das neue Binnenschifffahrtsmuseum, Oberhausen 1998, S. 7–11
Ders., Duisburg – die Mercator-Stadt. Gerhard Mercator – eine Duisburger Identität, in: Duisburger Forschungen 61/2016, S. 183–194
Uecker, Matthias, Zwischen Industrieprovinz und Großstadthoffnung. Kulturpolitik im Ruhrgebiet der zwanziger Jahre, Wiesbaden 1994
Verein „Feuerwache 1 e.V.“, „Wie alles anfing“, o. S., o. D.
Ders., Kulturbunker Bruckhausen. Bildungs- und Begegnungsstätte, o. S., o. D.
Vetter, Rose, Kulturpolitik in Duisburg nach dem Zweiten Weltkrieg, Diss. Darmstadt 1984
Wagemann, Karl, Die Stunde Null – 40 Jahre danach. Zerstörung, Demontage, Wiederaufstieg und Zukunft der Wirtschaft am Beispiel der Region Duisburg, Duisburg 1984
Wagner, Bernd, Kulturentwicklungsplanung – Kulturelle Planung, in: Klein, Armin (Hg.), Kompendium Kulturmanagement, München 2004
Wagner, Sebastian, Manfred Lehmbruck. Ein Architekt der Moderne, Diss. Weimar 2006, online verfügbar: http://d-nb.info/978892798/34
Wannemacher, Klaus, Erwin Piscators Theater gegen das Schweigen. Politisches Theater zwischen den Fronten des Kalten Krieges 1951–1966, Tübingen 2002
Weber, Bernhard, Stadt – Land – Fluss. Duisburgs Identität als Hafenstadt am Rhein, in: Duisburger Forschungen 61/2016, S. 219–238
Weitz, Gottfried, Mein Vater Heinrich Weitz, in: DJB 2006, S. 34–64
Wick, Imma, 10. „IKiBu“ in Duisburg, in: DJ 11/1985, S. 12–13
Winkels, Ralf, „Gibt's noch Karten?“ – Das Stadtwerke Sommerkino im Landschaftspark Duisburg-Nord, in: DJB 2015, S. 18–25
Wölk, Ingrid, Zadek und Bochum. Zwischen Abenteuer und Provokation, Essen 2014
World Games Duisburg GmbH (Hg.), Das waren die World Games 2005, Duisburg 2005
Zieling, Bärbel, Trauer um August Seeling, in: DJB 1999, S. 39–48